KEN FISHER
MIT ELISABETH DELLINGER

KASSE STATT MASSE

WIE SIE MIT EINEM
KONTRÄREN INVESTMENTANSATZ
GELD VERDIENEN

Börsenbuchverlag

Die Originalausgabe erschien unter dem Titel
„Beat the Crowd. How You Can Out-Invest the Herd by Thinking Differently“
ISBN 978-1-118-97305-9

Übersetzung: Egbert Neumüller
Gestaltung Cover: Holger Schiffelholz
Gestaltung und Satz: Sabrina Slopek
Herstellung: Daniela Freitag
Lektorat: Claus Rosenkranz
Druck: GGP Media GmbH, Pößneck

ISBN 978-3-864703-18-8

Die in diesem Buch vorgestellten Strategien und Methoden beruhen auf persönlichen Erfahrungen der Autoren und stellen keine allgemeingültigen Tatsachen dar. Ebenso stellt keiner der Inhalte dieses Buchs eine Aufforderung zum Kauf oder Verkauf von Wertpapieren dar.

Bibliografische Information der Deutschen Nationalbibliothek:
Die Deutsche Nationalbibliothek verzeichnet diese Publikation in der Deutschen Nationalbibliografie; detaillierte bibliografische Daten sind im Internet über <http://dnb.d-nb.de> abrufbar.

BÖRSEN MEDIEN
AKTIENGESELLSCHAFT

Postfach 1449 • 95305 Kulmbach
Tel: +49 9221 9051-0 • Fax: +49 9221 9051-4444
E-Mail: buecher@boersenmedien.de
www.boersenbuchverlag.de
www.facebook.com/boersenbuchverlag

INHALT

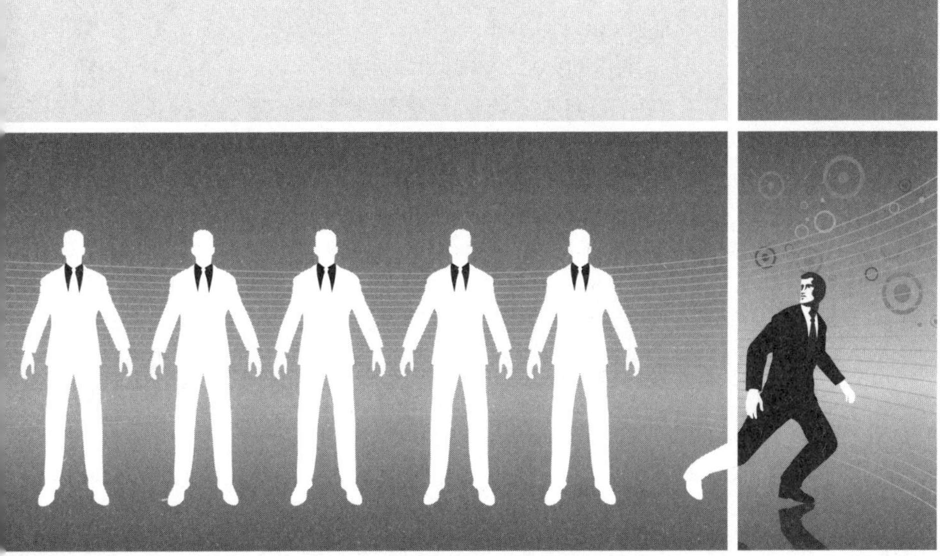

VORWORTE **9**

KAPITEL 1 **Anleitung fürs Gehirntraining** **17**

Der konträre Widerspruch der Wall Street **20**
Das Griesgram-Rätsel **21**
Es gibt immer ein Aber **22**
Warum die meisten Anleger meistens falschliegen **24**
Die oberste Regel des echten Kontrarianismus **29**
Der Markt sieht alles **31**
Nicht umgekehrt – nur anders **32**
Die richtige Einstellung **33**
Sind Sie eingebildet? **35**

KAPITEL 2 **Wem die Glockenkurve die Stunde schlägt** .. **37**

Die nutzlose/nützliche Kalender-Faszination der Wall Street **41**
Das Gruppendenken der Profis **43**
Wie der Kontrarianer Profi-Prognosen benutzt **45**
Auch die Besten straucheln manchmal **50**
Wie man die Wall Street schlägt **60**

KAPITEL 3 **Dracula und die vier medien-apokalyptischen Reiter** **69**

Die Finanz-Fehlsichtigkeit der Medien **72**
Dracula lauert um die Ecke **75**
Die Suche nach Wachstum an den ganz falschen Orten **83**

Der magische Indikator 86
Krieg – wozu ist er gut? 96
Seien Sie kein Schaf, seien Sie Kontrarianer 103

KAPITEL 4 Nicht in den nächsten 30 Monaten 107

Die Babyboom-Bombe? 111
Was ist mit der Sozialversicherung und Medicare? 113
Und wenn die „verlorene Generation“
verloren bleibt? 118
Was ist mit den Schulden? 120
Und wenn die Schulden zu galoppierender
Inflation führen? 126
Und wenn Amerika nicht mehr innovativ ist? 127
Was ist mit der globalen Erwärmung? 129
Was ist mit der Einkommensungleichheit 132
Und wenn der Dollar seine Stellung als
Welt-Reservewährung verliert? 135
Was die Märkte wissen 139

**KAPITEL 5 Mit Jack Lemon und Walter
Matthau auf Safari 143**

Wie der Elefant zu seinen Stoßzähnen kam 147
Dumbo, Bruttomargen und andere
Überflieger-Elefanten 148
Wenn sich gute Nachrichten als
schlechte Nachrichten verkleiden 151
Die angeschnittene Zinskurve 154
Angriff der Elefanten 162

Eine kurze Geschichte der Tragödie **163**
Wenn Lehrbücher lügen **165**
Es kann kein Elefant sein, wenn **170**

KAPITEL 6 Das Kapitel, das Sie liebend gern hassen werden 173

Schritt 1: Werden Sie Ihre Vorlieben los **176**
Mein Mann ist der beste, dein Mann ist der beste und andere nutzlose Meinungen **178**
Ein magischer Elefant namens Gridlock **182**
(Not) Just a Bill Sittin' on Capitol Hill **189**
Sichtbares und Unsichtbares....................... **197**
Was ist schlimmer als ein Politiker? **199**
Wieso die Regierung die nächste Krise schon jetzt verschärft **204**

KAPITEL 7 Weg mit den Lehrbüchern 211

Werfen Sie Ihre Lehrbücher nicht in den Müll, aber kennen Sie ihre Grenzen! **214**
Das erste Gebot: KGVs sagen nichts vorher **218**
Der Ritter mit dem CAPE ist kein Superheld **220**
Sind die Kleinsten immer die Feinsten? **225**
Tolle Formeln und sonstiges gelehrtes Kryptonit **228**
Die Theorie ist nicht die Wirklichkeit **234**
Wenn nicht in der Schule, wo dann? **238**

KAPITEL 8 **Werfen Sie dieses Buch weg!** **243**

Miley Cyrus, Justin Bieber und Popstar-Ökonomen **245**
Klassiker sind aus gutem Grund Klassiker **249**
Philosophie und das Einmaleins der Ökonomie **257**
Von den Legenden lernen **265**
Wer die Geschichte vergisst **276**
Klassiker des 21. Jahrhunderts **282**

KAPITEL 9 **Miley Cyrus und Benjamin Graham: Missgeschicke der Behavioral Finance** **287**

Wo alles begann **290**
Als die Behavioral Finance auf Abwege geriet **292**
Als die Wissenschaftler den Kapitalismus und die Werbung entdeckten **293**
Behavioral Finance und taktische Positionierung **295**
Rezenzeffekt und Sentiment **305**
Wie man sich dank Behavioral Finance einen taktischen Vorteil verschafft **309**
Der Abschnitt für Stock-Picker **315**
Wissen, wann man sagen sollte, wann **322**
Zurück zur Selbstbeherrschung **326**

KAPITEL 10 **Die negativen, kurzsichtigen Medien** **335**

Wie man Nachrichten nutzt **340**
Was den Medien immer entgeht **345**
Auf die Technologie (und den Kapitalismus) vertrauen wir **349**
Schlussgedanken **351**

VORWORTE
KEN FISHER UND THOMAS GRÜNER

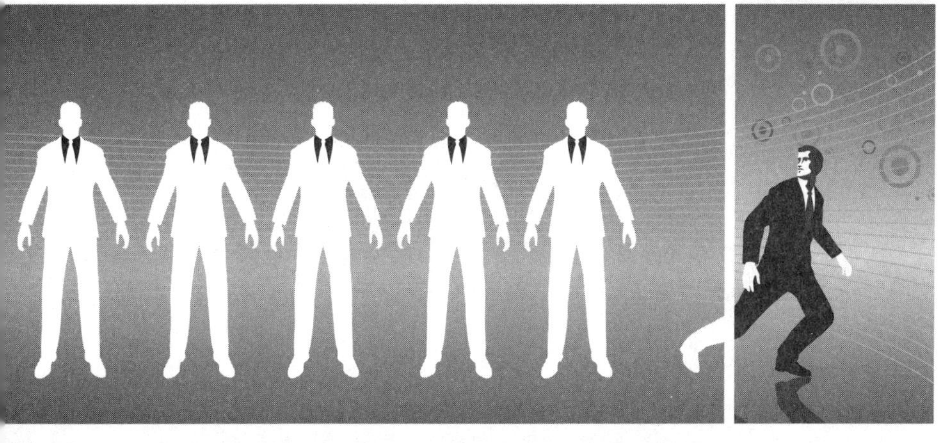

VORWORT

VON KEN FISHER

Ich bekenne ehrlich: Eigentlich wollte ich zu diesem Buch gar kein Vorwort schreiben. Es ist sowieso schon viel zu lang und ich wollte es Ihnen ersparen, noch eine Seite mehr umblättern zu müssen. Doch die höheren Mächte verlangen leider eines – wer hätte das gedacht!

Aber vielleicht passt das ja, denn eigentlich dachte ich auch, ich würde dieses Buch gar nicht schreiben. Ich war mit zehn Büchern glücklich und zufrieden. Zehn ist eine runde Zahl und reicht dicke. Ich dachte, die Welt brauche nicht noch ein Buch von Ken Fisher. Aber Ideen entstehen einfach! In einem Gespräch mit meiner ehemaligen Wiley-Lektorin Laura Gachko (sie ist immer noch bei Wiley, aber von meinem dummen Blödsinn befreit) und meiner Koautorin Elisabeth Dellinger kam eine Idee auf, eines führte zum anderen und ehe ich mich's versah, schrieb ich am nächsten Buch. Aber auch elf ist eine hübsche Zahl.

Das Konzept der antizyklischen oder konträren Geldanlage zieht sich zwar schon seit dem weit zurückliegenden „Super Stocks" aus dem Jahr 1984 durch meine Bücher, aber ich hatte mich ihm nie ausdrücklich gewidmet. Für mich hatte die konträre Geldanlage schon immer etwas mit eigenständigem Denken zu tun und das führten meine Bücher ja immer vor (jedenfalls möchte ich das glauben). Doch an jenem schicksalhaften Dezembertag im Jahr 2013 fiel uns auf, dass ich mich nie aufgerafft und einfach erklärt hatte, was „Contrarianism" ist, was er nicht ist und wie man ihn praktiziert. Mir wurde klar, dass viele Menschen die konträre Geldanlage falsch verstehen und falsch anwenden – und dass viele sie unwissentlich praktizieren und das vielleicht doch gerne wüssten.

Die meisten Menschen meinen, um sich konträr zu verhalten, müsse man das Gegenteil dessen tun, was „alle" tun, denn wenn

„alle" die meiste Zeit falschliegen, müsse es doch zum Erfolg führen, wenn man auf das Gegenteil setzt! Manchmal stimmt das auch, aber oft auch nicht. Auch diejenigen, die das Gegenteil tun, orientieren sich nämlich an einer Herde und der Markt hält sie genauso gern zum Narren wie die Masse, der sie eigentlich ein Schnippchen schlagen wollen. Im richtigen Leben heißt es nämlich gar nicht „die Herde gegen die Querdenker". Vielmehr gibt es die Mainstream-Herde, die Herde, die das Gegenteil tut, und dann noch diejenigen, die eigenständig denken, die echten „Kontrarianer", wie man sie in Ermangelung eines deckungsgleichen deutschen Wortes für „Contrarian" taufen könnte. Sie sehen, was die beiden erwähnten Herden glauben, dann wägen sie alle vorliegenden Faktoren ab – das Für und das Wider – und ziehen ihre eigenen Schlüsse.

Das vorliegende Buch ist eine einfache Anleitung für all jene, die der Faustregeln, des Medienwirbels und der Branchenmythen müde sind und selbstständig denken wollen. Es ist eine Anleitung zum Gehirntraining. Zwar nicht idiotensicher, aber es gibt eben nichts Idiotensicheres. Das Buch bringt Ihnen lediglich den Denkprozess bei, der mir in vier Jahrzehnten der Vermögensverwaltung half, öfter richtig- als falschzuliegen. Auch Sie können öfter richtig- als falschliegen!

Das Buch war ein Gemeinschaftsprojekt. Wie schon erwähnt, war Laura an der Idee dazu beteiligt und besorgte das anfängliche Lektorat, bevor sie die Zügel an Tula Batanchiev übergab. Sie bearbeitete zusammen mit Judy Howarth und ihrem restlichen Team bei John Wiley & Sons den Löwenanteil. Vincent Nordhaus leitete die Herstellung bei Wiley. Die Mannschaft von Wiley war so emsig und geduldig wie immer und ich bin meinem hervorragenden Literaturagenten Jeff Herman immer noch dafür dankbar, dass er mich mit ihr zusammengebracht hat. Auch Jarred Kriz, Michael Olsen, Lauren Schekman, Eric Harger und Nathaniel Beeman – mit denen ich seit Jahren zusammenarbeite – lieferten Ideen. Thomas Perez hat wieder einmal einen tollen Umschlag gestaltet, der unser Thema perfekt einfängt. Jessica Wolfe, Chanddeep Madaan, Sam Olson, Michael Leong, Tim Schluter, Brad Pyles und Talia Hosenpud halfen bei der Recherche, während sich

Jarred, Todd Bliman, Jill Hitchcock, Justin Arbuckle und Molly Lienesch zu den ersten Entwürfen äußerten und uns halfen, einen gesunden Weg einzuschlagen. Todd erledigte drei Jobs gleichzeitig, denn er lektorierte das gesamte Buch inhaltlich und übernahm den größten Teil von Elizabeths Pensum, als sie ihre übliche Arbeit, für meine Firma zu schreiben, zugunsten des Buchprojekts zurückstellte. Christopher Wong und Emily Dunbar – aufstrebende Autoren meiner Firma – trugen Korrekturen bei. Last, but not least organisierten Fab Ornani, David Eckerly, Christopher Boaz und Theodore Gilliland unsere PR-Arbeit und das Web-Marketing. Ihnen allen und allen, die ich hier zu erwähnen vergessen habe – sowie meiner Frau Sherrilyn und meinen Verwandten –, spreche ich meinen tiefsten Dank aus.

Und Ihnen danke ich dafür, dass Sie das Buch lesen! Möge es Ihnen so viel Spaß machen, wie es uns Spaß gemacht hat, es zu schreiben.

Ken Fisher
Camas im Bundesstaat Washington

VORWORT ZUR DEUTSCHEN AUSGABE

VON THOMAS GRÜNER

Mit „Beat the Crowd" oder „Kasse statt Masse" veröffentlicht Ken sein mittlerweile elftes Buch. Viele davon sind *New York Times*-Bestseller geworden. Was macht Kens Bücher so lesenswert und erfolgreich?

Gewohnt klar und lebendig – manchmal auch durchaus provokant – widerlegt Ken auch in diesem Werk viele Mythen rund um Börse und Finanzmärkte. Meist spricht er aus gelebter Erfahrung. Sein großer Erfolg ist kein Zufall! Sich nicht von der Masse der Anleger und deren oft falschen Überzeugungen mitreißen und zu Fehlern verführen zu lassen, ist der elementare Grundsatz seiner nachhaltigen Investmentstrategie. Anfangs erfordert es großen Mut, sich gegen eine Mehrheitsmeinung zu stellen. Menschen fühlen sich nun einmal in großen Gruppen sicherer. Haben Sie das Muster und den großen Nutzen vorurteilsfreier Anlageentscheidungen einmal verinnerlicht, werden Sie darauf nicht mehr verzichten wollen.

Seit 2007 sind Ken und ich Geschäftspartner und gemeinsame Gesellschafter von Grüner Fisher Investments (www.gruener-fisher.de), einer Vermögensverwaltung mit Sitz in Rodenbach bei Kaiserslautern. Derzeit beschäftigen wir in Deutschland bereits über 100 Mitarbeiter und sind bundesweit und im deutschsprachigen Ausland für unsere Kunden tätig.

Unsere Freundschaft begann bereits im Jahr 1995 über einen E-Mail-Kontakt. Ich las im Internet (oder was man zu dieser Zeit überhaupt schon Internet nennen konnte) eine *Forbes*-Kolumne von Ken und stellte verblüfft fest, dass er hierbei einen Zusammenhang zwischen dem Marktkonsens und den meist fehlerhaften Prognosen der Investmentbanken beschrieb. Aus dieser ersten E-Mail entwickelte sich ein reger Austausch, zunehmend eine Freundschaft und wir stellten immer wieder fest, dass sich unsere Denkweisen sehr ähnelten.

Zu dieser Zeit arbeitete ich selbst noch als Banker und wir veranstalteten jedes Jahr ein Tippspiel. Ich sammelte alle Prognosen meiner Kollegen zu den Aktienmärkten, Zinsen, Devisen und Rohstoffen für das entsprechende Jahr und konnte dabei beobachten, dass sich die Kollegen ausschließlich an den Prognosen der Investmentbanken orientierten. „Die müssen es ja wissen" hörte ich oft als Begründung. Anschließend gab ich als Letzter meinen eigenen Tipp ab. Ich platzierte meine Prognose dabei stets abseits vom Marktkonsens oder in einer „Lücke". Regelmäßig wurde ich mit dieser Strategie zum Gewinner des Tippspiels.

Unabhängig voneinander, auf anderen Kontinenten und durch einen Ozean getrennt, hatten Ken und ich nahezu zeitgleich diese „Entdeckung" gemacht: Während sich Menschen nur allzu gerne an den Prognosen der Investmentbanken, längst bekannten Informationen und einer weit verbreiteten Meinung orientieren, fällt das tatsächliche Ergebnis fast immer völlig anders aus. Überraschungen sind eher die Regel als die Ausnahme!

Wir entwickelten unter anderem aus dieser Erkenntnis unsere Anlagestrategien ständig weiter und wissen heute noch mehr als vor 20 Jahren, dass die meisten Anleger sich immer noch der Mehrheitsmeinung anschließen und auf der Grundlage weit verbreiteter Informationen entscheiden. Vermeiden Sie diese Fallen und „arbeiten" Sie mit diesem Buch. Es wird Ihnen viele und überaus nützliche Erkenntnisse liefern!

Dieses Buch lohnt sich für Sie in vielfältiger Hinsicht: Lesen Sie aufmerksam, unvoreingenommen und seien Sie bereit, auf Ihre wohl zu oft konventionellen Denkmuster zu verzichten. Ken aufmerksam zuzuhören und viel von ihm lernen zu können ist ein wertvolles Geschenk. Für seine immer ehrlichen Ratschläge bin ich ihm sehr dankbar. Bereits seit rund 20 Jahren mache ich diese Erfahrung. Nutzen auch Sie diese Gelegenheit, freuen Sie sich auf dieses Buch!

Thomas Grüner
Gründer und geschäftsführender Gesellschafter
Grüner Fisher Investments
www.gruener-fisher.de
Rodenbach, Juni 2015

1

ANLEITUNG FÜRS GEHIRNTRAINING

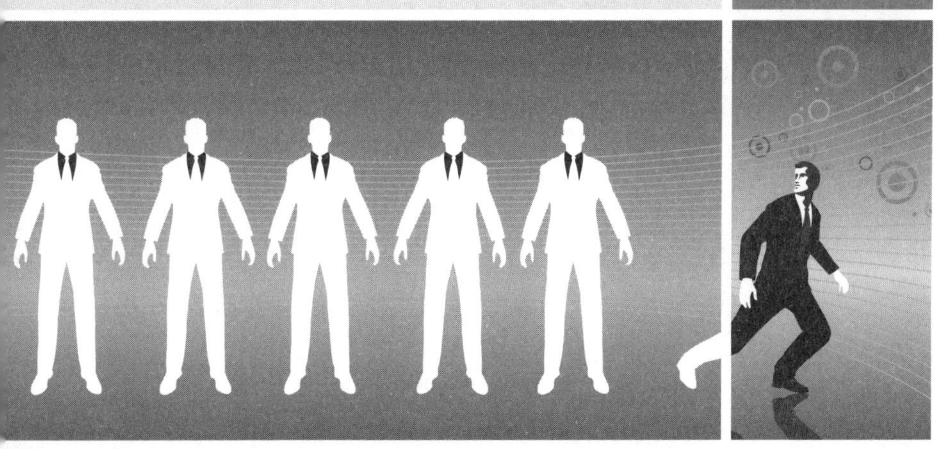

Es gibt kaum selbstverständliche Wahrheiten, aber diese ist dicht dran: Bei der Geldanlage liegt die Masse öfter falsch als richtig.

Die meisten Leute akzeptieren das einfach. Sie erinnern sich, wie sie unter ihren eigenen Fehlern gelitten haben. Überdies erinnern sie sich an Bekannte, Verwandte, Nachbarn und Kollegen, die der Markt geschröpft hat. Sie haben die vielen Börsengurus gesehen, die am Ende angeschmiert waren. Wissenschaftliche Studien zeigen, dass die Weisheit der Anlegermasse in Wirklichkeit Torheit ist.

Aber trotzdem spielen die Menschen weiterhin mit. Die meisten können gar nicht anders! Die Finanz-Blogosphäre, die einschlägigen Websites und die Fernsehkommentatoren bläuen uns sieben Tage die Woche rund um die Uhr das Gruppendenken über den Markt ein. Wenn man sich nicht selbst darauf konditioniert, sich dagegen zu wehren, passiert es nur allzu leicht, dass man häufig wiederholte Unwahrheiten als Tatsachen akzeptiert, dass man mit der Masse verschmilzt und dass man teuer kauft und billig verkauft – wie der Rest.

Es geht auch anders! Trainieren Sie Ihr Gehirn darauf, gegen die Medien, die Masse, Ihre Bekannten, Nachbarn und Cocktail-Banker anzukämpfen und anders zu denken. Dafür brauchen Sie keine immense Marktkenntnis, keinen Abschluss in Finanzen oder einen Doktorgrad in VWL und keine endlosen gründlichen Studien. Mit ein paar einfachen Prinzipien, inneren Alarmglocken und einem Instinkt für eigenständige Gedanken können Sie zum echten konträren Anleger werden und die Masse schlagen.

Yogi Berra hat einmal gesagt: „Baseball ist zu 90 Prozent mental, die andere Hälfte ist physisch." Das gilt vielleicht auch für die

Geldanlage! Die geistige Disziplin entscheidet über den Erfolg. Betrachten Sie dieses Buch als Anleitung für das Training Ihres Gehirns. Sie lernen hier Tricks, die Sie brauchen, um Ihr Gehirn vor den Übertreibungen der Medien zu schützen, und Prinzipien, um die Masse zu überlisten.

Was heißt es, ein konträrer Anleger zu sein? Worin liegt das Geheimnis, öfter richtig- als falschzuliegen? Machen Sie sich bereit, das herauszufinden. In diesem Kapitel fangen wir mit den Grundlagen an:

- Warum die Wall Street den konträren Anleger falsch definiert
- Die Dummheit der herrschenden Meinung
- Die Mutprobe für echte „Kontrarianer"

DER KONTRÄRE WIDERSPRUCH DER WALL STREET

Die Legende wirft alle Anleger in zwei Töpfe: Bullen und Bären. Diejenigen, die meinen, die Aktien würden steigen, und diejenigen, die meinen, die Aktien würden fallen. Wenn die Masse bullish ist, bezeichnet die Wall Street alle Bären als konträr. Und wenn die Masse bearish ist, sind die Bullen konträr.

Das stimmt aber nicht. Es impliziert, dass es einerseits „alle" gibt – eine große Masse, die meint, die Aktien würden etwas Bestimmtes tun – und andererseits „alle anderen", also eine weitere Masse, die meint, die Aktien würden das Gegenteil tun. „Alle anderen" halten sich oft für Kontrarianer. Sie halten „alle" für die Herde und meinen, die Herde liege immer total falsch. Sie kennen die unzähligen wissenschaftlichen Untersuchungen, die belegen, dass die Mehrheit der Anleger unglaublich schlechte Anlageentscheidungen trifft. Dass sie normalerweise billig verkauft und teuer kauft. Sie meinen, wenn sie das Gegenteil der Masse täten, würden sie garantiert billig kaufen und teuer verkaufen.

Das Problem daran ist, dass „alle anderen" genauso eine Masse sind wie „alle". Ihre Meinungen sind normalerweise nicht einzigartig und ihre Analysen kein bisschen breiter angelegt oder besser als die der „Haupt-Masse". Sie achten auf genau die gleichen Dinge, bloß mit einem spöttischen, ablehnenden, herablassenden Lächeln. Menschen, die so denken und meinen, sie seien konträr, sind kein bisschen klüger und kein bisschen scharfsinniger als Sie oder ich oder die Masse. Selten zahlen sich ihre Schachzüge besser aus.

Das war die schlechte Nachricht. Und jetzt kommt die gute: Sie können ein echter konträrer Anleger sein! Sobald Sie wissen, was die Masse oder beide Massen auf Abwege führt, ist es nicht mehr schwer, besser zu denken und klüger zu handeln. Man kann unmöglich perfekt sein, aber besser als die meisten zu sein ist gar nicht so schwer.

DAS GRIESGRAM-RÄTSEL

Kontrarianer, die von zwei Massen ausgehen, sehen die Welt wie eine analoge Uhr. Sie orientieren sich daran, wo der Zeiger nach Meinung der Haupt-Herde landen wird. Wenn alle sagen, der Zeiger wird auf ein Uhr zeigen, setzt der vermeintliche Kontrarianer darauf, dass er auf sieben Uhr zeigen wird – also das spiegelbildliche Gegenteil. Nur weil es das Gegenteil ist! Konträr um der Kontrarietät willen. Meistens fließen keine zusätzlichen Überlegungen ein, nur der griesgrämige Instinkt. „Alle sind fröhlich, also darf ich es nicht sein." Einem Griesgram würde es gar nicht einfallen, andere Möglichkeiten in Betracht zu ziehen, zum Beispiel: „Alle sind fröhlich, aber vielleicht noch nicht fröhlich genug!" Es geht schließlich nicht um Physik, wo es zu jeder Aktion eine gleich große entgegengesetzte Reaktion gibt. Wenn man Märkte und Ereignisse anhand eines falschen Entweder-oder beurteilt, kann das zu großen Fehlern führen, wenn man in Betracht zieht, dass die Ergebnisse nicht binär sind.

Übertragen wir den Vergleich mit der Uhr auf Aktien: Wenn die Masse meint, die Aktien würden zehn Prozent im Jahr steigen, setzen die Griesgrame darauf, dass sie fallen. Vielleicht nicht exakt um zehn Prozent – sie setzen auf das Gegenteil, machen sich aber möglicherweise nicht die Mühe, das Ausmaß abzuschätzen. Es liegt in ihrer Natur, mürrisch zu sein, aber nicht auf den Punkt genau mürrisch. Es genügt ihnen, einfach auf die entgegengesetzte Richtung zu wetten.

Wir können das auch auf ein aktuelles Szenario übertragen, zum Beispiel auf das Quantitative Easing (QE) der Federal Reserve. Die

Masse findet das QE gut, weil es die Aktienkurse stützt, aber die Querköpfe halten es wegen der Inflation für schlecht. Da haben wir das falsche Entweder-oder! Meiner Ansicht nach ist das QE schlecht, weil es deflationär wirkt – ein Ergebnis, das weder die Masse noch die vermeintlichen Kontrarianer in Betracht ziehen. Obwohl diese Auffassung von einem Jahrhundert der Wirtschaftstheorie und der Forschung gestützt wird, glaubt die Masse das gängige Narrativ und die Massenkontrarianer weisen es derart kategorisch zurück, dass ihnen das wirklich große Problem am Gruppendenken entgeht. Auch hier sind sie lediglich eine entgegengesetzte Masse, die sich keine tieferen Gedanken macht. (Zum QE später mehr.)

Woher kommt das? Daher, dass es auf einer Uhr nicht nur zwei Zahlen gibt! Es gibt dort zwölf Zahlen mit 60 Minuten dazwischen. Das heißt, selbst wenn sich die Masse irrt, hat der Griesgram eine Chance von 10:11, dass er sich ebenfalls irrt. Das heißt, er hat nur eine Chance von 1:11, richtigzuliegen. Das Gleiche gilt an den Märkten. Wenn alle ein Plus von zehn Prozent vorhersagen, brauchen die Aktien ja gar nicht zu fallen, damit sie falschliegen. Eine Nullrendite würde schon reichen. Oder ein Plus von 20, von 30 oder noch mehr Prozent, denn die meisten Anleger, die zehn Prozent erwartet hatten, haben an dem Punkt, an dem die Aktien 15 Prozent erreichen, die ihren bereits abgestoßen. Griesgrame, die auf Kursverluste setzen, können sich leicht irren – und oft irren sie sich tatsächlich. Nicht dass es einem wirklich wehtäte, wenn man zehn Prozent erwartet hat, aber die Aktien um 30 Prozent gestiegen sind – falls man sich richtig positioniert und nicht zu früh verkauft hat –, aber dazu kommen wir in Kapitel 2.

ES GIBT IMMER EIN ABER

Ich bezeichne den Markt als den „Großen Erniedriger“, abgekürzt GE. Sein Ziel ist es, so viele Menschen wie möglich so oft wie möglich und so lange wie möglich zu erniedrigen. Es ist sein täglich Brot, in der Herde zu wildern, und er erniedrigt auf einen Schlag eine ganze Menge Anleger. Die Masse ist zwar seine übliche leichte Beute, aber der GE verschont niemanden für immer. Sogar echte Kontrarianer erlegt er.

Keine Methode funktioniert zu allen Zeiten, auch nicht die Annahme, die Masse täusche sich. Manchmal liegt sie richtig! Normalerweise tut der Markt zwar nicht das, was alle erwarten, aber davon gibt es immer Ausnahmen. Ließe der GE die Masse nicht manchmal recht haben, gäbe es ja keine Masse! Momentum-Investoren, die nach dem Motto „The trend is your friend" handeln, würden dann ab dem Moment der Investition widerlegt. Die Märkte würden den meisten Menschen einen Schlag ins Gesicht versetzen, sobald sie kaufen – oder verkaufen –, und die Menschen würden aus ihren Fehlern lernen. Die Aktien hätten niemanden, den sie zum Narren halten können, aber es ist ja eine der größten Freuden des Marktes, die Leute zum Narren zu halten.

Manchmal müssen die Menschen eben recht haben und sich gut fühlen, sonst käme nie eine Herde zustande. Sie würden einfach aufgeben. Dass sie gelegentlich richtigliegen, fördert ein trügerisches Selbstbewusstsein und stärkt die „Weisheit" der Masse. Dadurch lässt sich der GE glaubwürdig leugnen. Auf diese Weise führt er die Masse immer wieder aufs Glatteis, verleitet sie dazu, negative Vorfälle zu ignorieren, und bereitet ihr dann möglichst viel Schmerz und Leid. (Wahrscheinlich lacht er dann wie ein Schurke in einem Zeichentrickfilm.) Deshalb kommen einem Saisonalitäts-Mythen wie „Sell in May" oder „September ist der schlechteste Monat" richtig vor. Sie sind zwar öfter falsch als richtig, aber manchmal stimmen sie eben doch. Die Jahre, in denen der Mai, der Sommer und der September nur klägliche unterdurchschnittliche Erträge bringen, erhalten den Mythos am Leben. Mythen beziehen ihre Kraft daraus, dass sie gelegentlich – und dann oft dramatisch – zutreffen.

Oft lassen es die Märkte vorübergehend so aussehen, als habe die Masse recht, bevor sie sie fertigmachen. Die Leute, die im Jahr 2011 dachten, die Krise der Eurozone werde die Hausse beenden, schienen im Oktober jenes Jahres absolut richtigzuliegen, als die Aktien weltweit die Talsohle einer starken Korrektur erreichten. Doch dann federten die Aktien zurück und der Bulle marschierte in den Jahren 2012, 2013 und auch danach weiter, er schüttelte die größte Staatspleite der Geschichte in Griechenland unterwegs ab und widerlegte am Ende die

Euro-Untergangspropheten – zu einem sehr ungünstigen Zeitpunkt.

Manchmal lassen die Schwankungen des Marktes die Menschen glauben, sie hätten recht, zum Beispiel wenn eine Korrektur eintritt, nachdem Schlagzeilen gewarnt haben, ein großes Übel werde die Aktien erschüttern. Korrekturen – scharfe Einbrüche um 10 bis 20 Prozent in wenigen Wochen oder Monaten – kommen jederzeit aus beliebigen Gründen oder ganz ohne Grund vor. Aber die Angstpropheten nehmen Korrekturen, die praktischerweise zu einem für sie günstigen Zeitpunkt kamen, als Beweis dafür, dass das, wovor sie gewarnt hatten, ungefähr so groß und so schlimm war, wie sie gesagt hatten. Das heißt aber nicht, dass sie von Grund auf recht gehabt hätten, sondern sie unterliegen dem Bestätigungsfehler (sie sehen nur, was sie sehen wollen), der ein gefährliches Phänomen im menschlichen Verhalten ist. Aber die meisten Menschen machen sich nicht die Mühe, zwischen recht haben und Zufall zu unterscheiden (mehr dazu in Kapitel 9).

Und so, wie die Masse manchmal richtigliegt, liegen echte Kontrarianer manchmal falsch. Jeder liegt manchmal falsch! Das Ziel ist einfach, öfter richtig- als falschzuliegen – nicht, öfter zunächst den Eindruck zu erwecken, man liege richtig, sich letztlich aber doch zu irren.

WARUM DIE MEISTEN ANLEGER MEISTENS FALSCHLIEGEN

Das liegt nicht daran, dass sie schlecht informiert wären. Auch nicht daran, dass es ihnen an Intelligenz mangeln würde. Sehr belesene kluge Menschen, die genau auf den Markt achten, treffen oft sehr schlechte Anlageentscheidungen! Normalerweise hat das einen ganz einfachen Grund: Sie lassen sich unwissentlich in Mehrheitsmeinungen hineinziehen.

Egal, wie sorgfältig die Methoden ausgearbeitet sind, mit denen man arbeitet, man kann dem Gruppendenken erliegen. Viele Menschen betrachten die Geldanlage als Disziplin, als Kunst oder als Wissenschaft. Das hört sich gut an, aber ihre Methoden verwandeln sich in Allgemeinplätze – was bei der Geldanlage gewöhnlich gefährlich ist. Alle handeln aufgrund verschiedener

Überzeugungen hinsichtlich der Fragen, was für die Aktien gut ist und was nicht beziehungsweise wann man handeln sollte und wann nicht. Oder sie handeln anhand von Regeln, die ihnen das Gleiche vorschreiben.

Viele Ärzte, Anwälte und Ingenieure sind dafür anfällig. Nicht etwa, weil mit ihnen als Menschen etwas nicht in Ordnung wäre. Es ist nämlich nicht ihr Fehler. Nur ihre Berufsausbildung bringt sie dahin. Sie benutzen in ihrem Berufsleben eine auf Regeln basierende Methodologie und dort funktioniert sie auch. Aber an den Märkten funktioniert sie nicht. Wenn ein Arzt eine Behandlung empfehlen soll, braucht er wissenschaftliche Beweise, dass sie funktioniert – Versuche und kontrollierte Tests. Die gleiche Methodologie wendet er dann auf die Geldanlage an und sucht nach „Regeln", die für die Vergangenheit getestet wurden und von denen „erwiesen" ist, dass sie funktionieren. Die meisten Anwälte sind von Berufs und von ihrer Veranlagung wegen Logiker – sie erwarten, dass sich die Märkte an Regeln, an Prozeduren und die einfache Logik halten. Bei den meisten Ingenieuren ist es genauso. Sie erwarten, dass die Märkte linear und rational sind, so wie die Anlagen, die sie bauen und mit denen sie täglich arbeiten.

Regelorientierte Anleger verwenden normalerweise eine ähnliche Logik und ziehen ähnliche Schlüsse. Sie verwenden die gleichen Muster und die gleichen Wenn-dann-Annahmen. Am Ende erwarten sie die gleichen Dinge und so entsteht ein Mehrheits-Standpunkt. Und der erscheint gewöhnlich sehr logisch! Aber wie wir noch sehen werden, trotzen die Märkte häufig der Logik.

Andere Menschen beziehen ihre Regeln und Überzeugungen aus wissenschaftlichen Theorien und Lehrbüchern. Theorien und Lehrbücher sind nicht grundsätzlich schädlich. Prinzipien und Theorien können nützlich sein, wenn man sie mit eigenständigem Denken anreichert. Aber viele machen aus Theorien Dogmen und aus Lehrbüchern Gesetzbücher. Was laut der Literatur gut oder schlecht für die Aktien ist, muss für sie immer und überall stimmen. Wenn das Gesetzbuch sagt, ein hohes Kurs-Gewinn-Verhältnis (KGV) und hohe Zinsen seien schlecht, dann sind sie auch schlecht! Für Fundamentalisten ist der Kanon oft die Wahrheit. Aber der Kanon wird von vielen gelesen – und da haben wir schon wieder die herrschende Meinung und die Mehrheit! Die Märkte preisen die herrschende Meinung sehr schnell ein und tun dann etwas anderes. Und dieses „andere" ist das, was der echte Kontrarianer herausfinden möchte.

Manche Anleger richten sich nach alten Spruchweisheiten und Faustregeln – ihrem „Spielzugbuch". Auch diese Methode macht den Eindruck, als sei sie in Ordnung. Angeblich steckt das Buch ja voller altbewährter Weisheiten! Wenn sie nicht funktionieren würden, stünden sie ja nicht im Spielzugbuch! Aber je mehr man seine Entscheidungen auf Maximen, Sprichwörter und Dinge gründet, die jeder weiß und kennt, umso unwahrscheinlicher ist es, dass man eigenständig denkt – und umso unwahrscheinlicher ist es, dass man wahrhaft konträre Ansichten hat.

Außerdem besteht das Spielzugbuch die einfache logische Prüfung nicht, die zu den Lieblingswerkzeugen des echten Kontrarianers gehört, wie wir in Kapitel 4 noch sehen werden. Es enthält bekannte Sprüche wie „Kaufe in Tiefs" – wenn die Aktien im Angebot sind, sammeln Sie sie zum Schnäppchenpreis ein! Aber das Spielzugbuch sagt auch, man soll seine „Verluste begrenzen" – also aus der lahmen Ente aussteigen, bevor sie auf null fällt, und in etwas einsteigen, was wirklich steigt. Die eine Seite rät einem, „Gewinne laufen zu lassen" – wenn die Aktie steigt, soll man dabeibleiben. Sie läuft weiter! Aber die nächste Seite sagt einem, man soll „ein paar Gewinne mitnehmen". Wofür entscheidet man sich? Beides klingt ja einleuchtend! Wenn eine Aktie läuft, will man sie laufen lassen. Aber man weiß auch, dass sie über einen Abgrund laufen und wie Wile E. Coyote mit hektisch strampelnden Beinen abstürzen kann. Deshalb erscheint es klug, einen Teil der Gewinne einzustreichen. Das Spielzugbuch sagt einem nicht, welches Spiel man spielen soll.

Nicht alle Faustregeln beruhen auf Preisbewegungen. Es gibt einen uralten Trick, der angeblich das Geheimnis lüftet, wie man von Unternehmensmeldungen profitiert. Sie haben sicher schon davon gehört: „Gerüchte kaufen, Nachrichten verkaufen." Wenn die Gerüchteküche behauptet, Apple arbeite an einem sexy neuen iPhone, das per Telekinese funktioniert, das Garagentor öffnet, Kleinkinder füttert und entfernte Planeten ortet – und all das, während Sie mit Ihrer seit Langem verschollenen Tante Sally telefonieren (die das Telefon ganz allein gefunden hat) –, dann kaufen Sie! Warten Sie nicht ab, bis Sie herausfinden, ob es stimmt. Steigen Sie ein, bevor es zu spät ist! Und verkaufen Sie wieder, sobald Apple das iPhone ankündigt, nachdem die ganzen anderen Trottel ebenfalls eingestiegen sind. So als könnte die Aktie unmöglich noch weiter steigen, als hätte das Unternehmen keine Wachstumsmöglichkeiten mehr, als würde das Unternehmen ab der Ankündigung des neuen iPhones nie wieder etwas Neues, Cooles herausbringen und vielleicht sogar nie wieder etwas anderes tun, was neue Gerüchte hervorbringt. Doch woher wollen Sie das wissen?

Alle erwähnten Vorgehensweisen beruhen auf allgemein bekannten Informationen – und auf gängigen Interpretationen dieser Informationen. Egal, wie einleuchtend und logisch sie klingen, sie sind „das, was alle tun". Der echte Kontrarianer geht über die Ansichten der Mehrheit und über die herrschende Meinung hinaus. Dort, an der frischen Luft, ist das Leben viel aufregender.

OB SIE DIE MEDIEN LIEBEN ODER HASSEN – SIE TUN IHNEN EINEN GEFALLEN

Die Massenmedien geben Stimmungen wieder und beeinflussen sie auch. Meiner Ansicht nach haben sich die meisten von ihnen in den letzten zwei Jahrzehnten dem Gruppendenken angeschlossen. Heutzutage verkörpert der Journalismus die alte Maxime von John Maynard Keynes: „Die Weltklugheit lehrt, dass es dem Ruf eher wohltut, konventionell zu scheitern als unkonventionell Erfolg zu haben."

Das war nicht immer so. In der Zeit vor Internet und Kabelfernsehen hatten Journalisten häufig klar unterschiedene Ansichten. Als es nur drei große landesweite Nachrichtensender und eine Handvoll großer landesweiter Finanzpublikationen gab, wetteiferten die Gelehrten mit ihren Erkenntnissen miteinander. Sie wollten bahnbrechend sein. Jetzt haben wir hingegen Dutzende sieben Tage rund um die Uhr verfügbare Nachrichtensender, Dutzende Finanz-Websites und zahllose Blogs – und zu jedem Artikel oder Blog-Beitrag gibt es die Möglichkeit, Kommentare zu schreiben, sodass jedermann den Autor öffentlich und anonym an den Pranger stellen

kann. Und nichts reizt mehr dazu als ein Artikel, der weit von der üblichen Denkweise abweicht. Das treibt den Fanatiker in der Masse dazu an, Internet-Terror zu posten – und dies wiederum schüchtert die Autoren ein und veranlasst sie zur Mäßigung, sodass sie im Gruppendenken aufgehen. Auf einigen wenigen Gebieten ist mehr Wettbewerb eben nicht grundsätzlich und immer gut. Es gibt aber einen breiten Silberstreif am Horizont. Dank der modernen Medien ist es ganz leicht, verbreitete Überzeugungen und die Stimmung der Masse zu erkennen. Die Medien zitieren nur selten jemanden außerhalb der Herde oder der Anti-Herde.

Ich erfuhr das am eigenen Leib, wenn mich Journalisten nach meiner Meinung zum Quantitative Easing (QE) fragten. Davon haben Sie bestimmt schon gehört. Das ist ein Programm, das die amerikanische Notenbank Fed während der Finanzkrise 2008 auflegte – damit wollte sie die Liquidität erhöhen und die langfristigen Zinsen senken, damit Unternehmen und Privatpersonen unbedingt Kredite aufnehmen wollen. Jahrelang kaufte die Fed den Banken Schatzanleihen und hypothekenbesicherte Anleihen staatsnaher Firmen ab, die sie mit dafür neu geschaffenen „reserve credits" bezahlte. Dadurch entstanden über zwei Billionen Dollar an angeblichem neuen Geld! Diese Käufe senkten die langfristigen Zinsen und man erwartete, die Banken würden ihre neuen Reserven als Sicherheiten verwenden, um die Geldmenge wie von Zauberhand zu erhöhen.

Wenn mich Journalisten nach meiner Meinung dazu fragten, erzählte ich ihnen etwas, das ihnen nicht gefiel. Etwas, das außerhalb der Herde und der Anti-Herde lag: Wenn man die langfristigen Zinsen senkt und die kurzfristigen fast auf null drückt, verflacht man die Zinskurve – man verringert den Spread, also die Differenz zwischen den kurzfristigen und den langfristigen Zinsen. Indizien aus mehr als 100 Jahren beweisen aber, dass das eigentliche Zaubermittel die Vergrößerung der Zinsspanne ist. Warum? Stellen Sie sich vor, wie eine Bank Kredite vergibt. Die kurzfristigen Zinsen sind die Finanzierungskosten der Bank. Die langfristigen Zinsen sind ihre Einnahmen aus der Kreditvergabe. Die Differenz – langfristige Zinsen minus kurzfristige Zinsen – entspricht der Bruttogewinnspanne einer Bank.

Banken sind keine gemeinnützigen Organisationen. Sie sind gewinnorientiert. Je rentabler die Kreditvergabe ist, desto mehr Kredite vergeben sie. Je geringer der Gewinn, desto widerwilliger verleihen sie Geld. Sie halten die Füße still. Und genau das taten sie während des gesamten QE. Jahrelang dachte die Masse, die Fed sei die einzige Instanz, die für einen

Wachstumsschub sorge. In Wirklichkeit bremste die Fed die Kreditvergabe aus und bescherte uns das geringste Kreditwachstum seit Jahrzehnten, ein fast nicht vorhandenes Geldmengenwachstum (M4) – was kaum jemandem auffiel – und das geringste Wachstum des Bruttoinlandsprodukts (BIP) seit dem Zweiten Weltkrieg.

Das erklärte ich vielen Reportern ausführlich, belegt mit Zahlen. „Klingt vernünftig!“, fanden sie. Aber sie druckten es nicht. Wenn alle vertraten, QE bedeute eine Lockerung der Geldpolitik, wie konnten sie da veröffentlichen, dass irgendein Spinner sagt, es stimme nicht? Das konnten sie nicht, denn die Fanatiker in der Masse hätten sie dafür an den Pranger gestellt.

Die großen Presseorgane wollten und konnten diese Ansicht zur QE nicht drucken. Zu einer Zeit, in der gefühlt alle zitierten Experten, die Fed, der Internationale Währungsfonds, die Weltbank und alle Finanzminister und Notenbanker der Welt erklärten, das QE sei der Lebensretter der Wirtschaft und seine Beendigung bedeute höchste Gefahr für die Weltwirtschaft, wären die Journalisten von Sinnen gewesen, wenn sie davon abgewichen wären. Die Kommentatoren und Blogger hätten sie in der Luft zerrissen. Das wäre beruflicher Selbstmord gewesen.

Das macht es den echten Kontrarianern allerdings leichter, sich einen Überblick über die Medien zu verschaffen – Ausnahmen gibt es zwar immer, aber im Allgemeinen kann man getrost davon ausgehen, dass etwas, das in Schlagzeilen hinausposaunt wird, keine kontrarianische Auffassung ist. Es sagt einem nichts, wonach man sein Handeln ausrichten könnte. Dafür muss man sich schon selbst etwas trauen.

DIE OBERSTE REGEL DES ECHTEN KONTRARIANISMUS

Hier nun die Grundregel des echten Kontrarianismus. Wenn Sie sich nach den nächsten neun Kapiteln an nichts anderes mehr erinnern, so behalten Sie doch bitte dies im Kopf: Wenn die meisten glauben, an den Märkten werde etwas passieren, glaubt der Kontrarianer, dass etwas anderes passieren wird.

Und das bringen die Miesepeter durcheinander, denn beachten Sie: Ich habe nicht gesagt, das Gegenteil würde passieren. Nur etwas anderes. Die Märkte preisen in die heutigen Preise das ein, was sich die Masse gemeinhin vorstellt. Wenn alle bearish sind, weil sie schlimme Dinge sehen, mögen sie zwar damit recht haben, dass sie schlimm sind – aber das heißt vielleicht nicht, dass sie bearish sind! Wenn alle Welt schlimme Dinge sieht und diese überall im Fernsehen und im Internet ausgebreitet werden, sind sie vielleicht schon eingepreist. Dann bedeuten die schlimmen Dinge vielleicht überhaupt nichts. Oder es gibt irgendeine fundamentale schlimme Sache, die sie gar nicht sehen, und es wird noch schlimmer, als sie erwarten!

Das passierte 2008. Damals sagten alle, die Subprime-Kredite und die toxischen Hypothekenpapiere würden Probleme bereiten. Sie würden eine Rezession auslösen und Aktien abstürzen lassen. Sehr viele haben das gesagt! So viele haben es gesehen!

Doch niemand, mich eingeschlossen, sah ein noch größeres, verborgenes Problem: Die Einführung einer Bilanzierungsvorschrift namens „Mark-to-Market" im November 2007 (Statement of Financial Accounting Standards [FAS] 157, „Fair Value Measurements"), wonach Bestandswerte in der Bilanz mit ihrem aktuellen Marktwert geführt werden mussten – sie besaß das Potenzial, mehrere Billionen Dollar in den Bilanzen von Banken in aller Welt zu vernichten. Niemand hatte folgende Konsequenz bedacht: Da alle Finanzinstitute nun alle illiquiden Vermögenswerte zum Marktwert verbuchen mussten, würden jedes Mal, wenn irgendjemand eine Hypothekenanleihe aus einer Notlage heraus verschleuderte, auch alle anderen Besitzer solcher Papiere in Mitleidenschaft gezogen. Alle Banken in den Vereinigten Staaten erlitten dadurch bei allen vergleichbaren illiquiden Wertpapieren Buchverluste.

Niemand konnte sich vorstellen, dass die bereits vorher existierenden Probleme mit den Subprime-Krediten dadurch am Ende innerhalb von Monaten im US-amerikanischen Bankensystem rund zwei Billionen Dollar vernichten könnten. Und niemand malte sich aus, dass die Angst vor diesen obskuren illiquiden Märkten dazu führen würde, dass die Märkte zunächst Bear Stearns und ein halbes Jahr später auch Lehman Brothers Finanzierungen verweigern würden – was zum Untergang zweier der fünf größten Investmentbanken führte. Niemand konnte sich vorstellen, dass die Fed, nachdem sie JPMorgan Chase Geld für die Übernahme von Bear Stearns geliehen hatte, Barclays eine solche Hilfe bei der Übernahme von Lehman verweigern und dadurch den Investmentbanking-Riesen in den Bankrott treiben würde. Und niemand hätte gedacht, dass dies an den Märkten blanke Panik hervorrufen würde, sodass Kursrückgänge um acht Prozent am Tag normal wurden. Auch nicht, dass die Fed vergessen würde, was man in Krisen tut oder was die meisten Zentralbanken traditionell in Krisenzeiten tun (mal angenommen, das hätte funktioniert) – dass sie vergessen würde, die Liquidität durch konventionelle Maßnahmen zu erhöhen oder als Kreditgeber letzter Instanz aufzutreten.

Wenn es 2008 nur um die Subprime-Darlehen und um den Häusermarkt gegangen wäre, hätten wir vielleicht gar keine so große Korrektur erlebt. Erst als um die Jahresmitte der Teufelskreis aus Notverkäufen und Abschreibungen so richtig Fahrt aufnahm, begann das eigentliche Trauma.

Auch mir war das entgangen und das bringt uns zur zweiten Hauptregel des Kontrarianismus: Manchmal irrt man sich. Kontrarianer wissen und akzeptieren das. Aber man braucht auch gar nicht immer richtigzuliegen – mit einer Erfolgsquote von 60 bis 70 Prozent ist man deutlich besser als die meisten. Wie ich bereits in früheren Büchern geschrieben habe: Wenn man auf diesem Gebiet in 70 Prozent der Fälle richtigliegt, wird man zur absoluten lebenden Legende. (Auch wenn es nicht unmöglich ist, dass die neuerdings übliche scharfzüngige Blutsaugerei verhindert, dass jemals wieder lebende Legenden aufkommen und sich halten können. Aber natürlich schert sich ein Kontrarianer nicht darum – um sein Image. Trotz allem, was Sie bei meinen vielen Kritikern über mich gelesen haben mögen: Mein Image interessiert mich kaum. Und auch Sie sollten sich nicht für Ihr Image interessieren.)

DER MARKT SIEHT ALLES

Kontrarianer wissen, wann sie nichts unternehmen und wovon sie sich fernhalten sollten. Woher? Sie wissen, dass die Märkte meistens effizient sind. Nicht in jedem Augenblick perfekt effizient – denn dann gäbe es ja keine Gelegenheiten! Kontrarianer wissen, dass sich Märkte kurzfristig sehr irrational verhalten können. Aber mit der Zeit und im Durchschnitt spiegeln die Preise normalerweise alle allgemein bekannten Informationen wider. Wenn eine Information draußen ist, öffentlich zugänglich, dann haben die Anleger sie bereits bedacht und entsprechend gehandelt.

Die Regeln, die herrschende Meinung, die Erwartungen der Mehrheit – das alles ist allgemein bekannt. Das Gleiche gilt für ideologische Überzeugungen, Neigungen und sämtliche „Experten"-Meinungen. Alle Lehrbuchtheorien, alle Regel- und Spielzugverzeichnisse, die jemals veröffentlicht wurden, kennen die Märkte bereits in- und auswendig. Sie kennen die Regeln, die Bedingungen und Einwände und sie wissen, wie die meisten Menschen wahrscheinlich auf jede kleine Neuigkeit reagieren werden. Die Märkte wissen schon, was die Masse tun wird, bevor die Masse es selber weiß.

Das Gleiche gilt für saisonale Mythen und technische Indikatoren. Das womöglich extremste Beispiel dafür ist die Dow Theory. Dieser Indikator, den es seit Ende des 19. Jahrhunderts gibt, besagt: Wenn sowohl der Dow Jones Industrial Average als auch der Dow Jones Transportation Average neue Hochs markieren, liegt eine dauerhafte Hausse vor. Und wenn sie gemeinsam neue Tiefs erreichen, geht es abwärts. Es gibt auch noch viel Geschwafel, das irgendwo dazwischen liegt, aber das erspare ich Ihnen, denn es kommt nur auf die Extreme an. Wenn die Dow Theory stimmen würde, könnte keine Hausse jemals enden, denn das Signal würde weiterhin funken und die Aktien würden immer weiter steigen! Dito für die Baisse. Doch alle Zyklen wenden irgendwann! Die Märkte haben die Erwartungen der Dow Theory bereits eingepreist und tun irgendwann eben doch etwas anderes.

NICHT UMGEKEHRT – NUR ANDERS

Was auch immer die Regeln sagen und was die Herde auch erwartet, Sie können darauf wetten, dass die Märkte es nicht tun werden. Aber das heißt nicht, dass das Gegenteil passiert!

Erinnern Sie sich an den Vergleich mit der Uhr. Wenn alle erwarten, dass der Zeiger auf der 1 landet, wettet der Griesgram auf ungefähr 7. Echte Kontrarianer bedenken, dass der Markt effizient ist, und wissen daher, dass der Zeiger wahrscheinlich nicht zwischen 11 und 3 landen wird – das wäre zu nahe an den Erwartungen der meisten Leute. Also kann der Kontrarianer vier Möglichkeiten ausschließen. Die möglichen Ergebnisse laufen dann aber immer noch auf acht Stunden hinaus.

Wenn die Mehrheit erwartet, dass die Aktien in einem Jahr um zehn Prozent steigen, setzen echte Kontrarianer darauf, dass es wohl keine 5 bis 15 Prozent werden. Dann bleiben aber immer noch die Möglichkeiten eines großen Gewinns, einer Stagnation oder eines großen Verlusts.

Wenn man begreift, wie der Markt bekannte Informationen verarbeitet, kann man den Bereich der Möglichkeiten eingrenzen. Man weiß dann zwar nicht, was passieren wird – und da geraten die Miesepeter ins Schleudern –, aber man weiß, was wahrscheinlich nicht passieren wird, und kann sich auf das konzentrieren, was passieren könnte. Und dadurch steigen die Chancen.

Um den Bereich einzugrenzen, achtet der Kontrarianer auf Dinge, die die Masse und die Miesepeter übersehen – sie gehen den Verästelungen nach. Oder sie achten auf die gleichen Dinge, sehen sie aber anders. In beiden Fällen erkennen sie Chancen und Risiken, die den meisten anderen entgehen.

DIE RICHTIGE EINSTELLUNG

Kontrarianer sind geduldig – sie denken langfristig. Wenn man kurzfristig denkt, wird man hektisch und trifft falsche Entscheidungen.

Man sieht das immer wieder, wenn die Leute den heißesten Aktien nachjagen, nur weil sie am meisten gestiegen sind. Im Zuge einer Rallye finden sie die breite Streuung langweilig und versuchen, sich auf einen besonders heißen Trend zu konzentrieren – sie geben die langfristige Denkweise zugunsten der kurzfristigen auf. Denken Sie an die Jahre 1999 und 2000, als die Internet-Aktien abhoben. Glasfaser war der letzte Schrei. Die Nasdaq stieg und alle wollten von der New Economy ein Stück abbekommen. Es sah aus, als seien die Dotcoms das ultimative Zaubermittel, um reich zu werden.

Diese extrem kurzfristige Einstellung breitete sich aus wie ein Virus. Kaum jemand dachte daran, was er nach 10 oder 20 Jahren geschafft haben müsste (aber jetzt sind wir an dem Punkt). Kaum jemand schaute ein Jahr voraus und fragte sich, ob Unternehmen, die eine Menge Geld verbrannten und keine Einnahmen hatten, dann noch existieren würden. Die Menschen wollten einfach haben, was angesagt war, und zwar möglichst viel davon. Die Baisse, die im März 2000 begann, war ein böses Erwachen.

Auch panische Menschen denken kurzfristig. Denken Sie an den März 2009 zurück, an die letzten Nachwehen der Finanzpanik. Damals dachten die Menschen wirklich, die Aktien könnten auf null fallen. Sie glauben mir nicht? Suchen Sie mal auf Google nach „Kann die Börse auf null fallen?" Sie haben diese Frage gestellt. Die Märkte soffen ab und der Nullpunkt erschien realistisch.

Vielleicht denken Sie sich jetzt: „Das hat doch nichts mit Vernunft zu tun." Das hat Panik aber nie! Menschen, die riesige Verluste erleiden, schreiben sie in die Zukunft fort. Sie verlieren die Geschichte und die Realität aus den Augen. Sie vergessen die einfachsten Tatsachen: Zyklen kehren sich immer um. Die meiste Zeit über steigt die Börse. Solange der Kapitalismus existiert, werden die Unternehmen Wege finden, Gewinn zu erzielen und zu wachsen. Neue Technologien werden aufeinandertreffen, werden neues Wachstum und neue Einnahmequellen mit sich bringen. Dieser Überzeugung waren Kontrarianer mit Nerven wie Drahtseilen im März 2009.

Eisenharte Kontrarianer schauen sich auch frühere Marktbewegungen an. Sie wissen, dass Rückgänge im Tagesverlauf und Korrekturen im Laufe von Haussen normal sind und dass es gefährlich ist, darauf zu reagieren. Das heißt nämlich im Normalfall, dass man verkauft, nachdem die Aktien bereits gefallen sind – also gerade dann, wenn man sich ducken und abwarten sollte. Auf Volatilität zu reagieren ist eine gute Möglichkeit, billig zu kaufen und teuer zu kaufen.

Das Gleiche gilt für scheinbar bedeutsame kurzfristige Ereignisse, zum Beispiel geopolitische Erschütterungen. Scharmützel, kleinere Kriege, Revolutionen und Säbelrasseln plagen uns seit den Anfängen der Zivilisation – so schrecklich sie für das Leben und den Besitz der Betroffenen auch sein mögen, für die Aktien sind sie gewöhnlich weder schrecklich noch überhaupt schlecht. Die Märkte haben schon Krisen überstanden, bevor die erste holländische Tulpenzwiebel den Besitzer wechselte, und nur wirklich große weltweite, wirklich üble Konflikte wie der Ausbruch des Zweiten Weltkriegs endeten in Baissen. Das Leben geht immer weiter und nur darauf kommt es an – dass es weitergeht.

SIND SIE EINGEBILDET?

Wie schon gesagt: Kontrarianer wissen, dass sie nicht immer recht haben können. Vollkommenheit gibt es nicht.

Selbst ein geübter Kontrarianer muss damit rechnen, dass er sich in 30 bis 40 Prozent der Fälle irrt. Es reicht schon, in zwei Dritteln der Fälle richtigzuliegen, damit es einem gut geht und man dem Pulk davonfährt. Es ist schon eine große und außergewöhnliche Leistung, wenn man öfter richtig- als falschliegt. Wie gesagt: Ein Profi, der langfristig in 70 Prozent der Fälle richtigliegt, wird zur lebenden Legende – und tut gut daran, sich daran zu gewöhnen, dass er in 30 Prozent der Fälle falschliegt. Das gilt natürlich auch für Sie.

Und wie schafft man es, öfter richtig- als falschzuliegen? Ich habe es Ihnen schon gesagt: Bedenken Sie, dass der Markt immer das tut, was die Herde nicht erwartet! Es gibt allerdings viele Möglichkeiten, diese einfache Regel anzuwenden. Die werde ich Ihnen genau erklären. Lesen Sie einfach weiter!

2

WEM DIE GLOCKENKURVE DIE STUNDE SCHLÄGT

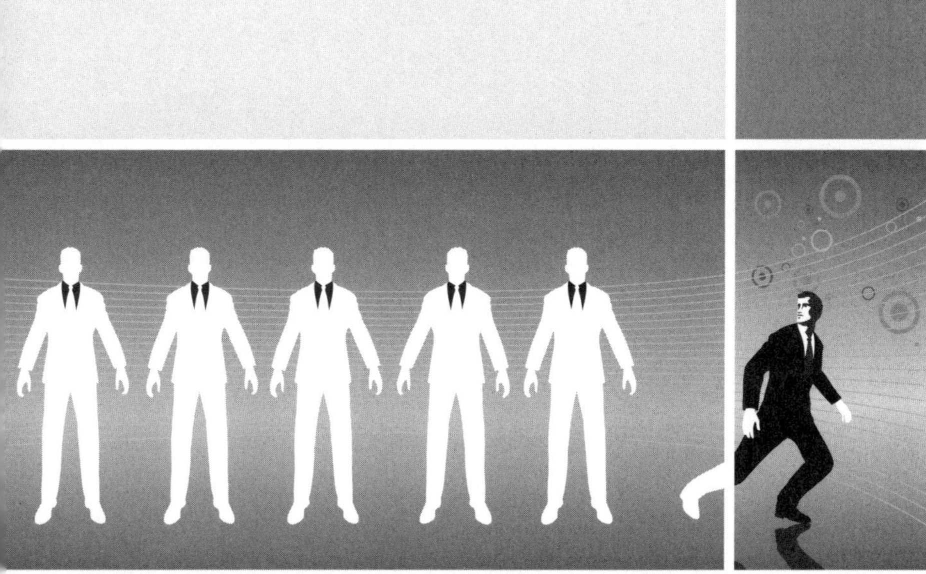

2

Nur wenige Rituale und Traditionen können sich mit Neujahr messen. Wenn Sie jemals zu *Family Feud* gehen würden und diese Kategorie würde kommen, wäre das ein Festtag. Mit Sekt anstoßen, „Nehmt Abschied Brüder" singen, gute Vorsätze fassen – und Ryan Seacrest (für die Greise unter uns: Dick Clark) zählt den Countdown, bis ein großer Glitzerball im landesweiten Fernsehen fällt!

Noch ein Ritual: die alljährlichen Börsenprognosen professioneller Investoren. Ob sie auch in Spielshows auftreten? Keineswegs. Doch wenn man sie kennt und versteht, kann einem das mehr Geld einbringen als jede Spielshow, es sei denn, Sie haben 50 Sendungen *Jeopardy* vor sich.

Wenn man professionelle Prognosen analysiert, kann einem das auch dabei helfen, eines der grundlegenden Prinzipien des Kontrarianismus zu entwickeln: nicht entgegengesetzt denken, sondern anders denken. Die Strategen von der Wall Street sind eine viel bessere Beute als Privatanleger. Mein alter Researchpartner Meir Statman und ich fanden im Jahr 2000 in einer Studie für das *Financial Analysts Journal* heraus, dass die Prognosen professioneller Analysten schlechter und länger falsch sind als die „normaler" Menschen. Die meisten Privatanleger sind nicht so stur und sie schwenken gemeinsam mit dem Trend um – sie halten es nicht allzu lange durch, falschzuliegen, bevor sie umsteigen. Wenn sie skeptisch sind, können vier Monate mit starken Renditen sie in Bullen verwandeln. Wenn sie optimistisch werden, reicht schon ein größerer Rücksetzer, damit sie wieder zu Skeptikern werden. Amateure haben oft weniger Zutrauen in ihre Ansichten. Meir und ich fanden heraus, dass Privatanleger dann umschwenken, wenn die Medien umschwenken.

> Die Profis sind dickköpfiger. Wir schrieben damals: „Privatanleger und Newsletter-Autoren bilden ihr Sentiment so, als würden sie erwarten, dass sich die kurzfristigen Renditen fortsetzen. Liefert der S&P 500 einen Monat lang hohe Renditen, werden sie bullish. Die Stimmung der Wall-Street-Strategen wird hingegen kaum von Aktienrenditen beeinflusst. Wir fanden keine statistisch signifikante Beziehung zwischen den Renditen des S&P 500 und späteren Stimmungsänderungen der Wall-Street-Strategen.“[1]

Die Profis schwenken nicht so schnell um wie die Privatanleger. Ihr Status verschafft ihnen Selbstvertrauen – sie sind sich sehr sicher, sie wüssten, wohin die Märkte unterwegs sind, und sie sind bereit, geduldig zu sein. Sie werfen im Prinzip zwar nicht die Flinte ins Korn, aber sie kehren zum Mittelwert zurück. Wenn ihre Prognosen für ein bestimmtes Jahr zu düster sind und sich schon zur Jahresmitte abzeichnet, dass sie deutlich zurückliegen, korrigieren sie sie nach oben – nur ein kleines bisschen, und zwar vor allem, damit sie nicht lächerlich dastehen, wenn der Markt im Plus endet. Im Jahr 2014 machten das viele so, sie zogen ihre Prognosen zur Jahresmitte nach, als der Markt ihre Jahresprognosen mittlerer einstelliger Renditen bereits überholt hatte – interessanterweise wandte sich der Markt danach gegen sie und vollzog im dritten Quartal eine „getarnte Korrektur“. Das ist der Große Erniedriger (GE), wie er leibt und lebt.

Mit dem Wissen gewappnet, dass die Profis von der Wall Street deutlicher und länger falschliegen – jedenfalls in den meisten Fällen –, können wir auf sie Jagd machen. Wie in Kapitel 1 berichtet, würde ein Griesgram, der sich als Kontrarianer gebärdet, sagen, wenn alle Profis bullish sind, müsse man bearish sein; und wenn sie bearish sind, sollte man bullish vorpreschen. Doch wie wir noch sehen werden, ist das zu schwarz-weiß gedacht. Professionelle Börsengurus irren sich sehr oft, aber nicht etwa, weil der Markt immer das Gegenteil dessen täte, was sie sagen. Zu wissen, inwiefern und wieso sie sich irren – und weshalb der Markt sich so verhält, wie er sich eben verhält –, ist der erste Schritt dahin, das man öfter richtig- als falschliegt.

In diesem Kapitel werden wir folgende Punkte behandeln:

- Warum sich die meisten Profis die meiste Zeit irren
- Was uns ihre falschen Prognosen *wirklich* darüber sagen, was die Märkte tun werden und was nicht
- Wieso es gar nicht so wichtig ist, mit einer Prognose den Nagel auf den Kopf zu treffen

DIE NUTZLOSE/NÜTZLICHE KALENDER-FASZINATION DER WALL STREET

Dass die Wall Street so sehr von Renditeprognosen für Kalenderjahre fasziniert ist, ist größtenteils töricht. Die Renditen im Kalenderjahr zählen nämlich gar nicht. Das stimmt wirklich! Was wirklich zählt, sind die Marktzyklen, und die scheren sich nicht um Kalenderblätter. Keine Hausse des Standard & Poor's (S&P) 500 Index seit 1926 begann im Januar und nur eine – die von 1957 bis 1961 – endete im Dezember. Vielleicht hält sich ja der nächste Zyklus perfekt an den römischen Kalender oder er richtet sich nach den Mondphasen. Für alles gibt es ein erstes Mal! Aber grundsätzlich ändert sich nichts, wenn der Kalender umgeblättert wird.

Die Wall Street ist von Kalenderjahren fasziniert und Experten geben gern Jahresprognosen ab. Damit bekommen sie Schlagzeilen und Klicks, was für einen Experten immer gut ist. Sie machen Furore und sind von solcher Art, dass die Leser problemlos etwas Vernünftiges daraus machen können – eigentlich ja nur aus einer Zahl! Einer ganz speziellen und auf einen bestimmten Index bezogenen Zahl. Sie lassen sich leicht verfolgen und einsortieren und dies verleiht den Experten die Aura der Verlässlichkeit, obwohl die wenigsten von ihnen ihre Berichtsformulare ausfüllen und sich kaum jemand hinterher die Berichte anschaut.

Alle machen bei diesem Spiel mit. Die großen Brokerhäuser stellen dafür komplette Teams aus Volkswirten und hauseigenen Gurus bereit. Über viele Fondsmanager wird in den Medien wie über Kultfiguren berichtet, wenn sie ihre Prognosen abgeben. Unbekannte Profis geben sie vielleicht in ihren Quartalsberichten ab. Blogger und Kolumnisten können einem gewöhnlich in Form einer Zahl angeben, wohin sich die Aktien ihrer Meinung nach entwickeln werden.

Einzeln betrachtet bringt keine dieser Prognosen dem Durchschnittsanleger recht viel. Auch den Kunden der Profis bringen Prognosen in Zahlenform nicht viel. Das ist nur ein Nebenschauplatz! Die Prognose, die ein Profi in sein Berichtsformular einträgt, entscheidet ja nicht über die Renditen, die seine Kunden einfahren werden. Die Performance resultiert aus der Positionierung. Wenn sie für eine Hausse positioniert sind und es sich für die Kunden auszahlt, bedeutet das viel mehr, als wenn sie sieben oder 20 Prozent in einem 18-Prozent-Jahr vorhersagen.

Der Trick ist, dass man die Prognosen der Profis benutzt, ohne sie zu benutzen. Nein, das ist kein Druckfehler! Wenn man alle Profi-Prognosen für ein Jahr sammelt, bekommt man eine herrliche Momentaufnahme davon, welche grundsätzliche Richtung und welche Größenordnung die Wall Street erwartet. Und dadurch bekommt man eine ziemlich gute Vorstellung davon, was der Markt wahrscheinlich einrechnet und was darum wohl nicht passieren wird.

Die Profis von der Wall Street sind nicht die einzigen, die von Kalendern fasziniert sind – die Unternehmen sind es auch! Mein Vater Phil Fisher klagte ständig darüber. Er sah sich mehr als Unternehmensanalyst denn als Börsenanalyst und er sagte, börsennotierte Unternehmen würden viel zu viel Wert auf den Gewinn pro Aktie im nächsten Jahr legen, sie würden immer in Kalenderjahren denken. Privat denken sie laut seiner Aussage viel langfristiger. Wenn sie die Chance hätten, mit einem Investment über 20 Jahre eine astronomische Rendite zu erzielen, würden sie sich weniger um Vorlaufkosten, Konjunkturzyklen und die unvermeidlichen kurzfristigen Verluste scheren. Dann würden sie sich viel mehr für den Gesamtertrag am Ende der 20 Jahre nach den gelegentlichen großen Verlusten interessieren.

Wenn ein Unternehmen ein neues Werk baut, frisst das Projekt Geld – die Planung, die Architektur und der Bau zehren Kapital auf. Unternehmen, die übertrieben stark auf den Gewinn im Kalenderjahr achten, wagen einen solchen Sprung womöglich gar nicht, egal wie sehr er im weiteren Verlauf das Wachstum und den Gewinn steigern könnte.

Doch wie kam es, dass wir uns so sehr von den Kalendern fesseln ließen? Wir haben das schon vor Jahrhunderten mit der Muttermilch aufgesogen.

Es geht auf unsere bäuerlichen Wurzeln zurück, als der Kalender wirklich noch wichtig war. Der Wetterverlauf wird von den Jahreszeiten bestimmt, jedes Jahr kommt die Erntezeit und im 19. Jahrhundert waren die Jahresergebnisse noch wichtig. Ob nun für Ackerbauern, Viehzüchter, Holzfäller oder Müller – Erntezeit ist Erntezeit und sie kommt einmal im Jahr.

In der Frühzeit der Märkte waren die meisten Amerikaner in der Landwirtschaft beschäftigt. Der Herstellungssektor war winzig klein und der Dienstleistungssektor kaum existent. Es gab zwar Händler und Banken, aber nicht die riesigen Dienstleistungsbranchen, die wir heute haben. Die Landwirtschaft war vorherrschend und darum auch die landwirtschaftliche Einstellung – deshalb wandten wir auf alles Mögliche strikt Kalender an. Unser Überleben hing davon ab. Wir nahmen das bis ins Mark auf. Wer das nicht tat, konnte sein Erbgut nicht weitergeben.

Wenn Sie sich von der Kalenderliebe der Wall Street befreien, fällt es Ihnen leichter, anders zu denken. Die Renditen im Kalenderjahr sind nicht wichtig. Wichtig ist, ob eine Hausse zwei oder zehn Jahre lang dauert! Die Renditen in den einzelnen Kalenderjahren weniger. Die Gesamtrendite, die man nach allen Korrekturen und Rücksetzern erzielt hat, ist alles, was einen dem Ziel näher bringt. Wenn man die Marktrenditen in 14-Monats- anstatt in 12-Monats-Zeiträumen bestimmen würde, wäre das genauso gültig.

DAS GRUPPENDENKEN DER PROFIS

Professionelle Analysten neigen mit ihren Prognosen zum Gruppendenken. Aber zugeben würden sie es nie! Sie schwören alle, ihre Ansichten seien einzigartig, klüger und besser. Manche sind es ganz bestimmt. Und doch weisen professionelle Analysten eine Tendenz zur Ballung auf.

Ausreißer gibt es immer. Gewöhnlich liegen in jedem Jahr ein paar Profis richtig, egal ob nun aus den richtigen Gründen oder aus purem Glück. Doch die große Masse fällt in eine ziemlich schmale Spanne und bietet dem Markt (dem Großen Erniedriger) ein leichtes Ziel – ein ganzer Haufen Experten, den er auf einen Streich demütigen kann, und das „rechnet" der GE dann in die aktuelle Preise ein.

Im Prinzip rotten sich die Profis nicht bewusst zusammen. Sie nutzen jedoch alle die gleichen Informationen und neigen dazu, sie auf ähnliche Weise zu interpretieren. Das, worin sie sich einig sind – der „Konsensus" –, ist die Masse, die Herde oder wie immer man das nennen will, was der Markt in die Preise einberechnet, und das, was der Kontrarianer meiden muss. Die Fundamentalisten blicken alle auf dieselben Maßnahmen der Federal Reserve, dieselben ökonomischen Plus- und Minuspunkte, Zinsen, Bewertungen und dieselbe Politik; sie gehen von den gleichen Voraussetzungen aus, was für die Aktien gut und schlecht sei – und die meisten Annahmen sind auf die eine oder andere Art sehr konventionell. Sie neigen alle dazu, zum Mittelwert zurückzukehren – sie setzen auf den langfristigen Durchschnitt und gehen davon aus, dass auf Jahre mit großen Zugewinnen Jahre mit kleinen Gewinnen oder mit Verlusten folgen. Die Technischen Analysten benutzen alle die gleichen Charts, die gleichen Muster und die gleichen Regeln. Es sind die gleichen allgemein bekannten Informationen, die die Herde täglich wiederkäut. Anhänger der Dow Theory folgten der Dow Theory. Anhänger von Robert Shiller teilen die gleiche breite Auslegung des schwankenden geglätteten 10-Jahres-Kurs-Gewinn-Verhältnisses (KGV), das er verficht (auch als CAPE bezeichnet, Cyclically Adjusted Price-to-Earnings, zyklenbereinigtes KGV).

Das hat zur Folge, dass alles, worin sich die Profis einig sind, eingepreist wird. Ihre Erwartungen, wie sich Ereignisse und Entwicklungen auf die Aktien auswirken werden? Eingepreist! Wahrgenommene Risiken, die in Berichten diskutiert werden? Eingepreist! Es ist überaus unwahrscheinlich, dass die Börsenrealität so eintritt, wie sie es erwarten. Selbst wenn sich gewisse Ereignisse bis aufs i-Tüpfelchen an ihre Vorhersagen halten, tut es die Reaktion des Marktes wahrscheinlich nicht.

Den Kontrarianern ist das klar. Sie wissen, dass die meisten Anleger die Erwartungen der Profis teilen werden. Die Medien berichten lang und breit über die Prognosen der Profis und das wirkt sich auf die Ausblicke der meisten Leute aus. Menschen, die die Geldanlage wie eine Wissenschaft betreiben, stimmen oft mit den Gurus überein, die eine ähnliche Methodologie, eine ähnliche

Logik und eine ähnliche Theorie verwenden. Techniker schlagen sich gewöhnlich auf die Seite von Profis, die die gleichen Chartformationen und Regeln benutzen. Außerdem wissen die Kontrarianer, dass die Griesgrame mit der entgegengesetzten Richtung rechnen.

WIE DER KONTRARIANER PROFI-PROGNOSEN BENUTZT

Kontrarianer wissen, dass die meisten Prognosen der Profis bereits eingepreist sind. Sie werden nicht eintreten. Aber was genau davon ist eingepreist? Die konkrete Zahl? Wenn der Konsensus auf sechs Prozent lautet, schlägt dann der GE mit acht Prozent zu?

Das könnte sein, aber wahrscheinlich nicht. Das würde ihm nämlich bei Weitem nicht genug Spaß machen.

Hier das Geheimnis: Die konkrete Zahl ist gar nicht so wichtig. Die Märkte schauen eher auf den ganzen Korb. Eine Prognose von sechs Prozent besagt eigentlich nur, dass die Rendite irgendwo im unteren bis mittleren einstelligen Bereich liegen soll. Der Unterschied zwischen einer Prognose von sechs und einer von acht Prozent ist mehr oder weniger bedeutungslos. Wenn die meisten Profi-Prognosen in diesen Bereich fallen, kann man daraus schließen, dass der Markt wahrscheinlich nicht im Korb landen wird. Aber passieren könnte es durchaus! Der GE könnte beschließen, über die Anti-Herde der Miesepeter herzufallen statt über die Haupt-Herde. Das hat er schon getan (dazu kommen wir noch). In der Mehrzahl der Fälle tut der Markt am Ende aber etwas ganz anderes als das, was die professionellen Analysten erwarten.

Es ist leichter, als Sie glauben, die Profis im Auge zu behalten. Man braucht nur ein bisschen zu googeln und mit einfachen Excel-Funktionen zu arbeiten – und wenn Sie sich mit Excel nicht auskennen, können Sie auch das googeln! (Es gehört zu den vielen Wundern des Internets, dass es so enorm viele technische Anleitungen bereithält.)

Das heißt, dass Sie mit minimalem Zeitaufwand und minimaler Beharrlichkeit das tun können, was wir in meiner Firma tun. Aber ich warne Sie: Nur wenige Leser werden es jemals tun, weil es dem vernünftigen Empfinden widerspricht. Das Researchteam meiner Firma fasst jedes Jahr die Profi-Prognosen für die Referenzindizes bedeutender Länder zusammen – für die USA die des S&P 500, für Deutschland die des DAX, für Japan die des Nikkei. Sie werden grob verstehen, worum es geht. Wir stecken die Zahlen für jedes Land in ein einfaches Diagramm, in ein Histogramm, wenn Sie den Fachbegriff wissen wollen.

Auf der horizontalen Achse geben wir das Renditespektrum in 5-Prozent-Schritten an: 0 bis 5 Prozent, 5 bis 10 Prozent, 10 bis 15 Prozent und so weiter. Und dann stapeln wir in allen Bereichen die Prognosen übereinander, die darin landen. Das ist, als würde man nummerierte Legosteine aufeinanderbauen.

Normalerweise ergibt sich dabei die Form einer Glockenkurve und der dicke Teil gibt den Bereich an, in dem sich die Prognosen am dichtesten ballen. Wenn sich die Prognosen in den Bereichen 0 bis 5 und 5 bis 10 Prozent ballen, sagt einem das, dass die meisten Leute glauben, die Märkte würden ein bisschen steigen – einstellig. Wieder einmal machen die Differenzen keinen Unterschied. Liegen alle im niedrigen negativen und niedrigen positiven einstelligen Bereich, weiß man, dass die meisten ein stagnierendes Jahr erwarten. Liegen sie zwischen 10 und 20 Prozent, erwarten die Leute ein ordentlich bullishes Jahr. Und liegen sie zwischen -10 und -20 Prozent, erwartet die Mehrheit eine Baisse.

Wenn man erkannt hat, mit welcher Richtung und welcher Größenordnung die Masse rechnet, weiß man, was wahrscheinlich nicht passieren wird. Es ist also einfacher, als man glaubt, den Bereich einzugrenzen! Grob ausgedrückt tun Märkte eigentlich nur vier Dinge – ein bisschen steigen, viel steigen, ein bisschen fallen oder viel fallen. Vier Ergebnisse! Vielleicht fünf, wenn man die Stagnation mitzählt. Aber das ist in der Geschichte des S&P 500 erst genau einmal passiert, und zwar 1947. Wie Casey Stengel sagte: Sie können das nachschauen.

Sie können also allein durch einen Blick auf die Kurve eines dieser vagen Ergebnisse von der Liste der Möglichkeiten streichen. In welchem der vier Bereiche die Ballung auch landet, Sie können ihn streichen.

Damit bleiben Ihnen noch drei Möglichkeiten. Wenn alle damit rechnen, dass die Aktien ein bisschen steigen werden, könnte der GE sie mit leichten Verlusten überraschen, aber er könnte sie auch wegblasen, indem er kräftig steigt, oder sie dumm aussehen lassen, indem er kräftig fällt. Die Miesepeter wären natürlich anderer Meinung. Wenn die Profis sagen, er werde leicht steigen, erwarten die Griesgrame, dass er fallen wird. Wenn die Profis sagen, er werde kräftig steigen, sorgen die Griesgrame für die Apokalypse vor. Manchmal haben die Miesepeter recht! Aber wenn man auf ihre Annahmen baut, funktioniert das mit keiner nennenswerten Wiederholbarkeit. Der GE prügelt auch auf sie gern ein.

Wenn man herausfinden will, welches Ergebnis am wahrscheinlichsten ist, muss man herausfinden, ob die Profis Chancen oder Risiken übersehen – damit werden wir uns in den nächsten Kapiteln befassen. Hören Sie sich einmal an, worüber die Experten im Fernsehen schwatzen. Wo liegen ihrer Meinung nach die Risiken? Was gefällt ihnen? Daran erkennen Sie, was wahrscheinlich schon eingepreist ist. Wo schauen sie nicht hin? Was legen sie falsch aus? Dort finden Sie die wahren Chancen und Risiken. Und dann suchen Sie nach Dingen, die der Masse vielleicht entgehen. Und schauen Sie auf der ganzen Welt nach! Übersehen die meisten Menschen die falsche Geldpolitik in vielen bedeutenden Ländern? Dass schlechte Geldpolitik gemacht wird, reicht aber noch nicht – wenn alle das sehen, ist es wahrscheinlich bereits in die Aktienkurse hineingebacken. Sie sollten nach Dingen suchen, über die sehr wenige andere sprechen. Ist abzusehen, dass neue Zölle und Handelsbeschränkungen den Handel einbrechen lassen, aber noch merkt es keiner? Ist abzusehen, dass lästige Regulierungen die Gewinne beeinträchtigen werden – und die Mehrheit hat es noch nicht begriffen? (So wie es 2008 mit der Mark-to-Market-Bewertung war, die Wochen vor dem Börsenhoch 2007 eingeführt worden war.)

Natürlich reicht die bloße Existenz solcher unbemerkter Risiken noch nicht aus, damit die Aktien tief fallen. Märkte bewegen sich aufgrund von Wahrscheinlichkeiten, nicht aufgrund von Möglichkeiten. Sie müssen die Wahrscheinlichkeit abwägen, dass sich etwaige unbemerkte Risiken, die Sie erkennen, wirklich auswirken und dass sie die Welt erschüttern. Keine Aktien zu haben ist eines der größten Risiken, das Anleger eingehen können, wenn sie ihr Vermögen langfristig mehren wollen. Wenn sie falschliegen und in einem bullishen Jahr an der Seitenlinie stehen, haben sie einen ganzen Berg aufzuholen.

MEIN JANUAR-RITUAL

Auch ich spiele das Januar-Spiel – das wird bei Forbes *jedes Jahr verlangt und auch meine Kunden verlangen es. Sie wissen, dass unsere Prognose für die kommenden 12 bis 18 Monate unsere Positionierung bestimmt, und sie wollen wissen, warum wir das tun, was wir tun. Sollten sie auch!*

Allerdings versuche ich, das Spiel mit den Zahlen nicht mitzuspielen. Die Zahlen zählen nicht! Haussen sind Haussen. Wenn ich 15 Prozent voraussage, aber die Aktien steigen um 30 Prozent, hatte ich dann unrecht? Oder hatte ich recht, weil die Hausse weitergegangen ist und meine Positionierung in beiden Fällen die gleiche gewesen wäre?

Deshalb sage ich nur Spannen voraus. In meinen Januar-Kolumnen für Forbes *und in den Quartalsberichten meiner Firma für die Kunden lauten die Prognosen auf stark steigend, leicht steigend, stark fallend oder leicht fallend. Wenn man ihnen unbedingt Zahlen beilegen muss, kann man sich vorstellen, dass stark steigend plus 20 Prozent oder mehr bedeutet, leicht steigend 0 bis 20 Prozent, leicht fallend -0 bis -20 Prozent und stark fallend -20 Prozent oder mehr. Aber auch hier ist nichts in Stein gemeißelt. Wenn ich gesagt hätte, die Aktien würden kräftig steigen und sie würden dann 16 Prozent steigen, könnte ich damit ganz gut leben. Wir wären dann richtig positioniert und 16 Prozent sind eine schöne Hausse-Rendite.*

Bei einer Baisse kommt noch ein Kniff dazu. Viele Bärenmärkte bringen keine ganzjährigen negativen Renditen mit sich. Es kann nämlich durchaus sein, dass eine Baisse über die zweite Hälfte des einen Jahres und die erste Hälfte eines anderen reicht – und in beiden Jahren die Renditen positiv sind! Bei Prognosen geht es vor allem darum, zu erkennen, ob sich der Zyklus wahrscheinlich ändern wird. Wenn das Jahr mit einer Hausse beginnt, wie wahrscheinlich ist es dann, dass irgendwann eine Baisse eintritt? Und wenn das Jahr mit einer Baisse beginnt, wie wahrscheinlich ist es dann, dass noch vor Jahresende eine Hausse beginnt?

Denken Sie an das Jahr 1987. Es verlief von der Hausse in die Baisse und wieder zurück und das alles vom 25. August bis zum Dezember. Und die Jahresrendite? Ein hauchdünnes Plus. Wenn man nun ein hauchdünnes Plus, aber nicht die Baisse vorhergesagt hätte, wäre man dann wirklich gut gewesen?

Nicht dass die meisten dies 1987 vorhergesagt hätten. Als das Jahr begann, waren die Profis einstimmig bullish. Die Aktien waren in vier Jahren rund 150 Prozent gestiegen und viele Analysten schrieben diese Renditen fort – auf, auf und davon! Wie ich im Januar jenes Jahres in Forbes *schrieb, war die Stimmung so hochfliegend, dass mein Tischler John ein großes Jahresplus vorhersagte. Warum? Das hatte er im Fernsehen gehört! Er war nicht der einzige. Wie ich in meiner Kolumne vom Juni 1987 erklärte, schwenkten viele Anleger von Angst auf Gier um, weil die „außerordentliche Hausse die Anlageerwartungen vieler Menschen durcheinandergebracht hat“.[2] Wir erreichten das Stadium, in dem, um es mit den Worten von Bernard Baruch zu sagen, „Bettler und Schuhputzer, Frisöre und Kosmetiker einem sagen können, wie man reich wird“. Euphorie!*

Die meisten Gelehrten führten lächerliche, nicht stichhaltige Gründe dafür an, dass die Aktien weiter kletterten – Gründe, weshalb man Warnzeichen nicht beachten sollte. Der Kontrarianer in mir glaubte nicht daran. „Wenn wirklich so viel Liquidität in Umlauf ist, dass sie einen weiteren Anstieg der Aktienkurse speist – wie die Superbullen behaupten –, warum zum Teufel steigen dann die Zinsen? Bei überschüssiger Liquidität würde man ja erwarten, dass die Zinsen stabil sind oder sinken. Dem ist aber nicht so.“[3]

Der Tropfen, der das Fass zum Überlaufen brachte – und das Ereignis, das mich veranlasste, meine Portfolios defensiv umzuschichten –, kam, als mich die Leute von der MacNeil-Lehrer NewsHour *anriefen und mich fragten, ob ich bearish sei. Damals hatte ich ein paar leicht bearishe Artikel verfasst und leicht bearishe öffentliche Kommentare abgegeben, also antwortete ich: Ja, ich sei leicht bearish. Da erzählten sie mir, sie würden einen Beitrag mit dem bekannten Bullen Dan Dorfman planen und sie wollten, dass ein Bär mit ihm diskutiert, wobei ein Interviewer moderiert. Klingt ja wirklich witzig! Aber ich musste fragen: Warum ich? Ich war nicht berühmt, ich war ein Typ von der Westküste, der seit drei Jahren für* Forbes *schrieb und ein Buch geschrieben hatte. Was wollten sie wohl mit jemandem, der nicht berühmt war?*

Ihre Antwort? Sie hätten sonst niemanden gefunden, der dazu bereit gewesen wäre. Sie fanden zwar Leute, die sagten, sie seien bearish, aber

im Fernsehen wollten sie das nicht sagen. Niemand wollte sich öffentlich hinstellen und sich gegen einen so großen Bullen wie Dorfman stellen, um ihm zu sagen, seine Argumentation sei falsch. Das war ein deutliches, furchterregendes Zeichen dafür, dass die Stimmung zu euphorisch war.

Natürlich schien es im Oktober, als die meisten Gelehrten überhaupt keine Ahnung hatten, wieso die Zinsen stiegen und dadurch einen Liquiditätsengpass signalisierten, klar, dass das, was damals noch nach einem kleinen Rücksetzer aussah, sich bald verschlimmern würde. Das tat es auch! Und danach wurde es schnell wieder besser.

1987 drehte sich alles um die Positionierung. Darum, im Laufe des Jahres die richtige Richtung zu erwischen. Eine Jahresprognose im Voraus? **Prognose? Quatsch mit Soße.**

AUCH DIE BESTEN STRAUCHELN MANCHMAL

Wie bei so ziemlich allen Prognosetricks gibt es auch hier ein Aber. Wenn er gut funktioniert, bekommen ihn die Menschen mit und benutzen ihn, dann wird er eingepreist und funktioniert nicht mehr – jedenfalls eine Weile, bis sie ihn vergessen. Das passierte vor einigen Jahren auch mit diesem Trick. Er klappte zu gut! Dann klappte er nicht mehr. Aber dass er nicht mehr klappte, wurde dann auch eingepreist. Deshalb funktioniert er jetzt wieder. Irgendwann werden die Menschen das wieder merken und wenn sich das Wissen verbreitet, dass die Stimmungs-Glockenkurve nicht eingepreist ist, wird sie wieder eingepreist.

Das ist nicht ungewöhnlich. Darauf komme ich in Kapitel 5 noch näher zurück, aber die meisten Anleger haben ein sehr kurzes Gedächtnis. Genau darüber habe ich 2011 ein Buch geschrieben: „Markets Never Forget (But People Do)." Das stimmte damals und es stimmt noch heute. Wenn etwas eine Weile nicht funktioniert, vergessen es die Menschen und es gewinnt seine Kraft wieder. Ich bezeichne das als den „Elefanten im Zimmer" – etwas, das immer da ist und schon immer da war, aber nicht immer gesehen wird. Wenn ein Elefant in Ihrem Wohnzimmer steht, ist das eine große Sache! Wenn Sie ihn zum ersten Mal sehen, fallen Sie wahrscheinlich vor Schreck um! Ein Elefant! Aber wenn er bleibt, gewöhnen Sie sich vielleicht an ihn. Elefanten sind grau und deshalb fügt er sich vielleicht ganz gut ein. Sie gehen an ihm vorbei und bemerken ihn gar nicht. Dadurch kann er sie überraschen, wenn er sich auf einmal bewegt. Genauso ist es mit den Märkten. Wenn sich die Anleger einer Sache zu sehr bewusst werden, ob es nun ein Trick ist oder ein Risiko, verliert sie ihr Überraschungspotenzial. Sie ist einfach da, sie gehört zum langfristigen Hintergrund und ist nichts Besonderes mehr. Aber sobald die Menschen sie vergessen haben, schlägt sie wieder zu.

Einige Jahre lang bestand mein geheimer Trick darin, die Prognosen der Profis auszunutzen, und das funktionierte wunderbar. In den guten alten Zeiten war das leicht – wir benutzten einfach die Überblicke über die Analystenprognosen, die *BusinessWeek* jeden Dezember veröffentlichte. Mehr als diese eine Seite brauchte man nicht, um die Stimmung an der Wall Street einzuschätzen – als Stichprobe reichte das. Indem man eine Seite ausnutzte, konnte man die Herde ausnutzen! Da diese Publikation heute zu *Bloomberg* gehört und die Zusammenfassung der Prognosen nicht mehr abdruckt, erfordert es mehr Mühe, die Prognosen der Profis zusammenzutragen – man muss *Bloomberg*, *Barron's* und andere Quellen durchstöbern. Das ist machbar, aber schwieriger als in den einfachen Tagen, als man nur eine Seite in einer Zeitschrift zu durchforsten brauchte.

Die folgenden Seiten zeigen professionelle Prognosen und die tatsächlichen Renditen seit 1996. Sie sind nicht neu – die Zahlen in Abbildung 2.1 von 1996 bis 2003 stammen direkt aus meinem Buch „The Only Three Questions That Count" aus dem Jahr 2006. Wie bereits dort erwähnt, stammen alle Prognosen von einer Seite aus *BusinessWeek*. Die Charts ab 2004 sind für Sie neu, aber sie stammen alle aus den Research-Archiven meiner Firma und beruhen auf der gleichen Methodologie – bloß aus breiter angelegten Quellen, nachdem *Bloomberg Businessweek* aufgehört hatte, diese Seite abzudrucken.

ABBILDUNG 2.1: 1996-2003

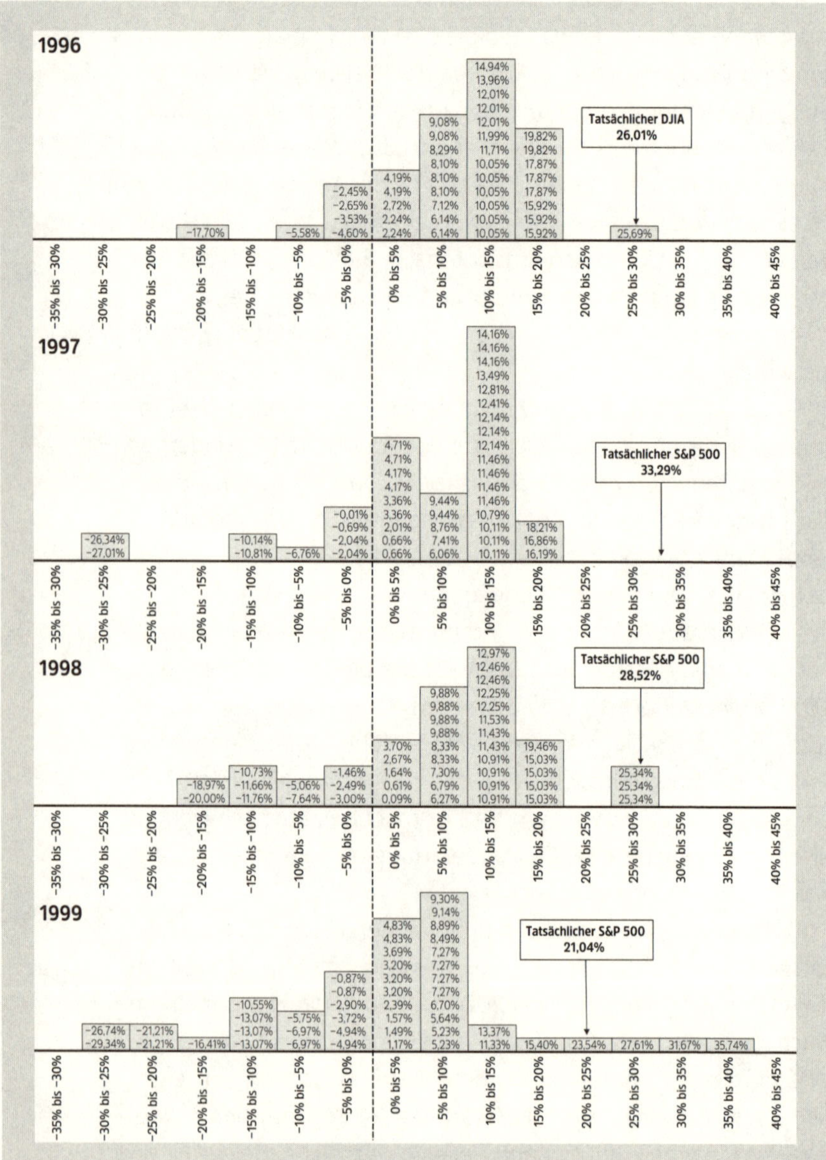

Quellen: BusinessWeek, *FactSet, Fisher Investments Research.*

ABBILDUNG 2.1 (FORTSETZUNG)

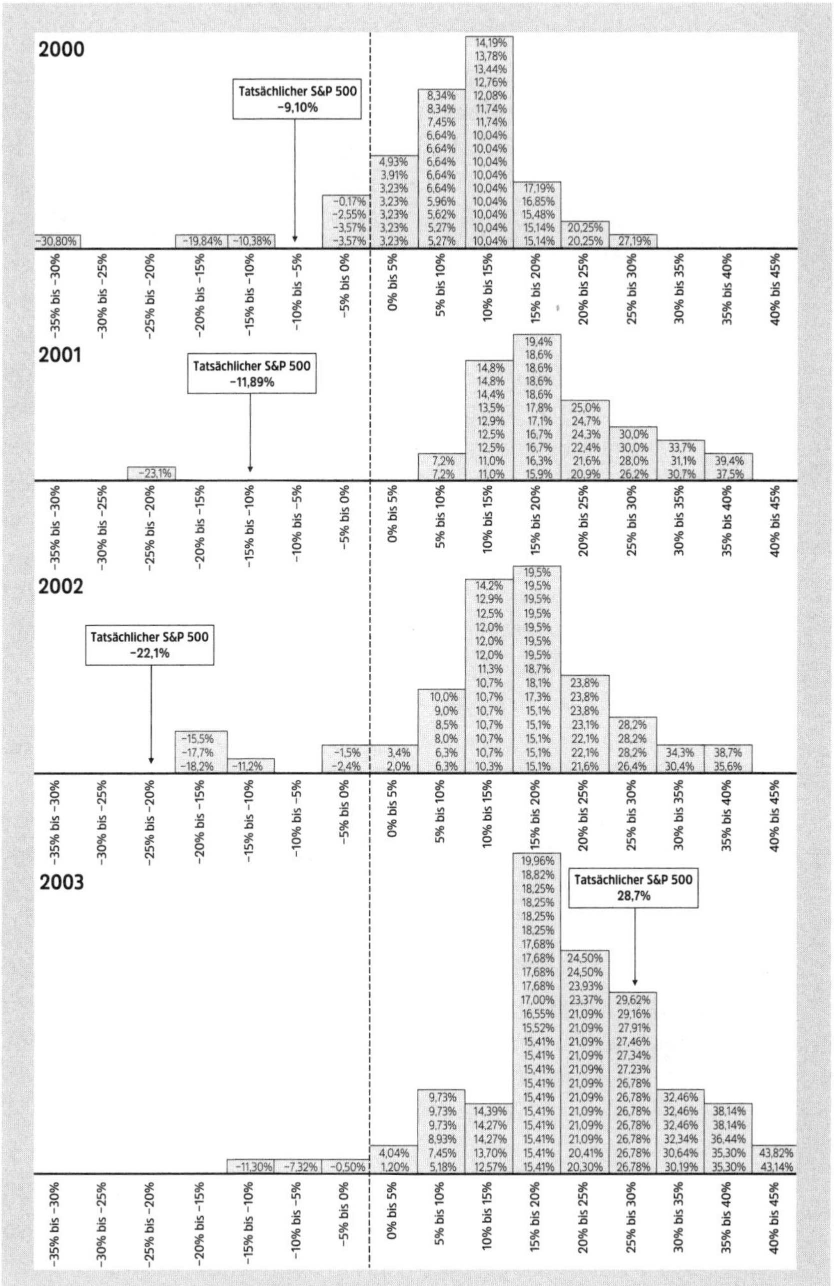

Quellen: BusinessWeek, *FactSet, Fisher Investments Research.*

Wie Sie sehen, fiel die tatsächliche Rendite von 1996 bis 2002 weit aus dem Rahmen, den die meisten erwartet hatten. In den Jahren 1996, 1997, 1998 und 1999 rechneten die Profis mit einem leichten Anstieg. Die Aktien stiegen dann kräftig. Im Jahr 2000 wurden die Profis bullisher, aber die Aktien fielen. 2001 und 2002 wurden sie noch bullisher, aber die Aktien fielen noch weiter. In diesen sieben Jahren fiel die tatsächliche Rendite des Marktes annähernd perfekt aus der Kurve heraus. In drei Fällen davon fiel sie komplett aus dem Chart heraus!

Aber im Jahr 2003 sagten die Profis einen starken Anstieg voraus und der Markt legte ihn wirklich hin. Die Gesamtrendite des S&P 500 von 28,7 Prozent fiel mitten in die Kurve. Wenn so etwas passiert, ist man versucht, es abzutun: Das ist Zufall! Mein Trick funktioniert! Es kann gar nicht sein, dass er nicht funktioniert! Aber daraus spricht der Stolz – und der ist bei der Geldanlage eine Todsünde. Wenn die leise Stimme in Ihrem Kopf versucht, den Irrtum zu begründen, laufen Sie vor Ihr davon! Schalten Sie sie ab. Hören Sie auf, nach vernünftigen Begründungen zu suchen, und fangen Sie an, vernünftig zu denken. Sie (und jeder andere) werden sich oft irren. Wer großartig ist, irrt sich etwa in einem Drittel der Fälle! Das sind viele Fehler! Wenn Sie Rationalisierungen suchen, können Sie aus diesen unvermeidlichen Fehlern nicht lernen. Man bleibt dadurch Kontrarianer, dass man aus seinen Fehlern lernt.

Und das tat ich nach 2003. Es musste etwas faul sein, es musste einen fundamentalen Grund dafür geben, dass die Profis richtiglagen. Ich machte mir darum keinen großen Kopf – wie gesagt, auf die Positionierung kommt es an und wir waren voll bullish aufgestellt. Und da professionelle Analysten auf die Rückkehr zum Durchschnitt setzen, versteht es sich von selbst, dass sie nach dem Alptraum des Jahres 2002 für 2003 ein großes Plus voraussagten.

Aber Ende 2004 war absolut klar, dass der Trick mit der Glockenkurve einen Winterschlaf brauchte (Abbildung 2.2). In jenem Jahr ballten sich die Prognosen im hohen einstelligen und niedrigen zweistelligen Bereich. Die tatsächliche Rendite des S&P 500 fiel dann mit 10,9 Prozent genau in die Mitte. Dann fing auch die Wall Street Feuer! Ein paar Profis gestanden öffentlich, sie würden jetzt auch so etwas benutzen, um der Herde ein Schnippchen zu schlagen; sie würden abwarten, bis alle anderen ihre Prognosen abgegeben hätten, damit sie sich eine Prognose außerhalb des Mainstreams aussuchen könnten und dadurch bessere Chancen hätten, richtigzuliegen. Sie waren es müde, falschzuliegen, und wollten ein Stück vom Ruhm abhaben. Und so breitete sich das wie alle neuen Methoden am Kapitalmarkt aus, wurde populär und dadurch eingepreist. Alle schauten auf den Elefanten und deshalb wurde es Zeit, woandershin zu schauen.

ABBILDUNG 2.2: 2004

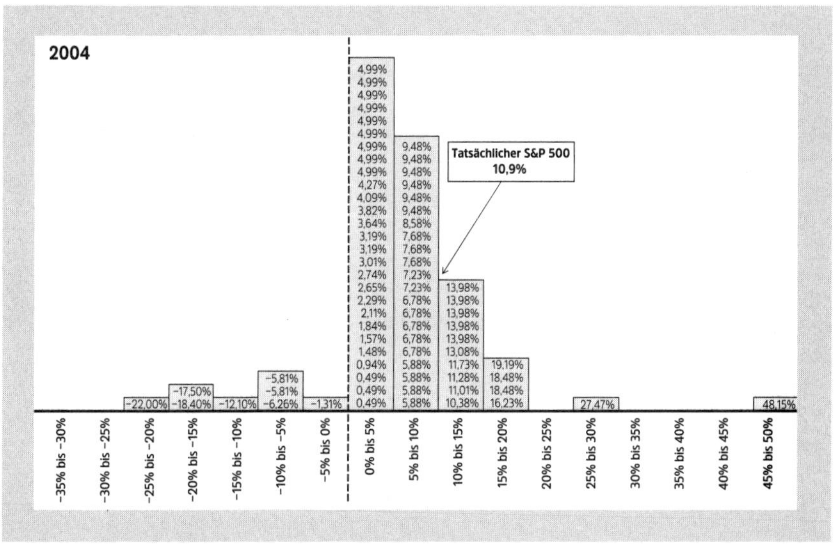

Quellen: BusinessWeek, *FactSet, Fisher Investments Research.*

Wie Sie in Abbildung 2.3 sehen, klappte es mehrere Jahre lang nicht mehr. Die meisten Prognosen für 2005 waren einstellig. Der S&P 500 lieferte 4,9 Prozent ab. Im Jahr 2006 konzentrierten sich die Vorhersagen im unteren bis mittleren Bereich zwischen 10 und 20. Und was kam tatsächlich? 15,8 Prozent. Im Jahr 2007 ballten sich die Prognosen im einstelligen Bereich und der S&P 500 ließ sie mit 5,5 Prozent schlau erscheinen.

Im Jahr 2008 irrten sich die Profis (Abbildung 2.4). Die meisten sagten für den S&P 500 Renditen zwischen 10 und 20 Prozent voraus. Ich irrte mich auch. Wir alle wurden vom GE erniedrigt. Nach 2008 war es verlockend zu meinen, es würde wieder funktionieren. Aber auch das ist wieder ein Fehler – Korrelation ohne Ursachen! Man braucht auch ein Warum.

Der Grund, weshalb die professionellen Analysten im Jahr 2008 falschlagen, war einfach und verriet nicht, ob der Trick mit der Glockenkurve wieder funktionierte. Uns allen entgingen die Auswirkungen der Mark-to-Market-Vorschrift, bis es zu spät war (wie in Kapitel 1 besprochen). Als die Banken im Laufe des Jahres immer mehr Vermögensgegenstände abschrieben, konnte sich kaum jemand vorstellen, dass die Fed und das Finanzministerium so inkonsequent vorgehen würden, wie sie es später taten, wenn noch mehr Banken untergehen würden. Deshalb stürzten die Aktien und die Konjunktur ab – ein riesiger Negativpunkt, der nicht eingepreist war.

ABBILDUNG 2.3: 2005-2007

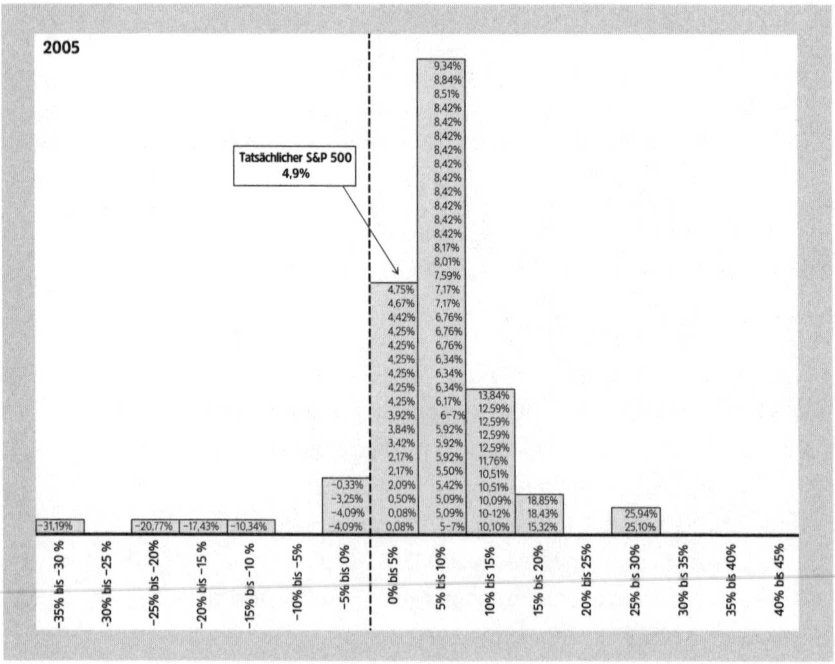

Quellen: BusinessWeek, *FactSet, Fisher Investments Research.*

WEM DIE GLOCKENKURVE DIE STUNDE **SCHLÄGT**

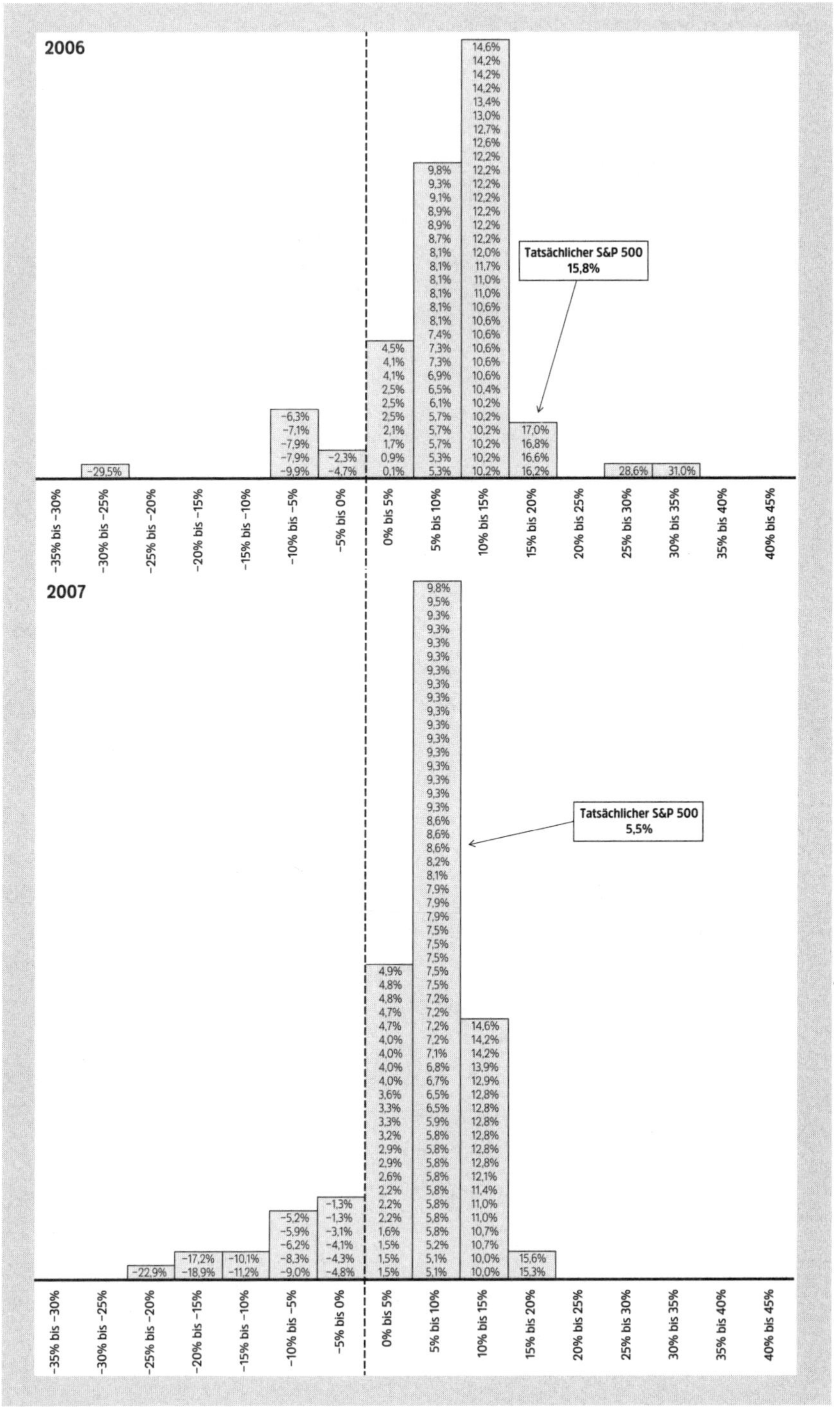

Quellen: BusinessWeek, *FactSet, Fisher Investments Research.*

ABBILDUNG 2.4: 2008

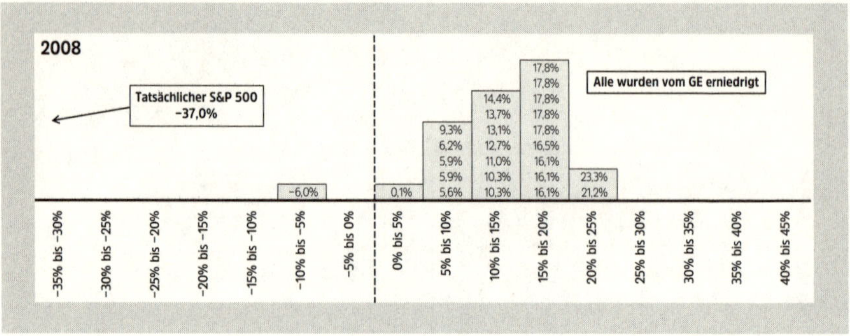

Quellen: BusinessWeek, *FactSet, Fisher Investments Research.*

Als das Jahr 2009 begann, wusste ich, dass es wahrscheinlich keine Zauberei war, dass sich die Profis im Vorjahr geirrt hatten. Ich wusste auch, dass wir dem Ende der Baisse wahrscheinlich näher waren als ihrem Anfang, sodass es töricht gewesen wäre, die Portfolios meiner Kunden für eine Fortsetzung der Baisse zu positionieren. Nicht wenn die Aktien von den Tiefs der Baisse aus so weit nach oben federn! Als eine Menge professionelle Analysten Renditen von über 20 Prozent vorhersagten, schloss ich mich ihnen daher ohne mit der Wimper zu zucken an. Ja, sie setzten ebenso wie 2003 nach einem Jahr mit großen Verlusten alle auf die Rückkehr zum Mittelwert, aber auch damit kann man manchmal richtigliegen. Die Chance auf ein Verlustjahr war praktisch gleich null. Es musste kräftig aufwärts gehen – auch wenn viele Privatanleger das Gegenteil glaubten – und so kam es auch.

Aber im Jahr 2009 passierte noch etwas anderes. Obwohl viele Profis richtiglagen, landete die tatsächliche Rendite des S&P 500 neben dem größten Berg des S&P 500.

Im Jahr 2010 passierte das wieder (siehe Abbildung 2.5). Die Prognosen häuften sich im einstelligen Bereich, was verrückt erschien, da die Hausse bereits ein Jahr lief und die Fundamentaldaten aus allen Rohren feuerten. Nur fünf von den Gurus, die wir verfolgten, sahen ein Verlustjahr voraus und nur zwei prophezeiten ein übles Jahr.

Ein gutes Zeichen gab es: Sie setzten immer noch auf die Rückkehr zum Mittelwert! Nach einem bescheidenen Jahr musste ein tolles Jahr kommen, weil, ja ... also wegen des Durchschnitts! Mir kam es vor, als würden sie den alten Trick mit der Glockenkurve nicht mehr benutzen. Sie versammelten sich in einem irrationalen Bereich und schienen reif für den Irrtum und reif für den GE zu sein.

An dieser Stelle würde der Griesgram sagen: Weil Dutzende Profis einen Anstieg vorhersagen, muss es abwärts gehen. Aber die Konjunktur zog wieder an, die Emerging Markets starteten rasant durch, die Demokraten verloren an Boden, sodass gesichert schien, dass sich die Blockade nach den Midterm-Wahlen in den Vereinigten Staaten fortsetzen würde, und die Schlagzeilen waren äußerst pessimistisch. Überall schlechte Nachrichten. Die guten wurden entweder ignoriert, als nicht nachhaltig abgetan oder als schlechte Nachrichten verkleidet. Das schwache Wachstum wurde

ABBILDUNG 2.5: 2009 und 2010

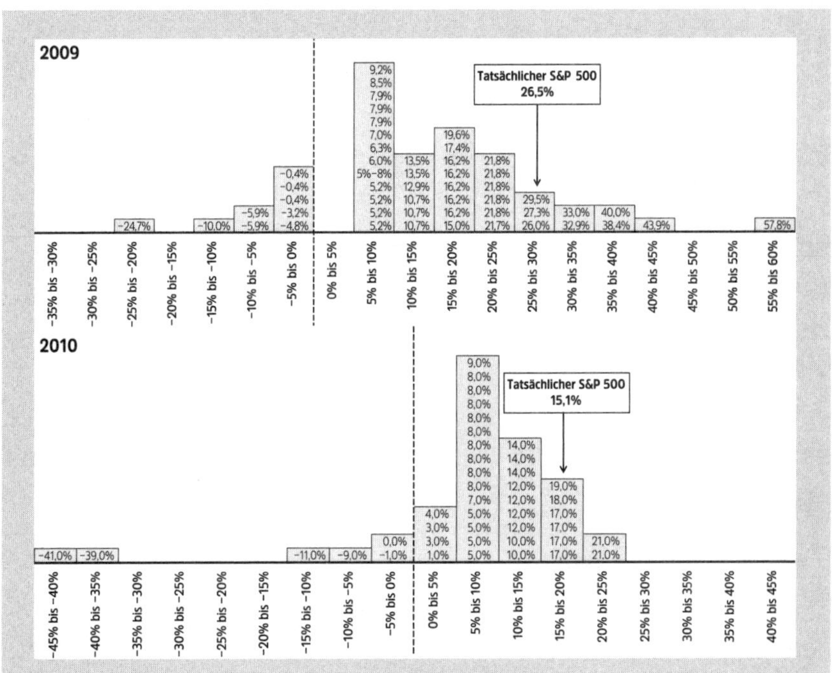

Quellen: BusinessWeek, *FactSet, Fisher Investments Research.*

als Zeichen für ein „verlorenes Jahrzehnt" betrachtet. Die geldpolitischen und steuerlichen Konjunkturanreize, die zur Steigerung der Nachfrage gedacht waren, sorgten in Wirklichkeit lediglich für untragbare künftige Schuldenlasten oder Hyperinflation oder oder oder ... Da eine derart hohe Sorgenmauer zu erklimmen gewesen wäre, erschien es am wenigsten wahrscheinlich, dass es abwärts gehen würde.

Da die Profis zurückhaltender und die Gelehrten übler Laune waren, schien vorprogrammiert zu sein, dass die Aktien mehr steigen würden, als die meisten erwarteten. Und das taten sie auch! Ebenso wie 2009 lag die tatsächliche Rendite – 15,1 % – zwar nicht völlig außerhalb der Kurve, aber außerhalb der Wölbung, und sie bewegte sich schnell in eine extreme Richtung.

WIE MAN DIE WALL STREET SCHLÄGT

Da die Renditen jetzt wieder neben der Wölbung der Glockenkurve liegen, ist ziemlich klar, dass die Experten wieder in ihr gewohntes Gruppendenken verfallen sind. Schlecht für sie. Gut für Sie!

Dass man die Prognosen der Profis streicht, ist natürlich nur der erste Schritt auf dem Weg, herauszufinden, was die Aktien *wirklich* tun werden. Wie gesagt, das grenzt die möglichen Ergebnisse lediglich von vier auf drei ein. Da ich keine Kristallkugel habe, kann ich Ihnen natürlich nicht sagen, worauf Sie im nächsten Jahr, im Jahr danach oder in 20 Jahren achten sollten. Sie können jedoch die Methode lernen und sie dann auf ein beliebiges Jahr anwenden – Sie brauchen lediglich zu wissen, wie Sie sehen und wie Sie denken müssen.

Im Jahr 2011 ging die Prognose von der Anlegerstimmung aus – siehe den nachfolgenden Kasten, der meine Kommentare aus der Ausgabe Februar 2011 von *Forbes* zusammenfasst. Wieder schwebten die Profis zwischen dem mittleren einstelligen und dem unteren zweistelligen Bereich umher und die Baisse befand sich immer noch im Frühstadium – normalerweise ein gefundenes Fressen. Aber die allgemeine Anlegerstimmung war wieder einmal eigenartig. Die Privatanleger – meine Kunden – und die Journalisten waren offenbar geteilter Meinung.

„EIN JAHR FÜR STOCK-PICKER“, AUS *FORBES* VOM 14. FEBRUAR 2011

Der Rat, den ich Ihnen dieses Jahr gebe, ist nüchterner als letztes Jahr. Dieses Jahr wird die Bullen und die Bären gleichermaßen enttäuschen – es wird keinen großen Trend in eine bestimmte Richtung geben. Am 8. Februar 2010 verkündete ich, wir würden in einem geistigen Zustand des „ungläubigen Pessimismus“ feststecken, wie er nach großen Baissen auftritt, weil die Menschen das Schlechte überbewerten und das Gute entweder ignorieren oder darin noch mehr Schlechtes wittern. Ich dachte, 2010 würde ein gutes Aktienjahr werden und der Pessimismus würde abnehmen.

Und jetzt zeigt mein Research, dass zu viele Optimisten unterwegs sind. Das ist bearish! Aber einen Moment noch: Es zeigt außerdem, dass zu viele übrig gebliebene Pessimisten unterwegs sind – viele langjährige, eingefleischte Untergangspropheten – und dazu noch welche mit frisch erworbener Höhenangst. Ihre Angst rührt vor allem von dem fröhlichen Anstieg der letzten zwei Jahre her. Und das ist bullish.

Zwischen den Miesmachern und den Bullen steht es unentschieden – die Stimmung ist wie bei einer Hantel ausgewogen gespalten. Ich bezeichne den Markt regelmäßig als den „Großen Erniedriger“, eine annähernd allmächtige Wesenheit, die nur existiert, um möglichst viele Menschen zu erniedrigen und möglichst lange um möglichst viele Dollar zu erleichtern. Er hat es auf Sie und auf mich und auf Ihre alte Tante abgesehen. Und jetzt kann er sein Ziel am besten dadurch erreichen, dass er die Bullen und die Bären gleichermaßen frustriert – durch ein Jahr, in dem der Markt am Jahresende nur um Haaresbreite höher oder niedriger steht als zu Jahresbeginn.

Auf den ersten Blick hätte das Jahr 2011 fantastisch werden sollen. Im Jahr 2010 war die Katastrophe nicht eingetreten. Keine Double-Dip-Rezession. Zwar ging Griechenland den Bach runter und Irland musste gerettet werden, aber der weithin befürchtete Eurokollaps trat nicht ein. Nach einer Korrektur um die Jahresmitte stiegen die Aktien kräftig. Deshalb besserte sich die Stimmung der Allgemeinheit etwas und Analysten, die zuvor vorsichtige Prognosen abgegeben hatten, verwandelten sich in regelrechte Bullen – sie schrieben den jüngsten Trend einfach fort und machten sich keine konkreten Gedanken über die Zukunft. Ein solches Vorgehen ist nie rational – und der GE bestraft es gerne sofort.

Aber die besseren Fundamentaldaten ließen die vielen standhaften Untergangspropheten nicht umfallen. Trotz der vielen Anzeichen für eine Besserung blieben sie bei ihren bearishen Gewohnheiten und dachten, im Jahr 2011 würde die bröckelnde Peripherie der Eurozone *wirklich* die Welt in den Abgrund reißen, die Vereinigten Staaten würden eine Double-Dip-Rezession durchmachen oder Chinas Glückssträhne würde enden. Das Kontingent der „Perma-Bären" war größer geworden. Und seit 2008 war es auch glaubwürdiger, viele sagten: „Ich habe das kommen sehen! Ich hatte recht!" Allerdings waren sie alle aus den falschen Gründen bearish. Aber das war egal. Die Medien kauften ihnen dieses Narrativ ab. Der Perma-Bär Nouriel Roubini wurde weltberühmt. Ihr Einfluss und der Einfluss der von Höhenangst Geplagten, die der rasante Anstieg der Aktienkurse nach dem Tief erschreckte, ließ einen hohen Jahresverlust unwahrscheinlich erscheinen. Für den GE kein Spaß!

Also strichen wir die Prognosen der Profis (Abbildung 2.6) und die beiden Extreme. Blieb nur noch ein stagnierender Markt. Das mag für eine noch junge Hausse zwar seltsam klingen, aber eigentlich ist es ziemlich normal. Es war das dritte Jahr – und da ist es, wie zum Beispiel 1994, oft Zeit für eine Pause. Alle Anzeichen deuteten darauf hin, dass eine Nullrendite am wahrscheinlichsten wäre – vielleicht würde es ein winziges bisschen nach oben oder nach unten gehen.

ABBILDUNG 2.6: 2011

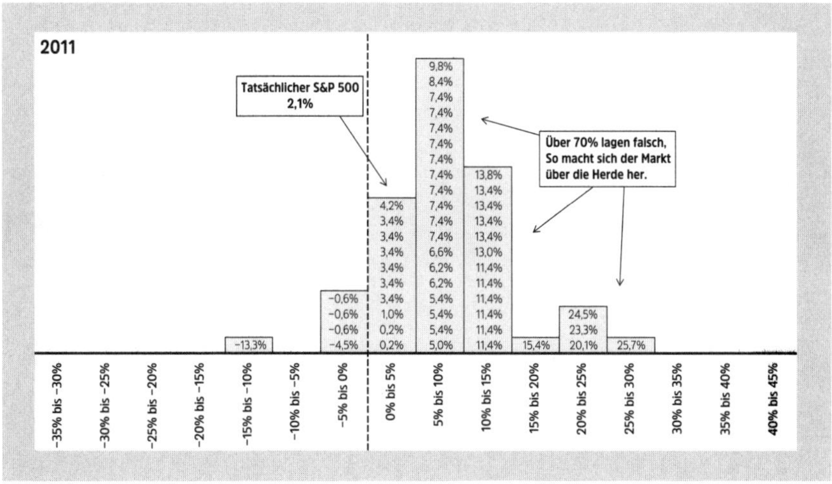

Quellen: BusinessWeek, *FactSet, Fisher Investments Research.*

Das Jahr an sich wurde eine Achterbahnfahrt. Die Aktien starteten gut, dann machten sie im Sommer eine böse Korrektur durch, holten aber viel davon wieder auf und beschlossen das Jahr mit einem minimalen Plus (nachdem sie Anfang Oktober mit 11,3 Prozent im Minus gestanden hatten).[4]

Das Jahr 2012 lief eher nach Schema F (Abbildung 2.7). Wieder ballte sich die Herde im einstelligen Bereich, wobei die durchschnittliche und die mediane Prognose bei 7,3 Prozent lagen. Aber nicht wenige rechneten mit leicht negativen Renditen, weil sie nach der wilden Fahrt des Jahres 2011 verschreckt waren. Ganz wenige sahen Jahre mit zweistelligen Kursgewinnen voraus und nur einer war extrem bullish. Da die Pause des Jahres 2011 Geschichte war, die Fundamentaldaten immer noch gut waren, das politische Risiko wegen der vorhersehbaren Blockade im Wahljahr gering war und die Stimmung eine riesige Sorgenmauer auftürmte, schien klar, dass die Aktien positiv überraschen würden – was sie dann auch taten.

ABBILDUNG 2.7: 2012

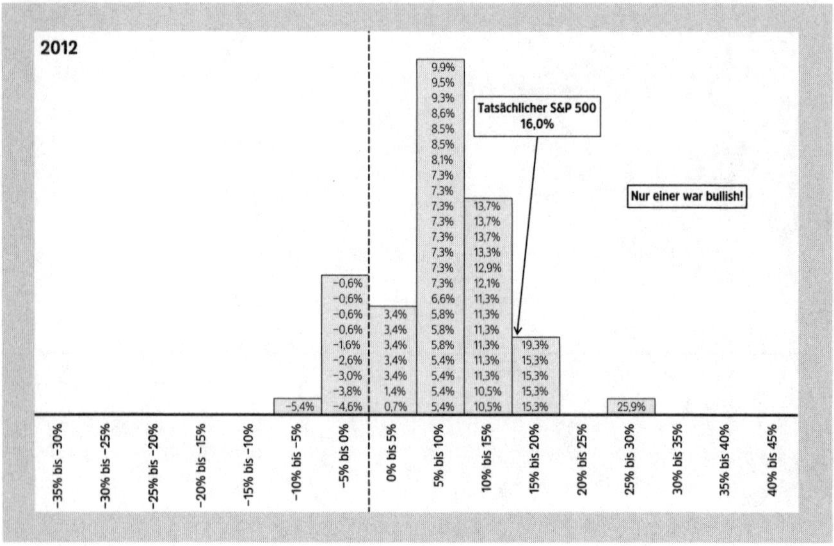

Quellen: BusinessWeek, *FactSet, Fisher Investments Research.*

ABBILDUNG 2.8: 2013

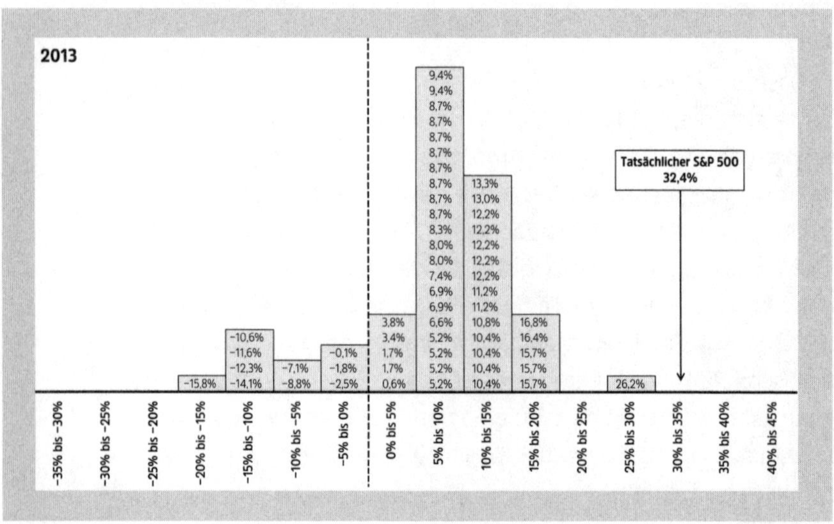

Quellen: BusinessWeek, *FactSet, Fisher Investments Research.*

Im Jahr 2013 (Abbildung 2.8) ballten sich die Profis zwischen 5 und 15 Prozent – sie rechneten mit einem durchschnittlichen Jahr. Wenn alle den Durchschnitt erwarten, ist der Markt aus Langeweile extrem darauf aus, sie durchzurütteln – durch einen extremen Anstieg oder einen extremen Rückgang. Es gab aber keinen Grund, weshalb die Aktien abstürzen sollten. Haussen laufen normalerweise so lange, bis ihnen der Dampf ausgeht oder ihnen ein unvorhergesehenes negatives Ereignis einen schweren Schlag versetzt. Die Stimmung war immer noch ziemlich mies, sodass es unwahrscheinlich erschien, dass ihnen der Dampf ausgehen würde – den Bullen geht dann der Atem aus, wenn die Stimmung extrem euphorisch ist, nachdem sie die sprichwörtliche Sorgenmauer erklommen haben. So weit wir sahen, gab es auch keine Rückschläge. Es war das Altbekannte, das seit Beginn der Baisse ständig wiedergekäut wurde – eine hohe, dicke Sorgenmauer. Das hieß, dass sehr wahrscheinlich ein ertragreiches, gutes Jahr bevorstand. Das Gleiche legten die anziehende Weltwirtschaft, die nach wie vor steigenden Unternehmensgewinne, die anhaltende politische Blockade und die sonstigen guten Nachrichten nahe, die von den Menschen nach wie vor ignoriert wurden. Die Aktien enttäuschten auch nicht – sie schafften das Doppelte der Profi-Prognosen.

Im Jahr 2014 ballten sich die Profis auf noch engerem Raum (Abbildung 2.9), weil die eingefleischten Bären weniger bearish wurden und die Höhenangst die Bullen weniger bullish machte. Nach einem überdrehten Jahr 2013 waren es die Bären leid, falschzuliegen. Jahrelang hatten sie vorhergesagt, die Krise des Jahres 2008 werde zurückkehren, aber das tat sie nicht. Die meisten glaubten ihnen nicht mehr – in *Forbes* hatte ich erklärt, dass dies das gleiche Syndrom war, wie wenn jemand mehrmals grundlos „Feuer" schreit. Die Bullen waren mittlerweile überzeugt, die Aktien seien im Jahr 2013 zu schell zu weit gestiegen. Nur zwei sagten eine Rendite von mehr als zehn Prozent voraus.

ABBILDUNG 2.9: 2014

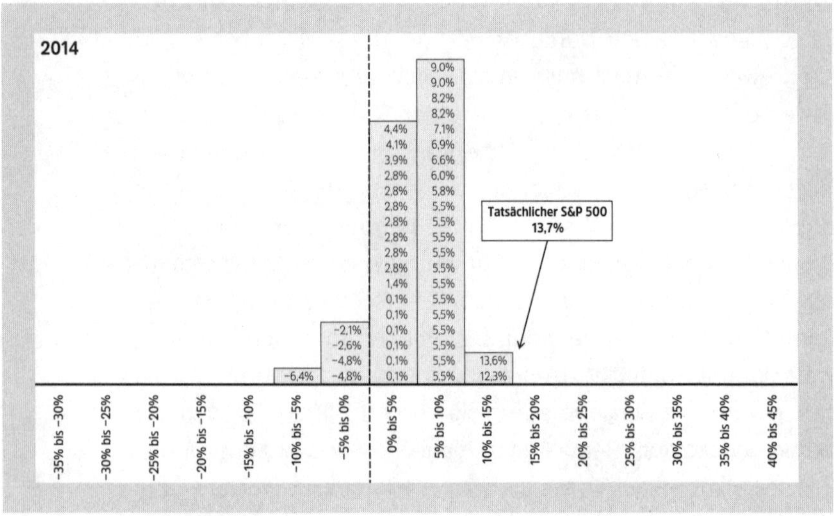

Quellen: BusinessWeek, *FactSet, Fisher Investments Research.*

Die durchschnittliche Prognose für den S&P 500 betrug sechs Prozent und das bedeutete, dass man gering positive Renditen in den Vereinigten Staaten streichen konnte. Den *Forbes*-Lesern erzählte ich in der Ausgabe vom 20. Januar: „Wenn sich die Stimmung derart zusammenballt, entwickeln sich die Aktien laut meinem Research fast immer viel besser oder viel schlechter. Rechnen Sie damit, dass sie besser laufen!“[5] In der nächsten Ausgabe führte ich das näher aus: „Laut meinen historischen Untersuchungen ist die derzeitige Streuung von 19 Prozent [die Spanne zwischen der höchsten und der niedrigsten Prognose] jetzt in die Kurse eingepreist. Deshalb wird der Markt wahrscheinlich boomen und ein Plus von über 20 Prozent verzeichnen oder offiziell korrigieren, um mehr als zehn Prozent. Alles oder nichts und das bringt alle in Verlegenheit. Der Kurssturz findet statt, wenn noch nicht diskutierte starke negative Kräfte aufkommen. Ohne solche Überraschungen spricht alles für Kursgewinne. Vorläufig sollten Sie von Letzteren ausgehen.“[6]

Am Ende blieb der große Schocker aus. Auch korrigierten die Aktien nicht offiziell, auch wenn die Kursdelle im Herbst dicht dran war. Der S&P 500 schloss 13,7 Prozent im Plus und damit höher, als die Masse erwartet hatte, aber nicht so hoch, wie ich es erwartet hatte – auch mir wollte der GE eins auswischen.[7] Wie gesagt, wenn man die Prognosen der Profis ausnutzt, erfährt man nicht, was genau die Aktien tun werden, sondern nur, was sie wahrscheinlich nicht tun werden. Im Jahr 2014 klappte das gut, auch wenn wir mit einem Boomjahr mit 20 Prozent plus nicht gerechnet hatten. Abgesehen davon dürfte ein Portfolio, das für ein Jahr mit 15 Prozent positioniert ist, in einem derart tollen Jahr nicht schlecht dastehen. Eine Hausse ist eben eine Hausse. Die erwartete Richtung – und nicht die Größenordnung – sollte die Positionierung bestimmen.

Nicht das Gegenteil, sondern etwas anderes. Das ist der Schlüssel dazu, wie man professionelle Prognosen verwendet – und der Schlüssel dazu, wie man Kontrarianer wird. Wie wir in den folgenden Kapiteln noch sehen werden, kann anders denken so einfach sein, dass es nur in dieser Frage besteht: „Warum glaubst du das?"

ANMERKUNGEN

1. „Investor Sentiment and Stock Returns", Kenneth L. Fisher und Meir Statman, *Financial Analysts Journal*, März/April 2000.
2. „What Goes Up ...", Ken Fisher, *Forbes*, 15. Juni 1987.
3. „Double Damned", Ken Fisher, *Forbes*, 5. Oktober 1987.
4. FactSet; Stand 19.08.2014, S&P 500 Total Return Index 31.12.2010 bis 03.10.2011.
5. „A Big (Bull) Surprise for 2014", Ken Fisher, *Forbes*, 20. Januar 2014.
6. „All or Nothing in 2014", Ken Fisher, *Forbes*, 10. Februar 2014.
7. FactSet, Stand 02.01.2015, S&P Total Return Index 31.12.2013 bis 31.12.2014.

DRACULA UND DIE VIER MEDIEN-APOKALYPTISCHEN REITER

3

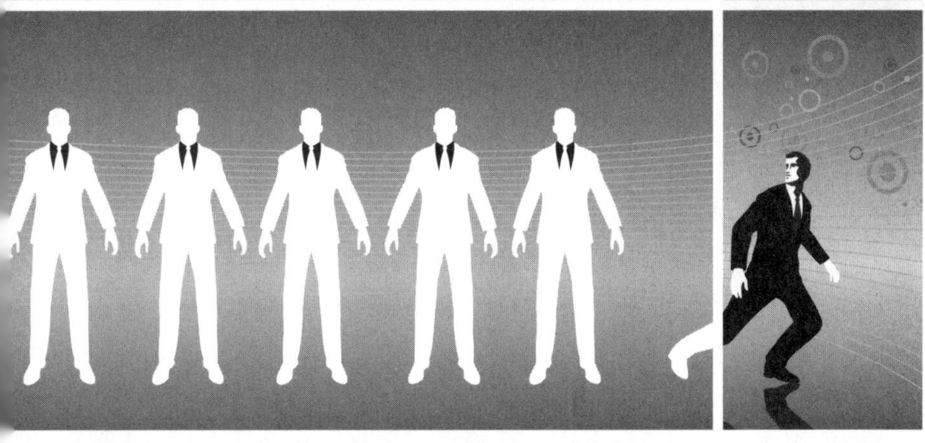

3

Wie im letzten Kapitel empfohlen, sollte man nach dem Elefanten im Zimmer suchen – nach der großen Sache, die die Herde übersieht. Aber ganz so weit sind wir noch nicht. Bevor man weiß, was man suchen soll, muss man erst wissen, wohin man nicht schauen sollte! Die Medien scheitern daran kläglich. Sie schauen meistens am falschen Ort – was die meisten Anleger veranlasst, sich die falschen Dinge anzuschauen.

Man findet den Elefanten nicht, wenn man nicht ins Zimmer schaut. Das tun aber nur sehr wenige Menschen! Die meisten starren aus dem Fenster und suchen nach fernen Pünktchen, die vielleicht nie näher kommen. Sie blicken auf soziologische Themen, auf das Chaos am Rande und auf wissenschaftliche Debatten, die für die Märkte keine Bedeutung haben. Oder sie schauen bloß um die Ecke und haben stets Angst davor, was dort lauert.

Das ist aber alles nicht wichtig. Nicht die ferne Zukunft, nicht die Soziologie und nicht das, was gerade passiert ist. Nicht die Dinge, von denen alle sagen, sie könnten morgen passieren. Die Märkte sind weder weit- noch kurzsichtig. Sie blicken etwa 3 bis 30 Monate in die Zukunft, und am genauesten schauen sie sich den Bereich zwischen 12 und 18 Monaten an. Wenn wir mit absoluter Sicherheit wüssten, dass die Welt am 31. Dezember 2020 untergeht, würde der Markt das frühestens ab 2018 einpreisen. Das ist beim Markt die Normalsichtigkeit. Alles, was über rund 30 Monate hinausgeht, ist für den Markt verschwommen und unglaubhaft. Er glaubt es einfach nicht.

Betrachten Sie das vorliegende und das nächste Kapitel als Anleitung, wie man die Zeitung liest, das Internet durchforstet oder *CNBC* schaut. Fangen wir damit an, wie man echte Nachrichten vom kurzfristigen Rauschen unterscheidet. Wie man

Vampire tötet und gegen die vier medien-apokalyptischen Reiter kämpft. Oder weniger blumig ausgedrückt:

- Wie man erkennt, was kurzfristiges Rauschen ist und was die Aktien vielleicht wirklich interessiert
- Wie man mit einfacher Logik gegen den Medienhype ankämpft
- Wie man merkt, dass die Schlagzeilen „Feuer!" schreien

DIE FINANZ-FEHLSICHTIGKEIT DER MEDIEN

Okay, vielleicht ist die Überschrift dieses Abschnitts ein bisschen hart. Journalisten sind ja nicht blind – sie können nah und fern sehen. Aber sie schreiben für einen Kundenkreis, der sich nicht an den Kapitalmärkten orientiert. Sie schreiben sicherlich nicht für das eine Prozent, das dies tut. Sie schreiben nicht einmal für die drei Prozent. Ihre Augen schweifen von Natur aus auf das, was ihren ungeduldigen Lesern wichtig erscheint, für die Märkte aber nicht wichtig ist. Auf das, was zu nahe ist, und auf das, was zu fern ist.

Die meisten Schlagzeilen schauen auf den falschen Zeitrahmen. Dorthin, wo der Lärm am lautesten ist, denn Lärm verkauft sich gut. Vor allem schlechte Nachrichten! Blut kommt an. Aber meistens führt das die Anleger in die Irre.

Schlagen Sie eine Finanzzeitung auf oder gehen Sie auf eine Finanz-Website. Dann werden Sie sehen, dass fast alle Storys in eine von zwei Kategorien fallen: ultra-kurzfristig oder ultra-langfristig.

Auf Seite 1 steht immer der obligatorische Artikel darüber, was die Aktien an diesem Tag (oder am Vortag, wenn es eine Morgenzeitung ist) gemacht haben. Fünfhundert Wörter, die die Volatilität an einem Ereignis oder einem Wirtschaftsbericht festmachen. Auch wenn 99,9 Prozent davon Müll sind, hey, es sind aktuelle Meldungen! Extrablatt! Extrablatt! Die Aktien fallen, weil der Einzelhandelsumsatz gesunken ist und wegen Janet Yellens Frisur! Das ist alles nutzlos. Normalerweise kann man die täglichen Kursbewegungen nicht an konkreten Dingen festmachen und es ist immer ein Blick in die Vergangenheit. Und niemand weiß, wer am betreffenden Tag gekauft oder verkauft hat und erst recht nicht, warum. Die Medien tragen nur zusammen, was gewisse

Schwätzer zusammengeschwätzt haben. Nebenbei gesagt wirkt sich das, was gestern mit den Aktien passiert ist, nicht darauf aus, was sie im Laufe des nächsten Jahres tun werden.

Außerdem findet man dort Storys, in denen frisch veröffentlichte Zahlen seziert werden. Das Bruttoinlandsprodukt (BIP), die Verbraucherausgaben, die Einzelhandelsumsätze, die Arbeitslosigkeit, die Inflation, die Aufträge im Verarbeitenden Gewerbe, der Ausstoß des Verarbeitenden Gewerbes, die Außenhandelsbilanz, die Erstanträge auf Arbeitslosengeld, die Immobilienpreise ... ist Ihnen schon langweilig? Das wäre zu wünschen. Denn das sind alles Nachrichten von gestern, die eigentlich einschläfernd wirken sollten, aber trotzdem finden Sie garantiert mehrere Hundert Wörter darüber, weshalb all das (und noch mehr in dieser Richtung) in irgendeinem Monat oder Quartal gestiegen oder gefallen ist, und dazu reichlich Spekulationen darüber, was das bedeutet. Es werden Analysten und Volkswirte zitiert, die einem sagen, warum das alles wichtig sei, eben alles Mögliche, was sich schriftlich zitieren lässt. Manchmal bekommt man sogar einen oder zwei Tage vorher einen Vorbericht, der Mutmaßungen über die bevorstehenden Ergebnisse anstellt – und dann analysiert, welche Konsequenzen das Gemutmaßte haben würde. Sinnlose Kurzsichtigkeit.

Das Gleiche gilt für die Geschäftszahlen von Großkonzernen. Zuerst werden in Vorabberichten die Ergebnisse führender Unternehmen vorhergesagt, dann kommt die tatsächliche Meldung. Es folgen Artikel, die über die Ergebnisse und Prognosen jammern oder jubeln. Und schließlich bringen daraufhin die ganzen Analysten der Sell-side-Firmen ihre Kauf- beziehungsweise Verkaufsempfehlungen auf den neusten Stand. Ein Blick auf die Tagesbewegung des Aktienkurses genügt, um festzustellen, dass nichts davon als Handlungsanweisung taugt – es wird innerhalb von Mikrosekunden eingepreist. Aber das hält den Stadtausrufer nicht auf.

Auch über die Fed wird regelmäßig berichtet. Jedes Mal, wenn ein Fed-Mitglied eine Rede hält, erscheint eine Menge Mediengeschwafel mit Einschätzungen, was die Äußerungen für die künftige Zinsentwicklung bedeuten könnten. Die Experten zücken ihre Dechiffrierringe und suchen in vagen Bemerkungen und Stegreifäußerungen nach versteckten Botschaften. Dann versuchen sie,

Ihnen zu erzählen, was das alles für die Zinsen bedeutet und was die Zinsen für die Aktien bedeuten. Aber das kann man alles gar nicht wissen. Man kann der Fed kein Schnippchen schlagen! Wirklich, das geht nicht. Aber die Experten hören nie auf, es zu versuchen.

Und dann ist da noch das Geplapper über Ereignisse. Wenn es irgendwo auf der Welt einen Konflikt oder einen Krieg gibt – was gewöhnlich der Fall ist –, wird in Artikeln über die Auswirkungen spekuliert, die er auf die Aktien hat. Und das gilt verstärkt, wenn der Konflikt im Nahen Osten stattfindet – dann ist auch noch das Öl betroffen! Jedes Mal, wenn der Ölpreis stark schwankt, laufen die Schlagzeilen zu großer Form auf und erzählen einem, das würde sich auf die Märkte auswirken. Wenn sich der Ölpreis bewegt und die Aktienkurse nicht, erzählen sie einem, die Börse funktioniere nicht und preise ein großes Risiko nicht ein. Märkte sind Märkte! Alle liquiden Märkte blicken nach vorn und sind relativ effizient. Vergeuden Sie keine Zeit damit, verborgene Bedeutungen in der Kluft zwischen dem Auf und Ab der Aktien, den Schwankungen der Anleihen und der Volatilität der Rohstoffe zu suchen.

Und das ist nur ein Teil des kurzfristigen Gefasels, das man täglich liest – es gibt noch viel mehr davon. Vom Lächerlichen bis zum Erhabenen! Es gibt aber auch das andere Ende des Spektrums: die extrem langfristigen Vorhersagen.

Sie stammen oft von staatlichen Behörden wie dem Congressional Budget Office (CBO) oder länderübergreifenden Institutionen wie der Weltbank, dem Internationalen Währungsfonds (IWF) oder der Organisation für wirtschaftliche Zusammenarbeit und Entwicklung (OECD). Da gibt es Prognosen zum Wachstumspotenzial über 30 Jahre. Einschätzungen, wie sich der Klimawandel auswirken wird. Oder zu den Schulden. Oder zur Einkommensungleichheit. Zur schrumpfenden Bevölkerung in den Industriestaaten. Zum Einbruch nach den geburtenstarken Jahrgängen. Dazu, dass Obamacare die Gesundheitskosten durch die Decke schießen lässt und uns jahrzehntelange Verzweiflung beschert. Dass die Innovationskraft versiegt. Dass China die Welt erobert – und was nicht noch alles!

Dort bekommt man Prognosen und Warnungen. Und dann diskutieren wichtige Experten über diese Prognosen. Das ist aber alles statisch. Wirklich alles! Ob das Leben in 50 Jahren fantastisch oder elend sein wird, hat nichts mit den kommenden 30 Monaten und nichts mit dem aktuellen Marktgeschehen zu tun. Und die Märkte schert es einen feuchten Kehricht, was in 10, 20 oder 50 Jahren los ist.

Trotzdem kreisen die Schlagzeilen ständig um diese und ähnliche Storys, sodass der durchschnittliche Leser ganz davon besessen ist und meint, sie besäßen irgendeine Bedeutung. „Wenn ich ständig davon lese, muss es ja wichtig sein." Wenn man mehrere Dutzend Mal liest, etwas sei für die Märkte oder für die Wirtschaft von entscheidender Bedeutung, ist es so gut wie unmöglich, nicht daran zu glauben. Die Wiederholung ist einfach zu mächtig. Deshalb muss man gar keine Umfragen durchführen oder ausgefeilte Fokusgruppen ausarbeiten, wenn man wissen will, was im Denken der meisten Anleger vorgeht. Diesen Dienst erweisen uns die Medien so gut wie kostenlos. Gehen Sie jetzt gleich auf die Website einer beliebigen Finanzpublikation. (Das Buch dürfen Sie für ein paar Minuten beiseite legen. Ich warte so lange.) Ich möchte wetten, dass fast alles, wovon dort behauptet wird, es werde den breiten Markt beeinflussen, entweder kurzsichtig oder extrem langfristig ist. Besuchen Sie eine beliebige Investorenkonferenz: Die Fragen und Antworten drehen sich vor allem darum, was einerseits im vergangenen Monat groß in den Medien war oder gut dokumentiert wurde – und daher bereits eingepreist ist – oder um extrem langfristige Dinge (wir sind zu hoch verschuldet, die Gesellschaft geht den Bach runter, die Sozialversicherung ist bankrott et cetera).

Die kurzfristigen Themen hat der Markt bereits verarbeitet und die langfristigen kümmern ihn nicht. Es können zahllose Dinge passieren, nach denen die langfristigen Prognosen einfach nur dumm erscheinen, so klug sie auch im Moment aussehen mögen (mehr dazu in Kapitel 4).

DRACULA LAUERT UM DIE ECKE

Ein typisches Motiv der Medienbesessenheit umschreibe ich gern mit „Dracula lauert um die Ecke": Etwas Großes, Böses, Furchteinflößendes mit Superkräften, das eine Zukunft voller Tod und

Zerstörung verheißt, lauert uns auf und wartet nur darauf, zuzubeißen. Eine tickende Zeitbombe kurz vor der Explosion.

Verstehen Sie mich bitte nicht falsch. Wenn Sie Dracula im Haus hätten, wäre das wirklich schlimm, das ganze Blutsaugen und so weiter. Doch wenn er wirklich da ist, muss er sich ja früher oder später zeigen. Wenn nicht, ist er nur eine Gespenstergeschichte. Solche Geschichten können einem – und kurzzeitig auch den Märkten – durchaus Angst machen, aber beißen können sie einen nicht.

Ein Beispiel dafür ist der Terrorismus. Die meisten Menschen meinen, Terroranschläge in Industrieländern seien automatisch negativ, und verweisen auf den 11. September 2001. Der S&P 500 verlor in den ersten fünf Handelstagen nach den Anschlägen 11,6 Prozent und das Jahr schloss er mit -13 Prozent ab – ein „Beweis" dafür, dass Terrorismus dem Aktienmarkt einen schweren Schlag versetzt hat.[1]

Oder doch nicht? Bei anekdotischen „Beweisen" sollte man immer skeptisch sein und sich fragen: Was geschah damals noch? Im Jahr 2001 wütete eine galoppierende Baisse. Die Jahresrendite von -13 Prozent hatte viel weniger mit 9/11 als mit der Baisse zu tun, die 18 Monate zuvor am 24. März 2000 begonnen hatte, als die Technologieblase platzte. Am 10. September, also bevor die Flugzeuge ins World Trade Center krachten, standen die Aktien seit Jahresbeginn bereits mit 17,3 Prozent im Minus. Nachdem der S&P 500 unmittelbar nach den Anschlägen um 11,6 Prozent gefallen war, erholte er sich wieder, stieg zur Wiedereröffnung des Handels 19 Handelstage danach wieder über das Niveau von vor den Anschlägen und stieg dann bis zum Jahresende weiter (das war eine kurze Baisse-Erholung und danach, im Jahr 2002, wirkten sich die zutiefst negativen Fundamentaldaten wieder auf die Aktienkurse aus).[2]

Die Aktien haben seit den 1980er-Jahren schon einige schwere Terroranschläge überstanden. Meistens gab es in den Tagen davor und danach eine gewisse, wenn auch geringere, Volatilität. Die Reaktion erfolgte jedes Mal rasch – kein Terroranschlag beendete eine Hausse. In den Abbildungen 3.1 bis 3.8 können Sie das mit eigenen Augen sehen.

ABBILDUNG 3.1: Pan-Am-Flug 103

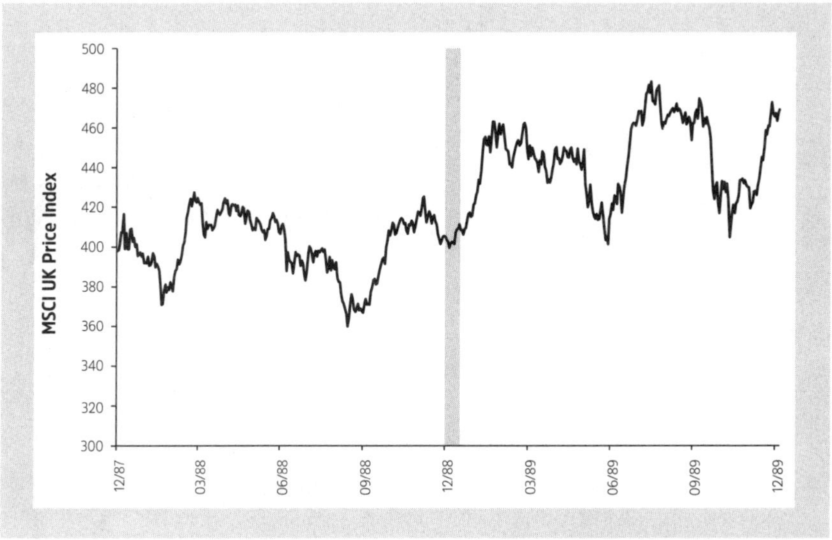

Quelle: FactSet, Stand 11.09.2014. MSCI UK Price Index, 21.12.1987 bis 21.12.1989.
Der grau eingefärbte Bereich deckt den Tag vor dem Anschlag und die zehn Handelstage danach ab.

ABBILDUNG 3.2: Erster Bombenanschlag auf das World Trade Center

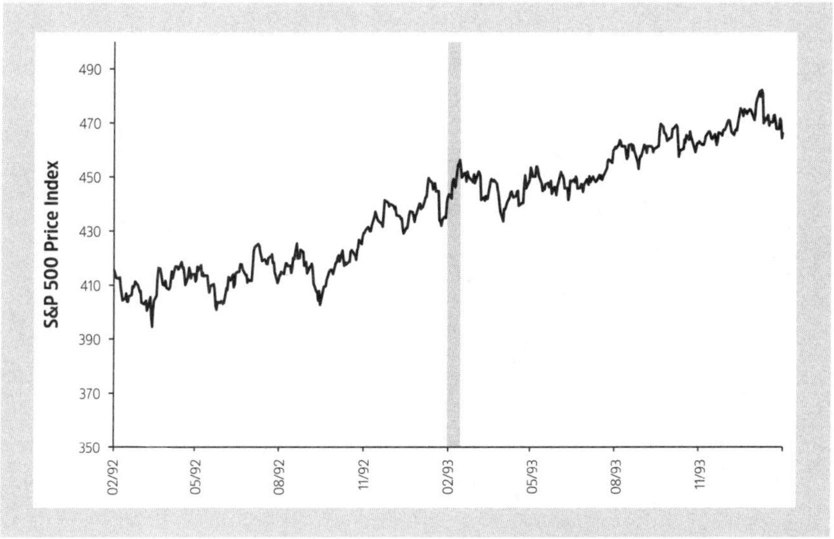

Quelle: FactSet, Stand 11.09.2014. S&P 500 Price Index, 26.02.1992 bis 25.02.1994.
Der grau eingefärbte Bereich deckt den Tag vor dem Anschlag und die zehn Handelstage danach ab.

ABBILDUNG 3.3: Sarin-Anschläge in Tokio

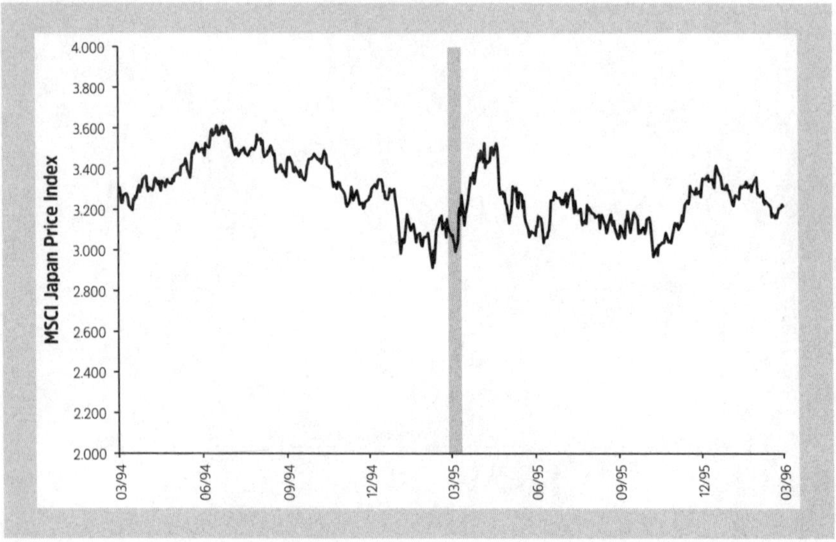

Quelle: FactSet, Stand 11.09.2014. MSCI Japan Price Index, 21.03.1994 bis 20.03.1996.
Der grau eingefärbte Bereich deckt den Tag vor dem Anschlag und die zehn Handelstage danach ab.

ABBILDUNG 3.4: Bombenanschlag in Oklahoma City

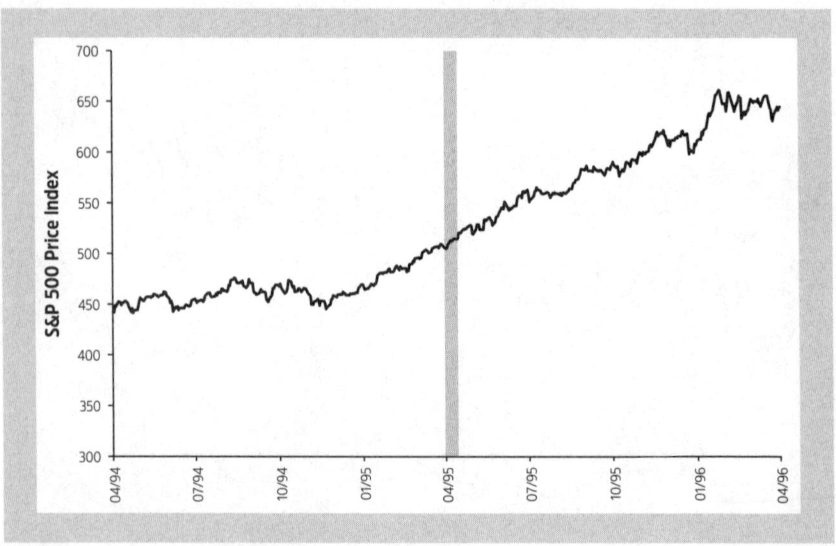

Quelle: FactSet, Stand 11.09.2014. S&P 500 Price Index, 19.04.1994 bis 19.04.1996.
Der grau eingefärbte Bereich deckt den Tag vor dem Anschlag und die zehn Handelstage danach ab.

ABBILDUNG 3.5: IRA-Anschläge in Manchester

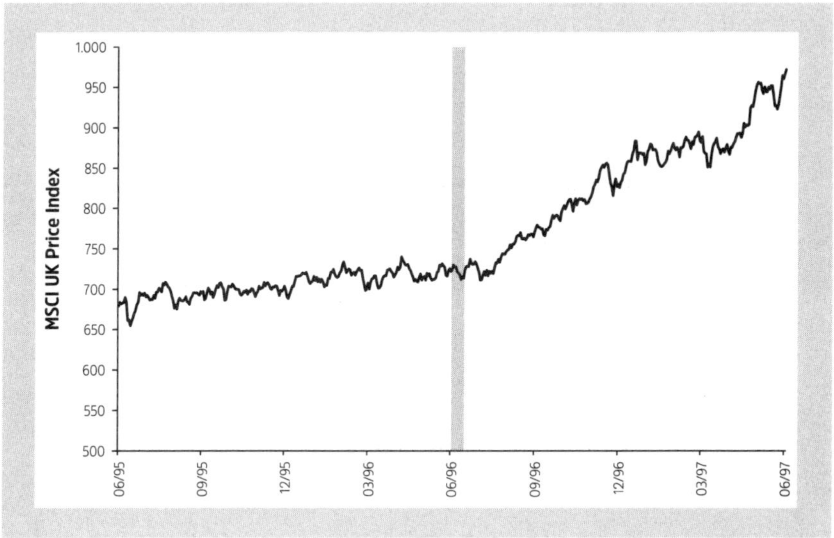

Quelle: FactSet, Stand 11.09.2014. MSCI UK Price Index, 15.06.1995 bis 13.06.1997. Der grau eingefärbte Bereich deckt den Tag vor dem Anschlag und die zehn Handelstage danach ab.

ABBILDUNG 3.6: Madrider Zuganschläge

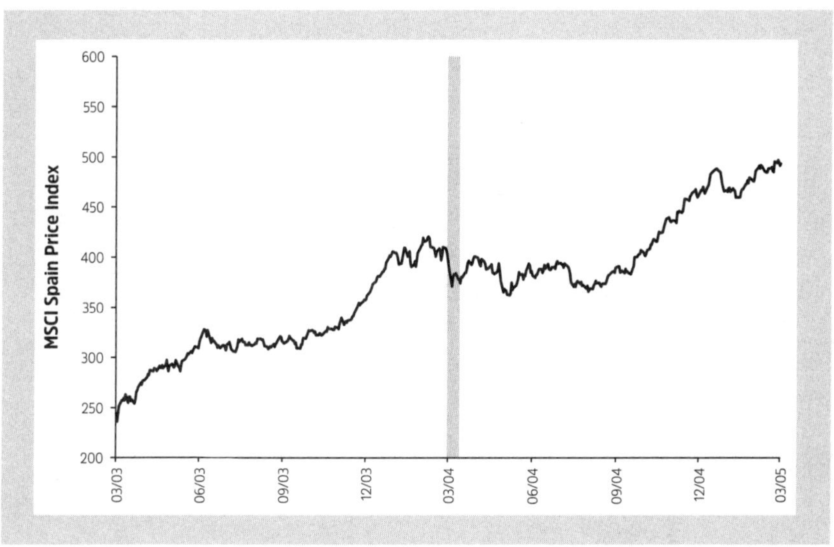

Quelle: FactSet, Stand 11.09.2014. MSCI Spain Price Index, 11.03.2003 bis 11.03.2005. Der grau eingefärbte Bereich deckt den Tag vor dem Anschlag und die zehn Handelstage danach ab.

ABBILDUNG 3.7: Londoner U-Bahn- und Busanschläge am 7. Juli 2005

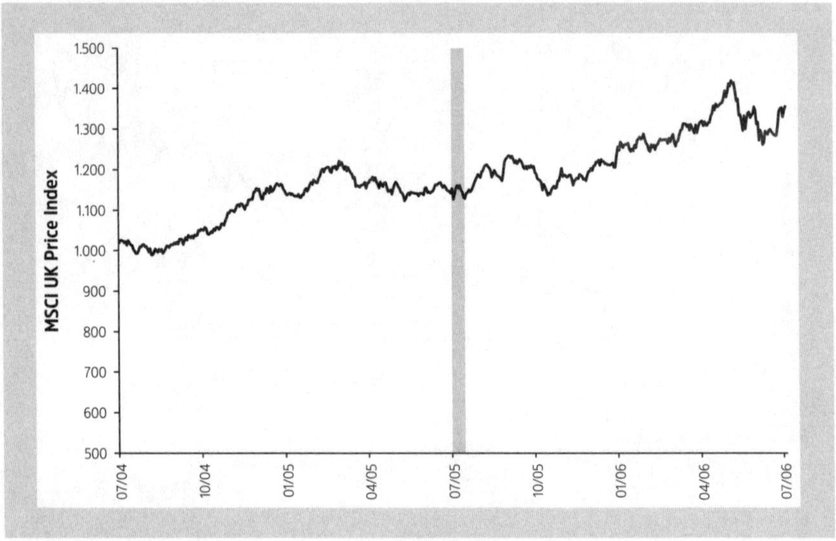

Quelle: FactSet, Stand 11.09.2014. MSCI UK Price Index 07.07.2004 bis 07.07.2006.
Der grau eingefärbte Bereich deckt den Tag vor dem Anschlag und die zehn Handelstage danach ab.

ABBILDUNG 3.8: Anschlag beim Boston Marathon

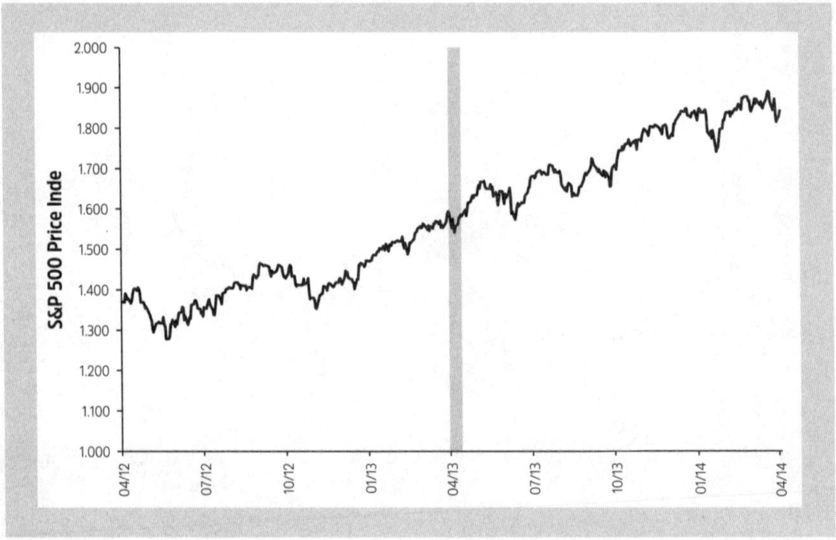

Quelle: FactSet, Stand 11.09.2014. S&P 500 Price Index, 13.04.2012 bis 15.04.2014.
Der grau eingefärbte Bereich deckt den Tag vor dem Anschlag und die zehn Handelstage danach ab.

Dies wird von den Fundamentaldaten genauso gestützt wie von den historischen Kursdaten. Terrorismus trübt zwar die Stimmung ein, aber normalerweise nur kurz. Die Aktien erleiden einen kurzen Schlag, aber die nach vorn blickenden Märkte berücksichtigen gleich danach wieder das künftige Wirtschaftswachstum, die Unternehmensgewinne und politische Faktoren, die von den Anschlägen nicht besonders betroffen sind. Als die Anschläge vom 11. September stattfanden, lief bereits seit sechs Monaten eine Rezession, doch bereits im November begann die Erholung. Die Anschläge wirkten sich zwar in Form des Patriot Act und des Krieges in Afghanistan auf die Politik aus, aber mit dem Sarbanes-Oxley Act hatten sie nichts zu tun. Und dieses Gesetz war der wichtigste politische Faktor, der die Märkte bis zum Oktober 2002 in die Knie zwang.

Die Anleger vergessen Anschläge nicht so schnell. Auf der menschlichen Ebene begleiten sie uns immer. Doch die Leute begreifen mit der Zeit, dass ihre wirtschaftlichen Auswirkungen nur gering sind. Sie sehen, dass das Wachstum weitergeht, dass die Unternehmen Gewinne erwirtschaften und dass die Moral ihres Landes so stark ist, dass sie sich vom Bösen nicht brechen lässt. Diese Erkenntnisse befreien die Aktien aus dem Schockzustand, in dem sie unmittelbar nach dem Anschlag steckten.

Der Terrorismus ist aber nur einer von mehreren Draculas. Wie wir auf den nächsten Seiten noch sehen werden, ist der Krieg ein anderer. Aber die womöglich größte und älteste Vampirgeschichte von allen ist der Dämon der Pandemie. Alle paar Jahre kommt eine große Grippe-Epidemie daher und die Schlagzeilen warnen, dass Millionen Menschen sterben und die Wirtschaft und die Aktien mit sich ins Grab reißen könnten. Im Jahr 2009 war es die Schweinegrippe: Unschuldige mexikanische Schweinchen sollten die Menschheit mit dem Virus infizieren, das alle Viren ein Ende setzt, und große Teile der Weltbevölkerung umbringen. In den Jahren 2005 und 2006 war es die Vogelgrippe. Chinesische Hühner, die die Welt vernichten. Im Jahr 2003 war es SARS (Severe Acute Respiratory Syndrome), wieder aus China. Und während ich dies schreibe, befürchten die Menschen, ein Ebola-Ausbruch in Afrika könnte Amerika und die Märkte infizieren. Dracula ist wieder da!

Auf nichts davon sollten Sie hereinfallen. Erstens forderte keine der genannten Epidemien mehr als ein paar Hundert oder ein paar Tausend Todesopfer – das ist zwar tragisch, aber es reicht nicht, damit sich die gefühlskalten Märkte darum überhaupt scheren würden. Zweitens, so erstaunlich und hart es für die meisten Menschen klingen mag, sind die Aktien nach der einzigen neuzeitlichen Pandemie, die wirklich böse zuschlug – nach der Spanischen Grippe 1918, die weltweit rund ein Drittel der Weltbevölkerung infizierte und rund 100 Millionen Menschen tötete –, recht hübsch gestiegen! Die Märkte sind eben wirklich gefühlskalt und grausam, menschliches Leid interessiert sie nicht, sie interessiert nur das Vermögen. Es gibt keinerlei Belege dafür, dass Krankheiten und Seuchen Marktrisiken wären. Null! Die Angst, die sie hervorrufen, kann kurzfristige Schwankungen verursachen – beispielsweise führte die Vogelgrippe 2005 zu einer Korrektur –, aber für den magischen Zeitraum von 12 bis 18 Monaten spielt sie keine Rolle.

Das sind alles Gruselgeschichten. Wenn man als Kind am Lagerfeuer sitzt und eine Gruselgeschichte hört, bekommt man Angst. Man hält sie für wahr und kann nicht schlafen. Doch dann merkt man, dass sie gar nicht wahr ist. Sie ist nur ein Mythos! Man kann sich entspannen, das Gespenst kann einen nicht holen! Vampire und Monster sind gar nicht wirklich! Das gilt auch für die Märkte. Wenn einem die Märkte sagen, Dracula sei da, es gebe ihn wirklich und er wolle einen umbringen, dann macht einem das Angst und diese Angst beeinträchtigt die Märkte. Über kurze Zeiträume können sich Aktien überaus irrational benehmen. Aber das hält nicht lange an. Die Anleger begreifen, dass das, wovor sie Angst hatten, nicht echt war, dann federn die Märkte wieder zurück und das Leben geht weiter.

Solange es Märkte und Medien gibt, wird es auch Dracula geben. Er wird nie verschwinden. Aber jetzt wissen Sie es besser – Sie brauchen nicht zu flüchten und Schutz zu suchen! Oder sich mit einem Pflock und Weihwasser zu bewaffnen! Dracula ist nie echt. Man kann abwarten und ihn ausnutzen, weil man weiß, dass die grundlose Angst wieder umschlagen wird und es den Märkten wieder gutgehen wird.

DIE SUCHE NACH WACHSTUM AN DEN GANZ FALSCHEN ORTEN

Noch eine irregeleitete Medienbesessenheit? Wirtschaftsdaten. Darüber lässt sich gut schreiben – Wachstum gut, Schrumpfung schlecht, noch 600 Wörter drumrum und schon ist man fertig. Jedes einzelne Mal, wenn Zahlen veröffentlicht werden, reagieren die Schlagzeilen darauf und vermuten, sie würden etwas bewirken und hätten magische Vorhersagekraft.

In normalen wirtschaftlichen Wachstumsphasen gibt es normale, aber unbedeutende Schwankungen. Die Massen diskutieren oft darüber, ob eine bestimmte statistische Angabe nun gut oder schlecht sei, ob ein Rückgang nur eine Delle oder schon ein Trend sei, aber eigentlich ist es egal, welche Seite recht oder unrecht hat. Solche Diskussionen sind bloßes Rauschen, statisches, bedeutungsloses Rauschen. Das kann man getrost komplett ausblenden.

Eine der größten Stärken und Vorteile von Kontrarianern ist ihre Fähigkeit, das Rauschen herauszufiltern und die Dinge einfach zu halten. Einfachheit ist Macht. Erstens liegt sie meistens richtig. Und zweitens hält sie einen bei Verstand. Wenn man sich von jeder einzelnen Veröffentlichung von Wirtschaftsdaten fesseln lässt, treibt einen das in den Wahnsinn – und bringt einem überhaupt nichts. Das geht schnell, sogar – und ganz besonders – beim BIP.

Das BIP gilt als Mutter aller Wirtschaftsdaten und die Leute versuchen monatelang, es zu erraten. Angeblich laufen darin alle kleineren Zahlenmeldungen aus dem gesamten Quartal zusammen und bekommen endlich eine Bedeutung. Aber das BIP ist nur ein Blick zurück auf das, was bereits einen Preis bekommen hat – eine grobe Abschätzung von allem, was in einem drei Monate langen Zeitraum geschehen ist, der bereits vor mindestens einem Monat geendet hat. Es ist zwar keine besonders schlechte Schätzung, es ist aber auch nicht die Konjunktur! Es ist nicht die Aktien. Man kauft ja keinen Anteil am BIP. Man kauft einen Anteil am Wachstum und an den Gewinnen börsennotierter Unternehmen.

Einen Teil davon erfasst das BIP in Form von Unternehmensinvestitionen sowie durch die Staatsausgaben und die Verbraucherausgaben, die sich in Umsätzen niederschlagen können. Aber eine ganze Menge entgeht ihm auch. Es wertet Importe als negativ, obwohl sie die Nachfrage widerspiegeln und dazu beitragen, die Kosten von Unternehmen niedrig zu halten. Wenn die Importe einbrechen würden, würde das Wal-Mart mit Sicherheit sehr schlecht bekommen. Trotzdem könnte das BIP toll dastehen! Außerdem wertet das BIP die Staatsausgaben als positiv, obwohl nicht einmal der strengste Keynesianer dies als ganz korrekt bezeichnen würde. Es bezieht sich schließlich auch auf Fälle, in denen staatliche Behörden privatwirtschaftliche Unternehmen verdrängen. Auch hier wird Schlechtes als Gutes gezählt.

Vielleicht meinen Sie ja, das sei alles gar nicht so wichtig – eine grobe Momentaufnahme sei besser als gar keine, also könnten wir sie getrost verwenden. Das klingt sinnvoll. Aber selbst dann ist das BIP für den Anleger wertlos. Es ist Vergangenheit und die Märkte kümmert die Vergangenheit nicht. Das BIP fasst lediglich Dinge zusammen, die die Aktien bereits vorweggenommen, durchlebt und eingepreist haben. Beispielsweise waren die Schlagzeilen im Juni 2011 beunruhigt über Revisionen bezüglich der Schwere der Rezession 2007-2009, die in den Jahren 2007 bis 2009 sehr bedeutsam gewesen sein mögen, aber den Investoren weniger als nichts nützten, nachdem zwei Jahre zuvor schon wieder das Wachstum eingesetzt hatte. Die Aktien blicken nach vorne, nicht zurück. Der Ausstoß des vergangenen Quartals sagt einem nicht, wohin sich die Wirtschaft entwickelt.

Die meisten Medien machen das mit allen Zahlen so, die veröffentlicht werden, ob groß oder klein. Die Meldungen sind alle gleich – zufällige Zahlen, die von Monat zu Monat enorm unterschiedlich ausfallen. Sie werden in jedem Monat oder Quartal veröffentlicht und verraten einem, was in einem kurzen vergangenen Zeitraum passiert ist, den die Märkte bereits eingepreist haben. Die Industrieproduktion, der Einzelhandelsumsatz, die Verbraucherausgaben, der Ausstoß des Verarbeitenden Gewerbes, die Ausfuhren, die Einfuhren – alles Momentaufnahmen vergangener Aktivitäten. Es sind keine führenden Indikatoren und keiner vermittelt magische oder verborgene Erkenntnisse. Rezessionen entstehen nicht dadurch, dass der Automobilabsatz zurückgeht.

Doch da wir mit Artikeln bombardiert werden, in denen behauptet wird, solche Dinge seien signifikant, können viele Anleger nicht anders, als ständig darüber nachzudenken. Das Rauschen hört niemals auf. Alle suchen in diesen albernen Statistiken nach Bedeutung und die Medien schüren dies nach Kräften. Wie Kinder mit Dechiffrierringen aus Cornflakes-Schachteln suchen sie in jeder Meldung nach einer geheimen Bedeutung, weil sie nicht begreifen, dass das alles nur Rauschen aus der Vergangenheit ist. „Im März stieg in den Vereinigten Staaten die Industrieproduktion, damit hat sie den schleppenden Winter überwunden und besitzt nun das Potenzial, in den kommenden Monaten zuzulegen."[3] „Die Einzelhandelsumsätze sind im April kaum gestiegen und dämpfen damit die Hoffnungen, dass das Wirtschaftswachstum im zweiten Quartal anziehen könnte."[4] „Der Bericht [über die Verbraucherausgaben] besagt ebenso wie die bereits veröffentlichten Zahlen zur Beschäftigung und zur Industrieproduktion, dass am Ende eines sehr schwierigen Quartals eine Dynamik vorhanden war, die ein Sprungbrett für schnelleres Wachstum im Zeitraum von April bis Juni darstellt."[5] „Der Export erreicht zwar einen der höchsten März-Stände aller Zeiten, aber das Handelsdefizit ging weniger zurück als erwartet, und daher sagen führende Volkswirte voraus, dass das BIP für das erste Quartal nach unten korrigiert wird."[6] Alles bereits vorab eingepreist.

Das letzte Zitat sollte in der Bestenliste von jemandem stehen, der die bizarrsten Interpretationen von Wirtschaftsdaten sammelt. Es stammt aus dem *Wall Street Journal*, aber andere schrieben das auch. Die meisten gängigen Publikationen warnten, das unerwartet große Handelsdefizit vom März 2014 werde dazu führen, dass das BIP für das erste Quartal von geringem Wachstum auf eine geringe Schrumpfung revidiert werden müsse (dem war auch so, aber darum geht es gar nicht). Sie machten großes Aufhebens um eine Zahl – das Handelsdefizit –, die über die wirtschaftliche Verfassung rein gar nichts aussagt, und sie befürchteten, sie werde eine bereits veraltete BIP-Zahl schlechter aussehen lassen. Wen kümmert das denn? Es hat keine Bedeutung! Wichtig war nur, dass sowohl der Export als auch der Import zugelegt hatte, was bedeutet, dass die Nachfrage im In- und im Ausland hoch war. Das ist zwar gut – und nicht schlecht –, aber auch das sagt nichts über die Zukunft. Man kann es zur Kenntnis nehmen, feststellen, dass es schön, aber bereits eingepreist ist, und sich mit etwas anderem beschäftigen.

DER MAGISCHE INDIKATOR

Um zu erfahren, wohin die Reise geht, braucht man sich nicht durch Dutzende fokussierte Statistiken zu wühlen. Wenn man zu viel nachdenkt, bekommt man bloß unnötig Kopfschmerzen. Ich hasse übertriebenes Grübeln und das sollten Sie auch. Es ist sinnlos. Es gibt eine einfache, schnelle Möglichkeit, festzustellen, ob es mit der Konjunktur in einem relevanten Zeitrahmen – in den nächsten paar Monaten – aufwärts oder abwärts geht.

Welche meine ich? Den Leading Economic Index, besser bekannt als LEI. Er ist ganz einfach und normalerweise magisch.

Der LEI ist schon alt. Geboren wurde er in den Vereinigten Staaten nach der Großen Depression, als Wirtschaftszahlen und volkswirtschaftliche Gesamtrechnungen groß in Mode kamen. Damals wussten zwar alle intuitiv, aber nur in qualitativer Hinsicht, dass das Land durch die Hölle gegangen war. Arthur Burns und Wesley C. Mitchell, Volkswirte im National Bureau of Economic Research (NBER), hatten das Gefühl, wenn sie die vielen statistischen Angaben aus dem Schatzkästchen historischer Zeitreihen im Besitz des NBER zusammenführen würden, könnten sie bestimmen, wie sehr die Wirtschaft des Landes geschrumpft war – und im geschichtlichen Verlauf Muster finden, anhand deren man den nächsten Abschwung vorhersagen könnte. So fanden sie also den Konjunkturzyklus.

In ihrer Analyse, die später von einem anderen NBER-Volkswirt namens Geoffrey H. Moore aufgegriffen wurde, fanden sie heraus, welche Variablen dem Pulk vorausfuhren, welche mitfuhren und welche zurücklagen. Moore schnürte daraus führende, gleichzeitige und nachlaufende Indikatoren für den Konjunkturzyklus zusammen, die im Jahr 1950 ihr Debüt feierten, also exakt in der Mitte des vergangenen Jahrhunderts. Und so wurde der LEI geboren – eine Kombination aus einer Handvoll führender Wirtschaftsvariablen. Zufällig wurde auch ich in diesem Jahr geboren.

Nach menschlichen Maßstäben ist das lange her. Anfangs verwaltete das NBER den LEI, aber 1961 wurde er vom US Census Bureau übernommen. Dann schnappte ihn sich 1972 das Bureau of Economic Analysis im Wirtschaftsministerium und 1995 das Conference Board, das ihn bis heute herausbringt und dazu noch LEI für elf andere bedeutende Länder und die Eurozone.

Der heutige LEI hat mit dem Original nicht mehr viel Ähnlichkeit. Seine Bestandteile haben sich im Laufe der Zeit geändert, weil es inzwischen bessere Zahlen gibt, wir sie besser verstehen und weil sich die Vereinigten Staaten seither entwickelt haben. Die ersten Zahlen spiegelten die Vereinigten Staaten der 1940er-Jahre und das damalige Verständnis wider. Sie enthielten die aus Insolvenzen resultierenden Verbindlichkeiten, den Dow Jones Industrial Average, die Bestellungen langlebiger Güter, die Bauaufträge für Wohnungsbau und gewerbliche Bauten, die durchschnittliche Wochenarbeitszeit im Verarbeitenden Gewerbe, die Unternehmensgründungen und die Rohstoffpreise – eben das, was man in der herstellungslastigen Nachkriegswirtschaft erwartet.

Im Laufe der nächsten 30 Jahre wurde der engere, industrielastige, preisgewichtete Dow Jones durch den strukturell passenderen, nach Kapitalisierung gewichteten Standard & Poor's (S&P) 500 ersetzt. Die Bauaufträge wurden durch Baugenehmigungen ersetzt, die Industriemetalle durch breiter angelegte Rohstoffpreise. Und dann fielen die Preise gänzlich heraus, ebenso die Unternehmensgründungen und Insolvenzen – denn sie hatten keine Vorhersagekraft. Stattdessen flossen die Lieferzeiten von Zulieferern ein und wurden ihrerseits durch die Auftragseingänge der Fabriken ersetzt – die zukunftsbezogener sind. Als Milton Friedmans Einfluss wuchs, waren eine Weile die Geldmenge M2 und die Rendite 10-jähriger US-Schatzanweisungen Bestandteil und 1996 fügte das Conference Board die Zinsspanne (den „Spread") hinzu (10 Jahre minus Federal-Funds Rate) – etwas Aussagekräftigeres und Zukunftsbezogeneres gibt es nicht. Mehr als 100 Jahre Wirtschaftstheorie und Nachweise zeigen, dass eine große Zinsspanne für Wachstum spricht und für die Aktien eine herrliche Sache ist. Wir wissen das, seit Gott kleine grüne Äpfel geschaffen hat. Volkswirte plädieren seit Anfang der 1980er-Jahre dafür, dass die

Zinsspanne in den LEI aufgenommen wird. Bis es so weit war, dauerte es allerdings eine Weile (das passiert oft, wenn bürokratische Behörden etwas verwalten).

Die letzte größere Veränderung fand 2011 statt, als das Conference Board seinen Leading Credit Index aufnahm – eine Momentaufnahme der Verfügbarkeit von Krediten. Derzeit besteht der LEI aus zehn Variablen (Tabelle 3.1), die das Conference Board bis 1959 zurückgerechnet hat. Wie Sie in Abbildung 3.9 sehen, gibt er die künftige Richtung der Wirtschaft wunderbar akkurat an. Nicht das kurzfristige Auf und Ab – den allgemeinen langfristigen Trend. Normalerweise läuft der LEI der Realität einige Monate voraus. In den letzten 55 Jahren trat keine Rezession bei steigendem LEI-Trend auf – alle Rezessionen begannen, nachdem der LEI eine Weile gefallen war.

Wenn Sie sehen wollen, in welche Richtung es auf der Welt geht, schauen Sie sich einfach die LEI bedeutender Länder an. Amerika, Großbritannien, China, Japan, die Eurozone … ganz einfach! Grübeln nicht nötig!

TABELLE 3.1: Die Bestandteile des LEI

Die Bestandteile des Leading Economic Index
1. Durchschnittliche Wochenarbeitszeit im Verarbeitenden Gewerbe
2. Durchschnittliche Erstanträge auf Arbeitslosengeld pro Woche
3. Auftragseingang bei den Herstellern für Konsumgüter und Verbrauchsmaterial
4. Auftragseingang bei den Herstellern für Kapitalgüter außerhalb der Verteidigung und ohne Flugzeuge
5. ISM New Orders Index (Verarbeitendes Gewerbe)
6. Baugenehmigungen für neue private Wohneinheiten
7. S&P 500 Index (Monatsdurchschnitt der Tagesschlusskurse)
8. Leading Credit Index (vom Conference Board selbst berechnete Kennzahl für die Kreditbedingungen)
9. Zinsspanne (10-jährige US-Schatzanleihen minus Fed-Funds Rate)
10. Durchschnittliche Verbrauchererwartung an die wirtschaftlichen Rahmenbedingungen (aus Umfragen der University of Michigan und des Conference Board)
Quelle: The Conference Board

ABBILDUNG 3.9: Der LEI und Rezessionen

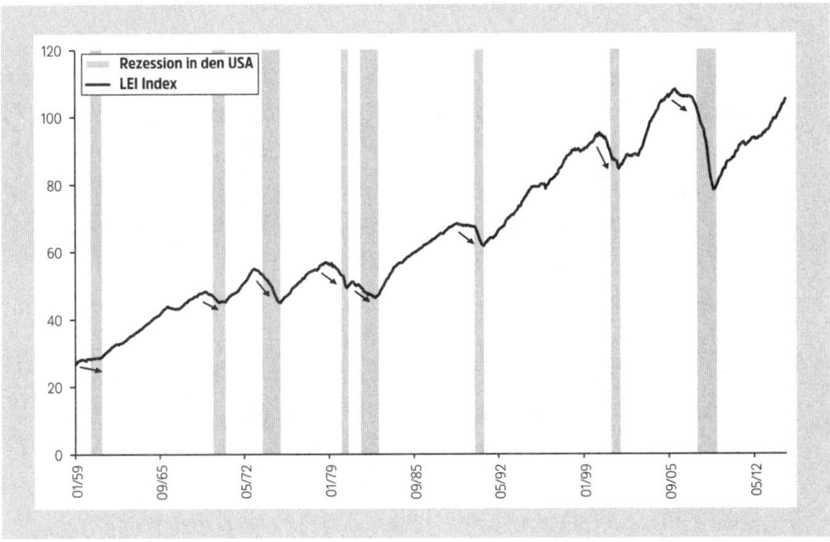

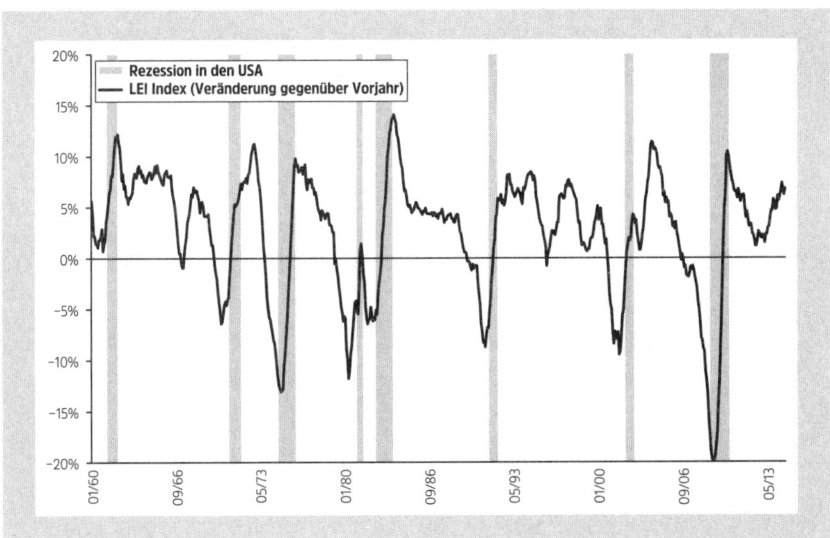

Quelle: The Conference Board und National Bureau of Economic Research (NBER), Stand 09.12.2014. The Conference Board Leading Economic Index, Januar 1959 bis Oktober 2014. Die grau unterlegten Bereiche geben die vom NBER datierten Rezessionen an.

Wenn Sie sich diese Diagramme anschauen und fragen, wie jemandem der große Absacker des LEI vor 2008 entgehen konnte, sind Sie nicht allein! Die Antwort ist ganz einfach: So sah der LEI 2008 gar nicht aus! Der Rückgang ist nur in den ab 2011 zurückgerechneten Daten sichtbar. In der alten Zeitreihe sackte der LEI nicht durch den Boden. In den Jahren 2006 und 2007 stagnierte er mehr oder weniger und fiel erst Ende 2007 schrittweise – das war einer der Gründe, die Bestandteile zu überarbeiten. Dem Conference Board wurde klar, dass der LEI nicht gut funktionierte, wenn einer Rezession eine Kreditklemme vorausging, und deshalb führte es den Leading Credit Index ein. Sie können das in einem Artikel auf der Website des Conference Board mit dem Titel „Comprehensive Benchmark Revisions for The Conference Board Leading Economic Index for the United States" nachlesen. Dort schreiben die Verfasser: „Die Vorlaufzeit des neuen LEI zum letzten Höhepunkt des Konjunkturzyklus betrug 21 Monate, er war also viel früher dran als der derzeitige LEI mit seinen fünf Monaten. Allerdings passt die überdurchschnittliche Vorlaufzeit rückblickend dazu, dass die Konjunktur in eine Rezession rutschte. Der neue LEI sackte während der letzten Rezession viel steiler ab, vom Gipfel zum Tal um 20 Prozent; beim derzeitigen LEI waren es nur sieben Prozent."[7]

Sehen Sie sich einfach nur die neuesten Trends an und verfangen Sie sich nicht in einem bestimmten Monat, dann werden Sie ganz gut fahren. Und normalerweise reicht es, sich den US-LEI anzuschauen.

Der LEI funktioniert. Und doch schauen sich ihn nur wenige an – er ist nicht spektakulär genug, vielleicht auch nicht kompliziert genug. Aber dafür ist er gut genug. Das Beste in seiner einfachsten Form. Vielleicht würden die Journalisten ja lieber über die sensationelleren einzelnen Datenpunkte schreiben, aus denen der Gesamtindex besteht. Bis die Zusammenführung erledigt ist, haben die anderen ihren kurzsichtigen sonnigen Augenblick bereits hinter sich. Nur wenige Nachrichtenorgane berichten darüber. Das Conference Board als Hüter des LEI gibt zu jeder Aktualisierung des Indikators eine Pressemitteilung heraus und manchmal wird sie von Nachrichtenagenturen verbreitet. Aber selten schafft sie es im *Wall Street Journal* oder auf *Bloomberg* in die erste Reihe. Die Experten von *CNBC* sezieren diesen Indikator nicht. Wenige wissen überhaupt, dass es LEI für alle bedeutenden Länder gibt. Die Kraft des LEI liegt zum Teil auch in dieser Ignoranz – er wird nicht überall besprochen und deshalb werden die Schlüsse, die man aus ihm ziehen kann, nicht vollständig eingepreist. Wenn die Menschen aufgrund ihrer Interpretation von Zahlen über die Vergangenheit allgemein erwarten, dass die Konjunktur absackt, einbricht oder stagniert, aber der LEI immer noch nach oben zeigt, dann haben Sie eine Arbeitsgrundlage.

Der LEI bezieht seine Kraft vor allem aus seinen Bestandteilen. Keine Zahl fängt die Gesamtwirtschaft perfekt ein. Doch dadurch, dass der LEI zehn Variablen umfasst, wirft er das Netz ziemlich weit aus – er ist zwar nicht perfekt, aber besser als nichts. Er liefert eine breite Momentaufnahme der künftigen Bedingungen im Verarbeitenden Gewerbe, der Verbraucherausgaben, der Bau- und Kreditwirtschaft und er beinhaltet die beiden mächtigsten führenden Indikatoren, nämlich die Aktienkurse und die Zinskurve.

Da der LEI die Aktienkurse beinhaltet, ist er nicht direkt ein Prognosewerkzeug für die Börse. Aktienkurse können ja keine Aktienkurse vorhersagen. Er sagt die Aktienkurse nicht voraus, denn auch seine Komponenten sind bereits vorher eingepreist. Er nimmt aber die Befürchtungen hinsichtlich der Entwicklungsrichtung der Konjunktur aus dem Spiel. Wie Forrest Gump gesagt hat, als Apple ihn reich gemacht hatte: „Eine Sorge weniger."

Auch beim LEI kann Rauschen auftreten. Das ist ganz normal, denn manche Bestandteile sind sehr volatil. Die Auftragseingänge, die Baugenehmigungen, die Arbeitsstunden und die Beschäftigungsvariablen sacken auch in Aufschwungphasen häufig und unregelmäßig ab, ohne dass ein starker, erkennbarer Trend vorläge. Die Verbrauchererwartungen sind zwar weniger wechselhaft, dafür aber nicht besonders vorausschauend. Erhebungen zum Verbrauchervertrauen geben die Meinungen von Menschen über die Gegenwart und die jüngste Vergangenheit wieder, sodass sie bestenfalls gleichlaufende Indikatoren sind. Aktien sind zwar der ultimative führende Indikator, doch stimmungsbedingte Rücksetzer sorgen auch in dieser Komponente für Rauschen.

Der Leading Credit Index und die Zinsspanne sind hingegen beständige, vorausschauende Indikatoren. Ihre Trends sind lang und Wendepunkte treten typischerweise vor dem Beginn von Rezessionen auf. Das sollte eigentlich niemanden überraschen. Ein ganzes Universum an Belegen zeigt, dass eine negative Zinsspanne – eine invertierte Zinskurve – stark auf eine kommende Rezession hindeutet und dass sich verschlechternde Kreditbedingungen oft auf einen Rückgang der Investitionen hindeuten. Wenn die anderen Komponenten schwächeln, kann man sie guten Gewissens übergehen und sich bei der Beurteilung an den Leading Credit Index und die Zinsspanne halten.

Durch einen Blick auf den LEI kann man gut erkennen, ob die Erwartungen der meisten Anleger an die Konjunktur zutreffend oder unzutreffend sind – und ob man sich in die Irre führen lässt, wenn man auf die Rezessionswarnungen der Medien hört. Anfang 2010 befürchteten in den Vereinigten Staaten alle eine Double-Dip-Rezession. Mehrere Indikatoren stagnierten oder fielen und viele waren sicher, dass ein Rückfall in die Rezession bevorstand – die Wirtschaft habe die Fluchtgeschwindigkeit noch nicht erreicht und deshalb müsse das Naturgesetz der Schwerkraft greifen.

Doch Volkswirtschaften sind keine Raumschiffe. Wenn die Gelehrten bei ihren Voraussagen über Abheben, Fluchtgeschwindigkeit, Dynamik oder Schwerkraft reden, können Sie das ignorieren. An den Märkten gelten die Gesetze der Physik nicht – nur das Gesetz von Angebot und Nachfrage. Wenn also die Schlagzeilen beunruhigt sind, weil Volkswirtschaften an Fahrt verlieren, sehen Sie sich einfach den LEI an – der LEI bezieht sich nur auf Angebot und Nachfrage!

Während der ganzen Zeit, in der die Befürchtungen eines Double-Dip die Szene beherrschten, tendierte der LEI nach oben. Sehen Sie sich noch einmal Abbildung 3.9 an. Die LEI-Anhänger wurden belohnt. Wer den LEI ignorierte und aus den Aktien floh, weil er zu sehr über wacklige Zahlen aus der Vergangenheit grübelte, verpasste den weltweiten Anstieg der Aktienkurse um 11,8 Prozent im Jahr 2010.

Der LEI funktioniert auch international. Die LEI-Komponenten sind in allen Ländern unterschiedlich, denn keine zwei Volkswirtschaften sind exakt gleich, sodass auch die führenden Indikatoren zweier Länder keine Zwillinge sein können. China hat eine Kommandowirtschaft, in der das Kreditwachstum staatlich diktiert wird, und deshalb enthält der LEI für China keine Zinsspanne, denn das wäre ja sinnlos. In Indien sind die Kreditbedingungen schwerer festzustellen und deshalb enthält der LEI für Indien statt des Leading Credit Index die Geldmenge M3. In die LEI für das Ausland gehen also ebenso wie in den US-LEI die Lehren und Analysen aus vielen Jahrzehnten ein.

Sehen Sie sich die Eurozone an. Nachdem die Region im Juni 2013 eine 18 Jahre währende Rezession hinter sich gebracht hatte, war das Wachstum schwach und alle befürchteten eine „schwache Erholung" – ein Echo der Double-Dip-Ängste in den Vereinigten Staaten. Auch hier gerieten viele monatliche Indikatoren ins Trudeln. Die Herde befürchtete einen Rückfall. Dabei merkte niemand, dass der LEI die Entwicklungsrichtung der Konjunktur im Jahr zuvor fast perfekt vorausgesagt hatte. Er begann schon Monate vor dem Ende der Rezession wieder zu steigen – das ist normal. Dann sackte er etwas ab, ein paar Monate bevor sich die BIP-Erholung im zweiten Quartal leicht verlangsamte. Danach startete er zügig durch und deutete dadurch an, dass das Wachstum anziehen würde. Der LEI hatte recht! Aber niemand merkte es.

So war es auch in Frankreich. Ende 2013 bezeichneten alle Frankreich als den „kranken Mann" Europas. In Europa gibt es immer einen „kranken Mann" – das gehört zu den Marotten dieses Kontinents. Man würde ja niemals sagen, Michigan sei der „kranke Mann" Amerikas. Aber in Europa gibt es eben solche merkwürdigen Dinge und seit dem Osmanischen Reich (zu dem auch Griechenland gehörte – noch so ein derzeit „kranker Mann") gibt es dort „kranke Männer".

Die Behauptung, Frankreich sei ein „kranker Mann", beruhte auf mehreren schlechten Werten des dortigen Einkaufsmanagerindex (EMI) im vierten Quartal 2013. Die Medien lieben EMIs. Sie erscheinen frühzeitig und geben angeblich quasi umgehend an, ob ein Land oder ein Sektor im betreffenden Monat gewachsen ist oder nicht. Werte über 50 gelten als Wachstum, Werte unter 50 als Schrumpfung.

Im besten Fall bringen EMIs einen gewissen Nutzen, aber absolut präzise sind sie nicht gerade. Es sind Umfrageergebnisse – und die sind ja nie sehr zuverlässig. Wenn Sie eine Vorstellung davon bekommen wollen, wie unzuverlässig Erhebungen sind, lesen Sie Darrell Huffs Klassiker „Wie lügt man mit Statistik" (Hanser 1985) – mehr dazu in Kapitel 8. EMIs geben an, wie viele Firmen für den betreffenden Monat eine Zunahme der gesamten Geschäftstätigkeit, der Nachfrage, der Beschäftigung und anderer Kategorien gemeldet haben, jedoch nicht das Ausmaß dieser Zunahme. Wenn zwar nur wenige Firmen wachsen, dies aber in hohem Tempo, können sie den Ausschlag geben, dass ein ganzes Land wächst.

Blicken Sie deshalb hinter die vordergründigen EMI-Zahlen und konzentrieren Sie sich auf die entscheidenden Komponenten, zum Beispiel die Auftragseingänge, die Exportaufträge und den Auftragsbestand. Stehen sie über 50, bedeutet dies, dass die Nachfrage wahrscheinlich steigt – und die Aufträge (die neuen und der Bestand) von heute werden ja zur Produktion von morgen. Und dann sehen Sie sich den LEI an! Als Frankreich angeblich ein kranker Mann war, stieg der LEI. Wenn Frankreich wirklich krank ist, tut er das nicht. Auch hier lag der LEI richtig. Frankreich wuchs und war gar nicht so krank!

In allen diesen Fällen hätte der LEI jedermann eine einfache, schnelle Möglichkeit geboten, zu sehen, ob die Warnungen eintreffen würden. Man findet ihn ganz leicht – gehen Sie einfach auf die Website des Conference Board. Auf der Eingangsseite sind sie alle einzeln aufgeführt. Sie können gleich auf www.conference-board.org/data/bci.cfm nachsehen. Wenn Sie das tun, gehören Sie zu den wenigen, die die Macht dieses magischen Indikators nutzen. Es gibt zwar noch andere Herausgeber von „LEI", aber nur die führenden Indikatoren des Conference Board sind zuverlässig. Sie sind der Goldstandard.

HOCHFREQUENZHANDEL

Manchmal regen sich Leute über Sachen auf, die mit den Börsenaussichten überhaupt nichts zu tun haben, zum Beispiel über den Hochfrequenzhandel oder HFT (High-Frequency Trading) – seit dem berüchtigten Flash Crash im Mai 2010 ein heißes Thema.

Im einfachsten Fall bezieht sich HFT auf Computer, die mithilfe von Algorithmen und superschnellen Datenleitungen mit Lichtgeschwindigkeit handeln – sie führen Transaktionen innerhalb von Mikrosekunden aus. Sie kaufen und verkaufen eine Aktie schneller, als man zwinkern kann. Das Ziel ist, vielleicht einen halben Cent je Aktie zu verdienen. Wenn man das ein paar Tausend Mal am Tag macht, kommt ein ordentlicher Profit zusammen.

Diese Profite belaufen sich aufs Jahr und auf die gesamte HFT-Industrie gesehen auf mehrere Milliarden Dollar und gaben Anlass zu Vorwürfen, die HFT-Betreiber würden den Rahm abschöpfen. Die Anschuldigungen lauten ungefähr so: Dadurch, dass ein Computer entweder direkt neben dem Börsencomputer steht, der Käufer und Verkäufer abgleicht, oder dadurch, dass der HFT-Betreiber dafür bezahlt, nicht-öffentliche Orderflüsse zugeleitet zu bekommen, sieht der HFT-Computer zwischen dem Zeitpunkt, zu dem Sie als Anleger auf „Kaufen“ klicken, und dem Zeitpunkt, zu dem auf Ihrem Computer die Seite „Kauf ausgeführt“ erscheint, Ihre Order, kauft die Aktie und verkauft sie Ihnen um einen Cent (oder noch weniger!) teurer. Sie merken davon nichts, Sie bekommen die Aktie fast genau zu dem vom Ticker angezeigten Preis, aber der HFT-Computer verdient daran ein paar Cent. Ein paar Cent, die Ihnen gehören könnten!

Das ist aber nur die eine Seite. Die andere Seite besagt, dass der HFT die alten Marketmaker in Menschengestalt verdrängt und die Liquidität erhöht hat. Dadurch hat er die Geld-Brief-Spanne in den Cent-Bereich oder darunter gedrückt und somit den Wertpapierhandel für uns alle billiger gemacht. Der in etwa halbe Cent, den die HFT-Leute verdienen, ist in dieser Sichtweise einfach die Gebühr, die wir für diesen Service bezahlen – und die ist viel geringer als die impliziten Gebühren, die wir zuvor in Form höherer Spreads bezahlten.

Inzwischen dürfte Ihnen wohl ziemlich klar sein, dass dieses Thema nichts damit zu tun hat, in welche Richtung sich die Aktienkurse entwickeln. Es hat etwas mit der Funktionsweise der Märkte zu tun. Das ist durchaus interessant! Und es hat etwas mit Geldanlage zu tun! Aber es hat keinen

Einfluss darauf, ob aus einer Hausse eine Baisse wird. Die überzogenen Behauptungen, die Märkte seien manipuliert, sind bloßes Rauschen. Es ist ja schön, eine Meinung zu haben, aber man braucht sich nicht in die Debatte über die Beeinflussung das Marktes hineinziehen zu lassen.

Es gibt noch eine Fraktion der HFT-Gegner, die behauptet, dieses Verfahren beeinflusse die Märkte. Da auf den Computern Tausende Algorithmen für alle möglichen Preisbewegungen gleichzeitig laufen und da Konjunkturmeldungen und Ergebnisberichte automatische Trades auslösen, behaupten manche, der HFT erhöhe die Volatilität, mache die Märkte instabil und löse Zwischenfälle wie den Flash Crash aus.

Aber auch das ist Rauschen! Erstens gibt es keinen Beweis dafür, dass diese Theorie stimmt. Die Märkte sind heutzutage nicht volatiler, sondern weniger volatil – in den 1930er-Jahren, also bevor man sich den HFT auch nur träumen ließ, gab es enorme Kursbewegungen im Tagesverlauf und das viel öfter! Zweitens wäre es egal, selbst wenn es so wäre, denn die Kursrückgänge sind dermaßen kurzfristig – es geht dabei um Minuten, nicht um Monate. Und wenn man glaubt, dass Algorithmen eine Verkaufskaskade auslösen können, muss man auch glauben, dass ab einem gewissen Punkt Kauf-Algorithmen greifen und den Markt wieder auf den vorherigen Stand bringen. Also entsteht im Endeffekt kein Verlust, es sei denn, man hat zum falschen Zeitpunkt verkauft. Nicht einmal eine Kursbewegung von der Größe des Flash Crash wirkt sich auf die langfristige Rendite der Aktien aus. Und auch nicht auf Ihre, wenn Sie einen kühlen Kopf bewahren.

KRIEG – WOZU IST ER GUT?

Für absolut gar nichts ... außer für die Aktien! Na gut, das ist mehr als nur ein bisschen übertrieben vereinfacht. Gewehrkugeln sind nicht bullish. Aber es gibt absolut keinen Beleg dafür, dass regionale Konflikte Haussen beenden würden. Nicht einmal dann, wenn die Vereinigten Staaten daran beteiligt sind. Oft kommt es in der Anfangsphase von Auseinandersetzungen zu einer gewissen Volatilität, weil der Markt von Angst erfasst wird – aber das ist ganz normal und geht schnell vorbei. Manchmal wird der

Konflikt entschärft. In anderen Fällen fliegen zwar die Kugeln, aber die Anleger merken schnell, dass sie nicht weit reichen. So schrecklich ein Krieg für die unmittelbar Beteiligten auch ist, so geht doch im Rest der Welt das normale Börsenleben weiter. Die Wirtschaftstätigkeit kommt nicht zum Erliegen und der Handel kommt nicht zum Erliegen. Diese Erkenntnis ist für die Aktien eine Erleichterung.

Viele Anleger kommen darüber aber nicht hinweg – und auch dafür sind weitgehend die Medien verantwortlich. Bei jedem geopolitischen Scharmützel und bei jedem potenziellen bewaffneten Konflikt warnen Schlagzeilen vor dem Tribut, den er von den Aktien und der Konjunktur fordern wird. Findet er im Nahen Osten statt, herrscht eine zweifache Bedrohung – Aktien und Öl.

Wenn man solche Artikel liest, kann man leicht die Fassung verlieren. Ein Krieg ist tatsächlich die Hölle. Aber hektisch aus dem Aktienmarkt auszusteigen ist selten profitabel. Man muss einen kühlen Kopf bewahren und rational denken! Dabei helfen zwei Werkzeuge: die Geschichte und der rechte Maßstab. Die Geschichte zeigt, dass noch nie ein regionaler Konflikt eine Baisse ausgelöst hat. Normalerweise sind Konflikte zu flüchtig und beeinträchtigen einen zu kleinen Teil der Weltwirtschaft, als dass sie eine große Bresche in den Handel und in die Gewinne schlagen könnten. Der Irak und die Ukraine waren die Brennpunkte des Jahres 2014 – 0,2 respektive 0,3 Prozent des weltweiten BIPs.[8] Im Jahr 2013 war es Syrien – 0,1 Prozent.[9] Im Jahr 2012 war es Ägypten – 0,4 Prozent.[10] Es betraf winzige Bruchteile des globalen Ausstoßes und des Welthandels. Wenn ein Konflikt nicht gerade in den Dritten Weltkrieg ausartet, ist er wahrscheinlich kein Marktrisiko.

Die Medien blicken nur selten auf die Geschichte und diese wird dadurch zu einem mächtigen Werkzeug. Ich habe ja schon erwähnt, dass Sie Belege verlangen sollten, wenn die Medien pauschale Behauptungen aufstellen, und dass Sie selbst auf die Suche nach solchen Belegen gehen müssen. Die Börsengeschichte ist normalerweise eine tolle Möglichkeit, dies zu tun! Selbst wenn man keine ausgefeilte Börsen-Datenbank hat, findet man die alten Renditen des S&P 500 recht problemlos. Bei Yahoo! Finance gibt es die täglichen Renditen des S&P 500 ab 1950 – öffentlich zugänglich und kostenlos. Immer wenn die Medien behaupten, dieses oder jenes sei schlimm für die Märkte, denken Sie an Zeiten, in denen dieses oder jenes schon einmal passiert ist, und sehen Sie nach, was damals mit den Märkten passiert ist. Die Geschichte wiederholt sich niemals perfekt! Aber, wie Mark Twain einst sagte, sie reimt sich todsicher und sie ist eine herrliche Möglichkeit, festzustellen, mit welcher Wahrscheinlichkeit sich ein bestimmtes Ereignis auf die Märkte auswirkt. Oft treten die konventionelle Erwartung und das, was die Medien behaupten, überhaupt nicht ein.

Seien Sie also kontrarianisch und sehen Sie sich die Geschichte an! Picken Sie sich ein Scharmützel heraus – irgendeines – und Sie werden sehen, dass es die Aktien nicht erschüttert hat. Nicht einmal im Nahen Osten! Die Menschen haben vor Konflikten im Nahen Osten immer Angst – sie halten ihn für das Pulverfass, auf dem die Welt sitzt. Oder für die Quelle allen Öls. Oder sie meinen, er sei nur haarscharf von einem Atomschlag entfernt. Oder, oder, oder ... Aber dort wüten mit wechselnder Intensität gewissermaßen schon immer Konflikte. Seit der Entstehung der modernen Märkte ist es quasi eine Konstante. Noch nie entstand daraus ein globaler Flächenbrand und noch nie wurde der Konflikt so groß, dass er den Welthandel gefährdet hätte. Die Märkte haben sich einfach daran gewöhnt – das gehört in Haussen wie in Baissen zum Hintergrund. Ein Konflikt im Nahen Osten hat noch kein einziges Mal zu einem zyklischen Wendepunkt geführt.

Sie glauben mir nicht? Dann sehen Sie sich Abbildung 3.10 an. Sie zeigt den S&P 500 im Laufe von vier großen Nahostkonflikten. Keiner davon führte zum Ende einer Hausse. Manchmal schwankten die Kurse, weil die anfängliche Unsicherheit Ängste schürte, aber lange bevor die Konflikte endeten, nahmen die Märkte ihren Anstieg wieder auf.

ABBILDUNG 3.10: Nahostkonflikte und Aktienkurse

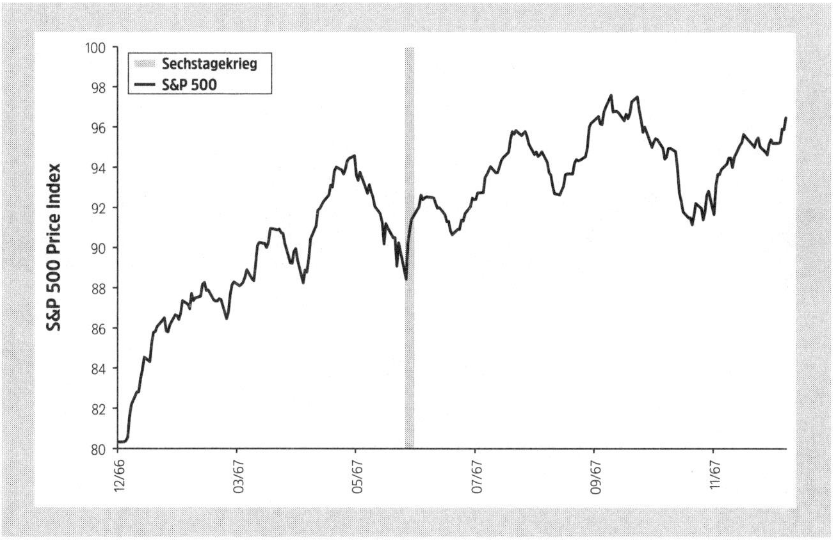

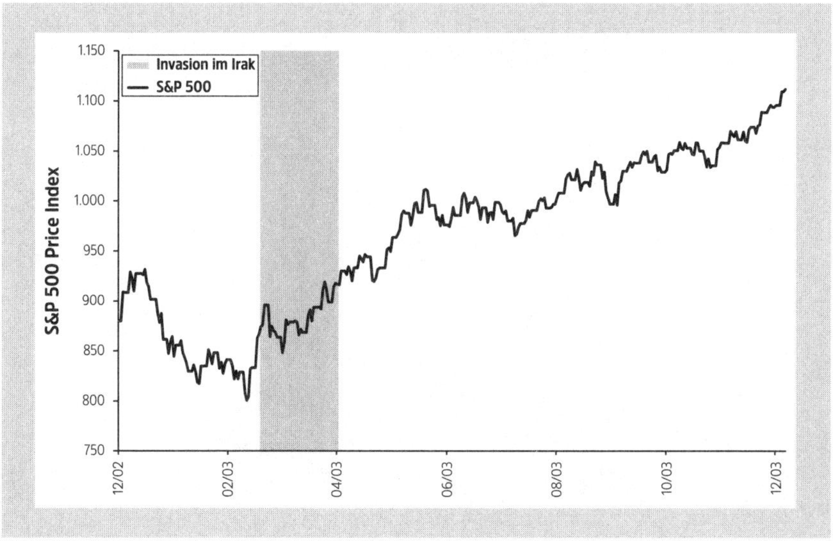

Quelle: FactSet, Stand 15.07.2014. S&P 500 Price Index, 30.12.1966 bis 29.12.2006.

ABBILDUNG 3.10 (FORTSETZUNG)

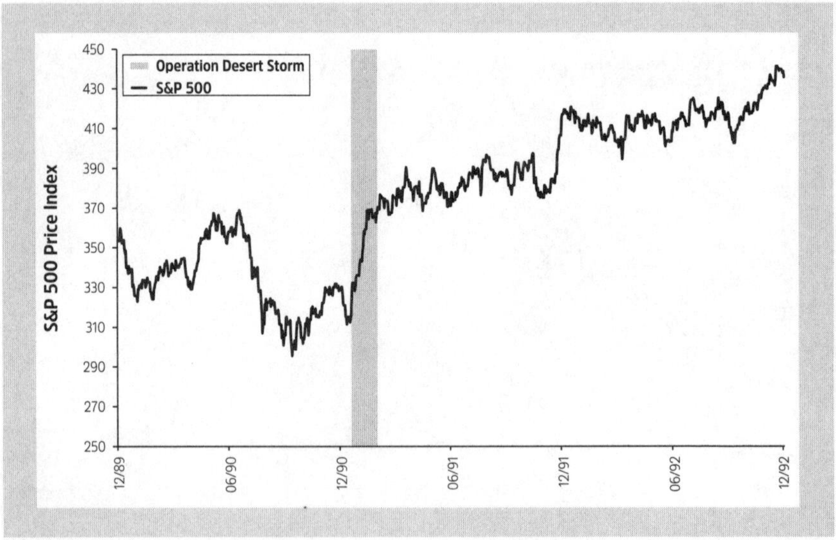

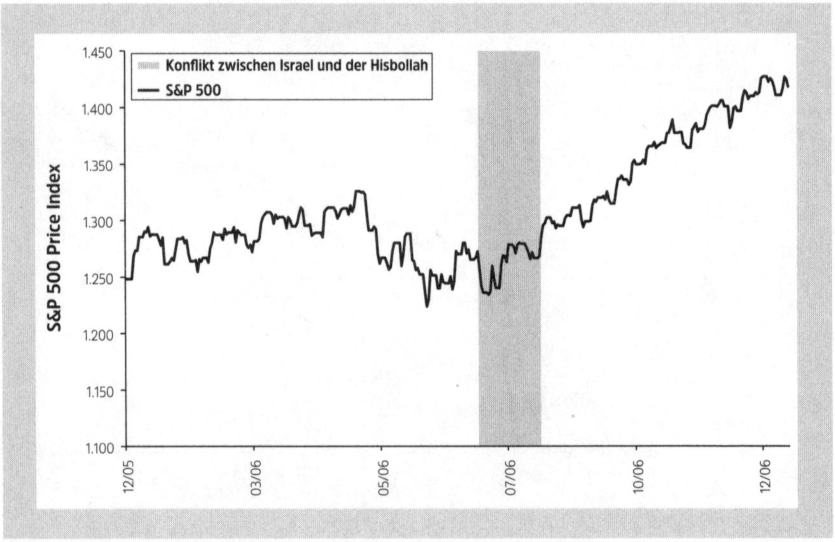

Quelle: FactSet, Stand 15.07.2014. S&P 500 Price Index, 30.12.1966 bis 29.12.2006.

Kontrarianer, die mechanisch gegen die Herde sind, könnten meinen: „Die Angst verkaufen, die Kugeln kaufen." Aber der Versuch, kurzfristig die richtigen Zeitpunkte abzupassen, ist sinnlos. Es gibt keine Garantie dafür, dass die Angst einen Kursrückgang auslöst. Das passierte weder als die Menschen 2013 befürchteten, die Vereinigten Staaten würden Syrien bombardieren noch als Russland im März 2014 in die Ukraine einmarschierte. Auch der Wiedereinstieg ist schwer zu planen. Manchmal steigen die Märkte, sobald die ersten Schüsse fallen, manchmal erst Wochen später. Und selbst wenn man ein gutes Timing hat, können die Transaktionskosten und die Steuern die Ersparnis aufzehren. Meistens ist es besser, durchzuhalten und abzuwarten.

Das waren nun vier Beispiele, aber hier kommen noch mehr: Bei Ausbruch des Koreakriegs machte der S&P 500 eine leichte Korrektur durch und verlor vom 12. bis zum 17. Juli 1950 14 Prozent.[11] Doch bereits am 22. September standen die Aktien wieder in den schwarzen Zahlen. Im gesamten Verlauf des Konflikts, vom 25. Juni 1950 bis zum 27. Juli 1953, stieg der S&P 500 um 25,8 Prozent.[12]

Im Vorfeld der Kubakrise im Jahr 1962 fiel der S&P 500 zwar, aber am 23. Oktober – einen Tag nach Präsident Kennedys Fernsehansprache, in der er die Nation über die Seeblockade informierte – durchschritt er die Talsohle. Als sich am 24. Oktober sowjetische Schiffe der Seeblockade näherten und Regierungschef Chruschtschow von einem „Akt der Aggression" sprach, *stiegen* die Aktien. Als die sowjetischen Schiffe am 5. November umkehrten, hatte der S&P 500 vom Tief aus 9,1 Prozent zugelegt.[13] Diese aufkeimende Hausse lief noch drei Jahre weiter.

Bevor sich die Vereinigten Staaten 1994 am Bosnienkrieg beteiligten, war der Aktienmarkt unruhig, aber kurz nach Beginn der NATO-Luftangriffe in Kroatien erreichte er den Tiefpunkt – und stieg bis Kriegsende am 20. Dezember 1995 um 36 Prozent.[14] Noch ein Beispiel gefällig? Nehmen wir die Jahre 1973 und 1974, die eine Baisse beinhalteten. Viele Menschen sind überzeugt, ihr Auslöser sei der Jom-Kippur-Krieg gewesen, der im Oktober 1973 begann. Aber die Baisse begann bereits am 11. Januar 1973, nicht erst im Oktober, also nicht einmal nah dran. Das OPEC-Embargo galt vom 16. Oktober 1973 bis zum 16. März 1974. Das heißt, selbst wenn man diese protektionistische Maßnahme gegen die US-Unterstützung für Israel ins Feld führt, lassen sich die Daten kaum mit der Baisse in Übereinstimmung bringen, die vom 11. Januar 1973 bis zum 3. Oktober 1974 reichte.

Nur einmal in der Geschichte – ein einziges Mal! – kann man einen Konflikt als unmittelbare Ursache einer Baisse ausmachen. Als Hitler 1938 in das Sudetenland einmarschierte, wurden seine territorialen Ansprüche mehr als deutlich und er zwang die Welt, die Wahrscheinlichkeit eines massiven, zerstörerischen weltweiten Konflikts – des Zweiten Weltkriegs – einzupreisen. Dies beendete eine noch junge Hausse (mehr dazu in Kapitel 5). Doch selbst damals fielen die Aktien nicht sofort. Sie krochen noch bis Mai 1940 seitwärts, bis die Märkte einen schweren Schock erlitten: Frankreich war gefallen. Der S&P 500 Price Index verlor in den ersten drei Maiwochen 1940 fast 25 Prozent, als Deutschland die Maginot-Linie zur Makulatur machte und den Aktienmarkt zwang, einen viel tief greifenderen, längeren und zerstörerischeren Konflikt in Europa einzupreisen.[15] Neben anderen behauptet der Historiker Niall Ferguson in seinem Buch „Der Aufstieg des Geldes“ (Econ 2009), der Erste Weltkrieg habe sich ähnlich vernichtend auf die Aktien ausgewirkt. Das ist durchaus möglich und sogar wahrscheinlich, aber die Zahlen aus dieser Zeit sind sehr dürftig und unzuverlässig (mehr dazu in Kapitel 5). Doch auch das würde mein Argument nur noch verstärken: Weltkriege zählen, regionale Kriege nicht.

Es ist schon ein riesiger Krieg nötig, in dem Großmächte auf der globalen Bühne gegeneinander antreten, damit die Kapitalmärkte so schwer leiden, dass es zu einer Baisse kommt. Wenn man das weiß, kann man leicht feststellen, ob ein Konflikt die Aktien zum Kentern bringen kann. Stellen Sie sich die Frage: Wie wahrscheinlich ist es, dass daraus der Dritte Weltkrieg wird? Möglich ist das natürlich immer – alles ist zu allen Zeiten möglich! Aber möglich ist nicht gleich wahrscheinlich. Nur wenn ein Berg von Indizien dafür spricht, dass aus einem Scharmützel eine globale Eruption wird, sollten Sie handeln.

Konflikte wird es immer geben. Während ich dies schreibe, kommt die Nachricht herein, dass ein Passagierflugzeug mit 298

Menschen an Bord – darunter auch US-Bürger – auf dem Flug von Amsterdam nach Kuala Lumpur über einer Konfliktzone in der Ostukraine abgeschossen wurde. Ein schrecklicher, tragischer Verlust an Menschenleben! Ein internationaler Zwischenfall! Schon jetzt unken die Schlagzeilen, die Aktien würden deswegen fallen. Aber ich erinnere mich an die Geschichte. Ich erinnere mich noch daran, wie 1983 Flug 007 von Korean Air von den Sowjets abgeschossen wurde und alle dachten, der Kalte Krieg würde in die heiße Phase eintreten. Das tat er aber nicht und die aufkeimende Hausse setzte sich fort.

SEIEN SIE KEIN SCHAF, SEIEN SIE KONTRARIANER

Alles, was wir in diesem Kapitel besprochen haben, hat außer der Kurzsichtigkeit noch etwas gemeinsam: Es wird ständig wiedergekäut. Die Anleger kauen diese Themen immer wieder durch, manchmal jahrelang.

Stellen Sie sich einmal vor, was Wiederkäuen bedeutet: Das Schaf würgt halb verdautes Futter hoch und kaut es noch einmal durch, weil es bequemer ist. Die Masse hat kaum Nährwert und das Wiederkäuen bringt nicht viel. Meistens machen die Tiere das einfach zum Spaß – wie Kaugummi, nur dass man dabei keine Blasen machen kann.

Bei wiedergekäuten Nachrichten ist das auch so. Sie treiben keine Aktienrenditen an. Wenn der Anleger sie immer wieder durchwalkt, trifft er deswegen keine besseren Entscheidungen. Die Leute kauen sie nur deshalb immer wieder durch, weil die Medien so viel Wirbel darum machen – schlechte Neuigkeiten verkaufen sich gut –, aber für die Anleger haben sie keinen Nährwert. Dafür sind die Märkte zu effizient! Wie gesagt, wenn etwas allgemein bekannt ist, ist es entweder falsch oder ihm fehlt die Kraft, Aktienkurse zu bewegen. Je länger eine Befürchtung kursiert – und dadurch wiedergekäutem Futter ähnlicher wird –, umso sicherer kann man sein, dass sie schon eingepreist ist.

Während der Hausse, die im März 2009 begann, käuten die Anleger vieles wieder. Ein Paradebeispiel ist China. Ab 2010 befürchteten die Menschen, das abflauende Wachstum Chinas würde per Schneeballeffekt zu einer harten Landung führen und die Weltwirtschaft mitsamt den Aktien herunterziehen. Jeder sinkende EMI, jeder Rückgang des Außenhandels, jeder Rückgang der Einzelhandelsumsätze oder der Industrieproduktion sorgte für Angst vor einem Crash. Und jedes Jahr erklärten die Experten, wenn das BIP für das Gesamtjahr doch recht gut ausfiel: „Ja schon, aber nächstes Jahr kommt der Einbruch." Wenn sie mit einem hochgejubelten Auslöser der harten Landung falschlagen, gingen sie einfach zu einem anderen über – sie befürchteten den gleichen Ausgang, nur eben aus einer anderen Ursache heraus. Eine Weile befürchteten sie, eine Immobilienblase werde den Untergang heraufbeschwören. Das war aber falsch und daher gingen sie zu einem Kollaps des Verarbeitenden Gewerbes über. Das war wieder falsch und deshalb nahmen sie das Bankensystem. Als auch das falsch war, kamen sie wieder auf den Immobilienmarkt zurück.

Die ganze Zeit über ging das Wachstum in China zurück – damit hatten sie recht –, aber die harte Landung hat immer noch nicht stattgefunden. China brachte die Weltwirtschaft nicht zum Kentern und den Aktien ging es global gesehen gut. Die Märkte haben gar nichts gegen ein langsamer wachsendes China! Aber trotzdem wird das ständig wiedergekäut.

Die Schuldenkrise der Eurozone war für viele Menschen eine schreckliche Sache, aber auch sie wurde im großen Stil wiedergekäut. Die Medien begannen mit der Kauerei, als Griechenland 2009 zu wackeln begann. In den Jahren 2010 und 2011 dachten die Menschen die ganze Zeit, erst würde Griechenland pleitegehen, dann Irland, dann Portugal, dann Italien, dann Spanien – dadurch würden sie den Euro spalten und die Welt ins Chaos stürzen. Als Griechenland im Februar 2012 dann wirklich bankrott war, waren die Befürchtungen bereits so weit eingepreist, dass die Märkte nicht einmal mit der Wimper zuckten. Und als Griechenland im Laufe des Jahres noch einmal zahlungsunfähig wurde, merkte es fast niemand! Indessen verwandelte sich die Befürchtung, der Euro werde zerbrechen, in die Befürchtung, die Rezession werde noch schlimmer und sie werde global um sich greifen. Als das nicht eintrat und sich die Eurozone ab Mitte 2013 wieder erholte, kam die Angst vor geringem Wachstum zum Zug. Im Jahr 2014 schwenkte die

Angst auf ein „verlorenes Jahrzehnt" mit Deflation und einem schrumpfenden nominalen BIP um.

Die konkreten Ängste verwandelten sich fünf Jahre lang immer wieder, aber das Thema, das ihnen zugrunde lag, nicht. Ob die Menschen nun Angst hatten, die Währung könnte zerbrechen, die Rezession könnte schlimmer werden, das Wachstum könnte nachlassen oder die Deflation würde die Apokalypse heraufbeschwören – in Wirklichkeit befürchteten sie, Kontinentaleuropa könnte zu einem schwarzen Loch in der Weltwirtschaft werden. Das kauten sie über fünf Jahre lang durch und währenddessen stiegen die Aktien die ganze Zeit. Ob die Wiederkäuer in bestimmten Punkten recht hatten? Aber sicher! Mit Griechenland hatten sie recht, mit der Rezession hatten sie recht ... gerade so viel, dass es für den Bestätigungsfehler reichte. Aber ihre tieferen Ängste waren bereits eingepreist, sodass die kleinen Negativaspekte den Aktien keinen Schlag mehr versetzten.

Sie sollten diese ganzen wiedergekäuten Themen als das sehen, was sie sind: eingepreiste Sinnlosigkeit. Selbst wenn Sie glauben, die Masse habe mit irgendeinem schlimmen bevorstehenden Ereignis recht, haben die effizienten Märkte diesen Ausgang vermutlich bereits eingepreist. Deshalb konnte eine 18 Monate lange Rezession in Europa den weltweiten Aktienmarkt nicht zum Kentern bringen. Und wie wir in Kapitel 6 sehen werden, ist dies auch der Grund dafür, dass die Aktien kaum mit der Wimper zuckten, als der Affordable Care Act („Obamacare") verabschiedet wurde.

Wir sind aber noch nicht so weit, dass wir über Politik reden. Noch sind wir dabei, einander kennenzulernen! Und noch haben wir nicht über wiedergekäute Befürchtungen hinsichtlich der fernen Zukunft gesprochen, die die Anleger hinters Licht führen. Zeit also für Kapitel 4, den zweiten Teil unserer Gebrauchsanleitung für Finanzmedien.

ANMERKUNGEN

1. FactSet, Stand 31.11.2014. S&P 500 Price Index, 31.08.2001 bis 30.09.2011.
2. FactSet, Stand 31.11.2014. S&P 500 Price Index, 31.12.1999 bis 31.12.2002.
3. „US Industrial Production Rises in March", Sarah Portlock, *The Wall Street Journal*, 16.04.2014. http://online.wsj.com/news/articles/SB10001424052702303626804579505150315991462 (Zugriff am 14.05.2014).
4. „US Retail Sales Rise Slightly, Far Below Expectations", Redaktion *Reuters*, 13.05.2014. www.nytimes.com/2014/05/14/business/us-retail-sales-rise-slightly-far-below-expectations.html (Zugriff am 14.05.2014).
5. „US Consumer Spending Surges, Boosts Growth Outlook", Redaktion *Reuters*, 05.05.2014. www.hawaiireporter.com/us-consumer-spending-surges-boosts-growth-outlook/123 (Zugriff am 14.05.2014).
6. „Trade Data Indicate Economy Contracted", Ben Leubsdorf, *The Wall Street Journal*, 06.05.2014. http://online.wsj.com/news/articles/SB10001424052702304101504579545522484566420 (Zugriff am 14.05.2014).
7. „Comprehensive Benchmark Revisions for The Conference Board Leading Economic Index for the United States", Gad Levanon, Atamam Ozyildirim, Brian Schaitkin und Justyna Zabinska, The Conference Board, Economics Program Working Paper #11–06, Dezember 2011. www.conference-board.org/pdf_free/workingpapers/EPWP1106.pdf (Zugriff am 09.12.2014).
8. Weltbank, Stand 17.07.2014. Nominal GDP of Ukraine, Iraq and the world, 2013.
9. Weltbank, Stand 17.07.2014. Nominal GDP of Syria and the world, 2013.
10. Weltbank, Stand 17.07.2014. Nominal GDP of Egypt and the world, 2013.
11. FactSet, Stand 17.07.2014. S&P 500 Price Index, 12.06.1950 bis 17.07.1950.
12. FactSet, Stand 17.07.2014. S&P 500 Price Index, 23.06.1950 bis 27.07.1953.
13. FactSet, Stand 17.07.2014. S&P 500 Price Index, 23.10.1962 bis 05.11.1962.
14. FactSet, Stand 17.07.2014. S&P 500 Price Index, 08.12.1994 bis 20.12.1995.
15. FactSet, Stand 21.01.2015. S&P 500 Price Index, 30.04.1938 bis 31.05.1938.

4

NICHT IN DEN NÄCHSTEN 30 MONATEN

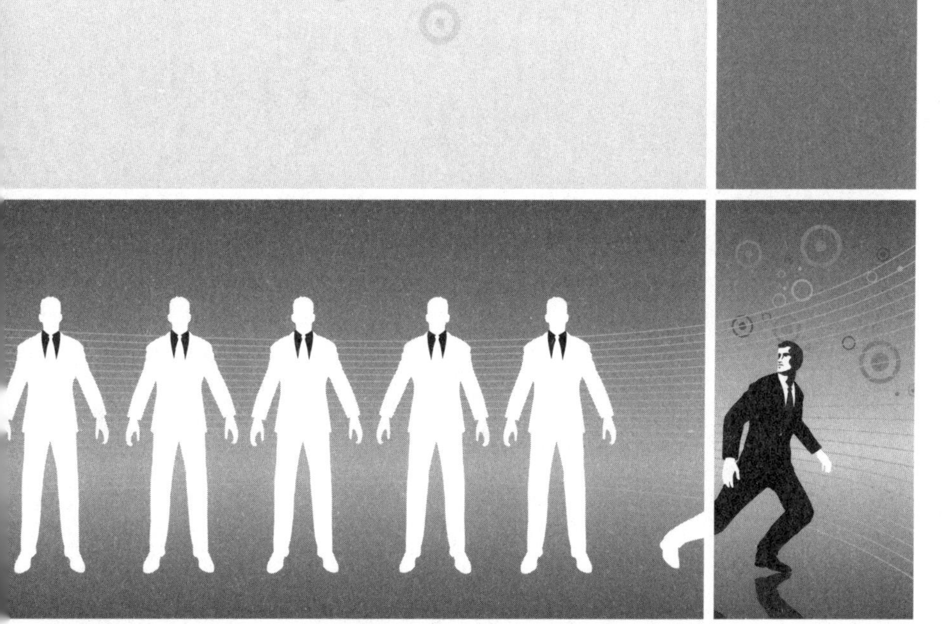

4

Als Sie ein Kind waren, was wollten Sie werden, wenn Sie mal groß sind?

So ziemlich jeder Knirps hat irgendeine tolle Vorstellung vom Erwachsensein. Vielleicht wollten Sie Feuerwehrmann werden, Prinzessin, Astronaut oder Fußballspieler! Vielleicht auch Arzt, Filmstar, Bauarbeiter, Actionheld oder Zugführer. Vielleicht auch Seeräuber! Die meisten Kinder wollen zu irgendeinem Zeitpunkt so etwas oder so etwas Ähnliches werden – etwas, das sie aus irgendeinem Grund idealisieren.

Solche Träume werden nur selten wahr. Manche schon! Aber normalerweise ändern sich unsere Hoffnungen, Träume, Möglichkeiten und Pläne, wenn wir älter werden. Möchtegern-Astronauten merken, dass sie überhaupt keine Lust auf Physik haben. Kinder, die Dr. Bibber gespielt haben – das Brettspiel, bei dem man mit einer Pinzette Fremdkörper und erkrankte Körperteile aus einem Plastikpatienten entnimmt –, können vielleicht kein Blut sehen. Und wer Lokführer vergöttert hat, erfährt vielleicht, dass „Thomas, die kleine Lokomotive" nicht das wirkliche Leben ist.

Unzählige Dinge ändern sich zwischen dem Alter von fünf und dem Alter von 30 Jahren und kein Fünfjähriger kann wissen, wie sein Leben aussehen wird, wenn er erwachsen ist. Er kann es sich nicht vorstellen! Normalerweise verläuft das richtige Leben auf eine Art und Weise anders, die wir nicht vorhersehen können. Kinder wissen vielleicht so ungefähr, was in den nächsten zwei Jahren ihres Lebens passieren wird – in welche Klasse sie kommen, welche Lehrer sie dann wahrscheinlich bekommen, wie alt sie dann sind und welche Meilensteine sie schaffen. Aber viel weiter reicht es nicht. Ein Neunjähriger meint vielleicht, er werde bald auf die örtliche Highschool gehen, aber was ist, wenn seine Eltern umziehen? Oder wenn eine neue Schule eröffnet? Wir müssen unser Leben leben, die Veränderungen hautnah erleben und sehen, was daraus wird.

Das Gleiche gilt für die Märkte. Die ferne Zukunft können wir heute nicht kennen! Dafür müssten wir zu viele Veränderungen ausloten. Die Aktien kennen sie, aber sie blicken nicht weiter als 30 Monate nach vorn. Alles, was weiter reicht, ist ein reines Ratespiel – es geht nur noch um Möglichkeiten, nicht um Wahrscheinlichkeiten, aber Wahrscheinlichkeiten sind das, was die Märkte antreibt.

Trotzdem bombardieren uns die Schlagzeilen ständig mit extrem langfristigen Trends, die sich langsam ausbilden, und sie behaupten, sie würden irgendwann unser Untergang sein. Die hohe Verschuldung, China werde die Welt erobern, die globale Erwärmung und was nicht noch alles! Unzählige wissenschaftliche Untersuchungen behaupten, sie könnten anhand ausgeklügelter Formeln vorhersagen, wie sich diese und viele andere Dinge entwickeln werden. Die Gelehrten halten ihre Hypothesen für Wahrheiten und hypen sie bis ins Unendliche. Viele gehen noch einen Schritt weiter und warnen, diese schlimmen langfristigen Dinge könnten die Aktien schon heute und auf absehbare Zukunft zum Untergang verurteilen.

Es gibt einen einfachen Trick, mit dem man solche weit in die Zukunft reichenden nicht wissbaren Sinnlosigkeiten erkennen und dann ausblenden kann. Stellen Sie einfach die Frage: „Stellt irgendetwas davon ein konkretes Risiko dar, das sich in den kommenden 30 Monaten auf irgendwelche Volkswirtschaften auswirkt?“

Das mag zwar naiv und abschätzig klingen, aber es stimmt: Wenn eines der großen, schlimmen, schrecklichen Dinge, vor denen die Medien warnen, in den nächsten 30 Monaten nicht tatsächlich eintritt, ist es für die Aktien bedeutungslos. Und zwar auch dann, wenn sich die fürchterlich schreckliche Prophezeiung am Ende in ferner Zukunft bewahrheitet! So weit blicken die Aktien nicht voraus. Na gut, manchmal vielleicht auch 32 Monate, aber nicht in die ganz ferne Zukunft.

Das heißt nicht, dass man keine Möglichkeiten in Betracht ziehen sollte. Wenn man über Möglichkeiten nachdenkt – sich anschaut, was die Masse sagt, und sich dann überlegt, was sie übersieht oder sich nicht vorstellt –, hilft einem das womöglich, herauszufinden, ob das langfristige Bild wirklich so düster ist – und dies hilft einem wiederum, nachts ruhig zu schlafen. Das ist alles gut und schön. Aber für Anlageentscheidungen braucht man lediglich abzuschätzen, was in den kommenden 30 Monaten mit der größten Wahrscheinlichkeit passiert.

Der Test „nicht in den nächsten 30 Monaten" ist ein Spitzentrick. Sie können ihn auf so ziemlich alle langfristigen Themen anwenden, die von den Medien als endgültiger sozioökonomischer Untergang Amerikas hochgespielt werden. Sogar wenn sie sagen, wir müssten JETZT HANDELN, um unseren sicheren Untergang zu verhindern! Wenn der Weltuntergang nicht in den nächsten 30 Monaten wahrscheinlich ist, machen sich die Aktien heute keine Sorgen darum und Sie sollten das auch nicht tun. Mit diesem einfachen Trick können Sie eine Kakophonie aus angsteinflößendem Rauschen ausblenden.

In diesem Kapitel erkläre ich, wie man das Kriterium „nicht in den nächsten 30 Monaten" benutzen kann, um Folgendes zu tun:

- politische und gesellschaftliche Themen von wirtschaftlichen trennen
- auf Ihrer nächsten Dinnerparty glänzen, wenn das Gespräch auf die Verschuldung kommt
- jeden Schrecken aufspießen, vor dem Ihnen die Medien heute Angst machen wollen

DIE BABYBOOM-BOMBE?

Seit mittlerweile mehr als zehn Jahren sind gewisse Leute ganz besessen von den geburtenstarken Jahrgängen. Was passiert, wenn sie alle in Rente gehen? Wer ist dann noch übrig, der Aktien kaufen könnte?

Wer weiß? Ich weiß es nicht. Und Sie auch nicht. Und auch nicht die berühmten Verfechter des finsteren Babyboom-Szenarios. Wir können es nicht wissen – und zwar niemand von uns –, weil das alles zu weit entfernt ist. Es stimmt schon, dass 2011 die ersten Babyboomer 65 geworden sind. Aber der letzte ist erst 2029 so weit. So weit kann niemand in die Zukunft schauen. Die

Rente des Durchschnitts-Babyboomers ist noch fern. Die Aktien wissen das und probieren es gar nicht erst – wenn sie nicht in den nächsten 30 Monaten kommt, reicht das den Märkten.

Allerdings können wir uns dank der Markteffizienz einer Sache ganz sicher sein: Die Rente der geburtenstarken Jahrgänge wird die Märkte nicht bewegen. Das wird sich nämlich zu langsam abspielen – im Verlauf einer ganzen Generation – und der Vorgang hat überhaupt nichts Überraschendes an sich. Wann die Kinder des Babybooms in Rente gehen werden, wissen die Märkte schon seit ihrer Geburt – und das ist keine prophetische Gabe, sondern Mathematik. Zehn Jahre bevor die ersten Babyboomer 65 wurden, kursierten die ersten Befürchtungen. Jetzt gehen sie schon seit vier Jahren in großer Zahl in Rente, die vielen Frührentner noch gar nicht eingerechnet. Und die Welt ist nicht untergegangen. Anzunehmen, die Märkte würden solche Dinge nicht einpreisen, hieße den Großen Erniedriger (GE) zu beleidigen. Und das ist niemals klug!

Kontrarianer wissen das alles. Sie wissen auch, dass die vielen Befürchtungen im Zusammenhang mit dem Ruhestand der Babyboomer nur Meinungen sind und dass sie auf der Vermutung basieren, die Leute würden ihre Aktien gegen Anleihen eintauschen, wenn sie sich zur Ruhe setzen ... dadurch bekomme die Aktiennachfrage einen Knacks und der Preisdruck nehme ab. Vielleicht! Aber wenn es sich bewahrheitet, ist das ein struktureller Faktor – die Aktien können dann trotzdem gut laufen und die zyklischen Faktoren können überdeckt werden.

Doch wenn man annimmt, die Aktiennachfrage werde sinken, blendet man viele andere Möglichkeiten aus. Vielleicht verkaufen ja die Babyboomer ihre Unternehmen und investieren den Erlös in Aktien, sodass die Nachfrage sogar steigt. Privates Kapital wird zu Börsenkapital. Vielleicht treten ihre Kinder – die selbst wieder einen Boom darstellen – in das Erwerbsleben ein und stecken bergeweise Geld in ihre Altersvorsorge, wodurch sie die Nachfrage noch weiter in die Höhe treiben! Vielleicht erleben wir eine Kombination davon und dazu noch ein paar Variablen, von denen wir uns jetzt noch nichts träumen lassen.

Das ultimative Endspiel der Babyboomer ist einfach noch zu weit weg, als dass wir es ausbeuten könnten. Also versuchen Sie es gar nicht erst. Es bringt nichts! Bedenken Sie, dass es sich ja nicht um eine Überraschung handelt – was automatisch dagegen spricht, dass es in großem Stil den Markt beeinflussen könnte.

WAS IST MIT DER SOZIALVERSICHERUNG UND MIT MEDICARE?

Eine Unterabteilung des Untergangs durch die Babyboomer ist die Befürchtung, dass durch diese massive Zunahme der amerikanischen Bevölkerung im Rentenalter die Sozialversicherung und Medicare pleitegehen. Die Social Security Administration sagt voraus, dass im Jahr 2029 über 25 Prozent der Amerikaner im Rentenalter sein werden. Im Jahresbericht des Social Security Board of Trustees für den Kongress wird behauptet, die Rentenversicherung, die Hinterbliebenenversicherung und die Berufsunfähigkeitsversicherung würden bis 2033 leergeräumt sein. Außerdem heißt es dort, bis dahin könne die Sozialversicherung nur 75 Prozent der Leistungen bezahlen, wenn sich nicht etwas ändert.

Das wird in den Medien regelmäßig hochgespielt und die allgemeine Reaktion darauf ist Panik. Aber Kontrarianer zucken dabei nicht mit der Wimper und Sie sollten es genauso halten.

Warum? Erstens betrifft das nicht die nächsten 30 Monate! Zweitens bestehen diese Befürchtungen die einfache logische Prüfung nicht, die wie in Kapitel 1 erwähnt zu den Lieblingswerkzeugen eines Kontrarianers gehört. Wenn eine Behauptung oder eine Prognose auf einer falschen Voraussetzung beruht, ist sie Humbug.

Die Angst, die Sozialversicherung und Medicare könnten ausgeschöpft werden, basiert auf langfristigen Prognosen staatlicher Behörden, die dabei einfach linear rechnen: Man nehme die aktuellen Bedingungen und die historischen Durchschnitte und schreibe sie in die Ewigkeit fort. Was soll daran vernünftig sein? Im Jahr 2000 sagte das Congressional Budget Office (CBO) ständige Überschüsse des Bundeshaushalts voraus. Im Jahr 2003 sagte es voraus, 2013 würden wir einen Überschuss von 508 Milliarden US-Dollar und eine Verschuldung in Höhe von 14,4 Prozent des BIPs haben. In Wirklichkeit fuhren die Vereinigten Staaten im Jahr 2013 ein Defizit von 680 Milliarden Dollar ein und die Verschuldung stieg auf 72,1 Prozent des BIPs. Schon die

Eingangsgrößen, die das CBO verwendet, sind falsch. Im Jahr 2002 nahm es an, in den nachfolgenden zehn Jahren werde sich die Rendite 10-jähriger Schatzanweisungen um die sechs Prozent bewegen. Das stimmte aber nicht einmal annähernd! Abbildung 4.1 zeigt, wie falsch diese Prognose war.

ABBILDUNG 4.1: Die lustige Zinsprognose des CBO

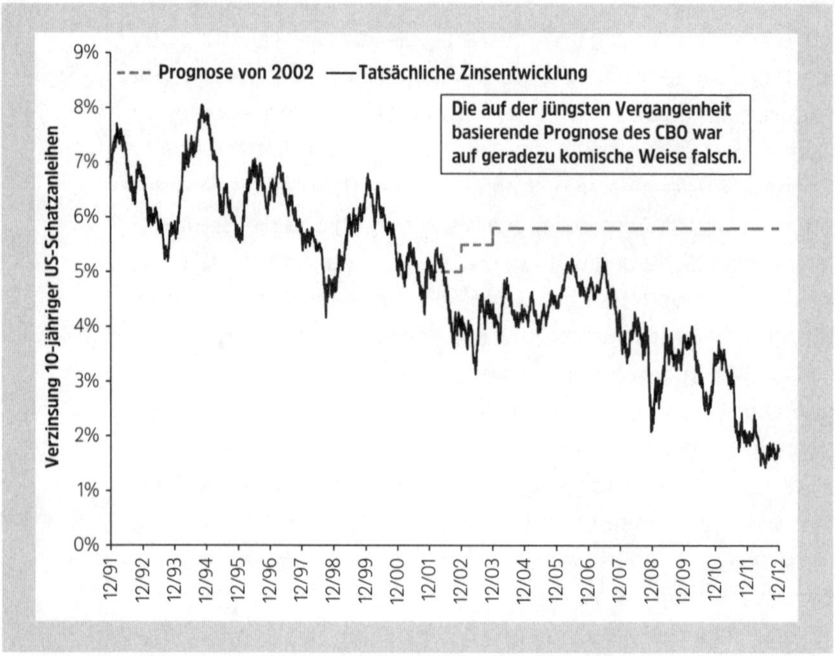

Quellen: FacSet, CBO, Stand 04.12.2014. Verzinsung der 10-jährigen Schatzanweisung von 31.12.1991 bis 31.12.2012. Prognose des CBO für die Verzinsung der 10-jährigen Schatzanweisung von 2002 bis 2012 (herausgegeben im Januar 2002).

Ob das CBO auch manchmal richtigliegt? Sicher! Auf diese Art bringt uns der GE dazu, weiter zu raten, und dadurch besitzt das CBO nach all den Jahren immer noch einen Funken Glaubwürdigkeit. Außerdem hat das CBO ebenso wie die professionellen Börsenanalysten, die wir in Kapitel 2 betrachtet haben, viel Zeit, seine Vorhersagen zu korrigieren und wieder den Anschluss an die Wirklichkeit zu finden – es aktualisiert seine Prognosen zweimal im Jahr. Tabelle 4.1 zeigt, wie sich die Haushaltsprognosen des CBO für das Jahr 2013 im Laufe der Zeit entwickelt haben. Von 2003 bis Anfang 2013 bewegte es sich allmählich von massiv falschen hin zu weitgehend richtigen Vorhersagen.

TABELLE 4.1: Die Entwicklung der Haushaltsprognosen des CBO für 2013

Veröffentlichung der Prognose	Ausgaben (in Mrd. USD)	Einnahmen (in Mrd. USD)	Überschuss oder Defizit (-)	Schulden (in Mrd. USD)	Verschuldung in % des BIPs
Jan 03	3.167	3.674	508	2.565	14,4
Aug 03	3.422	3.634	459	5.438	30,7
Jan 04	3.457	3.441	-16	6.409	37,0
Sep 04	3.547	3.471	-75	6.675	37,8
Jan 05	3.389	3.474	85	5.884	32,6
Aug 05	3.561	3.481	-80	6.691	37,0
Jan 06	3.506	3.546	40	6.032	32,9
Aug 06	3.631	3.555	-76	6.469	35,4
Jan 07	3.391	3.550	159	5.089	28,3
Aug 07	3.583	3.619	36	5.730	31,5
Jan 08	3.524	3.585	61	5.701	31,6
Sep 08	3.766	3.619	-147	6.968	38,6
Jan 09	3.610	3.353	-257	8.516	50,0
Aug 09	3.759	3.221	-538	10.870	65,5
Jan 10	3.756	3.218	-539	11.056	66,3
Aug 10	3.760	3.236	-525	11.422	68,4
Jan 11	3.794	3.090	-704	12.386	75,5
Aug 11	3.692	3.069	-510 *	11.773	72,8
Jan 12	3.573	2.988	-585	11.945	75,1
Aug 12	3.554	2.913	-641	12.064	76,1
Feb 13	3.553	2.708	-845	12.229	76,3
Mai 13	3.455	2.813	-642	12.036	75,1
Tatsächliche Zahlen 2013	**3.454**	**2.774**	**-680**	**11.982**	**72,1**

** Unter der Annahme von 113 Mrd. USD zusätzlicher Ersparnisse durch den Budget Control Act von 2011.*

Quelle: Congressional Budget Office, Stand 04.12.2014. Baseline Budget Outlooks aus den halbjährlichen CBO-Berichten Budget and Economic Outlook, *herausgegeben von Januar 2003 bis Februar 2014.*

Wir wissen jetzt zwar, dass sich das CBO oft irrt, aber wir können es nicht in Bausch und Bogen abtun, nur weil es das CBO ist! Wenden wir uns daher einer weiteren falschen Voraussetzung zu: Angeblich ist die Sozialversicherung ein „Schließfach", um den Begriff zu verwenden, den Al Gore und *Saturday Night Live* während des Präsidentschaftswahlkampfs 2000 populär machten. Der Schließfach-Mythos besagt, die Treuhandfonds der Sozialversicherung und von Medicare seien Geld, das für unsere Rentner und eines Tages vielleicht auch uns verwahrt wird. Keineswegs! Von jedem Dollar, den wir in die Sozialversicherung einzahlen, fließen 85 Cent direkt in die aktuellen Sozialversicherungsleistungen. Die restlichen 15 Cent fließen in den „Treuhandfonds", der Leistungen an Berufsunfähige und ihre anspruchsberechtigten Angehörigen bezahlt. Aber dieser Fonds ist kein Vermögen, das in einem Tresor liegt. Überschüssige Mittel werden von Gesetzes wegen mittels Kauf von speziell dafür begebenen Staatsanleihen an die Bundesregierung ausgeliehen – für allgemeine Zwecke. Das heißt, das Geld wird ausgegeben.

Und was soll das Gerede von den „nicht gedeckten Verbindlichkeiten"? Bedeutungslos. Technisch gesehen sind *keinerlei* Verbindlichkeiten der Sozialversicherung gedeckt! Das Finanzministerium nimmt kein Darlehen auf, um der Sozialversicherung Geld zu geben. Das System ist ein reines Umlageverfahren. Die Beschäftigten zahlen ein, die Behörde zahlt aus.

Die Leistungen, die die geburtenstarken Jahrgänge in den kommenden Jahrzehnten beziehen, werden erst dann von der Generation X und den sogenannten Millennials [die Generation Y, die um die Jahrtausendwende im Teenager-Alter war, Anm. d. Ü.] bezahlt – und trotz aller Ängste wegen der „Überalterung" der Bevölkerung gibt es rund 15 Millionen mehr Millennials als Babyboomer. Und wenn sie ins Rentenalter kommen, werden ihre Kinder und Enkelkinder – die Generation Z oder welchen griffigen Namen sie auch bekommen werden – ihre Rente finanzieren. Das ist der Kreislauf des Lebens (auch wenn Elton John über diesen „Circle of Life" nie einen Song schreiben wird).

An dieser Stelle könnten Sie jetzt sagen: „Aber was ist, wenn die Millennials nie erwachsen werden?" Was, wenn sie im besten

Erwerbsalter eine Katastrophe sind? Überlegen Sie sich einmal, was hinter dieser Frage steckt: Manche Menschen haben Angst, die Millennials könnten nie erwachsen werden, weil sie sie für eine Bande verwöhnter, überheblicher Gören halten. Ein Argument nach dem Muster: „Die Jugend von heute!" In meiner Firma arbeiten viele Millennials. Sie sind nicht schlechter als die Generation X, von der man annahm, sie würde ihr Leben damit vergeuden, in abgerissenen Lumpen Kaffee zu trinken – aber sie ist erwachsen geworden. Und sie sind nicht schlechter als meine Generation, die angeblich aus unternehmensfeindlichen, Drogen konsumierenden Taugenichtsen nach dem Motto „turn on, tune in, drop out" bestand – aber wir sind erwachsen geworden. Vielleicht haben die Leute, die über die Jugend von heute schimpfen, ja dieses Mal recht und aus den Millennials wird eine Bande 60-jähriger Gören, die noch nie in ihrem Leben etwas geleistet haben. Oder vielleicht – nur vielleicht – sind die Kids in Ordnung. Jedoch betrifft all das nicht die nächsten 30 Monate – auf die es für die Aktien immer und überall ankommt.

Wenn das natürliche Bevölkerungswachstum, die Zuwanderung und die Einbürgerung nicht ausreichen, um die staatlichen Programme aufrechtzuerhalten, kann sie der Kongress einfach ändern. Sie sind ja alle nicht in Stein gemeißelt! Es sind nur Gesetze! Die Sozialversicherung und Medicare wurden vom Kongress geschaffen und der Kongress kann sie auch zurechtbiegen. Ja, wir haben alle schon gehört, das sei in der amerikanischen Politik ein heißes Eisen, ein Tabu, aber der Kongress hat es im Laufe des 20. Jahrhunderts schon mehrere Male angefasst. Er hat die Zuflüsse und Abflüsse verändert, damit das System solvent blieb. Vor langer Zeit, in den 1970er-Jahren, dachten die Sachwalter der Sozialversicherung, sie würde 1979 nicht mehr in der Lage sein, die Leistungen zu bezahlen! Doch ein paar kleine Reparaturen im Jahr 1977 behoben das. Es braucht nicht viel, um ihre Finanzierung astronomisch auszuweiten. Dieses Thema dürfte also auf ewig außerhalb des zeitlichen Vorhersagehorizonts der Märkte bleiben.

UND WENN DIE „VERLORENE GENERATION" VERLOREN BLEIBT?

Manche meinen, aus den Kids werde gewiss nichts Ordentliches, weil die aufgeblähten Studienkredite ihre Vermögenssituation zu einem massiven Schuldendesaster gemacht haben. Und alles für einen Abschluss, der sich nie im Leben auszahlen wird!

Das ist wieder etwas, das nicht die nächsten 30 Monate betrifft. Vielleicht wird es nie relevant.

Schauen wir uns die Zahlen an. Die Schlagzeilen schüren eine galoppierende Phobie vor Studienkrediten, weil sich der Schuldenstand seit 2006 annähernd verdreifacht hat. Zu Beginn jenes Jahres belief sich die Gesamtverschuldung der Studenten laut New York Fed auf rund 500 Milliarden Dollar. Im ersten Quartal 2014 betrug sie 1,3 Billionen Dollar. Berücksichtigt man dazu noch, dass die meisten Studienkredite nicht insolvenzsicher sind, können einen die Schlagzeilen ohne Weiteres zu der Überzeugung bringen, die Studienverschuldung sei für die Generation der Millennials eine wachsende, unüberwindliche Hürde.

Der skeptische Kontrarianer stellt nun Fragen: Wer bezahlt denn die 1,3 Billionen Dollar? Wie viele Kreditnehmer gibt es? Wie alt sind sie? Wie viel bezahlt jeder von ihnen ab?

Die Antworten auf all diese Fragen bekommt man von der New York Fed, die regelmäßig aufschlüsselt, wie sich die ausstehenden Studienschulden demografisch zusammensetzen. Dort erfährt man Folgendes:

- Die 1,3 Billionen Dollar Kredit verteilen sich auf fast 40 Millionen Menschen.
- Die Rechnung ist ganz einfach: Jeder hat 32.500 Dollar Schulden.
- Im Jahr 2011 (während ich dies schreibe die aktuellste veröffentlichte Zahl) belief sich die mediane Schuldsumme auf 12.000 Dollar. Die Hälfte der Kreditnehmer hatte weniger Schulden, die andere mehr.
- Ein Drittel der Summe entfiel auf Menschen unter 30.
- Ein weiteres Drittel entfiel auf Menschen zwischen 30 und 39.
- Der Rest entfiel auf Menschen über 40.

Man kann also schwerlich behaupten, die Millennials seien davon überproportional betroffen. Viele Betroffene haben etwa so viele Schulden wie für ein Auto. Die meisten Schulden aus Studienkrediten entfallen auf Menschen im besten Erwerbsalter.

Die Chancen stehen gut, dass sich die Millennials ihre Darlehen leisten können. Schließlich ist ja das Ergebnis eines Studienkredits eine College-Ausbildung! College-Absolventen stehen auf dem Arbeitsmarkt größtenteils am oberen Ende der Nahrungskette. Laut dem US Bureau of Labor Statistics beläuft sich das Beschäftigungs-Bevölkerungs-Verhältnis bei College-Absolventen seit 2004 durchschnittlich auf 74,5 Prozent.[1] In der Gesamtbevölkerung beträgt es nur 60,6 Prozent. Und in diesem Zeitraum wurden für College-Absolventen mehr als fünfmal so viele Arbeitsplätze geschaffen wie insgesamt.[2] Die Arbeitslosenquote der College-Absolventen überschritt nach der Rezession 2007-2009 bei fünf Prozent ihren Höhepunkt; insgesamt belief sich der Höhepunkt auf zehn Prozent.[3] Das mediane Wocheneinkommen von College-Absolventen ist circa 30 Prozent höher als das der breiten Bevölkerung, und zwar sowohl am oberen als auch am unteren Ende des Spektrums.[4]

Könnte es sein, dass manche verschuldete Millennials sich erst ein paar Jahre später ein Haus kaufen, weil sie noch ihr Darlehen abbezahlen? Sicherlich! Könnten diejenigen, die sechsstellige Schulden angesammelt haben, weil sie eine wissenschaftliche Karriere anstreben, härtere Zeiten durchmachen? Sicherlich! Aber nichts davon wird sich in den nächsten 30 Monaten gewaltig negativ niederschlagen.

Könnte sich die Verschuldung der Studenten in einer Spirale zu der massiven Gefahr entwickeln, die die Medien (und die Politiker!) sehen? Vielleicht! Aber dafür müssten die College-Kosten schon ins Astronomische steigen und die Jobaussichten müssten einbrechen. Theoretisch ist das schon möglich – aber nicht in den nächsten 30 Monaten!

Es gibt derzeit fast niemanden, der nicht weiß, dass ein College-Abschluss die Beschäftigungschancen erhöht. Genauso wie jeder weiß, dass Zigaretten die Hauptursache für Lungenkrebs sind. Um das nicht mitzubekommen, müsste man schon im oberen Amazonasbecken oder an einem anderen entlegenen Ort aufwachsen. Aber die Medien würden darauf niemals hinweisen – es wäre nicht politisch korrekt.

Wieso nicht? Wenn sie das täten, müssten sie auf etwas hinweisen, was auf der Hand liegt: Wenn der Höhepunkt der Arbeitslosigkeit unter College-Absolventen während der sogenannten Großen Rezession fünf Prozent betrug, war die Situation für Menschen mit höherem Abschluss gar nicht so schlimm. Das heißt, dass die Rezession vor allem weniger qualifizierte Arbeitskräfte ausgesiebt hat. Die Hysterie wegen der Arbeitslosigkeit hätte so hysterisch also gar nicht zu sein brauchen. Ob es grausam ist, dass die Betroffenen arbeitslos waren? Selbstverständlich! Aber das ist ein gesellschaftliches Problem, kein wirtschaftliches und kein Problem der Börse. Man kann die Pferde zur Tränke führen, saufen müssen sie selbst. Man kann den Menschen die Vorteile einer Ausbildung aufzeigen, aber man kann sie nicht zu einer zwingen. Die Menschen treffen eine Wahl und sind dann im Rahmen der Möglichkeiten in der besten Weise beschäftigt.

Auch das würden die Medien nie zugeben, weil es so grausam klingt – außerdem sind viele ihrer Leser keine Akademiker, sondern nur leichtgläubig. Ihnen jedoch, werter Leser und angehender kontrarianischer Anleger, kann diese Wahrheit helfen, die Dinge in die richtige Perspektive zu rücken, wenn die Hysterie über die Arbeitslosigkeit wieder einmal einen Höhepunkt erreicht.

WAS IST MIT DEN SCHULDEN?

Nirgends hilft einem „nicht in den nächsten 30 Monaten" mehr als bei den endlosen Warnungen, Amerika werde in irgendeinem Jahr pleite sein, meistens erst in Jahrzehnten.

Oft ist dabei von der Gesamtverschuldung die Rede – entweder in Prozent des BIPs oder als gigantische absolute Zahl. Amerika schuldet der Welt Billionen und Aberbillionen Dollar. Die Untergangspropheten sagen, unsere Regierung treibe uns mit Ausgaben und Schulden in den Ruin. Sie bürde unseren Kindern und Kindeskindern Schulden auf, die sie niemals zurückzahlen können.

Kinder und Kindeskinder? Also nicht in den nächsten 30 Monaten.

Das klingt jetzt wahrscheinlich, als würde ich das leichthin abtun, führen wir also lieber den Beweis. Verlangen Sie immer Belege!

Laut der CBO-Prognose von 2014 (die schon wieder!) wird die Nettoverschuldung der öffentlichen Hand (ohne das Geld, das sich die Vereinigten Staaten selbst schulden) im Jahr 2039 auf 106 Prozent des BIPs steigen.[5] Dabei rechnet das CBO wieder einmal ganz geradlinig und geht von zufälligen Annahmen aus – reine Fantasie.

Aber vielleicht hat es ja recht! Was dann? Armageddon? Die Schuldenapokalypse?

Wahrscheinlich nicht. Es gibt keinen historischen Beleg dafür, dass eine Verschuldung von 106 Prozent des BIPs zu schwacher Wirtschaftsleistung, zu Zahlungsunfähigkeit oder zu Chaos an den Märkten führt. Nach dem Zweiten Weltkrieg war Amerika höher verschuldet. Und dabei ging es uns gut. Großbritannien war während eines großen Teils der industriellen Revolution mehr als doppelt so hoch verschuldet – und auch dort war alles gut. Das Empire blühte und gedieh. Kein Bankrott! (Natürlich musste es dafür rauben, plündern und ausbeuten, was die „animalischen Instinkte" wohl auf eine Weise weckte, die nicht mehr zeitgemäß ist.) Japan hat doppelt so hohe Schulden, *während ich dies schreibe*. Nun ist die japanische Konjunktur zwar nicht gerade in der besten Verfassung, aber das liegt nicht an der Verschuldung – es hat mehr mit seiner bizarren, an den Merkantilismus des 19. Jahrhunderts gemahnenden Kapitalismus-Auffassung zu tun.

Außerdem ist die Gesamtverschuldung eine ziemlich willkürliche Zahl, egal, ob man sie absolut oder als Anteil am BIP angibt. Über die Zahlungsfähigkeit sagt sie nichts aus. Denken Sie mal an Ihre Hypothek. Sie haben vielleicht Hunderttausende oder gar Millionen Dollar Hypothekenschulden! Das sind große Zahlen! Aber auf diese großen Zahlen kommt es nicht an – sondern vielmehr darauf, wie viel Sie im Monat zurückzahlen. Können Sie sich diese Rate leisten? Ja? Dann können Sie sich die hohe Summe auf die Zeit gesehen leisten.

Genauso ist es mit den Vereinigten Staaten. Und zwar ganz genauso! Es kommt nur darauf an, ob sich das Finanzministerium die Zinszahlungen leisten kann. Und die Zinsen auf unsere Schulden sind derzeit erschwinglicher denn je – die Abbildungen 4.2 und 4.3 zeigen, dass sie im Verhältnis zum BIP und zu den Steuereinnahmen beinahe auf historischen Tiefs stehen. Niedriger als meistens in den 1980er- und 1990er-Jahren – und das waren für die Aktien wunderbare Zeiten. Obwohl die Verschuldung in den letzten Jahren stieg, gingen die Zinszahlungen zurück. Die Zinsen bewegen sich auf Generationentiefs und das Finanzministerium hat einen sehr großen Teil der fällig werdenden Schulden zu diesen niedrigen Zinsen aufgenommen. Gleichzeitig nehmen die Steuereinnahmen durch die wachsende Wirtschaft zu.

ABBILDUNG 4.2: Zinszahlungen der US-Bundesregierung in Prozent des BIPs

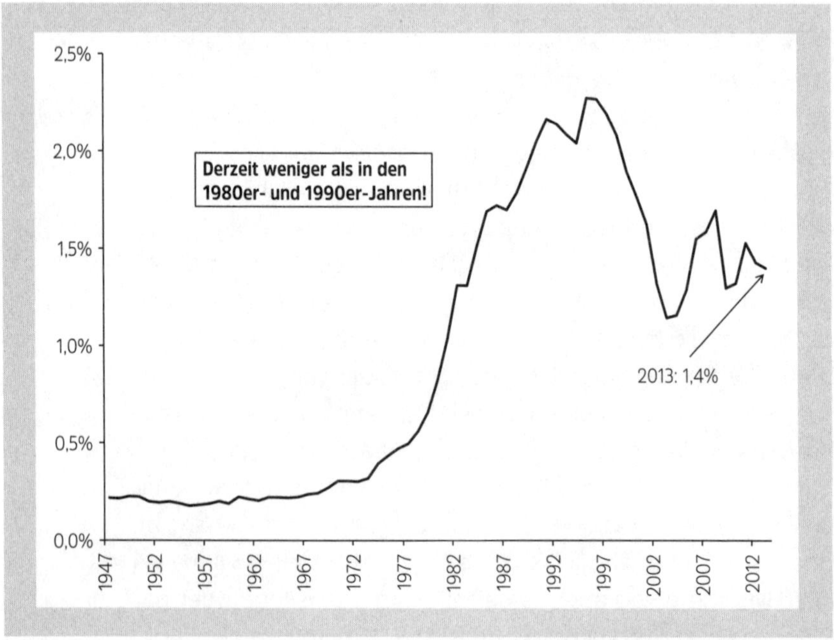

Quelle: Federal Reserve Bank of St. Louis, Stand 28.11.2014.

ABBILDUNG 4.3: Zinszahlungen der US-Bundesregierung in Prozent der Steuereinnahmen

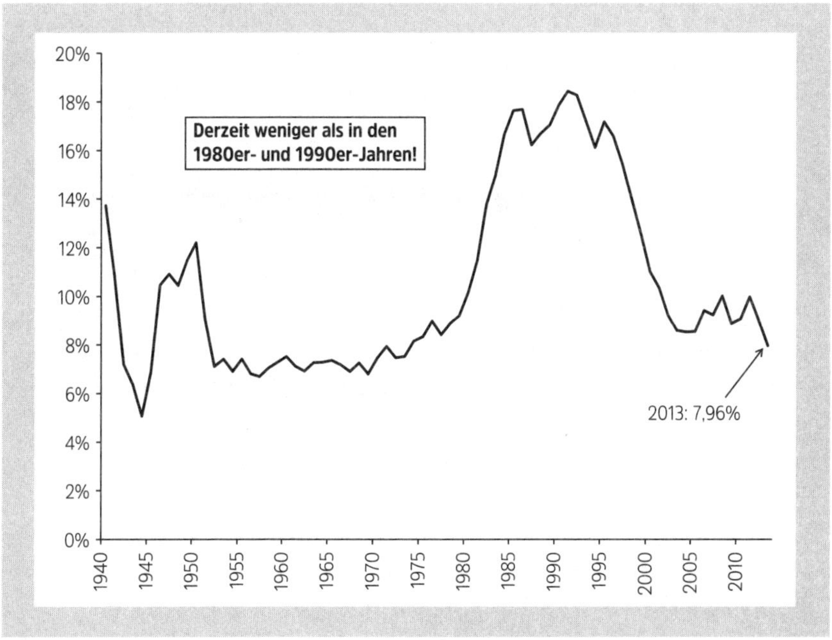

Quelle: Federal Reserve Bank of St. Louis, Stand 28.11.2014.

Die Schulden würden nur dann zum Problem werden, wenn die Zinsen in halsbrecherischem Tempo steigen und jahrelang hoch bleiben würden. Für die Bundesregierung sind die Zinsen nur zum Zeitpunkt der Anleihebegebung am Primärmarkt von Bedeutung. Das heißt, sie müssten so lange hoch bleiben, bis die Bundesregierung einen Großteil verlängert. Im Moment ist die durchschnittliche Restlaufzeit länger als fünf Jahre. Die Zinsen müssten weit steigen und lange genug hoch bleiben, damit die durchschnittlichen Zahlungen auf ein solches Niveau steigen. Ob das passieren könnte? Natürlich. Aber nicht in den nächsten 30 Monaten! Der kurze Ausschlag der Zinsen nach oben Anfang der 1980er-Jahre war nicht annähernd groß genug und dauerte nicht annähernd lange genug, um uns in den Untergang zu treiben. Wir müssten schon finanzielle Probleme von griechischen Ausmaßen und mafiöse Laufzeiten bekommen, damit uns die Welt als derart großes Kreditrisiko betrachtet, dass sie deutlich höhere Zahlungen von uns verlangen würde. Möglich? Sicher! Aber nicht in den nächsten 30 Monaten.

VIELLEICHT BEZAHLEN WIR SIE NIE ZURÜCK, ABER DAS MACHT NICHTS!

Im Jahr 2014 war der schlimmste Teil der Krise in der Eurozone vorbei, aber die Schulden der PIIGS-Staaten (Portugal, Italien, Irland, Griechenland und Spanien) kletterten immer noch. Selbst nach zwei Staatspleiten schnellte Griechenlands Verschuldung von 129,7 Prozent des BIPs im Jahr 2009 auf 171,5 Prozent Ende 2013 in die Höhe.[6] In Irland stieg sie von 64,4 auf 123,7 Prozent.[7] In Portugal von 83,7 auf 129 Prozent, in Spanien von 54 auf 93,9 Prozent und in Italien von 116,4 auf 132,6 Prozent.[8] Das lag zum Teil daran, dass diese Länder immer noch Defizite hatten (wenn auch kleinere), und zum Teil daran, dass ihr BIP fiel (das im Nenner steht); und zu einem weiteren Teil daran, dass sich die Zinskosten und die Steuereinnahmen jahrelang gegenläufig entwickelten.

Aufgrund dieser scheinbar trostlosen Realität begannen die Gelehrten zu behaupten, die Eurozone könne sich ohne weitreichende Schuldenerlasse nie wieder vollständig erholen – ein umfassender Neuanfang. Sie behaupteten, die hohe Verschuldung sei eine immense laufende Belastung für die Konjunktur und die betroffenen Länder würden sich daraus niemals durch Wachstum befreien können, weil ja die hohe Verschuldung das Wachstum bremse! Und wenn die jahrelange Sparpolitik die Schulden nicht unter Kontrolle bringe, sei ein Erlass die einzige Lösung.

Werden sie ihre Schulden je zurückzahlen? Das weiß ich nicht. Aber wahrscheinlich brauchen sie das gar nicht. Die Schulden dämpfen das Wachstum gar nicht. Man braucht sie gar nicht zu begleichen.

Woher wollen wir das wissen? Ganz einfach: aus der Geschichte! Es war einmal ein Land, dessen öffentliche Verschuldung blähte sich innerhalb von sechs Jahren von 42,8 auf 241,9 Milliarden Dollar auf und belief sich dann auf 106,1 Prozent des BIPs. In den zwei Jahren danach konnte das Land 18,4 Milliarden davon abbezahlen und das Finanzministerium übernahm weitere 9,2 Milliarden in Form von Anleihen, die nicht am Markt gehandelt werden. Aber die Austerität dauerte nicht an. Die Schulden stiegen wieder. Im Laufe der nächsten 65 Jahre kletterte die Schuldenspirale auf 12 Billionen Dollar! Und doch wuchs dieses Land zur größten, wettbewerbsfähigsten, dynamischsten und innovativsten Volkswirtschaft der Welt heran und ist bis heute ein Kraftpaket.

Dieses Land sind die Vereinigten Staaten von Amerika.

In den Jahren 1940 bis 1945 lieh sich Amerika über 200 Milliarden Dollar – zum größten Teil, um den Aufwand für den Krieg zu bezahlen. Die Bruttoverschuldung schnellte von 50,7 Milliarden Dollar im Jahr 1940 auf 260,1 Milliarden Dollar im Jahr 1945 in die Höhe. Im Jahr 1946 nahm das Land noch einmal zehn Milliarden Dollar auf und die Nettoverschuldung – also ohne die Positionen des Finanzministeriums – stieg, wie bereits erwähnt, auf 241,9 Milliarden Dollar. Wenn man sich selbst Geld schuldet, kürzt sich das ja im Grunde weg, und der Staat schuldete sich schon immer einen Großteil seiner Schulden selbst – von einer Tasche in die andere.

Von 1947 bis 1949 sank die Nettoverschuldung um rund 27,5 Milliarden Dollar – 18,4 Milliarden wurden fällig und fielen weg, den Rest übernahm das Finanzministerium. 1950 zog die Kreditaufnahme aber wieder an und danach machte Amerika so weiter. Sie finden diese historischen Zahlen auf der Website des White House Office of Management and Budget.

Durchdenken Sie das einmal – und rechnen Sie es gemeinsam mit mir durch. Der Zweite Weltkrieg erhöhte die Nettoverschuldung um rund 192 Milliarden Dollar. Die Rückzahlung und die Maßnahmen des Finanzministeriums bauten davon rund 27,5 Millionen ab. Den Rest haben wir nie bezahlt und wir bezahlen bis heute die Zinsen und Zinseszinsen, die dafür in 70 Jahren aufgelaufen sind. Nimmt man die 192 Milliarden Dollar, zieht davon 27,5 Milliarden ab und berechnet anhand der durchschnittlichen Verzinsung unserer Verschuldung die fälligen Zinseszinsen – eine ungefähre, aber sehr aufschlussreiche Rechnung –, landet man zum Ende des Jahres 2013 bei rund 1,5 Billionen Dollar. Das heißt, von den zwölf Billionen Dollar Nettoverschuldung der Vereinigten Staaten verdanken wir 1,5 Billionen dem Zweiten Weltkrieg. Wie gesagt, das ist nur eine grobe Überschlagsrechnung! Aber sie macht klar, was ich damit sagen will – und darauf kommt es an: Wir haben diese Schulden nie abbezahlt. Und über die Jahrzehnte wurde die Schuldenlast dank der Zinsen immer größer. Wir tragen sie bis heute. Und dazu kommen noch zehn Billionen Dollar, die wir zu anderen Zwecken aufgenommen haben. Trotzdem geht es uns gut.

Staaten müssen ihre Schulden nur selten zurückzahlen. Sie brauchen sie bloß zu verwalten – Zinsen bezahlen und fällige Anleihen verlängern beziehungsweise „durchrollen" (also neue Schuldpapiere begeben, um die bisherigen Inhaber zu bezahlen). Wenn die Wirtschaft wächst, lassen sich die Schulden leicht bewältigen. Großbritannien schleppt bis heute Schulden vom Zusammenbruch der South Sea Company im Jahr 1720 mit sich herum, aus dem Krieg gegen Napoleon, aus dem Krimkrieg und aus der Hilfe gegen die Hungersnot in Irland Mitte des 19. Jahrhunderts! Einen Teil davon und einige Schulden aus dem Ersten Weltkrieg bezahlt es derzeit zwar ab, aber nur weil die Anleihen eine unbegrenzte Laufzeit hatten und teurer waren als die aktuellen Marktzinsen. Es ist also finanziell sinnvoll, sie durch Anleihen mit festen Laufzeiten und niedrigeren Zinsen zu ersetzen.

In wettbewerbsfähigen Volkswirtschaften, in denen die Privatwirtschaft dominiert, verhindern Schulden kein Wachstum. Ganz einfach ausgedrückt hängt das Wachstum von vier Variablen ab: Ressourcen, Arbeitskraft, Kapital und Technologie. Wenn der Staat den Verkehr regelt – also das Kapital stellt –, können die Schulden hingegen von Bedeutung sein. Aber in einer freien Marktwirtschaft, in der Banken – also die Privatwirtschaft – das meiste Kapital schöpfen (indem sie auf Grundlage der von der Notenbank gelieferten Geldbasis Darlehen vergeben), ist eine hohe Staatsverschuldung bedeutungslos, solange sie zu bewältigen bleibt. Daher konnten die Vereinigten Staaten trotz ihrer hohen Schuldenlast im 20. Jahrhundert in Riesenschritten wachsen. So konnte die Nettoverschuldung der öffentlichen Hand von 106,1 Prozent des BIPs im Jahr 1946 auf 23,1 Prozent des BIPs im Jahr 1974 sinken, obwohl wir nichts zurückzahlten. So kommt es, dass die Vereinigten Staaten nach wie vor als stabilster, tiefster und dynamischster Markt der Welt gelten – obwohl wir nie etwas zurückgezahlt haben.

UND WENN DIE SCHULDEN ZU GALOPPIERENDER INFLATION FÜHREN?

Schulden „verursachen" nur dann Inflation, wenn man sie monetisiert. Ob das passieren könnte? Vielleicht. Aber nicht in den nächsten 30 Monaten.

Staaten monetisieren Schulden normalerweise nur dann, wenn sie sich die Zinszahlungen nicht mehr leisten können. Wenn man die Schulden monetisiert, erzeugt man absichtlich Inflation, damit die Zinszahlungen billiger werden – in Dollar gerechnet bleibt der Betrag zwar gleich, aber er ist weniger wert. Es wandern einfach mehr Dollar durch die Gegend.

Damit die Vereinigten Staaten ihre Schulden monetisieren würden, müssten die Zinszahlungen in den Himmel schießen – das haben wir ja gerade besprochen. Das wird in den nächsten 30 Monaten nicht passieren. Könnte es sein, dass die Vereinigten Staaten im Laufe der Zeit endlose Schulden anhäufen und dadurch an einen Punkt kommen, an dem sie sie doch noch monetisieren müssen? Vielleicht! Aber vielleicht wird der Kongress ja auch sparsam und beschließt, die Schulden nach und nach fällig werden zu lassen, sodass sie aus der Geldbasis herausfallen. Oder sie steigen zwar weiter, aber die Gesellschaft bezahlt sie durch Wachstum – eben wie immer. Vielleicht werden wir wie bisher immer produktiver. Vielleicht wird die Technik wie bisher immer besser und führt zu Fortschritten, die wir uns heute nicht einmal vorstellen können – sodass die Wirtschaft ganz neue Gebiete erschließen kann. Aber wie gesagt, nichts davon betrifft die nächsten 30 Monate.

Lineare langfristige Prognosen berücksichtigen jedoch nichts von alledem. Wie bereits gesagt, die Statistiker der Regierung, mit ihren düsteren Warnungen vor dem Schuldenruin, schreiben lediglich die jüngere Vergangenheit in die Zukunft fort. Für eine Analyse, die versucht, den technischen Fortschritt zu berücksichtigen, bräuchte man Fantasie und müsste Wunder quantifizieren können, die wir noch nicht kennen können. Für die Zahlenschieber vom CBO ist das nichts, sie führen nur ihre Standardberechnungen durch.

UND WENN AMERIKA NICHT MEHR INNOVATIV IST?

Das könnte irgendwann passieren! Aber nicht in den nächsten 30 Monaten!

Die meisten technischen Fortschritte rühren daher, dass Unternehmen das Zusammentreffen von vier Faktoren erkennen und die Gelegenheit beim Schopf ergreifen:

1. *Das Moore'sche Gesetz*: Die Theorie, dass sich die Anzahl der Transistoren, die in einen Mikroprozessor passen, etwa alle

zwei Jahre verdoppelt. Diese Hypothese stellte der Intel-Gründer Gordon Moore 1965 auf und bislang hat sie viel länger gegolten, als sich das irgendjemand vor Jahrzehnten hätte vorstellen können. Das Moore'sche Gesetz ist der Grund, weshalb die Technologie exponentiell leistungsfähiger, kleiner und beeindruckender wird. Seinetwegen kann ein Smartphone viel mehr als ein Apple IIe oder ein alter IBM-PC.

2. *Das Koomey'sche Gesetz*: Die Theorie, dass sich die Energieeffizienz von Computerchips etwa alle anderthalb Jahre verdoppelt – für die gleiche Rechenleistung ist weniger Akkuleistung nötig. Auch dadurch werden die Geräte kleiner, leistungsfähiger und laufen länger. Deshalb läuft Ihr Smartphone mit einer Ladung länger als Ihr altes Klapphandy, obwohl es kleiner ist und Dinge tut, die sich Ihr Klapphandy nie träumen ließ. (Falls Klapphandys träumen. Vielleicht träumen sie ja von elektrischen Schafen.)
3. *Das Kryder'sche Gesetz*: Die Theorie, dass sich die Datenmenge, die man auf einem Zoll Festplatte unterbringt, alle 13 Monate verdoppelt. Deshalb sind Smartphones nur einen Bruchteil so groß wie ein zehn Jahre alter Laptop und können viel, viel mehr Informationen speichern.
4. *Das Shannon-Hartley-Gesetz*: Die Theorie, dass man über Informationskanäle mit höherer Bandbreite – und die ist theoretisch unbegrenzt – Informationen klarer und schneller übertragen kann. In zehn Jahren wird uns die Glasfasertechnik langsam vorkommen.

Der größte Teil von Amerikas Technologiebranche – wenn nicht die ganze – dreht sich um diese vier Regeln, die mit Volldampf voranschreiten. Ob ihnen irgendwann der Dampf ausgehen könnte? Vielleicht. Aber nicht in den nächsten 30 Monaten. Und wenn sie sich ihrem Ende zuneigen, wer weiß, welche neuen Fortschritte an ihre Stelle treten und die Technologie auf andere Weise vorantreiben werden?

Außerdem: Solange die Technologieunternehmen in Amerika ansässig sind, werden die Innovationen in Amerika stattfinden. Die meisten Innovationen geschehen ja nicht in den Firmen, die die

Prozessoren, Akkus, Festplatten und Datenleitungen herstellen, die durch die vier Regeln möglich geworden sind. Die Innovation stammt von kreativen Nutzern, die sich neue Möglichkeiten ausdenken, wofür man diese tollen Geräte verwenden könnte. Und solche erfinderischen Nutzer gedeihen gewöhnlich dort, wo die Komponenten gebaut werden. Das ist wie der optische Effekt, dass sich einander dicht benachbarte Gegenstände anders beeinflussen als entferntere. So ähnlich wie der kürzlich entdeckte vierte Aggregatzustand von Wasser. Außer fest, flüssig und gasförmig. Schlagen Sie es mal nach, das ist kein Witz. Er heißt EZ, man spricht von EZ-Wasser, und EZ steht für „Exclusion Zone". Genauso ist es mit der Technik! Die Nähe zählt. Ein ehemaliger Mitarbeiter eines Halbleiterherstellers geht mit einem Nanotechnologie-Freak essen und die beiden denken sich eine Kontaktlinse aus, die Fotos macht.

Hier hat Amerika einen Vorsprung. Neun der nach Marktkapitalisierung größten Tech-Firmen haben ihren Sitz in den Vereinigten Staaten von Amerika. Könnten wir diesen Vorsprung verlieren? Vielleicht! Nichts hält ewig! Früher hatte Japan auf diesem Gebiet einen Vorsprung, aber jetzt nicht mehr. Allerdings baute Japan nicht über Nacht ab. Das dauerte Jahrzehnte. Also baut vielleicht auch Amerika ab! Aber nicht in den nächsten 30 Monaten. Im Moment wird in Amerika ein Schreckgespenst heraufbeschworen, weil viele Unternehmen aus steuerlichen Gründen abwandern, aber dadurch wird die Tech-Industrie nicht ausgehöhlt. Nur die Anschrift ändert sich. Die Betriebe und die gesamte Forschung und Entwicklung bleiben hier. Dazu kommen noch die vielen Forschungs- und Entwicklungszentren, die ausländische Firmen hierzulande betreiben.

WAS IST MIT DER GLOBALEN ERWÄRMUNG?

Die globale Erwärmung ist ein klassisches Beispiel dafür, dass die Medien die Anleger dazu verleiten, an den falschen Stellen nach Risiken zu suchen. Es ist eine wissenschaftliche Debatte, die Politiker irrigerweise auf die Wirtschaft übertragen – und die Menschen lassen sich von dem Gefasel einlullen. Sie fragen sich ängstlich, welche Seite wohl recht hat. Sie lassen sich in Wissenschaft und

Politik hineinziehen. Und die nächsten 30 Monate – was sonst! – verlieren sie dabei aus den Augen.

Das passiert bei allen heißen Themen. Bei den Staatsausgaben, bei der Verschuldung ... eben bei den meisten politischen Themen. Die Anleger ertrinken in Rhetorik und Ideologien, sodass sie die wahrscheinlichen Auswirkungen auf die Märkte gar nicht sehen.

Nun bin ich kein Naturwissenschaftler – ich bin mir nicht darüber im Klaren, ob die globale Erwärmung eine Tatsache ist und ob die Häufigkeit von Naturkatastrophen in diesem Fall exponentiell steigen wird. Oder ob dann der Meeresspiegel steigt und die gesamte Ostküste und die Küste des Golfs von Mexiko in 60 oder 70 Jahren unter Wasser setzt. Ich kann Ihnen nicht sagen, ob Houston das Schicksal von Atlantis erleiden wird.

Das Problem ist aber, dass auch die Wissenschaftler das nicht können. Deshalb wird die Debatte immer noch so lautstark geführt und lenkt vom Eigentlichen ab! Die Schwarzseher berufen sich auf den „wissenschaftlichen Konsens" und argumentieren, eine Flut von Forschungen zeige, dass die Temperatur zusammen mit den zunehmenden Kohlendioxid-Emissionen gestiegen sei (oder in beiden Richtungen extremer geworden sei). Politiker jubeln dies zum zentralen Problem unserer Zeit hoch und nutzen dann die ganzen wissenschaftlichen Aspekte, um all die Gesetze zu rechtfertigen, die sie sowieso durchbringen wollten, beispielsweise Steuererhöhungen für bestimmte Aktivitäten oder Sektoren. Themen wie der Emissionshandel sind nur als Umweltpolitik verkleidete gierige Steuern. Die massiven Subventionen für Windenergie- und Solarenergie-Unternehmen sind bloß verschwenderische Ausgaben, die als Notwendigkeiten für den Umweltschutz ausgegeben werden. Ein großes Hütchenspiel mit Umweltängsten! Für die Wissenschaftler durchaus nicht, aber für die Politiker schon. Fakt ist, dass der wissenschaftliche Konsens während des größten Teils der Geschichte auf dem Holzweg war und dass sich Anlageentscheidungen, die sich nach dem wissenschaftlichen Konsens richten, auf eine viel zu ferne Zukunft beziehen, als dass sie jemals funktionieren könnten.

Die andere Hälfte der Herde behauptet nun, der wissenschaftliche Konsens liege schlicht falsch – denn nur weil alle sagen, etwas sei wahr, muss es ja noch lange nicht stimmen. Dieser Teil der Herde vertritt, wenn die Wissenschaftler immer recht hätten, würden wir immer noch glauben, dass die Erde eine Scheibe ist. Auch in der Wissenschaft kann einen die Wahrheit einsam machen. Daher mögen Sie als angehender Kontrarianer vielleicht dazu neigen, sich auf die Seite der Masse zu schlagen, die behauptet, es gebe in Wirklichkeit gar keine globale Erwärmung. Doch Vorsicht – hier wird es tendenziös! Wenn man es zulässt, dass sich die eigenen Sympathien in eine bestimmte Richtung verschieben, und wenn man dann noch eine Ideologie einsickern lässt, wird es gefährlich. Kontrarianer hüten sich vor Tendenzen. Aber manchmal – sogar oft – liegt der Konsens richtig. Denn: Gibt es die Schwerkraft wirklich oder nicht?

Und was sollte man nun als Kontrarianer von der globalen Erwärmung halten? Da habe ich ein einfaches Verfahren in drei Schritten für Sie:

1. Bedenken Sie, dass Sie kein Naturwissenschaftler sind. Falls Sie doch einer sind, können Sie diesen Schritt überspringen und sich Schritt 2 zuwenden. Wenn Sie also kein Naturwissenschaftler sind, dann sind Sie auch kein Experte und wissen nichts, was von den Wissenschaftlern nicht bereits bis zum Erbrechen durchdiskutiert wurde – und Sie wissen nichts, was den Märkten nicht schon bekannt wäre.
2. Akzeptieren Sie die Tatsache, dass niemand weiß, welche Seite der Debatte recht hat, denn keine Seite hat die wissenschaftliche Methode vollständig durchgespielt – sie stellen Hypothesen auf, stellen Beobachtungen an, analysieren diese und ziehen daraus Schlüsse, aber ihnen fehlt die „Kontrollgruppe“. Die Vertreter der Erwärmung können den lieben langen Tag lang vorführen, dass die Temperaturen und die Kohlendioxid-Emissionen steigen, aber sie werden nie ein Kontrafaktum haben. Das Gleiche gilt für die Gegner. Keiner von ihnen kann irgendetwas beweisen.
3. Akzeptieren Sie, dass es egal ist, welche Seite recht hat. Denn selbst wenn sich herausstellen sollte, dass die Vertreter der Erwärmung recht haben, würden sogar sie einräumen, dass

sich die Welt in der nahen Zukunft nicht in eine permanente Naturkatastrophe mit unaufhörlichen Überschwemmungen und Dürren verwandeln wird. Diese Möglichkeit liegt sehr, sehr weit in der Zukunft. Und nicht in den nächsten 30 Monaten!

WAS IST MIT DER EINKOMMENSUNGLEICHHEIT?

Das ist eine weitere rein gesellschaftliche Debatte. Als Marktteilnehmer muss man kein Fachmann dafür sein, was für die Gesellschaft in 30 Jahren gut oder schlecht ist. Ich sage, wenn ich danach gefragt werde, immer: „Ich bin kein Soziologe." Was in der fernen Zukunft toll ist, kann wirklich toll sein, und was schlecht ist, kann wirklich schrecklich sein, aber weder das eine noch das andere wirkt sich auf die heutige Preisbildung aus.

Natürlich darf man eine Meinung haben und über gesellschaftliche und politische Themen diskutieren. Viele wirken sich ja auf das tägliche Leben aus, etwa die Frage, wie die Struktur des Bildungssystems, das unsere Kinder durchlaufen, langfristig aussieht. Das ist für unsere Zukunft von entscheidender Bedeutung. Aber es ist nicht mein Fachgebiet. Ich bin kein Soziologe. Viele Menschen, die bei soziologischen Themen lautstark mitreden, haben keine Ahnung davon. Menschen ohne Ausbildung, ohne Hintergrund und ohne Erfahrung meinen im Alter von 19 Jahren, sie wüssten alles über Soziologie – aber darin täuschen sie sich höchstwahrscheinlich. Und ich bin überzeugt, dass auch die meisten Doktoren der Soziologie keine Ahnung von Soziologie haben. Doch das wäre das Thema für ein anderes Buch. Das vorliegende befasst sich mit den Märkten! Ihre Auffassungen über die Gesellschaft sind Ihre Sache und Sie dürfen glauben, was Sie wollen. Doch welche Meinung auch immer Sie haben – solche Fragen gehören nicht zur Sphäre der Märkte und dürften sich nicht aktuell auf die Aktien auswirken.

Als Kontrarianer sollte man in Sachen Einkommensungleichheit über den Dingen stehen. Es mag gefühllos klingen, aber es ist wahr: Auch wenn die Schere zwischen Arm und Reich wirklich weiter aufgeht, hat es für die Aktien keine Bedeutung. Manche sagen, die Ungleichheit sei eine destruktive politische Kraft, die

Amerikas Untergang bedeute, aber wenn das stimmen würde, wäre Amerika schon im sogenannten Gilded Age, dem wirtschaftlich „Goldenen Zeitalter" von 1870 bis 1898, untergegangen.

Den Aktien ist es völlig egal, wem das Vermögen gehört, Hauptsache die Betreffenden treiben die Preise immer weiter in die Höhe. Die Ungleichheit wird für die Märkte nur dann zum Thema, wenn Politiker versuchen, sie durch irgendein massives Umverteilungsprogramm zu „beheben". Vielleicht werden sie das sogar tun! Aber nicht in den nächsten 30 Monaten.

Da Sie wahrscheinlich ein guter Mensch sind, kommt Ihnen das vermutlich ein bisschen geringschätzig vor. Vielleicht brauchen Sie mehr Belege, damit Sie sich nicht kaltschnäuzig zu fühlen brauchen, wenn Sie nicht versuchen, Ihr Portfolio gegen Einkommensungleichheiten abzusichern. Na dann los.

Diejenigen, die erstens behaupten, es sei wirklich eine Einkommensungleichheit vorhanden, und die zweitens behaupten, dies sei ein Problem, beziehen sich meistens auf eine Studie von Emmanuel Saez und Thomas Piketty, die angeblich beweist, dass die Menschen mit den höchsten Einkommen einen immer größeren Teil des US-Einkommens heimtragen.[9] Es gibt aber eklatante Punkte, die an ihren Schlussfolgerungen zweifeln lassen. Die Zahlen, die sie meistens anführen, um ihre Annahme zu stützen, beziehen sich auf das Bruttoeinkommen und berücksichtigen keine Sozialleistungen. Sie berücksichtigen das progressive Einkommensteuersystem, das in diesem Land seit 1913 ja gerade eingeführt wurde, um etwas gegen das Problem zu tun, das sie ansprechen, in keiner Weise. Außerdem zählen sie auch Kapitalerträge aus Geldanlagen als „Einkommen", was die US-amerikanische Steuergesetzgebung zu Recht schon seit Jahrzehnten nicht mehr tut. Kapitalerträge hängen ja vom Vermögen ab. Und dieses Vermögen kann zwar aus einem hohen Einkommen resultieren, aber auch aus gewissenhaftem Sparen und kluger Geldanlage.

Und noch eine Schwäche dieser Studie: Sie untersucht die Einkommen von Haushalten und stellt im Prinzip unter Vernachlässigung der demografischen Entwicklung Haushalte mit zwei oder mehr Verdienern Haushalten mit nur einem Verdiener gegenüber. Aber heute ist der Anteil der Haushalte mit mehreren

Verdienern geringer als in den 1980er-Jahren – etwa zu der Zeit, als sich laut Saez und Piketty die Schere zu öffnen begann. Wenn man die größere Zahl an Geschiedenen und sonstigen Single-Haushalten mit Haushalten vergleicht, in denen mehrere Personen Geld verdienen, bekommt man immer eine größere Kluft, egal wie viel der Einzelne verdient. Außerdem berücksichtigen Saez und Piketty das Lebensalter nicht. Natürlich verdient ein 24-Jähriger auf seiner ersten Stelle viel, viel weniger als ein in sonstigen Belangen vergleichbarer 58-Jähriger, der sich in seiner langen beruflichen Laufbahn ein hohes Gehalt erarbeitet hat. Und all das sage nicht nur ich. Renommierte Volkswirte, zum Beispiel Mark J. Perry von der University of Michigan, betreiben exzellente Forschungen über Demografie und Einkommen. Dr. Perry schreibt beispielsweise:[10]

- Im Jahr 2012 waren in den Haushalten im oberen Einkommensquintil durchschnittlich 2,04 Personen berufstätig. Im unteren Quintil waren es nur 0,45.
- 77,5 Prozent der Haushalte im oberen Quintil enthielten Ehepaare, im unteren Quintil nur 17 Prozent.
- 79,5 Prozent der Haushalte im oberen Quintil enthielten einen oder mehrere Verdiener im besten Erwerbsalter von 35 bis 64 Jahren. Und nur in 47,3 Prozent der Haushalte im unteren Quintil gab es einen Verdiener in diesem Altersbereich.

Aus diesem Blickwinkel wird klar, dass es hier um eine soziologische Debatte geht. Die höhere Scheidungsrate und die wachsende Zahl der Alleinerziehenden sind politische Themen. Nichts, woran ein Kontrarianer bei der Geldanlage denken sollte. Von wem erwartet man wohl ein höheres Einkommen, von einem Drogensüchtigen oder von jemandem, der nicht drogensüchtig ist? Soziologie.

Die Ungleichheit wäre dann ein Problem, wenn die Volkswirtschaft ein Kuchen von feststehender Größe wäre. Dass die 0,01 Prozent mehr verdienen, würde dann nämlich bedeuten, dass alle anderen weniger verdienen. Aber die Haushaltseinkommen steigen im Laufe der Zeit auf allen Ebenen, ebenso das Haushaltsvermögen. Alle verdienen mehr. Bloß verdienen manche eben viel,

viel mehr. Eine andere Studie, zu deren Autoren derselbe Emmanuel Saez wie oben gehört, belegt, dass die soziale Mobilität heute genauso hoch ist wie vor 50 Jahren – die Chancen sind also gleich geblieben![11] Bloß zahlt sich der Erfolg besser aus. Sollte das nicht vielleicht einen größeren Anreiz bieten? Wer weiß?

Solange die Milliarden von Bill Gates nicht verhindern, dass irgendein anderer Amerikaner zu Reichtum kommt, hat die zunehmende Ungleichheit keine Bedeutung. Ob sie eines Tages gedeckelt wird? Könnte der Kongress die Vereinigten Staaten per Gesetz in einen Kuchen von einer bestimmten Größe verwandeln, in dem Bills größeres Stück bedeutet, dass wir anderen weniger abbekommen? Vielleicht schon! Aber nicht in den nächsten 30 Monaten.

UND WENN DER DOLLAR SEINE STELLUNG ALS WELT-RESERVEWÄHRUNG VERLIERT?

Was passiert mit Amerika, wenn andere Länder anfangen, Geschäfte in ihren eigenen Währungen abzuwickeln? Wird der Dollar darunter leiden, wenn er nicht mehr der König der Devisenreserven ist? Wer weiß ... aber in den nächsten 30 Monaten wird das nicht passieren.

Darüber machen sich die Menschen schon seit Jahrzehnten Sorgen. Wenn aus China ab und zu Gerüchte laut werden, es wolle Alternativen zum Dollar finden, beginnen die Nerven wieder zu flattern. Am lautesten ist dieses Rauschen dann zu vernehmen, wenn irgendwelche Länder davon reden, den Ölpreis in einer anderen Währung als US-Dollar zu berechnen – so als habe Amerika einen Vorteil davon, dass im Erdölhandel der Dollar benutzt wird.

Aber Amerika hat gar nichts davon, dass im internationalen Handel der Dollar verwendet wird. Wir bekommen dafür keine Maklerprovision. Und für die anderen Länder bedeutet das einen Haufen Ärger. Sie handeln nicht deshalb in Dollar, weil der Dollar so toll wäre, sondern nur, weil er eben die konvertibelste Währung der Welt ist. Manche Währungen – zum Beispiel der Chinesische Yuan – sind nicht in viele andere Währungen konvertierbar. Wenn ein chinesischer Hersteller einem polnischen Einzelhändler Spielzeug verkaufen will, kann die polnische Firma ihre Zloty in Dollar umtauschen, das Spielzeug in Dollar kaufen und dem chinesischen Unternehmen den Ärger überlassen, die Dollar in Yuan umzutauschen.

Wenn der Dollar im internationalen Handel und im internationalen Finanzwesen weniger eingesetzt wird, bedeutet das nur, dass mehr Währungen direkt konvertibel werden. Und das ist gut! Es führt nämlich wahrscheinlich dazu, dass mit der Zeit mehr Handel getrieben wird. Und das ist für alle gut!

Und was die Devisenreserven betrifft – das Totschlagsargument –, schauen Sie sich einmal genau die Belege an, dann werden Sie sehen, dass da gar nichts dran ist. Die Medien behaupten lautstark, wenn der Anteil des Dollar an den Devisenreserven des Auslands sinken würde, gäbe es weniger Käufer amerikanischer Staatsanleihen, die Zinsen würden durch die Decke gehen und die amerikanische Welt würde untergehen. Schlimme Sache! Aber nicht wahr und das kann ich beweisen.

Als Erstes müssen wir unsere logische Prüfung vornehmen. Die Angst basiert ja auf der Annahme, die Kreditkosten in den Vereinigten Staaten würden durch die Dollarnachfrage für Devisenreserven niedrig gehalten. Also müssen wir die Frage stellen: Wie sehen die Kreditkosten in den Vereinigten Staaten im Verhältnis zu Ländern aus, die keine Reservewährung haben?

Die Antwort: Sie liegen – zum Guten oder zum Schlechten – im Mittelfeld! Abbildung 4.4 zeigt die Zinsentwicklung der maßgeblichen 10-jährigen Staatsanleihen in den Vereinigten Staaten und sechs weiteren bedeutenden Industrieländern seit 2009 – also etwa ab der Zeit, als die Befürchtung, der Dollar könne seinen Status als Reservewährung verlieren, massiv aufkam. Die US-Zinsen entsprechen ungefähr den Zinsen in Großbritannien. In Australien sind sie höher, in Deutschland, Frankreich, Japan und Kanada hingegen niedriger. Dass der Dollar die beliebteste Reservewährung der Welt ist, führt also nicht dazu, dass sich die Vereinigten Staaten günstiger Geld leihen können als die anderen Länder. Da spielen nämlich noch andere Variablen eine sehr große Rolle.

ABBILDUNG 4.4: Die Verzinsung maßgeblicher 10-jähriger Staatsanleihen

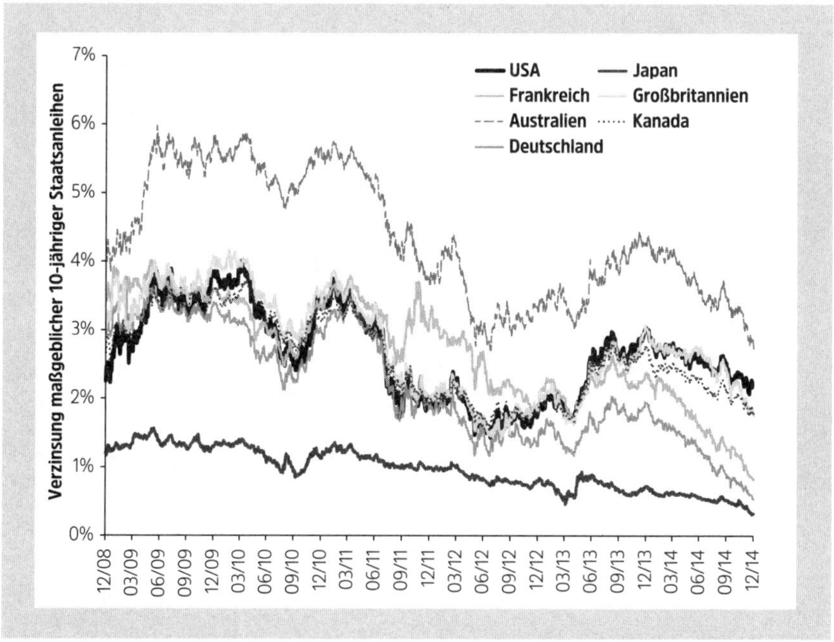

Quelle: FactSet, Stand 05.01.2015. Verzinsung ausgewählter 10-jähriger Staatsanleihen, 31.12.2008 bis 31.12.2014.

Im zweiten Schritt sehen wir uns die tatsächlichen Devisenreserven an. Sie werden vom Internationalen Währungsfonds veröffentlicht. Auf dessen Website kann man sich die gesamten Zahlen herunterladen und sich anschauen, wie viel von jeder Währung jedes Jahr als Reserve vorgehalten wird.[12] Wenn Sie das tun, werden Sie zwei Dinge sehen:

1. Der Anteil des Dollar fiel von 71 Prozent im Jahr 1999 auf 61 Prozent im Jahr 2012.
2. Die gesamte Menge an Dollar, die als Reserve vorlag, schnellte von 1999 bis 2012 von rund 980 Milliarden auf mehr als 3,7 Billionen in die Höhe.

Der Reservekuchen ist also größer geworden! Und da haben die Länder ihre Reserven eben breiter gestreut. Sie kaufen nach wie vor tonnenweise Dollar, aber zusätzlich auch Euro, Yen, Pfund und noch ein paar andere Devisen.

Der Verlust von Marktanteilen ist für Amerika also kein Problem. Die Nachfrage nach Schatzanleihen ist immer noch astronomisch hoch. Die Zinsen sind angenehm niedrig. Die Welt dreht sich weiter und es werden keine Koks schnupfenden Hunde und Katzen gesichtet.

Solange die Vereinigten Staaten die größten, tiefsten und liquidesten Kapitalmärkte haben, kann man getrost davon ausgehen, dass der Dollar bei den globalen Währungsreserven eine große Rolle spielen wird, denn es mangelt an Alternativen. Der Euro befindet sich zwar auf dem aufsteigenden Ast, aber wie wir aus der PIIGS-Krise gelernt haben, gibt es Probleme in Sachen Stabilität. Britische Anleihen sind zwar toll, aber davon gibt es nicht so viele. Und was ist mit China? Solange der Yuan nicht am freien Markt gehandelt wird oder den Marktzinsen entspricht, hat seine große Stunde noch nicht geschlagen.

Es klingt zwar widersprüchlich, aber gerade die hohe Schuldenlast der Vereinigten Staaten, vor der viele so große Angst haben, ist der Grund, weshalb der Dollar die Welt-Reservewährung ist. Viele meinen, der Schuldenabbau sei die einzige Möglichkeit, unseren Status als Reservewährung zu stärken, aber dadurch würde ja bloß das Angebot sinken und die anderen Länder wären gezwungen, sich woanders nach Vermögenswerten für ihre Reserven umzusehen. Somit würde die Lösung das angebliche Problem noch verschlimmern. Seltsam, aber wahr! Kleine Länder mit geringen Schulden können keine Reservewährung haben – zu illiquide. Das ist eine jener perversen, übersehenen Ironien, in deren Erkennung Sie sich üben sollten!

Könnte etwas passieren, das ausländische Regierungen veranlassen würde, ihre Dollarreserven auf einen Schlag zu verkaufen? Sicherlich – es ist immer alles möglich. Aber wahrscheinlich? Eher nicht. Das müsste dann schon etwas Katastrophales und somit Unvorhergesehenes sein. Als in den Vereinigten Staaten im Jahr 2011 hitzig über eine Schuldenobergrenze debattiert wurde – und auch noch Standard & Poor's die Bonität Amerikas herabstufte –, ging die Nachfrage nach US-Schatzanleihen nicht zurück, sondern sie *stieg*. Der Haushaltsstreit, der Shutdown und die Zahlungsunfähigkeits-Drohungen des US-Finanzministeriums Ende 2013 taten der Nachfrage ebenfalls keinen Abbruch. Die großen Baissen und Rezessionen in den Jahren 2000 und 2008? Die ausländischen Regierungen zuckten nicht einmal mit der Wimper. Die Verschuldung? Japan ist bezogen auf die Volkswirtschaft viel höher verschuldet, aber die internationalen Yen-Reserven wachsen.

Wenn nicht gerade ein Asteroid mit der Erde zusammenstößt, geht der Dollaranteil wahrscheinlich weiterhin sehr, sehr langsam zurück. Keine Katastrophe, keine Überraschung. Wir erleben das jetzt schon seit 15 Jahren und mit Sicherheit wird es in den nächsten 30 Monaten nicht zum Problem werden.

WAS DIE MÄRKTE WISSEN

Wenn Sie aus diesem und dem vorigen Kapitel nur eines mitnehmen, dann am besten Folgendes: Wenn Sie Zeitung lesen, *CNBC* schauen oder sich Stammtischgespräche anhören – und wenn dort überall über große schlimme Dinge gejammert wird –, dann denken Sie immer daran, dass der Markt relativ effizient ist.

Der relativ effiziente Markt ist der beste Freund des Kontrarianers. Das müssen Sie wissen. Und sich darüber freuen. Es nicht vergessen! Schicken Sie ihm Geburtstagsgrüße!

Der Markt ist Ihre Waffe im Kampf gegen die Medienhysterie. Da Sie wissen, wie schnell die Märkte funktionieren, wissen Sie auch, dass die ganzen kurzfristigen Zahlen und Entwicklungen, die als Ursache des sofortigen Weltuntergangs ausgerufen werden, bereits eingepreist sind. Sie haben erlebt, wie schnell sich die Märkte anlässlich von Gewinnüberraschungen oder überraschenden Wirtschaftsindikatoren bewegen – innerhalb von Mikrosekunden. Sie haben erlebt, dass Nachrichten, die nicht überraschend sind, den Märkten nur ein müdes Gähnen entlocken – sie haben schon damit gerechnet und diese Erwartung war bereits vorab eingepreist.

Und da Sie wissen, dass die Märkte nur ungefähr 30 Monate in die Zukunft blicken, wissen Sie auch, dass die vielen nervenden, lautstarken akademischen, ideologischen und soziologischen

Debatten aktuell für die Märkte keine Bedeutung haben. Vielleicht haben sie auf 20, 30, 40 oder noch mehr Jahre gesehen eine Bedeutung! Vielleicht ändert sich das Leben auch auf eine derzeit unvorstellbare Art und Weise, sodass die ganzen linearen Prognosen null und nichtig werden. Vielleicht werden ja auch die soziologischen oder die wetterbezogenen Themen gar nicht zu konkreten wirtschaftlichen Problemen. Aber nichts davon können Sie heute exakt wissen und die Märkte können es auch nicht. Das heißt, im Moment können Sie einfach befreit durchatmen! Was Sie in die Zukunft jenseits der nächsten 30 Monate schieben können, das brauchen Sie nicht zu fürchten.

Die Herde wird immer kurzsichtig und auf die ferne Zukunft bezogen den Untergang befürchten. Die Schlagzeilen brauchen ja immer etwas, über das sie schwafeln können! Lassen Sie sie einfach machen. Wenn sie vor Untergangsprophezeiungen überquellen, wissen Sie, dass Sie sich um das, was sie gerade hochspielen, keine Sorgen zu machen brauchen. Wieso? Weil diese Hysterie nicht der Elefant im Zimmer sein kann. Denn jeder sieht sie! Die Märkte sehen sie! Nichts dergleichen kann jemals eine Überraschung sein.

Während die Masse auf statische Dinge blickt, sollten wir uns nun daran machen, den Elefanten aufzustöbern. Welche Ausrüstung brauchen Sie für diese Wohnzimmersafari? Blättern Sie um zu Kapitel 5, dann werden Sie es erfahren!

ANMERKUNGEN

1. Bureau of Labor Statistics, Stand 21.06.2014. Verhältnis Beschäftigung/Bevölkerung bei College-Absolventen und in der gesamten zivilen Erwerbsbevölkerung, Januar 2004 bis Mai 2014.
2. Bureau of Labor Statistics, Stand 21.06.2014. Beschäftigungswachstum außerhalb der Landwirtschaft bei College-Absolventen und in der gesamten zivilen Erwerbsbevölkerung, Januar 2004 bis Mai 2014.
3. Bureau of Labor Statistics, Stand 21.06.2014. Arbeitslosenquote bei College-Absolventen und in der gesamten zivilen Erwerbsbevölkerung, Dezember 2007 bis Juni 2010.
4. Bureau of Labor Statistics, Stand 21.06.2014. Medianes Wocheneinkommen von College-Absolventen und der gesamten zivilen Erwerbsbevölkerung, Q1 2004 bis Q2 2014.

5. „The 2014 Long-Term Budget Outlook", Congressional Budget Office, Juli 2014.
6. Eurostat, Stand 03.10.2014. Staatsverschuldung Griechenlands in Prozent des BIPs, 2009 und 2013.
7. Eurostat, Stand 03.10.2014. Staatsverschuldung Irlands in Prozent des BIPs, 2009 und 2013.
8. Eurostat, Stand 03.10.2014. Staatsverschuldung Portugals, Spaniens und Italiens in Prozent des BIPs, 2009 und 2013.
9. „Income Inequality in the United States, 1913–1998", Thomas Piketty und Emmanuel Saez, *The Quarterly Journal of Economics*, Vol. 118, No. 1 (Februar 2003): S. 1–39.
10. „Explaining Income Inequality by Household Demographics", Mark J. Perry, *AEIdeas*, 06.12.2013. http://www.aei.org/publication/explaining-income-inequality-by-household-demographics/ (Zugriff am 24.02.2015).
11. „Is the United States Still a Land of Opportunity? Recent Trends in Intergenerational Mobility", Raj Chetty, Nathaniel Hendren, Patrick Kline, Emmanuel Saez und Nicholas Turner, *NBER Working Paper Series*, Working Paper 19844, Januar 2014.
12. *Currency Composition of Official Foreign Exchange Reserves*, Internationaler Währungsfonds. www.imf.org/External/np/sta/cofer/eng/index.htm (Zugriff am 31.10.2013).

MIT JACK LEMMON UND WALTER MATTHAU AUF SAFARI

5

5

Werfen Sie sich in Khaki-Kluft, greifen Sie zum Fernglas und vergessen Sie den Tropenhelm nicht: Jetzt geht es auf Safari!

Ja, jetzt gehen wir auf Elefantenjagd. Nicht auf eine echte – wir handeln ja mit Aktien, nicht mit Elfenbein! Unsere Expedition dient nur der Beobachtung. Die Elefanten sind unsere Freunde.

Wie wir in den Kapiteln 3 und 4 gesehen haben, sind die Märkte ziemlich effizient. Sie preisen alle bekannten Informationen und allgemein besprochenen Meinungen ein. Wenn alle etwas anstarren und alle endlos über ihre Meinungen und Erwartungen plappern, kann dieses Etwas keine Überraschung mehr sein. Aber wenn die Menschen etwas anstarren, übersehen sie etwas anderes. Und dieses andere könnte der sprichwörtliche Elefant im Zimmer sein – eine zentrale Wahrheit, die aus welchen Gründen auch immer alle ignorieren oder vergessen. Wenn Sie den Elefanten erspähen, kann ihnen das einen Vorteil verschaffen.

Der Elefant im Zimmer ist bis oben hin mit Überraschungspotenzial vollgestopft. Er ist die große Sache, die schon immer da war und von der jeder weiß, die aber vergessen wurde (Menschen haben kein Elefantengedächtnis). Wenn man jemanden nach dem Elefanten fragt, nickt er vielleicht höflich – und weiß vielleicht sogar davon –, aber er nimmt an, er sei zu alt und zu vertraut, als dass er irgendetwas bringen würde. Sie haben ihn abgeschrieben und vergessen, wie gut er funktioniert, so wie wir es in Kapitel 2 an den professionellen Prognosen gesehen haben. Oder sie bügeln die Frage ab, weil sie zu sehr damit beschäftigt sind, nach Dracula zu suchen, der um die Ecke lauert. Oder sie finden den Elefanten zu langweilig. Die neuesten Schlagzeilen sind viel aufregender!

Und was ist nun der Elefant?

Ganz einfach: Walter Matthau und Jack Lemmon Im Jahr 1993.

Lesen Sie jetzt bitte, bitte weiter. Wenn Sie die Zeit zurückdrehen könnten und Anfang 1993 im Bekanntenkreis nachfragen würden, was Ihre Kumpels von Jack und Walter halten, würden sie wahrscheinlich sagen: „Diese alten Männer! Lemmon war in *Manche mögen's heiß* gut und Walter war in *Ein seltsames Paar* genial, aber ich habe sie seit Urzeiten nicht mehr gesehen. Machen die noch was?" Wenn Sie dann Ihren Kumpels gesagt hätten, Jack und Walter würden die Hauptrollen in einem der größten Comedy-Hits des Jahres spielen – mit Ann-Margret in der weiblichen Hauptrolle –, dann hätten sie die Männer in den weißen Kitteln gerufen, um Sie mitzunehmen. Diese alten Säcke? Hauptrollen in einer romantischen Blockbuster-Komödie? Komm mal wieder auf den Boden! Das kann unmöglich passieren!

Aber es passierte. *Ein verrücktes Paar* war der Überraschungshit des Jahres. Er spielte mehr ein als die damals aktuellen Action-Zugpferde Sylvester Stallone und Arnold Schwarzenegger – über 70 Millionen Dollar (viel in der damaligen Zeit!). Der Erfolg war so groß, dass eine Fortsetzung gedreht wurde – und auch die schlug wieder ein! Das hatte niemand kommen sehen. Aber die Produzenten, die darauf gesetzt hatten, verdoppelten ihr Geld.

Wenn Sie die Masse schlagen wollen, müssen Sie ständig auf der Jagd nach Jack und Walter sein. Nach Dingen, die jeder im Hinterkopf hat, aber ignoriert. Dinge, die fast alle vergessen, übersehen oder für zu kraftlos halten. Dinge, die jedermann ins Auge springen, die aber meist nicht gesehen werden. Dinge, die sich gut sichtbar verstecken.

Betrachten Sie das vorliegende Kapitel als Anleitung für Ihre Elefantensafari im Wohnzimmer. Darin besprechen wir:

- Woher der Elefant im Wohnzimmer seine geheime Kraft bezieht
- Ein paar Elefanten mit Blockbuster-Potenzial
- Wo sich die Elefanten gut sichtbar verstecken

WIE DER ELEFANT ZU SEINEN STOSSZÄHNEN KAM

Elefanten werden im Schnitt 60 Jahre alt und haben ein ehernes Gedächtnis. Menschen werden zwar älter, merken sich aber weniger.

Besonders schlecht ist unser Finanzgedächtnis. An die wirklich großen Sachen erinnern wir uns! An die tollen und schlimmen Zeiten aus unserem eigenen Leben und an Dinge, über die unsere Eltern und Großeltern immer gesprochen haben. An den Ölpreisschock unter Nixon. An die Dotcom-Blase. An die globale Krise 2008. Aber die meisten wirtschaftlichen Ereignisse, Rezessionen und sogar frühere Paniken sind verschwunden. Geschichtsstudenten lernen vielleicht etwas über größere Ereignisse wie etwa die Paniken der Jahre 1873 und 1907, aber das meiste davon verblasst während der Semesterferien wieder.

Wenige Menschen erkennen, wie wichtig es ist, die Wirtschaftsgeschichte zu kennen. Haben Sie schon einmal eines jener Online-Spielchen gesehen, wo gefragt wird: „Was passierte im Jahr soundso?" Da geht es immer um Populärkultur. Um berühmte Persönlichkeiten, Skandale, Politiker – um die netten Sachen also. Der Aktienmarkt wird ignoriert.

Probieren Sie es einmal selbst aus und sehen Sie nach. Unter „1990 year in review" von Google oder unter „What happened in 1990?". Da werden Sie mit Popkultur überschwemmt! Spitzensportler, Miss America, Top-10-Filme und -Fernsehsendungen sowie ein Ausschnitt aus der LifeCall-Werbung „I've fallen and I can't get up". Dort erfahren Sie, dass Chuck Berry vorgeworfen wurde, er sei ein Spanner, und dass das Supermodel Elle Macpherson zu den heißesten Mädchen jenes Jahres gehörte. Manchmal werden grundlegende Konjunkturdaten wie der durchschnittliche Häuserpreis, die Inflation, der Benzinpreis und der Preis für einen IBM-PC angegeben – um die Lebenshaltungskosten zu verdeutlichen. Manchmal werden das Jahres-BIP und die Staatsverschuldung angegeben. „The People's History" erwähnt, dass die Vereinigten Staaten eine „schwere Rezession" durchmachten. Nirgends wird die Baisse erwähnt. Und nirgends wird die Jahresrendite des Aktienmarkts angegeben.

Die frühere Volatilität des Marktes verblasst. Alte Korrekturen verblassen. Alte Baissen und ihre Ursachen. Alte einschlägige Tricks. Alles verblasst.

Nehmen wir noch ein Jahr: 1981! Wenn Sie damals schon gelebt haben, wissen Sie, dass in jenem Jahr Ronald Reagan angeschossen wurde. Sie wissen, dass der Schütze John Hinckley Jr. war und dass er die Schauspielerin Jodie Foster vergötterte. Vielleicht erinnern Sie sich auch, dass damals *MTV* gegründet wurde, Natalie Wood starb und Prince Charles und Lady Di heirateten. Auch wenn Sie nicht wissen, dass „Bette Davis Eyes" die Nummer-1-Single war, können Sie wahrscheinlich ein paar Takte daraus summen. Aber erinnern Sie sich noch, dass die Kapitalertragsteuer erhöht wurde? Erinnern Sie sich, dass die Märkte gut liefen? Und erinnern Sie sich, welche Teile des Marktes am besten liefen? Natürlich nicht. So funktioniert unser Gehirn nicht.

Dinge, die wir alle zu einer gewissen Zeit durchlebt, gefürchtet oder geliebt und dann vergessen haben – das sind die Elefanten im Zimmer. Vergessenes Wissen! Zuverlässige wahre Dinge, die nicht eingepreist werden! Theoretisch sollten sie aber eingepreist sein, weil sie früher allgemein bekannt waren. Das sind sie aber nicht, weil sie vergessen und unsichtbar sind. Das schrecklich schlechte Finanzgedächtnis der Menschen verleiht den Elefanten Macht.

DUMBO, BRUTTOMARGEN UND ANDERE ÜBERFLIEGER-ELEFANTEN

Hier nun ein Elefant mit Blockbuster-Potenzial: die Umsatzrendite (GPM = Gross operating Profit Margin) oder Bruttomarge. Das ist der Umsatz eines Unternehmens minus Umsatzkosten, angegeben in Prozent des Umsatzes. Es ist eine schnelle, einfache Möglichkeit, zu sehen, wie profitabel ein Unternehmen prinzipiell ist.

Heutzutage interessieren sich nur wenige Menschen für Bruttomargen. Den Beliebtheitswettbewerb gewinnt der Reingewinn nach Steuern. Diesen Gewinn melden die Unternehmen in jedem Quartal. Sie melden den absoluten Betrag in Dollar und den Gewinn je Aktie. Dabei sind große Zahlen gut. Wachsende Zahlen sind gut! Kleine Zahlen sind enttäuschend und negative Zahlen sind schlecht.

Der Gewinn ist eine schöne Kennzahl. Er ist das, was man bekommt, wenn man eine Aktie kauft! Aber der Gewinn sagt nicht am meisten über die Profitabilität eines Unternehmens und über seine Fähigkeit aus, in Zukunft zu investieren. Der Gewinn ist durch buchhalterische und sonstige Mauscheleien verzerrt. Diverse Abschreibungen, Aktienrückkäufe, einmalige durch Gesetze oder Vorschriften bedingte Faktoren – all das sagt einem wenig darüber, in welcher Verfassung das Kerngeschäft eines Unternehmens ist. Der Gewinn sagt einem auch nicht, wie groß der Puffer eines profitablen Unternehmens ist – wie viel Spielraum es hat, um mehr zu investieren, steigende Kosten aufzufangen oder einen vorübergehenden Einbruch der Nachfrage zu überstehen.

Die Umsatzrendite sagt einem das. Früher war sie in aller Munde. Als ich noch jung war, konnte man nicht mit einem Mausklick alle möglichen Zahlen über ein Unternehmen bekommen. Man hatte nur die Geschäftsberichte. Darin standen der Umsatz und die Umsatzkosten. Jeder konnte die Bruttomarge berechnen. Einfach abziehen und teilen. Dafür brauchte man keine buchhalterischen Kenntnisse. Heute werden die Anleger mit Informationen überflutet. Je mehr Zahlen man hat, umso mehr erstickt man in Details – man denkt zu viel nach. Die Menschen vergessen, wie einfach und schön die alte Art war.

TABELLE 5.1: Bruttomargen und Renditen

	Annualisierte Rendite in der ersten Hälfte der Hausse		**Annualisierte Rendite in der zweiten Hälfte der Hausse**	
Beginn der Hausse	**Niedrige Marge**	**Hohe Marge**	**Niedrige Marge**	**Hohe Marge**
12.08.1982	32,2 %	32,9 %	24,7 %	36,3 %
04.12.1987	35,5 %	26,6 %	11,3 %	22,8 %
11.10.1990	18,8 %	21,2 %	13,8 %	26,1 %
09.10.2002	32,2 %	29,7 %	16,6 %	15,9 %
Durchschnitt	**30,2 %**	**27,6 %**	**16,6 %**	**25,3 %**

Quellen: FactSet, Bloomberg und Compustat, Stand 06.01.2015. Tagesrenditen des S&P 500 und Bruttomargen, 31.12.1978 bis 31.12.2007. Der Finanzsektor wurde ausgespart, weil die traditionelle Bruttomarge im Geschäftsmodell von Finanzunternehmen keine Rolle spielt. „Niedrige Rendite" beinhaltet Unternehmen mit Umsatzrenditen/Bruttomargen im unteren Quartil. „Hohe Rendite" beinhaltet Unternehmen mit Bruttomargen im oberen Quartil.

Das heißt, die alte Art ist wieder aussagekräftig! Die Umsatzrendite besitzt eine große Aussagekraft. Ein Unternehmen mit dünnen Margen läuft in der Anfangsphase einer Hausse wahrscheinlich am besten. In Baissen, wenn die Anleger befürchten, das Polster reiche nicht zum Überleben, werden solche Unternehmen hingegen abgestraft. Normalerweise werden sie übertrieben abgestraft und daher übertrieben belohnt, wenn die Aktien zurückfedern. Aktien mit schwachen Margen federn dann stärker zurück. Später dann, in der zweiten Hälfte der Hausse, werden die Anleger wählerischer und wollen Firmen mit stabilerem Gewinnwachstum haben, die besser in der Lage sind, in einer eventuell bevorstehenden Rezession Wachstum zu finanzieren.

In dieser Phase glänzen Aktien mit satten Umsatzrenditen (Tabelle 5.1). Je höher die Margen eines Unternehmens, umso mehr Mittel hat es, um seine Zukunft zu sichern. Um mehr in Forschung zu investieren und sich so wieder einen Vorsprung zu verschaffen. Um mehr Werbung zu betreiben. Um sich mehr Investitionen für Produktionserhöhungen zu leisten – expandieren, aufstocken und so weiter. Dadurch wird der künftige Gewinn verlässlicher. Die Märkte lieben das, wenn eine Hausse weiterläuft, wenn die Angst vor Hochs um sich greift und neue Käufer, die zuvor Angst vor Aktien hatten, anfangen, die Zehen in das wärmer werdende Wasser der Hausse zu halten. (Beachten Sie, dass es zu der Überlegenheit hoher GPM in der Hausse 2002-2007 nicht mehr gekommen ist, denn die FAS 157 versetzte ihr einen Schlag, bevor die Unternehmen mit hohen Margen wirklich glänzen konnten.)

Wenn in den Medien Befürchtungen wegen der Gewinne kursieren, werden die Bruttomargen zur Geheimwaffe. Die meisten schwafeln dann immer noch darüber, ob ein Unternehmen die Gewinnschätzungen der Analysten „trifft" oder „verfehlt", so als wäre das letzte Quartal das A und O. Niemand sucht in den Umsatzrenditen nach Hinweisen auf die Zukunft. Bei Finanzwerten prüft fast niemand die Nettozinsmarge – bei Banken das Pendant zur Bruttomarge –, um festzustellen, wie profitabel es im Prinzip ist. Sie schauen sich alles Mögliche andere an! Geldbußen und Anwaltskosten! Erlöse aus Handel und Investmentbanking im Verhältnis zu den Erlösen aus dem Privatkundengeschäft! Darlehensabschreibungen! Wertberichtigte Anlagen! Aber nicht an dem einen, naheliegenden Ort, an dem wirklich die Musik spielt. Der Elefant entgeht ihnen.

WENN SICH GUTE NACHRICHTEN ALS SCHLECHTE NACHRICHTEN VERKLEIDEN

Manche Elefanten beziehen ihre Kraft daher, dass die Medien beschließen, Gutes sei schlecht. Nur wenige Elefanten sind so bullish wie solche wirren falschen Ängste.

Im Jahr 2014 wurden Aktienrückkäufe zu dieser Elefantenart. Rückkäufe sind eine tolle Sache. Das wissen wir schon seit Ewigkeiten. Es war sozusagen eine kanonische Wahrheit! Wenn Firmen ihre eigenen Aktien kaufen, senken sie dadurch das Angebot. Auf der Highschool haben wir im Fach Wirtschaft gelernt, dass ein sinkendes Angebot die Preise ankurbelt. Außerdem sind Rückkäufe finanzierungstechnisch sinnvoll, denn die Unternehmen leihen sich dafür billiges Geld, kaufen davon Aktien ihrer immer profitabler werdenden Firma und streichen die Differenz als Gewinnspanne ein. Für die Anleger ist das ein Segen!

Doch heute haben Rückkäufe einen schlechten Ruf. Manche halten sie für einen Abrechnungstrick, der schwache Gewinne und klägliche Umsätze verschleiern soll. Andere halten sie für eine Belastung, weil sie meinen, sie würden Geld von den Investitionen, den Neueinstellungen und den Lohnzahlungen abziehen – sie würden nur eigennützigen Vorstandsvorsitzenden zugute kommen und sonst niemandem. Damit stellt man aber soziale Fragen über Aktienmarktfragen. Wenn alle anderen Faktoren gleich bleiben, ist ein schrumpfendes Angebot toll.

Wenn Sie dies lesen, sind Rückkäufe ja vielleicht schon wieder „in" und irgendeine andere gute Sache wird gezwungen, sich als böse zu verkleiden. Woran merkt man, ob etwas wirklich schlecht oder aber ein Elefant ist? Setzen Sie sich einmal Ihren Wissenschaftlerhut auf – oder eine Einstein-Perücke, wenn sie Ihnen passt – und prüfen Sie die Indizien nach!

Um zu sehen, wie das geht, analysieren wir zunächst einmal den Rückschlag, den die Rückkäufe erlitten haben. Da können wir zunächst die vorgetäuschten Gewinne widerlegen. Rückkäufe erhöhen durchaus den Gewinn und den Umsatz je Aktie – denn der Nenner wird kleiner. Aber am jeweiligen Zähler ändern sie gar nichts! Der Umsatz und der Gewinn ändern sich nicht, wenn die Anzahl der Aktien sinkt. Sie bleiben, was sie sind – Größen, die von den Kosten, von der Wettbewerbsfähigkeit und von der Gesamtnachfrage abhängen. Die Trickserei mit dem Rückkauf wirkt sich darauf niemals aus. Und an der Stelle, wo ein Rückkauf die Zahlen verändert – bei den Angaben je Aktie –, ist die Änderung eine gute Sache. Denn wenn der Gewinn je Aktie steigt, bekommt jeder Aktionär ein größeres Stück von den künftigen Gewinnen – und dies ist ja schließlich einer der Hauptgründe, weshalb die Menschen überhaupt Aktien kaufen!

Als Nächstes können wir die handfesten Belege entzaubern. Die Rückkaufgegner führen unter anderem eine Studie der *Harvard Business Review* an, die untersucht hat, wie die US-amerikanischen Firmen in den Jahren 2003 bis 2012 ihr Geld ausgegeben haben. Das Ergebnis: Die 449 im S&P 500 enthaltenen Unternehmen gaben über den gesamten Zeitraum betrachtet 54 Prozent ihres Reingewinns für Rückkäufe und 37 Prozent davon für Dividenden aus.[1] Einige Experten kamen nun durch einfache Subtraktion zu dem Ergebnis, dies bedeute, dass die Firmen nur neun Prozent ihrer Gewinne für Investitionen (CAPEX = CAPital EXpenditures) und Löhne ausgegeben hätten – und deshalb seien Rückkäufe per se automatisch von Übel!

Man könnte nun fragen, wie es mit den Krediten aussieht, die die Unternehmen aufgenommen haben. Viele Rückkäufe werden ja mit geliehenem Geld finanziert – wie bereits gesagt ein reines Arbitragegeschäft. Der Technologie-Riese Apple begab in den Jahren 2013 und 2014 Anleihen im Wert von fast 30 Milliarden Dollar, um Rückkäufe und Dividenden zu finanzieren. Die Zinsen, die er dafür bezahlte, wurden durch die Einsparungen, die durch den Rückkauf entstanden, mehr als ausgeglichen. Durch die dadurch bewirkte Gewinnsteigerung erzielte Apple eine auf die Tilgung bezogene Rendite von 100 Prozent! Das ist unschlagbar. Unternehmen setzen Anleihen auch ein, um Investitionen zu finanzieren – in Gebäude, in Anlagen, in die Produktentwicklung und in Forschung und Entwicklung. Auch das ist kluges Finanzmanagement. Dadurch halten die Firmen ihre Bargeldreserven für schlechte Zeiten flüssig, ohne dadurch ihr Wachstum zu beeinträchtigen – sie nutzen ihre starke Bilanz einfach als Sicherheit für eine Anleihe. Die Begebung von Unternehmensanleihen ist ein wichtiger Grund dafür, dass in der Zeit der großen Expansion, die 2009 begann, die Bargeldbestände der Unternehmen und ihre Investitionen im Gleichschritt wuchsen. In den Medien weist kaum jemand darauf hin, aber bis zum vierten Quartal 2014 war der Investitionsaufwand der Unternehmen in 15 Quartalen hintereinander gestiegen und er befindet sich nach wie vor auf einem Allzeithoch.[2] Das ist eine Tatsache! Dabei brauchen Sie sich nicht auf mein Wort zu verlassen – Sie können es online beim US Bureau of Economic Analysis überprüfen. Dort sehen Sie auch, dass die F&E-Komponente seit 2010 neue Höhen erklimmt. Das ist alles wahr – nur passt es nicht zu der These der Medien.

In der jüngeren Geschichte wimmelt es nur so vor Elefanten dieser Art. Die politische Blockade in den USA ist ein besonders großer – dazu kommen wir in Kapitel 6. Ein weiterer Elefant ist dermaßen grundsätzlich bullish, dass man es kaum glauben mag, dass ihn heutzutage fast alle hassen: eine steile Zinskurve.

Auf das Wirtschaftswachstum bezogene Was-wenn-Thesen lassen sich unmöglich beweisen oder widerlegen – dafür gibt es fast nie eine Gegenprobe. Als Friedrich Hayek 1974 widerwillig den Nobel-Gedächtnispreis für Wirtschaft annahm, deutete er an, dass Wirtschaftskennzahlen und die Wirtschaftswissenschaft oft sehr unwissenschaftlich seien. Sie seien, wie er es formulierte, „vorgebliches Wissen". Szientismus. Der quasi-religiöse Glaube an mathematische Theoreme, der in Wirklichkeit ein Anzeichen von übertriebenem Vertrauen und verzerrten Auffassungen ist. Hayek war gegen einen Nobelpreis für Wirtschaftswissenschaften, weil er dachte, er würde diese Tendenz noch verstärken. Anleger können aus Hayeks Nobelpreisrede die Lehre ziehen, dass sich ein guter Kontrarianer nie so sehr auf die Zahlen konzentriert, dass er die einfache Logik aufgibt.

So weisen die Rückkaufskeptiker beispielsweise darauf hin, dass die Wachstumsrate der Unternehmensinvestitionen in dem erwähnten Zeitraum zufällig die geringste der neueren Geschichte war. Aber wie kann irgendjemand wissen, ob die Investitionen schneller oder langsamer

zugenommen hätten, wenn es weniger Rückkäufe gegeben hätte? Das können wir einfach nicht wissen! Wir können nur raten. Sollten Sie sich je gefragt haben, weshalb die Wirtschaftswissenschaft als trostlose Wissenschaft bezeichnet wird – dies ist ein wichtiger Grund dafür. Sie akzeptiert zwar die Theorie der Opportunitätskosten, die in allen Wirtschaftskursen gelehrt wird, aber sie hat keine Möglichkeit, sie wirklich zu messen.

Immerhin können wir schauen, wie es vorher war und wie es hinterher ist – wie hoch war das Investitionswachstum in der Rückkauf-Ära im Vergleich zu der Ära vor den Rückkäufen? Im September 2014 habe ich auf der britischen Website *Interactive Investor* Folgendes aufgestöbert: „Es gibt keinen Beweis dafür, dass Rückkäufe die Investitionen schwächen. Wäre dem so, wären die Unternehmensinvestitionen nach 1982 schwächer, denn damals gab die SEC den Firmen einen Freibrief, so viele Aktien zurückzukaufen, wie sie wollten. Doch die inflationsbereinigten Wachstumsraten davor und danach sind ziemlich ähnlich. Manche verweisen auf die Managergehälter und behaupten, Bonuszahlungen in Form von Unternehmensaktien seien für die Führungsetage ein Anreiz, die Kurse durch Rückkäufe in die Höhe zu treiben, aber das stimmt gar nicht. Unternehmenslenker müssen sowohl den Gewinn als auch den Umsatz steigern, sonst fliegen sie raus – man kann ein Unternehmen nicht wachsen lassen, wenn man nicht investiert."

DIE ANGESCHNITTENE ZINSKURVE

Die Zinskurve, also die grafische Darstellung der Zinssätze eines Landes für unterschiedliche Laufzeiten – hat eine lange Tradition als führender Wirtschaftsindikator. In der wissenschaftlichen Literatur taucht sie bereits 1913 in dem bahnbrechenden Werk „Der Konjunkturzyklus" von Wesley C. Mitchell als „analytische Beschreibung des komplizierten Prozesses" auf, „durch den in der modernen Welt abwechselnd Zeiten der florierenden Konjunktur, der Krise, der Depression und der Wiederbelebung zustande kommen".[3] Anhand einer riesigen Zahlenmenge zur Wirtschaft, zu den Unternehmen und zu den Finanzmärkten, die von 1890 bis 1911 reichten, suchte Mitchell nach Mustern und Beziehungen, welche die damaligen

Theorien beweisen oder widerlegen würden – und anhand deren er seine eigene Theorie entwickelte, wann Volkswirtschaften Aufschwünge beziehungsweise Abschwünge erleben. Diese Forschungsarbeit war die Grundlage seiner späteren Beiträge zu den in Kapitel 3 besprochenen Bemühungen des National Bureau of Economic Research (NBER), den Leading Economic Index (LEI) zu entwickeln, und sie ist ein Klassiker – wissenschaftlich, aber doch lesbar, und eine Fundgrube an Wissen. Doch dazu in Kapitel 8 mehr.

Mitchell verwendete in seinem Buch viel Zeit auf die Schwankungen der kurzfristigen und langfristigen Zinsen in den damaligen Jahrzehnten und er brachte sie mit den allgemeinen konjunkturellen Bedingungen in Einklang. In einer Tabelle mit der Überschrift „Die Zinsen, die man aus Anleiheinvestitionen und kurzfristigen Darlehen in Zeiten der Prosperität, der Krise und der Depression in den Jahren 1890 bis 1911 beziehen konnte" teilt er die 21 Jahre in kürzere Abschnitte von „Prosperität" bis „Schwere Depression" auf und gibt für alle Zeiträume die durchschnittliche Verzinsung verschiedener Laufzeiten an. Zwei seiner 25 Zeitabschnitte trugen die Beschriftung „nahende Krise", zwei andere „kleinere Krise", und sie traten alle vor einer „Depression" auf. In allen vier Zeiträumen waren die kurzfristigen Zinsen einen bis fünf Prozentpunkte höher als die langfristigen. Sie können das selbst nachsehen – die Cornell University macht im Internetarchiv (https://archive.org) das gesamte Buch zugänglich. Das magische Diagramm befindet sich auf Seite 162.[4]

Wir wissen also seit über hundert Jahren, dass schlimme Dinge passieren, wenn die kurzfristigen Zinsen höher als die langfristigen sind. Mitchell erläuterte diesen Zusammenhang noch nicht so recht, aber Reuben Kessel tat das 1965 mit der Bemerkung: „In Wachstumsphasen werden die Zinsspannen zwischen Schatzwechseln und 9- bis 12-monatigen Staatsanleihen größer. [...] Schrumpfungen ziehen die entgegengesetzten Konsequenzen nach sich."[5] Als Larry Butler, ehemals Volkswirt bei der San Francisco Federal Reserve Bank, im Dezember 1978 „Recession? – A Market View" veröffentlichte, war bereits allgemein akzeptiert, dass eine invertierte Zinskurve (kurzfristige Zinsen höher als langfristige) ein „klassisches Rezessionsmerkmal" sei.[6] In den 1980er-Jahren erfreute sich die Zinskurve wachsender Beliebtheit und im

Jahr 1989 plädierten die Volkswirte James Stock und Mark Watson dafür, sie in den LEI aufzunehmen.[7]

Die Zinskurve ist eine magische Zone, in der sich die wissenschaftliche Theorie und die reale Erfahrung überschneiden. Und deshalb funktioniert sie! Wie bereits in Kapitel 1 erwähnt, stellt die Zinskurve die Ertragsmargen der Banken dar – die kurzfristigen Zinsen sind die Finanzierungskosten der Banken, die langfristigen Zinsen sind ihre Erlöse und die Zinsspanne ist ihre Umsatzrendite (oder im Branchenjargon ihre Nettozinsmarge). Wenn die Zinskurve steil ist – also die langfristigen Zinsen viel höher sind als die kurzfristigen –, ist die Kreditvergabe profitabler. Die Banken verleihen mehr Geld, die Geldmenge wächst und wie durch Zauberhand entsteht Wachstum. Wird die Zinskurve flacher, ist die Kreditvergabe weniger profitabel und die Banken verleihen nur an die sichersten Kreditnehmer Geld – je weniger man auszahlt, umso geringer das Risiko. Dadurch gehen die Geldschöpfung und die Umlaufgeschwindigkeit zurück, sodass sich gewöhnlich auch das Wachstum verlangsamt. Kehrt sich die Zinskurve gar um – sind also die kurzfristigen Zinsen höher als die langfristigen –, bringt die Kreditvergabe keinen Gewinn mehr, sie stockt und das Wachstum kommt irgendwann zum Stillstand.

Das heißt, jahrzehntelang war fast allen klar, dass eine steile Zinskurve gut ist, eine flache Kurve weder Fleisch noch Fisch und eine invertierte Zinskurve gefährlich. Doch als gegen Ende des Frühjahrs und im Sommer 2013 die langfristigen Zinsen stiegen und die flache Zinskurve steiler wurde, drehten die Leute durch! Sie vergaßen, wie das mit der Zinskurve ist! Sie betrachteten die hohen Zinsen stattdessen als riskant und befürchteten, sie könnten die Kreditnachfrage dämpfen und dadurch die Geldmenge schrumpfen lassen. Vom 22. Mai – dem Tag, an dem Ben Bernanke zum ersten Mal warnte, das Quantitative Easing (QE) werde bald enden – bis zum Ende des Jahres stiegen die Zinsen 10-jähriger Schatzanleihen und die Zinskurve wurde immer steiler. Das ist magisch! Aber den meisten Menschen machte der Anstieg Angst. Ohne es zu begreifen, hassten sie eine grundlegende treibende Kraft höheren Wirtschaftswachstums. Dadurch wurde die Zinskurve zum Elefanten!

Wenn man im Jahr 2013 über die Schlagzeilen hinausblickte und einfach an die Zinskurve glaubte – und dies empfahl ich den Leuten in dem Ausschnitt aus *Forbes*, der im unten stehenden Kasten abgedruckt ist –, sah man den Elefanten. Die magische Wahrheit, die schon immer funktioniert hat und die jeder vergaß. Sie war immer noch da und funktionierte immer noch. Die Rendite 10-jähriger Anleihen stieg vom 22. Mai bis Jahresende um einen vollen Prozentpunkt, sodass die Zinskurve steiler wurde. Der S&P 500 stieg im selben Zeitraum um 13,1 Prozent.[8]

Bis Oktober 2013 war die Rendite 10-jähriger Anleihen um mehr als 70 Basispunkte in die Höhe geschnellt und die Schlagzeilen wimmelten vor Befürchtungen, diese „Straffung" werde das Wachstum dämpfen. Viele sprachen von „Taper-Terror" – in Anspielung auf die „Tapering"-Pläne der Fed, also Pläne, die monatlichen Anleihekäufe allmählich auslaufen zu lassen. Ich hatte meine Ansichten bereits davor in *Forbes* und andernorts veröffentlicht, aber eine solche unberechtigte Angst kann man nicht hart genug oder oft genug geißeln, und darum schlug ich in der Ausgabe vom 28. Oktober noch einmal mit dem Artikel „Gegen Bernanke wetten" zu:

„Lange bevor die Menschen über das Ende des ‚Quantitative Easing' beunruhigt waren, beunruhigte mich seine Existenz. Sie erwies sich als das Gegenteil ihres Images, nämlich als Anti-Anreiz, und wir kamen nicht seinetwegen ganz gut zurecht, sondern trotz seiner. Da nun sein Ende bevorsteht, sehe ich die Banken im Verhältnis zum Markt bullish.

Warum? Das Kerngeschäft einer Bank ist einfach: Sie nimmt kurzfristige Einlagen entgegen und vergibt langfristige Darlehen. Die Spanne zwischen den kurzfristigen und den langfristigen Zinsen gibt die künftige Bruttogewinnspanne neu vergebener Darlehen sehr gut wieder (im Prinzip die Kosten gegen die Einnahmen). Je größer dieser Spread, umso rentabler werden unter sonst gleichen Bedingungen die künftigen Darlehen. Insgesamt ist das ein riesiger Elefant im Zimmer.

Die Beendigung des sogenannten QE vergrößert per definitionem diese Spanne, denn die Fed hört auf, langfristige Anleihen aufzukaufen (wodurch sie die Preise für künftige langfristige Anleihen drückt und die Zinsen nach oben bewegt). Wenn der Spread wächst, werden neue Darlehen für die Banken profitabler und sie vergeben solche Darlehen lieber – daher nehmen die Kreditvergabe und die Erlöse gemeinsam zu."

MILTON FRIEDMAN, WO BIST DU GEBLIEBEN?

Die Metamorphose der Zinskurve vom Rockstar zum Elefanten war symptomatisch für etwas anderes: Die Denkweise der Nachfrageseite gewann gegenüber dem Denken der Angebotsseite die Oberhand.

Auf der untersten Ebene gibt es zwei Möglichkeiten, den Absatz einer beliebigen Ware oder Dienstleistung anzuregen: das Angebot erhöhen oder die Nachfrage erhöhen. Die Volkswirte der Nachfrageseite – zum Beispiel John Maynard Keynes – sind überzeugt, es sei am besten, unmittelbar die Nachfrage zu stimulieren. Die Volkswirte der Angebotsseite – zum Beispiel Milton Friedman – sind überzeugt, wenn man es den Unternehmen erleichtert, reizvolle neue Produkte zu produzieren, würde dies das Angebot toller Dinge erhöhen, von denen die Menschen gar nicht wussten, dass sie sie haben wollen, und dies würde neue Nachfrage erzeugen. Aus dem Weg gehen, sich den Markt um alles kümmern lassen und zusehen, wie sich die Magie des Kapitalismus entfaltet.

Die Nachfrage-Denkweise stand hinter dem New Deal und anderen Top-down-Anreizbemühungen – im Endeffekt glaubt sie an den Staat, nicht an den Einzelnen. Die Denkweise der Angebotsseite wurde immer populärer, als in der zweiten Hälfte des 20. Jahrhunderts Milton Friedman und die sogenannte Chicagoer Schule unter Führung der Mundell-Laffer-Hypothese die Hitlisten anführten. Ihr Einfluss reichte dank Alan Greenspan weit in die 1990er- und 2000er-Jahre hinein. Sogar Ben Bernanke war früher nach eigener Aussage Anhänger dieser Theorie.[9] Diverse Wirtschaftswunder, etwa in Großbritannien und Amerika ab Anfang der 1980er-Jahre, in Osteuropa nach dem Fall des Eisernen Vorhangs und in Peru ab Ende der 1980er-Jahre (um nur einige zu nennen) beruhten auf der Denkweise der Angebotsseite. Die Gelehrten streiten sich seit Jahren hitzig, ob die Nachfrage- oder die Angebotsseite die überlegene Ideologie sei, und ich habe nicht vor, mich in dieses Gewühl zu stürzen. Ideologien, egal welcher Art, machen blind. Das ist ein Kampf zwischen den Gelehrten und es kann zwar großen Spaß machen, der Debatte (manchmal in Form von Rap-Videos) zuzusehen, aber als Anleger hat man nicht viel davon, sich auf eine Seite zu schlagen. Man kann von keiner Seite beweisen, dass sie überlegen wäre, und die andere für alle Zeiten diskreditieren.

Allerdings verlor die Angebotsseite nach 2008 beim Mann auf der Straße ihre Glaubwürdigkeit. Experten und Politiker machten die Deregu-

lierung, die freie Marktwirtschaft und andere Markenzeichen der Angebotsseite zu Sündenböcken der Krise. Die Ideologen der Nachfrageseite drehten die Krise so hin, dass sie ein Beweis für das Scheitern der Märkte sei – die überschuldeten Banken schoben sie der Aufhebung des Glass-Steagall Acts und die Immobilienblase Alan Greenspan in die Schuhe. Das endlose Geplapper führte dazu, dass viele Durchschnittsmenschen den Glauben an die Märkte verloren. Die Menschen knüpften ihre Wachstumshoffnungen an den Staat und vergaßen dabei, dass das Missmanagement der Regierung die Lage bloß noch verschlimmerte. Viele vergaßen die jüngere Geschichte, vergaßen die vielen Triumphe der Angebotsseite und wollten den göttlichen Eingriff aus Washington.

Die gleiche Verschiebung fand auch bei der Federal Reserve statt, allerdings auf eine ganz andere desaströse Art. Während des 20. Jahrhunderts betrieb die Fed meistens eine angebotsorientierte Geldpolitik – sie manipulierte die Zinskurve so, dass sie das Aufkommen an neuen Krediten und somit letztlich die Geldmenge beeinflusste. Damals kontrollierte die Fed die kurzfristigen Zinsen und die langfristigen Zinsen wurden vom Markt gesteuert. Wenn die Fed die Geldpolitik straffen wollte – wenn sie also die Geldmenge langsamer wachsen lassen wollte, um die Inflation abzuwehren –, verkleinerte sie den Spread, indem sie die kurzfristigen Zinsen erhöhte, sodass die Banken weniger gern Kredite vergaben. Wenn sie die Geldmenge und die Konjunktur aufpeppen wollte, senkte sie die kurzfristigen Zinsen, weitete dadurch die Zinsspanne – machte also die Zinskurve steiler – und spornte dadurch die Banken dazu an, mehr Geld zu verleihen. Und meistens funktionierte das auch. Aber natürlich machte die Fed das nicht immer richtig. Wie ich 2006 in meinem Buch „Das zählt an der Börse“ schrieb, hat die Fed eine lange Geschichte törichter Entscheidungen hinter sich, aber die Theorie funktionierte. Wenn sie schnelleres Wachstum wollte, versetzte sie die Banken in die Lage, die Geldmenge hochzufahren – dann lehnte sie sich zurück und vertraute auf das Kapital und auf den Kapitalismus.

Zu Beginn der Krise des Jahres 2008 gab die Fed unter Ben Bernanke jedoch die angebotsorientierte Geldpolitik auf. Er vergaß sein altes Idol Milton! Das QE war ein hundertprozentig auf die Nachfrage ausgelegter Anreiz! Für die Angebotsseite war das eine Katastrophe. Das Quantitative Easing versuchte die Kreditnachfrage dadurch anzuregen, dass die langfristigen Zinsen niedrig gehalten wurden und somit die Kreditaufnahme billiger und attraktiver wurde. In der Theorie ist das gut und schön, nicht aber im richtigen Leben, in dem die Banken Profite brauchen! Niedrigere langfristige Zinsen führen dazu, dass Kreditgeber aller Art weniger gern Kredite vergeben. Es gibt ein glückliches Medium, dass auf irgendeine Art sowohl die Kreditnehmer als auch die Kreditgeber zufriedenstellt: den freien Kapitalmarkt. Das war Bernanke entgangen.

Als das Kreditwachstum und das Wirtschaftswachstum so niedrig waren wie noch nie in der neueren Geschichte, erkannten nur wenige das Gesamtbild. Viele sahen zwar das schwache Wachstum, dachten aber, ohne QE würden wir sogar rote Zahlen schreiben. Fast niemandem fiel auf, dass die Fed das Kreditangebot zunichte gemacht hatte. Die meisten konzentrierten sich auf die Nachfrage, klammerten sich an wissenschaftliche Theorien und ignorierten die wirkliche Welt.

Versetzen Sie sich einmal in die wirkliche Welt. Man kann sich leicht vorstellen, was passiert, wenn man die langfristigen Zinsen vom aktuellen Stand aus extrem nach unten drückt. Wären die langfristigen und kurzfristigen Zinsen auf null fixiert, würde man als Bank niemals auch nur einen Cent verleihen! Ohne Gewinn kann man ja kein Risiko eingehen! Man betreibt schließlich ein Unternehmen und keinen Wohltätigkeitsverein! Man muss schauen, wo man bleibt!

Wenn man sich in die Angebotsseite hineinversetzte, erkannte man auch, dass höhere langfristige Zinsen das Angebot stärker erhöhen als die Nachfrage dämpfen würden. Bereits eine kleine Zinserhöhung bedeutete große Gewinnzuwächse. Die Zinsspanne in Form der Verzinsung 10-jähriger Anleihen minus Fed-Funds Rate stieg von Ende 2012 bis Ende 2013 von 1,73 auf 2,97 Prozent.[10] Grob gerechnet (2,97 : 1,73 - 1) wuchs dadurch der Gewinn der Banken um 71,7 Prozent! Ein enormer Anreiz.

Und was war mit den Kreditnehmern? Hier ein vorgebliches Rollenspiel, das ich den britischen Lesern im November 2013 in einer Kolumne in Interactive Investor *vorlegte:*

> *Nehmen Sie an, Sie wären ein potenzieller Kreditnehmer – Verwaltungsratsvorsitzender eines mittelgroßen börsennotierten Unternehmens. Und ich wäre der Ihnen unterstellte Geschäftsführer. Wir hätten ein Kurs-Gewinn-Verhältnis (KGV) von 14 und unsere Gewinnrendite (der Kehrwert des KGV) betrüge sieben Prozent. Unsere Bonität wäre als mündelsicher eingestuft, sodass wir langfristig Geld zu drei bis fünf Prozent nach Steuern aufnehmen könnten.*

> Nun stellen Sie sich vor, ich würde Sie bitten, einen neuen langfristigen Businessplan abzusegnen. Die Erwartungsrendite würde unserer Gewinnrendite von sieben Prozent entsprechen. Interessiert es Sie als Vorsitzenden in diesem Fall, ob unsere Kreditkosten von 3,0 auf 3,5 oder gar 4,0 Prozent steigen? Nein! Selbst bei hohen Zinsen haben Sie eine hohe Gewinnspanne. Ihr Bedürfnis, einen Kredit aufzunehmen, wird durch die kleine Preiserhöhung kaum beeinflusst. Wenn das Geschäft durch die kleine Zinsanhebung plötzlich schlecht aussehen würde, hätte es sich wahrscheinlich sowieso nicht gelohnt.

Während des QE war die Angebotsseite der größte Elefant. Um ihn zu sehen, brauchte man sich bloß ein bisschen mit der wirklichen Welt auszukennen, aber die wirkliche Welt war damals out. Die Fed wurde von Wissenschaftlern kontrolliert, nicht von Bankern. Der Internationale Währungsfonds und die Weltbank wurden von Volkswirten der Nachfrageseite geleitet. Viele Gelehrte und Wissenschaftler betrachteten das QE nie vom Standpunkt eines Bankers oder eines Geschäftsmanns her. Es kam ihnen gar nicht in den Sinn, weil es ihnen an Erfahrungen in der wirklichen Welt fehlte. Deshalb kamen sie nicht auf die Idee, dass die niedrigen Zinsen den Banken weitaus mehr schaden würden, als sie den Kreditnehmern nutzten.

Eines Tages wird die Denkweise der Angebotsseite zurückkehren. Für fast alle Dinge gibt es sonnige und regnerische Zeiten. Auch in der Denkweise der Nachfrageseite liegt Weisheit, zum Beispiel in einer ausgeprägten Krise, die in Keynes' Formulierung eine „Liquiditätsfalle" darstellt. In diesem Fall muss die Nachfrage wirklich künstlich gesteigert werden, damit das Geld wieder fließt, denn dann mangelt es an echter Nachfrage, vor allem nach Sparmöglichkeiten, bei denen die Vermittler nicht ausgeschaltet sind. Wenn die Unternehmen und die Verbraucher kein Geld ausgeben, muss das Geld woanders herkommen. Dann kann es zwar sein, dass der Staat das Kapital unklug verwendet, aber am Ende fließt es doch dorthin, wo es gebraucht wird.

Solange die Angebotsseite im Regen steht, ist sie der Elefant. Wenn es einem gelingt, die Geldpolitik und die Wirtschaftspolitik aus der Sicht eines Angebotsvertreters zu sehen, dann sieht man das, was den meisten auf die Nachfrageseite konzentrierten Medien entgeht.

ANGRIFF DER ELEFANTEN

Nun haben wir über einige freundliche Elefanten berichtet, aber manche Elefanten sind gar nicht nett. Auch Risiken können Elefanten sein! Ein angreifender Elefant ist noch furchteinflößender als ein angreifender Bär.

Der riskante Elefant ist ein Spiegelbild des lieben Elefanten. Liebe Elefanten sind gute Dinge, die alle einmal wussten, aber inzwischen vergessen haben. Böse Elefanten sind Risiken, die jeder einmal kannte, inzwischen aber vergessen hat. Erinnern Sie sich an die langfristigen Befürchtungen, die wir in Kapitel 4 behandelt haben. Solange sie allgemein besprochen werden – so wie im Moment –, tun die Märkte sie ab, weil sie sie bereits kennen. Aber wenn sich die Menschen auf etwas anderes konzentrieren und ihre Ängste vergessen, können sie zu konkreten Gefahren werden! Zu bösen Elefanten! Das ist die Börsenversion des Jungen, der „Feuer!" rief. Nach einer Weile taten alle ihn ab, weil sie das schon kannten. Als er schließlich doch zu Recht rief, achtete niemand auf ihn. So ist es auch an den Märkten.

Zum Beispiel ist die Angst vor der Verschuldung heute allgegenwärtig und das ist schon seit Ewigkeiten so. Ob auf dem Online-Zähler des US-Finanzministeriums oder auf der Vorhalle der IRS-Zentrale – jedermann kann die Schulden der Vereinigten Staaten auf den Penny genau sehen, wann immer er das will. Sie sind allgemein bekannt und werden überall diskutiert. Wie in Kapitel 4 besprochen, ist die Verschuldung derzeit keine Gefahr – jedenfalls nicht in den nächsten 30 Monaten! Solange alle die Verschuldung fürchten und solange sie ein Standardthema in Radio-Talkshows bleibt, dürfte sie in die Preise „eingebacken" bleiben. Aber wenn die Menschen aufhören, darüber zu reden, könnte sie zur Gefahr werden! Was passiert, wenn die Menschen vergessen, sich vor der Verschuldung zu fürchten? Was passiert, wenn die Zinsen durch die Decke gehen und oben bleiben, wenn daher der Schuldendienst einen zu großen Teil der Steuereinnahmen aufzehrt, wenn wir uns das nicht mehr leisten können und niemand es merkt? Eine unsichtbare, mitten im Blickfeld versteckte Schuldenkrise in der größten Volkswirtschaft der Welt wäre für die Märkte der Welt ein schlimmer Schock.

EINE KURZE GESCHICHTE DER TRAGÖDIE

Auch vergessene Geschichte bringt böse Elefanten hervor. Am Anfang des Kapitels haben wir gesehen, wie die frühere Volatilität der Märkte aus dem Gedächtnis entschwand. Die Menschen vergaßen nicht nur frühere Paniken, Korrekturen und Baissen – sie vergaßen auch, wie die Aktien auf manche sehr negativen Ereignisse reagierten!

Auch wenn Sie es vielleicht schrecklich finden, dass ich überhaupt an so etwas denke – nehmen wir als Beispiel die Ermordung des Präsidenten. Daran möchten wir eigentlich nicht denken, aber um den GE zu schlagen, müssen wir das Unsägliche ins Auge fassen.

Attentate hat es bereits gegeben und jeder weiß, dass so etwas möglich ist. Wir erinnern uns noch an den Anschlag auf Präsident Reagan. Viele in meinem Alter erinnern sich auch noch an den 22. November 1963. Aber die meisten Menschen glauben nicht wirklich, dass so etwas noch einmal passieren wird. Dafür ist Amerika zu zivilisiert. Der Geheimdienst ist zu gut (trotz des Skandals wegen einiger schwerer Fehltritte im Jahr 2014). Der Nachrichtendienst ist zu gut. Seit Jahrzehnten vereiteln sie alle tatsächlichen oder angeblichen Attentatsversuche.

Ein Attentat dürfe also unwahrscheinlich sein, aber unwahrscheinlich ist nicht unmöglich. Egal wie stark die eigenen politischen Vorlieben sind, so etwas will niemand. Die Anleger wollen es nicht und die Märkte auch nicht. Allein die Aushöhlung der Sicherheit, die dies darstellen würde, könnte das allgemeine Vertrauen erschüttern. Eine solche Tragödie würde zu massiver Verunsicherung führen. Wir kennen zwar den Vizepräsidenten, aber eben nur als Vize. Normalerweise handelt es sich dabei um einen Stellvertreter mit eng umrissenen administrativen Aufgaben, der womöglich gelegentlich einen etwas merkwürdigen Fauxpas begeht, wie beispielsweise Dan Quayle oder Joe Biden. Wir mussten uns bislang nicht überlegen, wie sich die Vereinigten Staaten unter seiner Führung verändern würden – die potenziellen Änderungen der Wirtschafts- und Außenpolitik sind daher nicht eingepreist. Ebenso wenig das, was die Menschen vom Vizepräsidenten als Regierungschef halten. Wenn ein Präsident gewählt wird, können die Märkte all diese Dinge langsam aufdecken und sie im Laufe des

Wahlkampfs schon einpreisen, bevor der Sieger in sein Amt eingeführt wird. Jetzt, in diesem Moment, im Jahr 2014, stellt sich niemand den Vizepräsidenten als möglichen Präsidenten vor. Er ist nicht eingepreist. Durch ein Attentat würde er in Echtzeit eingepreist werden. Und wenn er den Leuten nicht gefällt, kann sich das sehr negativ auswirken.

Die Börsengeschichte liefert dazu wenig Anschauungsmaterial. Nur vier Präsidenten wurden ermordet und zwei Anschläge – auf Lincoln und auf Garfield – fanden vor der Zeit statt, seit der wir verlässliche Börsendaten haben. Bleiben Kennedy und McKinley.

Als 1963 Kennedy erschossen wurde, hielten sich die Märkte gut – ein Attentat löst nicht automatisch eine Baisse aus, es ist nur einer von vielen möglichen Auslösern. Der S&P 500 gab am 22. November, dem Tag, als die Schüsse fielen, 2,7 Prozent ab.[11] Aber am nächsten Handelstag, dem 26. November, sprang er 4,5 Prozent in die Höhe und die Hausse lief weiter.[12] Allerdings war Lyndon Baines Johnson damals bereits ein bekanntes politisches Gesicht, er hatte seit 1937 Staatsämter inne und hatte bei den Vorwahlen 1960 den zweiten Platz hinter Kennedy belegt. Als Mehrheitsführer im Senat bestand seine Visitenkarte darin, dass er Deals aushandelte, um Unterstützung zu bekommen. Kaum jemand erwartete, dass er eine verrückte Politik betreiben würde.

Als im Jahr 1901 McKinley getötet wurde, sah die Story allerdings anders aus. Bevor er am 6. September angeschossen wurde, hatte sich der Dow Jones von einer Korrektur um zwölf Prozent erholt, die am 6. August ihren Tiefpunkt erreicht hatte.[13] Diese Erholung kehrte sich am 6. September um und die Aktien rutschten weiter ab, als sich McKinleys Zustand verschlechterte.[14] Am 14. September erlag er seinen Verletzungen, der Dow Jones fiel weiter und die Korrektur wurde zu einer Baisse.[15] Anders formuliert fielen die Aktienkurse angesichts eines damals nicht sehr bekannten Vizepräsidenten namens Teddy Roosevelt, der eine ganz andere Agenda, einen ganz anderen Stil und ein ganz anderes Beraterteam mit sich brachte als McKinley, zügig. Dieser Teil der Börsengeschichte ist weitgehend verblasst, was ihm den Status eines Elefanten verleiht. Die Cowles Commission hat die Zahlen aus der Zeit vor 1926 noch nicht verifiziert und daher beginnen die meisten gängigen

Analysen der Börsengeschichte erst ab diesem Zeitpunkt. Doch auch wenn die Zahlen zum Dow Jones um die Jahrhundertwende begrenzt und unvollkommen sind, so liefern sie doch einen Präzedenzfall und veranschaulichen das Risiko.

WENN LEHRBÜCHER LÜGEN

Und hier noch ein schreckliches Ereignis, das jeder kennt, das aber die meisten nicht für möglich halten: der Dritte Weltkrieg.

Alle wissen, dass ein massiver weltweiter Konflikt furchtbar wäre – ein fürchterlicher Verlust an Menschenleben, möglicherweise durch Massenvernichtungswaffen, die ganze Städte dem Erdboden gleichmachen. Wir alle haben die entsprechenden negativen Utopien gelesen oder als Filme gesehen. Von „1984" über „Schöne neue Welt" bis hin zu „Die Tribute von Panem" sehen wir, wie schrecklich ein weiterer Weltkrieg samt seiner Folgen sein könnte.

Aber das ist alles Fiktion und Fiktion ist keine Wirklichkeit! Als Gesellschaft haben wir uns selbst davon überzeugt, dass ein weiterer Weltkrieg unmöglich sei. Die Weltwirtschaft ist zu sehr verflochten, die Handelsbeziehungen zu eng und die Diplomatie zu gut. Wir haben uns entwickelt. Wir setzen Sanktionen statt Kugeln ein, um Schurkenstaaten und Störenfriede in Schach zu halten. Amerika und Europa haben ihre Atomwaffen nur zur Abschreckung, nicht um sie wirklich einzusetzen. Mit dem Tod der Sowjetunion endete der Kalte Krieg und Russland wird immer rückständiger.

Ein Weltkrieg ist zwar ein höchst unwahrscheinliches Ereignis, aber auch hier gilt: Unwahrscheinlich ist nicht unmöglich. Auch 1914 dachten die meisten Menschen, wir seien zu zivilisiert und integriert, aber der Erste Weltkrieg brach trotzdem aus. Die – wie gesagt begrenzten, aber aufschlussreichen – Zahlen zum Dow Jones weisen einen Absturz um 31,8 Prozent von der Ermordung von Erzherzog Franz Ferdinand am 28. Juni 1914 bis zum Jahresende auf.[16] In den Jahren 1915 und 1916 stiegen die Aktien zwar wieder, aber am 21. November 1916 überschritt der Dow Jones seinen Höhepunkt – unmittelbar nach der Schlacht an der Somme und exakt an dem Tag, als eine deutsche Mine die HMHS Britannic versenkte. Ihren Tiefpunkt erreichten die Aktienkurse erst über ein Jahr später am 19. Dezember 1917, nachdem sie über 40 Prozent abgegeben hatten, während auf der europäischen Bühne die Kämpfe wüteten. Natürlich war dies der „Krieg, alle Kriege zu beenden". Doch so kam es nicht.

Ich sage es noch einmal: Diese alten Angaben zum Dow Jones sind unzuverlässig – seien Sie stets skeptisch! Die Börsendaten zur Zeit des Zweiten Weltkriegs wurden peinlich genau überprüft und sie zeichnen ein ähnliches Bild. Als Deutschland Mitte 1938 das Sudetenland annektierte, erholte sich der S&P 500 offensichtlich gerade von der Baisse, die 1937 begonnen hatte. Aber Hitlers Inbesitznahme des tschechischen Gebiets beendete die Erholung – nun waren seine grenzenlosen Gebietsansprüche klar und die Märkte mussten die Wahrscheinlichkeit eines langen, vernichtenden weltweiten Konflikts einpreisen. Monatelang federten sie noch seitwärts hin und her, aber als Frankreich fiel, fielen sie ins Bodenlose.

Damals dachten alle, Frankreich sei gut in Sachen Kriegführung. Im Krimkrieg waren die Franzosen Experten für den Grabenkrieg gewesen. Der Deutsch-Französische Krieg war etwas problematisch, aber man redete sich ein, man habe beinahe ein Unentschieden erkämpft. Im Ersten Weltkrieg war es im Schützengraben wieder erfolgreich. Der Werbespruch für die Maginot-Linie hätte lauten können: „Wer kann einem französischen Graben etwas anhaben?" (Die Erfinder von Slogans lieben Reime.) Als aber Deutschland Fallschirmjäger hatte und Panzer durch Belgien lotsen konnte, brachte dieser Graben gar nichts. Ob Sie es glauben oder nicht, das war eine Überraschung. Die deutschen Truppen umgingen die Maginot-Linie und marschierten am 10. Mai 1940 in Frankreich ein. Vom 9. Mai 1940 – dem Tag davor – bis zum 28. April 1942 fiel der S&P 500 um 38,4 Prozent.[17] Der Fall Frankreichs war eine riesige negative Überraschung, die niemand hatte kommen sehen.

Die Börsengeschichte zeigt, dass Weltkriege Haussen zunichte machen. Das ist eine Tatsache! Sie wird allerdings von vielen Highschool-Lehrbüchern verzerrt, sie behaupten nämlich, der Zweite Weltkrieg sei bullish gewesen! Millionen von Amerikanern wachsen in dem Glauben auf, die Wirtschaftspolitik nach dem Motto „Kanonen und Butter" sei der einzige Grund gewesen, weshalb wir die Große Depression hinter uns brachten. Die Menschen sehen den Beginn der Hausse im Jahr 1942, also volle drei Jahre vor dem Sieg der Alliierten, und vergessen dabei die anfängliche Reaktion des Marktes auf Hitlers Aggression. So schrecklich Kriege auf menschlicher Ebene auch sind, solche Lehrbücher könnten Amerika in Selbstzufriedenheit einlullen.

Der Zweite Weltkrieg hat den Aufschwung in den Vereinigten Staaten nicht ausgelöst. Der zeitliche Verlauf passt überhaupt nicht! Das Bruttoinlandsprodukt (BIP) begann bereits 1939 wieder zu wachsen, also zwei Jahre bevor der Zweite Weltkrieg so richtig losging. In den Jahren 1939 und 1940 trieb der privatwirtschaftliche Sektor das Wachstum an. Tabelle 5.2 zeigt das reale jährliche BIP-Wachstum in diesem Zeitraum und die Beiträge der einzelnen großen Kategorien zu diesem Wachstum. In den Jahren 1939 und 1940 trug der Bund dazu viel weniger bei als die Verbraucher und die privaten Investoren.

TABELLE 5.2: Reales BIP-Wachstum und Beiträge zum realen BIP-Wachstum 1938 bis 1943

	Jährliche prozentuale Veränderung					
	1938	**1939**	**1940**	**1941**	**1942**	**1943**
Bruttoinlandsprodukt	-3,3	8,0	8,8	17,7	18,9	17,0
Ausgaben für privaten Konsum	-1,6	5,6	5,2	7,1	-2,4	2,8
Private Brutto-Inlandsinvestitionen	-31,2	25,4	36,2	22,4	-44,3	-37,6
Staatliche Verbrauchsaufwendungen und Bruttoinvestitionen	7,6	8,7	3,6	68,1	132,1	50,0
	Beiträge zum realen BIP-Wachstum					
	1938	**1939**	**1940**	**1941**	**1942**	**1943**
Ausgaben für privaten Konsum	-1,15	4,11	3,72	4,90	-1,50	1,52
Private Brutto-Inlandsinvestitionen	-4,13	2,39	3,99	3,13	-6,45	-2,63
Staatliche Verbrauchsaufwendungen und Bruttoinvestitionen	1,09	1,41	0,57	10,31	28,03	19,31
Nettoexport von Waren und Dienstleistungen	0,88	0,07	0,52	-0,64	-1,19	-1,16
GESAMT (Reales BIP-Wachstum)	**-3,3**	**8,0**	**8,8**	**17,7**	**18,9**	**17,0**

Quelle: US Bureau of Economic Analysis, Stand 16.10.2014. Prozentuale Veränderung des realen Bruttoinlandsprodukts und Beiträge zum realen Bruttoinlandsprodukt, 1938 bis 1943.

Wenn Sie sich die Jahre 1942 und 1943 einmal genauer anschauen, sehen Sie etwas Interessantes: Als die Staatsausgaben in den Himmel schossen, gingen die privaten Investitionen in den Keller und die Verbraucherausgaben gerieten ins Wanken. Es gibt diesbezüglich zwei Denkschulen. Die eine sagt, nur die Kriegsanstrengungen hätten Amerika über Wasser gehalten – das „Kanonen und Butter"-Wunder. Die andere behauptet, die massiven Staatsausgaben hätten den privaten Sektor verdrängt und somit den Unternehmen und den Menschen das Leben schwer gemacht. Auch hier steht also die Nachfrageseite gegen die Angebotsseite.

Volkswirte, Historiker und Ideologen debattieren darüber schon seit Jahrzehnten! Was soll man davon halten? Das bleibt Ihnen überlassen! Aber wenn ich unser kontrarianisches Gehirntraining anwende, glaube ich, dass die Angebotsseite merkwürdige Fragen aufwirft. Die Ansicht der Nachfrageseite fragt nicht nach der Gegenprobe – was wäre passiert, wenn es keinen Krieg gegeben hätte? Was, wenn die Produktion nicht von Konsumgütern auf Kriegsgerät umgestellt worden wäre? Was, wenn Amerika nicht mit einer Rationierung konfrontiert gewesen wäre? Wie hätten die Unternehmen und die Menschen dann das Kapital verteilt? Wäre Amerika dann sogar noch schneller gewachsen?

Ich habe mir das alles nicht ausgedacht. Diese Philosophie geht mindestens auf einen Essay des französischen Volkswirts Frédéric Bastiat aus dem Jahr 1850 mit dem Titel „Das Sichtbare und das Unsichtbare" zurück, in dem er sich mit den unsichtbaren Folgen von Staatsausgaben auseinandersetzte. Der erste Teil mit dem Titel „Die zerbrochene Scheibe" ist eine Parabel über einen Ladenbesitzer, dessen Sohn eine Fensterscheibe einwirft. Der Ladenbesitzer ärgert sich, denn die Reparatur der Scheibe kostet sechs Francs! „Aber sieht man es positiv", sagen die Nachbarn, „gibst du dem Glaser Arbeit."

Die Nachbarn sehen die zerbrochene Scheibe also positiv – als Anreiz für die Glasherstellung. Diese Überlegung kann man leicht akzeptieren, denn man sieht ja, dass der Glaser das Fenster repariert und dafür bezahlt wird. Das ist der „sichtbare" Effekt der zerbrochenen Scheibe.

Wenn man aber nur auf das „Sichtbare" schaut, ist das zu kurzsichtig! Deshalb erforschte Bastiat auch das „Unsichtbare". Die sechs Francs, die der Ladenbesitzer für die Scheibe ausgab, konnte er nicht für Schuhe oder Bücher ausgeben. Was wäre also, wenn der Schuster oder der Buchhändler die sechs Francs besser hätten einsetzen können als der Glaser?

„Die zerbrochene Scheibe" war eine Entgegnung auf die Behauptung eines französischen Politikers, der gesagt hatte, wenn man ganz Paris niederbrennen würde, werde dies die französische Wirtschaft anheizen, weil der Wiederaufbau Nachfrage und Arbeitsplätze erzeugen würde, aber man kann das auf fast alles beziehen. Zum Beispiel auf die Ausgaben für den Zweiten Weltkrieg – und die verbreitete Meinung, der Wiederaufbau nach dem Krieg sei für Westeuropa ein massiver Anreiz gewesen. Auch auf Naturkatastrophen kann man das beziehen. Wenn Sie auf solche Argumente stoßen, dann denken Sie an Bastiats Schlussfolgerung: „Die Gesellschaft verliert den Wert der Dinge, die sinnlos zerstört werden … Zerbrechen, kaputt machen und vergeuden fördert nicht das landesweite Arbeitsaufkommen; oder kürzer gesagt: Zerstörung bringt keinen Gewinn."[18] Das trifft oft zu, wenn physisches Eigentum oder persönliche Gelegenheiten vernichtet werden. Auf der anderen Seite reißen wir manchmal Gebäude, Brücken oder Sonstiges ab, um in Bestlage neuere, größere und bessere zu errichten – und schaffen so größeren Wohlstand. Es kann also in beide Richtungen gehen.

Auch „Die zerbrochene Scheibe" ist ein Elefant. Es ist uralt und wird viel gelesen. Henry Hazlitt brachte es in seinem Klassiker „Die 24 wichtigsten Regeln der Wirtschaft" auf den neusten Stand. Der Fehlschluss mit der zerbrochenen Scheibe ist inzwischen Unterrichtsstandard. Aber kaum jemand denkt daran, wenn eine Katastrophe eintritt oder staatliche Programme aufgelegt werden. Die meisten Menschen konzentrieren sich auf das Sichtbare – nur wenige malen sich das Unsichtbare aus. Wenn Sie das Unsichtbare erforschen, bekommen Sie kontrarianische Macht. In Kapitel 6 erfahren wir noch mehr darüber.

ES KANN KEIN ELEFANT SEIN, WENN ...

Selbst wenn etwas vernünftig klingt: Wenn alle darüber reden, kann es kein Elefant sein. Erinnern Sie sich daran, dass wir auf der Suche nach Jack Lemmon und Walter Matthau vor „Ein verrücktes Paar" sind – nicht nach Brad Pitt und George Clooney. Es sei denn, Sie lesen dieses Buch im Jahr 2035 und Brad und George sind längst alte Knacker. Dann wollen Sie vielleicht Brad und George nehmen, aber keine Stars aus der ersten Reihe.

Wenn die Wall Street etwas liebt, kann die Logik noch so zwingend sein – ein Elefant ist das dann auf keinen Fall. Hier ein Beispiel: „disruptive Technologie". Dieses Schlagwort des 21. Jahrhunderts bezieht sich auf Innovationen, die ganze Branchen verwandeln (oder „sprengen") und alte Technologien ersetzen. Denken Sie an das Internet, den PC, das Handy, das Smartphone, die Robotertechnik, den 3D-Druck oder das Fracking. Wenn ein neues Unternehmen mit einer abgefahrenen neuen Technologie daherkommt, drängeln sich die Experten auf den anfahrenden Zug und sagen den Anlegern, sie sollten in das „Next Big Thing" einsteigen, bevor es zu spät sei. Gerade jetzt passiert das mit dem 3D-Druck – spezielle Drucker lesen einen dreidimensionalen Plan (gewöhnlich aus einem CAD-Programm) und erzeugen dann den betreffenden Gegenstand, indem sie aus Kunstharz oder Metall von unten nach oben rasierklingendünne Schichten drucken und miteinander verschmelzen. Die erwähnten Experten preisen die Unternehmen an, die solche Drucker herstellen, weil sie meinen, die unmittelbare Investition sei am besten. Eine ähnliche Begeisterung erleben wir bei Herstellern von Robotern und Drohnen.

Das sind aber keine Elefanten! Die Technologie mag ja großartig sein und die Spielregeln ändern; mag sein, dass ihre Erfinder und Hersteller große Profite erzielen, aber die echte Magie findet oft nicht bei Investments in die unmittelbaren Player statt. Sie werden zu sehr geliebt und sind zu bekannt. Zu sehr in Mode. Und garantiert zu teuer.

Im Technologiebereich findet sich der Elefant oftmals nicht unter den Technologiefirmen. Der eigentliche Elefant ist der kreative Nutzer, der aus der Technologie etwas Abgefahrenes zusammenspinnt. Der Spielzeugfabrikant, der mit einer Chipdesignerin verheiratet ist und vom neuesten Gimmick träumt, das die Kinder im nächsten Jahr unbedingt haben müssen. Der Barista in Cupertino, der mithört, wie zwei Angestellte von Seagate über ihre neueste und kleinste Festplatte reden, und der dann von sprechenden Kaffeemaschinen träumt, die sich dreiste Gedanken machen. Die besorgte Mutter, die eine Drohne so manipuliert, dass sie ihre Kinder auf dem Weg zur Schule beaufsichtigt, und dann diese Idee zu Geld macht.

Das sind die wahren Disruptoren – erfinderische Menschen, die mithilfe neuer Technologien Branchen angreifen. Netflix hat weder die DVD noch das Streaming erfunden. Reed Hastings hat sich lediglich überlegt, wie man damit Blockbuster in die Pleite treiben könnte. Uber und Lyft haben weder das Smartphone noch die App erfunden. Sie haben diese bereits bestehenden Technologien lediglich fortgesponnen und dadurch das Taxigeschäft auf den Kopf gestellt. Steve Jobs hat auch nicht das Handy erfunden. Er und die Apple-Ingenieure haben bloß Handys mit Mikroprozessoren, Touchscreens, getempertem Glas, Flash-Speicher, einer Kamera und leistungsfähiger Software verrührt. Im 3D-Druck sind die findigen Nutzer Unternehmen, die mithilfe dieser Technologie ihre Produktionskosten massiv drücken. Oder Hersteller von Medizingeräten, die Herzklappen drucken. Blicken Sie über die plakative Technologie hinaus, finden Sie solche erfinderischen Nutzer – dann werden Sie auch ein paar Elefanten finden.

Elefanten können überall wohnen. Wie wir in Kapitel 8 noch sehen werden, wohnen viele von ihnen in alten Büchern. Andere leben in einem Dornendickicht, in das wir uns gleich noch begeben werden: in der Politik. Da wir nun Freunde sind, besteht allerdings keine Gefahr. Sind Sie bereit? Dann blättern Sie um zu Kapitel 6!

ANMERKUNGEN

1. „Profits Without Prosperity", William Lazonick, *Harvard Business Review*, September 2014. https://hbr.org/2014/09/profits-without-prosperity (Zugriff am 24.02.2015).
2. US Bureau of Economic Analysis, Stand 10.02.2015. Reale Sachinvestitionen in den USA ohne Wohnimmobilien, 31.03.2011 bis 31.12.2014.

3. *Business Cycles*, Wesley Clair Mitchell (Berkeley: University of California Press, 1913), vii. https://archive.org/stream/cu31924003462680#page/n185/mode/1up (Zugriff am 14.10.2014).
4. *Business Cycles*, Wesley Clair Mitchell (Berkeley: University of California Press, 1913), 162. https://archive.org/stream/cu31924003462680#page/n185/mode/1up (Zugriff am 14.10.2014).
5. „The Cyclical Behavior of the Term Structure of Interest Rates", Reuben A. Kessel. Zuerst erschienen als Kapitel 1 und 4 des NBER Occasional Paper 91, 1965. Das Zitat stammt aus *Essays on Interest Rates*, Vol. 2, Jack M. Guttentag (Hg.) (UMI, 1971), 384. www.nber.org/chapters/c4003.pdf (Zugriff am 14.10.2014).
6. „Recession? – A Market View", Larry Butler, Federal Reserve Bank of San Francisco *Economic Letter*, 15. Dezember 1978. https://www.fedinprint.org/items/fedfel/y1978idec13.html (Zugriff am 24.02.2015).
7. „New Indexes of Coincident and Leading Economic Indicators", James H. Stock und Mark W. Watson, *NBER Macroeconomics Annual 1989*, Vol. 4, Olivier Jean Blanchard und Stanley Fischer (Hg.) (Cambridge, MA: MIT Press, 1989). www.nber.org/chapters/c10968.pdf (Zugriff am 14.10.2014).
8. FactSet, Stand 14.10.2014. Rendite 10-jähriger US-Schatzanweisungen (konstante Laufzeit) und S&P 500 Total Return Index, 22.05.2013 bis 31.12.2013.
9. „On Milton Friedman's Ninetieth Birthday", Rede von Governor Ben S. Bernanke auf der Conference to Honor Milton Friedman, University of Chicago, Chicago, Illinois, 8. November 2002. Veröffentlicht von der United States Federal Reserve. www.federalreserve.gov/boarddocs/Speeches/2002/20021108/default.htm (Zugriff am 14.10.2014).
10. FactSet, Stand 15.10.2014. Rendite 10-jähriger US-Schatzanweisungen (konstante Laufzeit) und Effektive Fed-Funds Rate, 31.12.2012 bis 31.12.2013.
11. FactSet, Stand 14.01.2015. S&P 500 Price Index, 21.11.1963 bis 22.11.1963.
12. FactSet, Stand 14.01.2015. S&P 500 Price Index, 25.11.1963 bis 26.11.1963.
13. FactSet, Stand 14.01.2015. Dow Jones Industrial Average, 31.12.1900 bis 31.12.1901.
14. Ebenda.
15. Ebenda.
16. FactSet, Stand 14.01.2015. Dow Jones Industrial Average, 27.06.1914 bis 31.12.1914.
17. FactSet, Stand 14.01.2015. S&P 500 Price Index, 09.05.1940 bis 28.04.1942.
18. *That Which Is Seen and That Which Is Not Seen*, Frédéric Bastiat, 1850. Nachgedruckt von Maestro Reprints.

6

DAS KAPITEL, DAS SIE LIEBEND GERN HASSEN WERDEN

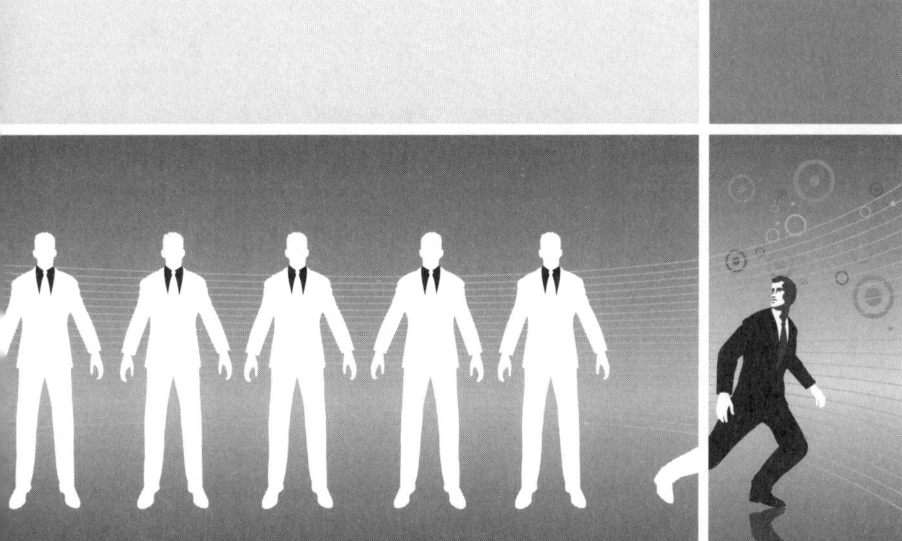

6

Politik!

Da haben wir es. Sind Sie schon wütend?

Auf nichts reagieren die Menschen so empfindlich wie Politik. Es gibt kaum Menschen ohne starke politische Meinungen. Die Anhänger lieben ihr Lager und hassen das andere. Die Vertreter der Mitte hassen Extremisten beider Seiten und halten wenig von Ideologien. Die extreme Linke und die extreme Rechte halten die links- und rechtsorientierte Mitte für läppische Schwächlinge. Und natürlich haben sie alle selbstgewiss recht. Hier geht es um einen Kampf um Amerikas Herz und Seele und man sollte dieses Thema nicht vor dem Dessert ansprechen.

Aber da wir nun Freunde sind, legen wir los. Politik ist zwar ein aufgeladenes Thema, aber sie hat Bedeutung für die Aktien. Schlechte Gesetze und Vorschriften verursachen oder verschlimmern Baissen. Scheinbar winzige Änderungen an Vorschriften können ganze Branchen und die Kapitalmärkte massiv stören. Weit verbreitete Mythen über Ideologien und die Phrasen der Parteigänger können Kontrarianern große Chancen bieten, der Masse ein Schnippchen zu schlagen.

All das und noch mehr werden wir auf diesen Seiten behandeln. Achtung: Es wird Ihnen vielleicht nicht gefallen. Falls Sie zur einen oder anderen Seite neigen – egal zu welcher –, werden Sie instinktiv mindestens 50 Prozent dieses Kapitels hassen. Das liegt in der Natur des Menschen! Der erste Schritt besteht darin, gegen diesen Instinkt anzukämpfen. Ob Sie nun liberal oder konservativ sind, Sie sind alles andere als allein und auf jeden Fall ist Ihre Ideologie stets eingepreist. Für die meisten Menschen ist das sehr schwer zu verdauen.

Um Ihre Gesundheit zu schonen, halten wir uns von rein sozialpolitischen Faktoren fern. Ich betreibe keine Soziologie. Das ist anderen vorbehalten. Wie bereits in Kapitel 4 erwähnt, ist es gut und schön, darüber nachzudenken und dazu eine Meinung zu haben. Es wirkt sich auf das Alltagsleben aus! Es gehört aber nicht zu dem Gebiet der Geldanlage. Die Märkte haben einen engen Fokus. Den Aktien ist es egal, ob Ihr Nachbar Bob heiratet und ob bei der Hochzeit Joints geraucht werden, anstatt mit Sekt anzustoßen. Die Aktien interessiert es, wie sich Gesetze und Vorschriften auf die Kapital- und Ressourcenströme auswirken, auf die Gewinne, auf den Außenhandel sowie darauf, wie leicht und zu welchen Kosten man Handel treiben kann – und dafür, ob das bereits eingepreist ist oder nicht. Und dies wirklich nur auf die nächsten rund 30 Monate bezogen. Das sind enge Variablen, die sich leicht isolieren lassen, wenn man weiß, wonach man suchen muss, und wenn man sein Gehirn auf Objektivität trainieren kann.

Vielleicht sind Sie schon jetzt skeptisch. Das ist in Ordnung! Ich werde nicht weinen, wenn Sie gleich zu Kapitel 7 blättern. Aber ich hoffe, dass Sie das nicht tun, denn das vorliegende Kapitel enthält einige wichtige kontrarianische Tricks und mächtige Elefanten im Zimmer. Hier die Speisekarte:

- Wie Sie Ihr Gehirn von einseitigen Vorlieben frei machen, einer der tödlichsten Fallen bei der Geldanlage
- Der größte Elefant im politischen Wohnzimmer – und zwar nicht der im Parteilogo der Republikanischen Partei
- Wann neue Gesetze bedeutsam sind ... und wann nicht
- Wieso der Kongress nicht immer der größte politische Feind der Aktien ist

SCHRITT 1: WERDEN SIE IHRE VORLIEBEN LOS

Präsidenten, Premierminister, Gouverneure, Senatoren, Kongressabgeordnete, Militärdiktatoren, verbrecherische faschistische Diktatoren und verbrecherische kommunistische Diktatoren haben eines gemeinsam: Sie sind Politiker. Experten für Eigenwerbung und Marketing. Gewählte Politiker richten sich nach Parteiprogrammen, die an Fokusgruppen getestet wurden. Diktatoren überleben dank eines fabrizierten Personenkults. In Demokratien und anderen Systemen ist das politische Leben eine einzige große Werbekampagne.

Davon mag es Ausnahmen geben. Vielleicht kam einst ein Mr. Smith mit Idealen und Werten nach Washington. Das Leben kann Filme von Frank Capra nachstellen. Doch die meisten hochrangigen Politiker sind größenwahnsinnig und tragen oft psychopathische Züge. Ich habe mir das nicht ausgedacht – das belegen mehrere psychologische Studien, unter anderem eine vom *Journal of Personality and Social Psychology* aus dem Jahr 2012.[1] Das Leben imitiert auch die Satirezeitschrift *The Onion*: Die Schlagzeile „Die Nation ist schon gespannt, welcher Soziopath diesmal liebenswürdiger erscheint", die die Präsidentschaftsdebatte 2012 auf die Schippe nahm, war keine reine Satire.[2]

Ich möchte nicht darauf hinaus, alle Politiker seien böse. Wenn Sie den einen oder anderen Politiker mögen, nichts dagegen! Sie können gern Ihre Meinungen haben. Wie gesagt: Gesellschaftliche und politische Themen sind wichtig und interessant und es ist in Ordnung, darüber nachzudenken. Bildung, Außenpolitik, Bürgerrechte und alles andere sind wichtig. Es ist natürlich und toll, in diesen Bereichen Meinungen zu haben. Aber die Märkte scheren sich nicht um Ideologien. Wenn man sich Gedanken über die Märkte macht, ist es daher am besten, seine Meinungen abzuschalten. Politische Vorlieben machen blind.

Am leichtesten lassen sich Vorlieben meiner Erfahrung nach abschalten, indem man sich das Mantra „Er ist nur ein Politiker" beziehungsweise „Sie ist nur eine Politikerin" angewöhnt. Wenn Sie merken, dass Sie aufgrund von Reden, Debatten und Wahlkampfspots meinen, der Präsidentschaftskandidat Hans Dummdoof wäre für die Aktien wundervoll oder fürchterlich, erinnern Sie sich daran: „Nur ein Politiker." Die sind im Werbemodus. Ihr Ziel ist, Sie bei Ihren Emotionen zu packen. Bei der Geldanlage sollte man die Emotionen abschalten.

Je mehr Sie sich daran erinnern, dass sie alle nur Politiker sind, desto leichter können Sie objektiv einschätzen, wie sich die Politik auf die Aktien auswirkt. Politik ist nämlich durchaus wichtig, aber nicht im Sinne von: „Partei X ist für die Aktien gut, Partei Y hingegen schlecht." Auch nicht umgekehrt, denn X und Y sind immer schon eingepreist. Die Aktien interessieren sich mehr für Gesetze, Regeln und Vorschriften. Für die sichtbaren und unsichtbaren

Folgen der Politik. Wenn Sie über Ihre Meinungen hinausgehen, können Sie die Wirklichkeit besser sehen.

MEIN MANN IST DER BESTE, DEIN MANN IST DER BESTE UND ANDERE NUTZLOSE MEINUNGEN

Aufgrund von Meinungen zu investieren ist verrückt, aber viele Menschen tun es trotzdem. Die TV-Experten und die Zeitungskommentare ermuntern uns dazu. Viele stellen ihre Überzeugungen als Tatsachen dar, Ideologien und Halbwahrheiten als Beweise. Schön für sie, aber sie sind eben Journalisten und keine Analysten! Ihre Aufgabe ist es, Meinungen zu vertreten und Zuschauer/Leser anzulocken. Doch meistens liefern sie Ihnen, dem Kontrarianer mit dem kühlen Kopf, keine verwertbaren Fakten.

Die Märkte registrieren das ganz schnell. Politische Meinungen gibt es schließlich überall! Im Fernsehen, in der Zeitung, im Internet, im Büro, am Tisch des Nachbarn, der einen zum Essen eingeladen hat – sie werden überall diskutiert und sind deshalb vorab eingepreist. Und vieles davon ist widersprüchlich! Die eine Zeitung bezeichnet einen Kandidaten, der große Ausgaben plant, als sozialistischen, in den Wohlfahrtsstaat verliebten Albtraum. Eine andere bezeichnet ihn als Traum, der das Wachstum fördert, der die Unterprivilegierten in beschäftigungsfähiges Humankapital verwandelt und der arbeitslosen Jugend Jobs beschert. Der eine Experte vom Kabelfernsehen bezeichnet einen Reformer, der auf der Angebotsseite steht und die Steuern senken will, als weißen Ritter der Börse in glänzender Rüstung. Ein anderer nennt ihn den ersten Reiter der Apokalypse, der von der Sparpolitik besessen ist.

Das Gleiche gilt für neue Gesetze. Nehmen wir den Affordable Care Act (ACA) – oder „Obamacare", wenn Ihnen das besser gefällt. Eine Google-Suche nach „Obamacare op-ed" liefert über eine Million Treffer. Also über eine Million veröffentlichte Meinungen dazu, ob das Gesetz toll oder eine Katastrophe ist. Manche lieben es. Andere hassen es wie die Pest. Und zwar aus Hunderten oder mehr unterschiedlichen Gründen. Und das sind alles gute und schöne Meinungen.

Meinungen sind keine Tatsachen. Tatsachen sind solide. Unwiderlegbar. Gefühle und Meinungen sind schwammig, austauschbar und von Person zu Person unterschiedlich. Auf jeden, der einen Politiker, eine Partei oder ein Gesetz hasst, kommt ein anderer, der sie liebt. Auf jede Person, die meint, Steuererhöhungen seien tödlich für den Konsum, kommt eine andere, die meint, sie seien ein Zaubermittel, das durch Senkung des Defizits zur Finanzierung der Lösungen beiträgt, die wir brauchen, um den Verbrauchern zu helfen.

Alle diese Emotionen schlagen sich in den Märkten nieder. Die schiere Lautstärke des politischen Rauschens in unseren Medien macht es zusammen mit der Anzahl von über 146 Millionen registrierten Wählern in den Vereinigten Staaten[3] unmöglich, dass eine von vielen Menschen vertretene Meinung nicht eingepreist wäre. Wie eindeutig Ihre Meinung über einen Präsidenten, einen Kandidaten, die Mehrheitspartei im Kongress oder ein neues Gesetz auch sein mag – Ihre Meinung enthält wenig oder nichts, das jemand anders nicht auch schon weiß. Es ist unwahrscheinlich, dass sie politiksoziologisch ein Einzelner sind, dessen Ansichten fast niemand teilt. Sie sind Teil einer großen Masse und somit vollständig eingepreist.

TABELLE 6.1: Baissen des S&P 500 und die Partei des Präsidenten

Beginn	Präsident	Ende	Präsident
06.09.1929	Hoover, R	01.06.1932	Hoover, R
10.03.1937	Roosevelt, D	28.04.1942	Roosevelt, D
30.05.1946	Truman, D	13.06.1949	Truman, D
02.08.1956	Eisenhower, R	22.10.1957	Eisenhower, R
12.12.1961	Kennedy, D	26.06.1962	Kennedy, D
09.02.1966	Johnson, D	07.10.1966	Johnson, D
29.11.1968	Johnson, D	26.05.1970	Nixon, R
11.01.1973	Nixon, R	03.10.1974	Ford, R
28.11.1980	Carter, D	12.08.1982	Reagan, R
25.08.1987	Reagan, R	04.12.1987	Reagan, R
16.07.1990	Bush, R	11.10.1990	Bush, R
24.03.2000	Clinton, D	09.10.2002	GW Bush, R
09.10.2007	GW Bush, R	09.03.2009	Obama, D

Quelle: FactSet, Stand 02.12.2014. Baissen des S&P 500 von 1929 bis 2014.

Aktien sind politische Agnostiker – es ist ihnen egal, welche Partei an der Macht ist. Wie Tabelle 6.1 zeigt, beginnen Baissen in den Regierungszeiten beider Parteien. Keine von ihnen tut den Märkten grundsätzlich gut oder ist grundsätzlich schlecht für sie.

Meinungen können sich auf die Stimmung auswirken, aber das wird bereits im Wahlkampf eingearbeitet. Je wahrscheinlicher es scheint, dass ein Kandidat gewinnt, umso mehr Anleger bringen ihre Gefühle oder Meinungen über ihn oder sie zum Ausdruck, und das schlägt sich in den Kursen nieder. Wenn Sie am Tag nach der Wahl aufwachen und dann entscheiden, was Sie kaufen oder verkaufen wollen, weil Sie über den Gewinner eine bestimmte Meinung haben, sind Sie zu spät dran.

Ich habe darüber schon 2010 in meinem Buch „Debunkery" geschrieben und es als „Perverse Inverse" bezeichnet. Dort habe ich erklärt, dass rund zwei Drittel der amerikanischen Anleger in Richtung Republikaner neigen und die „Grand Old Party" (GOP) als wirtschaftsfreundlich betrachten – wobei sie vergessen, dass es auch nur Politiker sind. Sie glauben an die Wahlkampfaussagen. Sie vergessen auch, dass die Demokraten ebenfalls nur Politiker sind, und glauben die ganzen Wahlkampfaussagen über soziale Gerechtigkeit und einen starken Staat. Sie meinen, die Demokraten seien wirtschaftsfeindlich und wollten den Wohlstand umverteilen. Zwei starke Meinungen! Normalerweise sind sie schon in die Renditen des Wahljahrs eingepreist. Wenn die Präsidentschaft im Wahljahr von Rot auf Blau umspringt, liefern die Aktien meist unterdurchschnittliche Renditen – und sinken noch weiter, wenn auch der Kongress umschlägt. Wenn das Weiße Haus an die GOP fällt, tendieren die Aktien positiv, und wenn der Kongress folgt, steigen sie noch weiter.

Doch sobald der neue Präsident im Amt ist, vollziehen die Aktien eine Kehrtwende! In den Jahren, in denen ein Demokrat sein Amt antritt, steigen die Kurse historisch gesehen kräftig und noch kräftiger, wenn auch der Kongress blau geworden ist. Im ersten Jahr republikanischer Präsidenten fallen sie hingegen. Tabelle 6.2, direkt aus „Debunkery", zeigt die entsprechenden Zahlen.

TABELLE 6.2: Parteiwechsel und Performance des S&P 500

	Wahljahr	Jahr des Amtsantritts
Präsidentschaft wechselt von einem Republikaner zu einem Demokraten	-2,8 %	21,8 %
Präsidentschaft wechselt von einem Demokraten zu einem Republikaner	13,2 %	-6,6 %
Präsidentschaft und Kongress wechseln von den Demokraten zu den Republikanern	-8,9 %	52,9 %
Präsidentschaft und Kongress wechseln von den Demokraten zu den Republikanern	25,5 %	-3,0 %

Quelle: Global Financial Data, Inc. Gesamtrendite des S&P 500 von 31.12.1925 bis 31.12.2009

Warum das so ist? Weil alle nur Politiker sind! So wirtschaftsfeindlich wie befürchtet sind die Demokraten gar nicht. Und die Republikaner sind nicht so wirtschaftsfreundlich wie erhofft. Das, was aus diesem Bereich eingepreist wurde – Hoffnungen und Ängste –, ist meistens tief empfunden und extrem. Diese Menschen haben einen Beliebtheitswettbewerb gewonnen, um ihren Job zu bekommen. Ihr Hauptziel? Auch noch im Wahlkampf um die Wiederwahl populär sein. Würden sie ihre Wahlversprechen bis aufs i-Tüpfelchen einhalten, würden sie fast die Hälfte der Bevölkerung vor den Kopf stoßen. Die von den Menschen geliebten oder gehassten Wahlversprechen werden gewöhnlich verwässert oder auf Eis gelegt. Auf die Zukunft gesehen sind die ganzen starken Meinungen also nicht relevant.

Meinungen sind Gefühle, die sich auf das beziehen, was ein Politiker getan hat oder vielleicht tun könnte. Kurzfristig können Aktienkurse aufgrund einer solchen Stimmung ausschlagen, aber man darf seine Anlageentscheidungen nicht zeitlich danach ausrichten – es gibt einfach zu viele Variablen. Wenn man politisch denkt, muss man schauen, was wirklich gemacht wird. Was wird wirklich zum Gesetz? Wie wirkt es sich wahrscheinlich auf Wirtschaft, Handel, Bankwesen und die Märkte aus?

EIN MAGISCHER ELEFANT NAMENS GRIDLOCK

Gründliche politische Analysen sind harte Arbeit – dafür muss man unsichtbare Folgen erkennen und dazu noch vermeiden, dass der Fehlschluss des zerbrochenen Fensters die Fantasie fesselt oder man sich zu einzelkämpferischen Ansichten versteigt. Dazu kommen wir später noch. Befassen wir uns zunächst mit der obersten und einfachsten Ebene.

In wettbewerbsorientierten Industrieländern wie den Vereinigten Staaten hassen die Märkte aktive Gesetzgeber. Die Aktien kennen den Status quo. Sie kennen die Regeln und wissen, wie man durchkommt. Veränderungen erfordern hingegen Anpassungen. Außerdem sorgen sie für Gewinner und Verlierer und die Märkte hassen das. Wenn der Kongress nichts tun kann, dann kann er auch nichts verbocken – für die Aktien eine große Erleichterung.

Je mehr Gesetze der Kongress verabschiedet, umso höher ist die Wahrscheinlichkeit, dass er das Eigentumsrecht neu fasst, Regulierungen ändert oder den Wohlstand umverteilt – lauter negative Dinge. Die Kernaussage der Prospect Theory – dass die Menschen den Schmerz eines Verlustes tendenziell stärker empfinden als die Freude über einen gleich großen Gewinn – spielt (wie wir in Kapitel 9 sehen werden) in der Behavioral Finance eine große Rolle, gilt aber auch für die Gesetzgebung. Wenn ein Gesetz Mittel von Gruppe A zu Gruppe B verschiebt, hasst Gruppe A das mehr, als Gruppe B es liebt. Die per saldo resultierende Negativität kann die Aktien belasten. Je aktiver der Kongress wird, umso risikoscheuer können die Märkte werden. Die politische Risikoaversion schwappt psychologisch bedingt in eine Risikoaversion an der Börse über.

Wenn Sie wissen wollen, wie sich die Politik auf die Aktien auswirken wird, fragen Sie zunächst: Wie hoch ist die Wahrscheinlichkeit, dass diese aalglatten Politiker ein wirklich radikales Gesetz verabschieden? Niedrig oder hoch?

Das ist wirklich ganz einfach, aber nur wenige machen es. Auch hier stehen Gefühle im Weg. Es gibt massenhaft Belege dafür, dass die Märkte den Reformstau lieben, der in den Vereinigten Staaten den schönen Namen „Gridlock" trägt. Wie ich 2006 in meinem Buch „Das zählt an der Börse" gezeigt habe, ist die durchschnittliche Rendite in den Jahren drei und vier der Amtszeit eines Präsidenten am höchsten – und das liegt am Gridlock. Normalerweise schwindet die Macht des Präsidenten zur Mitte der Amtszeit. Die Präsidenten wissen das und deshalb packen sie große Maßnahmen in den ersten beiden Jahren an. Obama hat das mit dem ACA und mit Dodd-Frank so gemacht. Bush hat es mit Sarbanes-Oxley so gemacht. Clinton hat es mit den Steuererhöhungen und den Versuchen einer Gesundheitsreform so gemacht. Änderungen in der Spätphase der Amtszeit wie etwa der Gramm-Leach-Bliley Act 1999 sind selten.

Die Märkte lieben zwar den Reformstau, aber die Menschen hassen ihn. Wir Menschen hassen Polarisierungen und zankende Kongresse, die nichts tun. Wir haben diese Clowns doch dafür gewählt, dass sie alles in Ordnung bringen, was unserer Meinung nach in Ordnung gebracht werden muss, und nicht dafür, dass sie sich zanken und untätig herumsitzen. Je weniger Gesetze der Kongress verabschiedet, desto niedriger sinkt seine Zustimmungsquote. Im Jahr 2013 verabschiedete der Kongress nur 72 Maßnahmen, ein Minusrekord.[4] Im November jenes Jahres erreichte die Zustimmungsquote das Rekordtief von neun Prozent.[5] Damit war er nur neun Prozentpunkte beliebter als Ebola! Aber der S&P 500 schloss mit 32,4 Prozent im Plus.[6] Die allgemeine Unzufriedenheit der Wähler mit Washington blendet die Menschen – sie wissen die Tatsache nicht zu würdigen, dass der Reformstau neue Gesetze blockiert, die möglicherweise die Aktien verschrecken könnten. Die Anhänger einer Partei wollen, dass deren Entwürfe verabschiedet werden. Unabhängig denkende Menschen wollen Kompromisse zwischen den Parteien und weniger Gezänk. Kaum jemand glaubt, dass Nichtstun das Beste sei, nicht einmal, dass es in Ordnung sei – denn die meisten Menschen sind zu sehr von ihrer eigenen Ideologie überzeugt. Die Liberalen hassen es, wenn nichts passiert, weil sie etwas Bestimmtes wollen. Die Konservativen ebenso. Diejenigen, die keiner Ideologie anhängen, ebenfalls. Nur den Märkten gefällt das, denn wenn die politische Risikoaversion sinkt, dann sinkt auch an den Märkten dle Risikoaversion.

Kompromisse zwischen den beiden Parteien mögen sich ja gut anhören. Sie bedeuten verwässerte, gemäßigte Gesetze. Aber in der Geschichte gibt es auch ein paar dicke Brocken, die von beiden Parteien beschlossen wurden, zum Beispiel den Sarbanes-Oxley Act. Auch das verheerende Zollgesetz von 1930 – Smoot-Hawley – fand bei beiden Parteien breite Unterstützung. Ebenso der Merchant Marine Act von 1920 alias Jones Act, der für den Rohöltransport in den Vereinigten Staaten bis heute einen Flaschenhals darstellt. Der Humphrey-Hawkins Act von 1978 war eine weitere Zweiparteien-Bombe. Er schuf den zweifachen Auftrag der Fed und band die Geldpolitik der Vereinigten Staaten an den schon längst entzauberten Glauben, zwischen Inflation und Arbeitslosigkeit bestehe ein Zusammenhang. Dass etwas von beiden Parteien befürwortet wird, heißt also nicht, dass es gut wäre. Nur dass es populär ist.

So toll der Reformstau namens Gridlock auch ist, so wenige erfassen seinen Nutzen für die Börse. Gridlock ist der Elefant im Zimmer! Die Märkte blühen bei Reformstaus auf, aber nicht etwa weil im Denken der Anleger ein Schalter auf „Blockade" umgelegt würde. Es ist eher ein Nichtbegreifen der Erkenntnis, dass keine neuen radikalen Gesetze verabschiedet werden. Die Abwesenheit eines Nachteils ist ein Vorteil. Jeder sieht den Reformstau. Aber dabei sehen die meisten nicht, dass Nichtstun viel für die Aktien tut.

Der „längst entzauberte Glaube" an einen Zusammenhang zwischen Inflation und Arbeitslosigkeit ist ein altes Modell namens Phillips-Kurve. Sein Erfinder A.W.H. Phillips fand eine umgekehrte Beziehung zwischen Löhnen und Beschäftigung – in Großbritannien von 1861 bis 1957. Dabei ging er von einer Kausalbeziehung aus: Hohe Arbeitslosigkeit bedeutet einen Arbeitskräfteüberschuss, sodass die Arbeitgeber die Löhne niedrig halten können. Niedrige Arbeitslosigkeit hingegen zwingt die Unternehmen, die Löhne zu erhöhen, um qualifizierte Mitarbeiter zu halten. Dies stellte er in einer Kurve dar, aus der man schließen konnte, geringe Arbeitslosigkeit müsse eine bestimmte Inflationsrate nach sich ziehen.

Milton Friedman griff diese Theorie 1968 in einem Vortrag mit dem Titel „The Role of Monetary Policy" an.[7] Edmund S. Phelps hatte ihr bereits 1967 einen Schlag versetzt.[8] Kurz gesagt argumentierten sie, das Modell

von Phillips ignoriere die Geldmenge – die eigentliche Triebkraft der Inflation (die immer und überall ein monetäres Phänomen ist!). Die Firmen achteten mehr auf die Reallöhne – also die inflationsbereinigten Löhne –, wenn sie darüber entschieden, wie sie die Entlohnung an das Arbeitskräfteangebot anpassen wollten. Die Inflation sei kein Ergebnis ihrer Entscheidungen, sondern sie gehe in ihre Entscheidungen ein.

Die 1970er-Jahre gaben Friedman und Phelps recht – durch hohe Arbeitslosigkeit und hohe Inflation. Und doch hält sich die Phillips-Kurve hartnäckig. Wissenschaftliche Debatten sterben nicht einfach so.

WO DER REFORMSTAU NICHT DAS BESTE IST

Meine Ansichten über den Reformstau gelten für die meisten wettbewerbsorientierten Industrieländer, zum Beispiel für die Vereinigten Staaten, Großbritannien, Westeuropa, Australien und Kanada. Was immer man von der amerikanischen Wirtschaftspolitik halten mag, das Rückgrat der freien Marktwirtschaft, des Kapitalismus und des Rechts auf Eigentum ist stark. Ob es Verbesserungsmöglichkeiten gibt? Und ob! Eine einfachere, kürzere und „flachere" Abgabenordnung wäre wundersam! Allerdings werde ich das wohl nicht mehr erleben. Ein stabiler Geldwert wäre toll. Nicht solange ich lebe. Außerdem müsste eine Menge Bürokratie abgebaut werden. Natürlich kommt hier nur meine Ideologie zum Ausdruck! Wenn Sie wollen, vergessen Sie, dass ich das geschrieben habe. Meine Ideologie ist den Märkten genauso egal wie Ihre. Realistisch betrachtet kommt es allerdings sehr selten vor, dass der Kongress wirtschaftsbezogene Gesetze verabschiedet, die keine Kollateralschäden nach sich ziehen. Sehr selten.

In nicht wettbewerbsorientierten Ländern, in jungen Schwellenländern und vielen ehemals sozialistischen oder kommunistischen Ländern ist das anders. Die meisten von ihnen haben ein schwaches Eigentumsrecht, aufgeblähte Staatsapparate, ineffiziente Regulierungen, verbreitete Korruption und hohe Ungleichheit, und zwar nicht nur auf das Einkommen bezogen, sondern auch auf die grundsätzlichen wirtschaftlichen Chancen. Wer dort arm geboren wird, kann nicht, wie so viele im Westen, reich werden. In solchen Ländern können aktive Gesetzgeber, die stark wachstumsfördernde Maßnahmen verabschieden, durchaus gut sein! Die Öffnung von Branchen für den Wettbewerb, die Privatisierung staatlicher Kolosse, die Begrüßung privater Investitionen, die Stärkung des Eigentumsrechts, die Ermöglichung von Unternehmertum und die Freigabe des Handels – all das tut den Märkten und dem langfristigen Wachstum gut.

Ein Paradebeispiel dafür ist Großbritannien unter Margaret Thatcher. Um die Mitte des 20. Jahrhunderts eierte Großbritannien mit dem Sozialismus herum – zwar nicht so schlimm wie Frankreich und der größte Teil von Kontinentaleuropa, aber schlimm genug. Im Jahr 1979 stützte der Staat Bergbaugesellschaften und Unternehmen im Verarbeitenden Gewerbe, die global nicht wettbewerbsfähig waren. In den 1950er-, 1960er- und 1970er-Jahren wuchs zwar das BIP Großbritanniens, aber langsamer als das der Vereinigten Staaten. Kinder, der Sozialismus funktioniert niemals – aber das ist ein anderes Thema. Thatcher wurde 1979 Premierministerin und unterzog in den Jahren danach die britische Wirtschaftsstruktur einer Generalüberholung. Vom Staat betriebene Branchen wurden privatisiert, Regulierungen wurden gelockert. Der Dienstleistungssektor bekam Raum zum Wachsen und Gedeihen. Die als „Big Bang" bezeichneten Finanzreformen des Jahres 1986 modernisierten die Kapitalmärkte, sodass Großbritannien mit den größten Finanzdrehscheiben der Welt konkurrieren – und sie schließlich sogar dominieren – konnte. Die Reformen der Eisernen Lady verbesserten die strukturelle Position Großbritanniens radikal. Während die Privatisierung und die Reformen von 1985 bis zum Ende des Jahrzehnts an Fahrt gewannen, explodierten die britischen Aktien.

Nachdem der Eiserne Vorhang gefallen war, erreichte das Konzept der freien Marktwirtschaft die ehemalige UdSSR und ihre Satellitenstaaten. Vaclac Havel führte sie in der Tschechoslowakei ein, Estland und Lettland folgten. Für sie war es einfach! Die freie Marktwirtschaft war selbstverständlich der Weg aus der bankrotten kommunistischen Hölle heraus! Es waren große, radikale Veränderungen – allerdings von der guten Sorte. Dort war der Status quo fürchterlich und Gridlock wäre der Untergang gewesen.

Einfach nur Reformen in Richtung Marktwirtschaft durchzuführen reicht aber nicht – denn wenn sie allgemein bekannt sind, dann sind sie wahrscheinlich auch schon eingepreist. Mexiko macht gerade große Fortschritte in Richtung Marktwirtschaft. Es zerschlägt die staatlich gesteuerten Monopole im Telekommunikations- und Energiesektor, liberalisiert das

Bankwesen und modernisiert den Arbeitsmarkt. Für die Menschen und die Unternehmen in Mexiko ist das großartig! Aber es wird allgemein darüber diskutiert. Der nächste Nachbar der Vereinigten Staaten bekommt zu viel Aufmerksamkeit – solche Reformen werden von den Aktien schnell berücksichtigt.

Stellen Sie immer die Frage: Wie sehr würdigt der breite Markt die Reformen? Sir John Templeton, den man aus gutem Grund als ersten großen globalen Investor bezeichnen könnte, gründete seine Karriere darauf, dass er auf all die Länder blickte, die sonst niemand betrachtete, zum Beispiel auf Nachkriegsjapan. Er untersuchte Länder, die alle anderen ignorierten, und fand dabei Gelegenheiten, die kaum jemand sah. Um heute so zu sein wie damals Templeton: Suchen Sie marktwirtschaftliche Veränderungen in Gebieten, auf die keiner achtet. Früher waren das die Schwellenländer, aber auf die schauen jetzt alle – vor allem auf die größten. In Brasilien, Russland, Indien, China oder Südkorea ist es unwahrscheinlicher als in Ländern, mit denen sich weniger Menschen befassen, dass Sie Reformen finden, die noch nicht eingepreist sind. Und auf kleinere Schwellenländer wie Peru oder Chile konzentrieren sich weniger Beobachter, also könnten dort Gelegenheiten warten. Aber die größten Chancen liegen noch weiter entfernt, in den sogenannten Frontier Markets – in Afrika, im größten Teil des Nahen Ostens, in Myanmar, Vietnam und so weiter. Die Anleger sind es nicht gewohnt, auf diese Länder zu blicken. Vielen ist nicht einmal klar, dass manche von ihnen existenzfähige, wachsende Volkswirtschaften haben. Ereignisse wie der Völkermord 1994 in Ruanda setzen sich in unseren Köpfen fest. Kaum jemand bekommt mit, wie weit es diese Länder inzwischen gebracht haben.

Auch versprochene Reformen reichen nicht. Es sind nur Möglichkeiten, aber die Märkte wollen Taten sehen. Keine Worte, sondern Taten. Vergessen Sie nicht, es sind Politiker! Sie müssen beweisen, dass sie mehr als Worte und Werbung zu bieten haben. Das preisen die Aktien vorab alles ein. Wenn dann die tatsächlichen Reformen die Erwartungen nicht erfüllen, bekommt man eine stimmungsgetriebene Rallye, die wieder im Sande verläuft. So geschehen 2009 in Indien. Die indischen Aktien boomten, als der wiedergewählte Premierminister Manmohan Singh ein überwältigendes Mandat für marktwirtschaftliche Reformen erhielt. Er ließ jedoch keine Taten folgen und der Boom schlug in Trübsal um.

Wir sehen das auch in Japan. Das Land machte nach den 1980er-Jahren raue Zeiten durch, was an seiner antiquierten neo-merkantilistischen Wirtschaftsstruktur liegt. Hohe Zölle blockieren den Handel. Massive Staatsausgaben verdrängen privatwirtschaftliche Investitionen. Zusätzlich entmutigend wirkt die Körperschaftsteuer von 35 Prozent. Ein kompliziertes Arbeitsrecht bläht die Unternehmen zwangsweise auf. Die Politiker lassen es nicht zu, dass sich der Markt um schlecht geführte Unternehmensgiganten kümmert, die nicht profitabel arbeiten. Die staatliche Postbank ist ein Moloch, der im Prinzip den Staat finanziert. Dies waren die Ursachen für Japans „verlorenes Jahrzehnt" (bald im Plural) aus Deflation und einem schrumpfenden nominalen BIP.

Ende 2012 versprach der neue Premierminister Shinzo Abe Abhilfe. Nun ja, der sozusagen neue Premierminister. Abe ist nämlich der Grover Cleveland Japans (ohne den karikierten Bauch und den Schnurrbart), er war schon 2006/2007 ein Jahr lang Premierminister gewesen. Er war gescheitert, versprach jedoch, dass die zweite Amtszeit anders werden würde. Er kam mit dem Versprechen an die Macht, eine aus „drei Pfeilen" bestehende Wiederbelebungsstrategie für die Wirtschaft umzusetzen, die die Medien als „Abenomics" bezeichneten. Pfeil eins: Quantitative Easing. Pfeil zwei: Steueranreize. Pfeil drei: eine tief greifende Strukturreform (das glaube ich aber nicht). Die Anleger stürzten sich darauf und als er Anfang 2013 die ersten beiden Pfeile abschoss, zog Japan dem Rest der Welt wirtschaftlich davon.

Doch nachdem seither zwei Jahre vergangen sind, hat er den dritten Pfeil immer noch nicht abgeschossen. Er verspricht ihn jedoch weiterhin! Aber seine Regierung bringt nicht einmal leichte Dinge wie die Legalisierung von Kasinos durch – ein zu großes Glücksspiel. Abe spricht zwar vage von Arbeitsmarkt- und Einwanderungsreformen, von einer Senkung der Körperschaftsteuer, von Initiativen in Richtung Freihandel und Corporate Governance, aber die vorgeschlagenen Gesetze sind schwammig, verwässert und sie greifen zu langsam. Je mehr die Wirklichkeit enttäuscht, desto schwächer wird Japans Wirtschaftsleistung. Oft sagt man, Haussen würden eine Sorgenmauer erklimmen – Abes Japan schlittert den Hang der verlorenen Hoffnung hinab.

(NOT) JUST A BILL SITTIN' ON CAPITOL HILL

Nicht jedes fundamental neue Gesetz dreht die Märkte durch die Mangel. Aktien hassen schnelle, radikale Veränderungen – wenn sie sich anpassen und in Echtzeit die Gewinner und Verlierer ausmachen müssen. Das negative Überraschungspotenzial ist riesig. Je mehr Zeit die Märkte haben, potenziell negative (oder positive) Punkte zu entdecken und zu verdauen, umso gedämpfter wirken sie sich normalerweise aus – die Aktien spüren potenzielle Überraschungen frühzeitig auf und saugen ihnen die Kraft aus. Sie können dann zwar immer noch wehtun oder nützen, aber eben weniger.

Die Märkte beginnen mit der Verarbeitung neuer Gesetze, sobald der Entwurf in den öffentlichen Diskurs eintritt. Die anfängliche Diskussion, der konkrete Entwurf, mehrere Debatten und Änderungen im Kongress – und dazu das ganze Mediengeschwafel –, all das bietet den Märkten Gelegenheit, das breite Spektrum an Möglichkeiten und wahrscheinlichen Ausgängen einzupreisen. Jeder Experte, der einen potenziellen Gewinner oder Verlierer entdeckt, tut damit den Aktien einen Gefallen und lässt sie die möglichen Nebenwirkungen einpreisen. Wenn man weiß, dass etwas Schlimmes bevorsteht, und sich dagegen wappnen kann, kann man damit leichter umgehen als mit einer Überraschung.

Je länger die Entdeckungsphase, desto weniger einschneidend wirkt sich das Gesetz tatsächlich aus. Im Gegenzug können kurze Entdeckungsphasen sehr einschneidend sein.

Sehen Sie sich einmal die Reaktion der Aktien auf eines der schlechtesten Gesetze der jüngeren Geschichte an: auf das „Gesetz zum Schutz der Anleger durch Verbesserung der Genauigkeit und Zuverlässigkeit von Veröffentlichungen seitens Unternehmen, die von den Wertpapiergesetzen vorgeschrieben sind oder zu anderen Zwecken erfolgen", besser bekannt als Sarbanes-Oxley oder Sarbox. Der Name klingt zwar großartig, aber das Gesetz war die Überreaktion des Kongresses auf den Bilanzierungsskandal bei Enron. Sarbox zielte darauf ab, die Corporate Governance und die Transparenz dadurch zu verbessern, dass Vorstandsvorsitzende strafrechtlich für Fehler in der

Rechnungslegung und im Berichtswesen haften mussten. Für die börsennotierten Unternehmen eine riesige, kostspielige Bürde. Übles Zeug!

Sarbox wurde schnell durchgebracht. Der Entwurf wurde am 14. Februar 2002 vorgelegt, nachdem im Senat sechs Wochen lang Anhörungen über Enron und andere als solche empfundenen Übel der US-amerikanischen Unternehmenswelt stattgefunden hatten. Der zuständige Ausschuss tagte zwei Monate lang – was nach Washingtoner Maßstäben kurz ist. Die endgütige Fassung kam am 16. April ins Repräsentantenhaus und wurde am 24. April verabschiedet. Am 15. Juli verabschiedete der Senat eine noch strengere Fassung. Am 24. und 25. Juli verhandelte der Kongress die Zusammenführung der beiden Gesetzentwürfe. Die meisten Beobachter nahmen an, die schwächere Version des Repräsentantenhauses würde die Oberhand gewinnen und zum Gesetz werden. Doch vor allem wegen der anrüchigen Situation von Präsident Bush im Zusammenhang mit privaten Darlehen von Unternehmen an Mitglieder von Verwaltungsräten unterstützte der Präsident plötzlich die Version des Senats, also unser heutiges Gesetz. Und da während des Gesetzgebungsprozesses der WorldCom-Skandal bekannt wurde, wurden die meisten Bestimmungen des Gesetzes hinter verschlossenen Türen noch einmal verschärft. Am 30. Juli unterzeichnete Präsident Bush das Gesetz und damit wurde es sofort rechtskräftig. Es gab keine Einführungsphase, sondern einfach einen großen Knall! Es leben die Gesetze!

Die Aktien steckten sowieso schon in einer Baisse, aber Sarbox verschärfte sie wahrscheinlich noch einmal kräftig. Vom 16. April bis zum 25. Juli fiel der S&P 500 um 25,4 Prozent.[9] Danach dauerte die Baisse noch zweieinhalb Monate. Doch am 9. Oktober begann eine Hausse – obwohl Sarbox eine große, üble Sache war, wurde es von den zyklischen Faktoren überrollt. Das Vorhandensein starker Gesetze hält die Aktien nicht davon ab, zu steigen. Märkte können sich anpassen, und an Sarbox passten sie sich an. Der erste Schock tut den Märkten weh. Aber danach geht das Leben weiter.

Kaum jemand rechnete damit, als der Kongress einen weiteren Rundumschlag verabschiedete, den ACA. Vom Grundsatz her ist der ACA nicht so negativ wie Sarbox. Sarbox warf der gesamten amerikanischen Unternehmenswelt einen Knüppel zwischen die Beine! ACA war zwar eine große Sache, aber weniger dramatisch – es sorgte dafür, dass es im Gesundheitswesen Gewinner und Verlierer gab, und es erhöhte stufenweise die Steuern für Investments sowie die Kosten der Unternehmen. Viele Anleger verteufelten das Gesetz jedoch und meinten, es sei nur einen halben Schritt vom Sozialismus entfernt. Als es im März 2010 verabschiedet wurde, dachte man, es würde die Aktien in den Keller treiben. Und diese Befürchtung kam jahrelang immer wieder auf. Aber so sehr die Menschen das Gesetz auch hassten, den Aktien ging es gut. Wieso? Weil es bereits eingepreist war!

Wie schon gesagt, die Aktien beginnen Gesetze einzupreisen, sobald darüber diskutiert wird. ACA geriet bereits im Präsidentschaftswahlkampf 2008 in den öffentlichen Diskurs. Noch nicht als ACA, aber sowohl John McCain als auch Barack Obama versprachen eine umfassende Gesundheitsreform. Nachdem Obama gewonnen hatte, wussten die Menschen, dass sie seine Version bekommen würden. Er übertrug die Aufgabe an den Kongress, der dann über ein Jahr lang Gesetzestexte schrieb, darüber debattierte, sie umschrieb und ihnen dadurch die Zähne zog. An einem Sonntag, dem 21. März 2010, wurde es schließlich verabschiedet. Am nächsten Tag stiegen die Aktien. Von 15. April bis 5. Juli korrigierten sie zwar, aber das hatte eher mit den Befürchtungen zu tun, dass Griechenland zusammenbrechen und den Euro mit sich in den Abgrund reißen könnte. Die Healthcare-Aktien liefen 2010 zwar nicht gut – bis Anfang 2011 lieferten sie eine unterdurchschnittliche Performance –, aber das ist normal, wenn ein Gesetz die Fundamente einer Branche verändert. Manche Segmente des Gesundheitswesens, zum Beispiel Managed-Care-Einrichtungen, mussten ihr Geschäftsmodell überarbeiten. Das ist ganz normal. Die Gesundheits-Aktien stiegen trotzdem – nur eben weniger als der Gesamtmarkt.

Die Befürchtungen hinsichtlich ACA kamen vier Jahre lang immer wieder hoch, aber die Aktien liefen gut. Während des Streits vor dem Obersten Gerichtshof und im Vorfeld des Urteils stiegen die Märkte. Der Supreme Court bestätigte am 28. Juli 2012, dass der Großteil des ACA verfassungsgemäß ist, und die Aktien marschierten weiter nach oben. Die Präsidentschaftswahl 2012 wurde allgemein als Referendum über ACA und Obamas Sieg als endgültige Bestätigung des Gesetzes gesehen. In den zwei Wochen nach der Wahl fielen die Aktien zwar ein bisschen, doch dann wendeten sie wieder nach oben – wobei die Healthcare-Aktien überdurchschnittlich liefen. Als Obama im Juli 2013 den heftig umstrittenen Arbeitgeberanteil um ein Jahr verschob, gähnten die Aktien nur müde – nicht das, was man erwarten würde, wenn die Verschiebung extrem bullish (oder, je nach Standpunkt, bearish) gewesen wäre. Als die Leute merkten, dass sie entgegen Obamas Versprechungen ihre Krankenversicherung nicht beibehalten konnten, ließ ihre Wut die Aktien nicht sinken. Auch die Änderung der Kapitalertragsteuer nicht, die 2013 in Kraft trat. Während der gesamten verpfuschten Einführung des Gesetzes Ende 2013 und Anfang 2014 stiegen die Börsen. Die ganzen Nachteile waren bereits eingepreist. Und jetzt kommt es: Seit Anfang 2011, während der ganzen erwähnten Ereignisse, die die öffentliche Aufmerksamkeit fesselten, schlugen US-amerikanische Healthcare-Aktien den S&P 500 (Abbildung 6.1). Und wieso? Vielleicht nur, weil ACA viel kleiner war als ursprünglich befürchtet – was vielen Menschen bis heute noch nicht aufgefallen ist.

ABBILDUNG 6.1: S&P 500 Health Care versus S&P 500

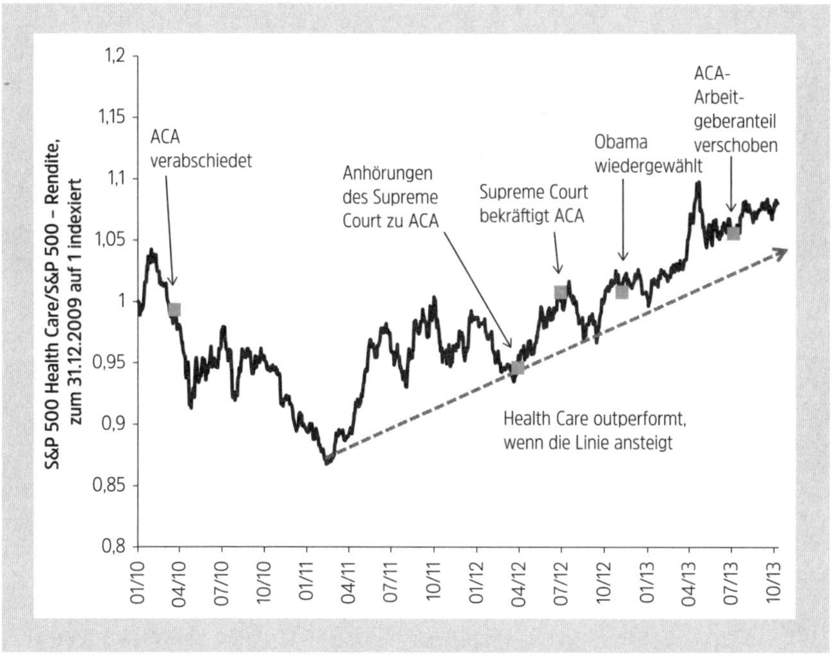

Quellen: FactSet, Stand 09.10.2013. Gesamtrenditen S&P 500 Health Care und S&P 500 von 31.12.2009 bis 08.10.2013, Stand vom 31.12.2009 = 100.

Während des Präsidentschaftswahlkampfs 2008 waren 44,7 Millionen Menschen beziehungsweise 14,9 Prozent der Bevölkerung nicht krankenversichert.[10] Obama behauptete, durch seine geplante Gesundheitsreform würden 35 Millionen davon eine Krankenversicherung bekommen. Nach einem Jahr zeigte sich, dass er übertrieben hatte. Die meisten Quellen schätzen, dass sich die Nettosenkung der nominal Unversicherten bis 2013 auf sieben bis zehn Millionen belief, was allerdings durch das Bevölkerungswachstum leicht verzerrt wird. Laut privaten und staatlichen Schätzungen liegt der Anteil der Unversicherten 2014 leicht unter dem Stand von 2008. Health and Human Services und die Centers for Disease Control and Prevention (CDC) geben ihn mit 13,1 Prozent an, Gallup-Umfragen mit 13,4 Prozent.[11] Auf jeden Fall wurde aus den 35 Millionen zusätzlichen Versicherten nichts.

Warum ist das wichtig? Als ACA kam, fürchteten die Menschen zunächst die Kosten für die subventionierte Krankenversicherung von 35 Millionen Menschen und bezifferten sie und der Markt konnte die Wahrscheinlichkeit astronomisch hoher Kosten nicht innerhalb kurzer Zeit ermitteln. Von Nancy Pelosi stammt die berüchtigte Bemerkung, der Kongress habe den ACA verabschieden müssen, damit irgendjemand (ihn selbst eingeschlossen) herausfinden könne, was sich dahinter verbirgt. Zunächst verarbeiteten die Märkte das viel größere Ergebnis, aber dann begriffen sie langsam, dass der ACA nicht wie geplant funktionieren würde. Am Ende kostete er nur zehn bis 15 Prozent dessen, was die Menschen ursprünglich angenommen hatten, und die versicherte Bevölkerung wuchs ebenfalls nur um zehn bis 15 Prozent. Es gibt Berge und es gibt Maulwurfshügel.

Am Ende haben wir das ganze Theater für ein paar Millionen Menschen mitgemacht, die zuvor nicht krankenversichert waren, aber jetzt schon – vielleicht 1,1 Prozent der gesamten US-Bevölkerung.[12] Wenn uns 2008 jemand gesagt hätte, dass die Versicherungsbeiträge um 4,4 Prozent steigen würden, damit 1,1 Prozent der Bevölkerung sich versichern, hätte die Welt die Sache vielleicht anders betrachtet. Wenn jemand von einem neuen Programm für 35 Millionen Menschen spricht, ist das eine Riesensache! Sind es nur 3,5 Millionen Menschen, ist sie viel kleiner. Dann hätten die Märkte gewusst, dass der ACA die Welt dem Untergang nicht so nahe bringen würde, wie die Menschen es befürchtet hatten. Anstatt massiver Subventionen für zehn Prozent der Bevölkerung sprechen wir jetzt nur noch von einem Prozent. Und für die restlichen 99 Prozent kostet es viel weniger, das eine Prozent zu schultern. Dieser Ausgang, der kleiner als erwartet ausfiel, verschaffte den Märkten Erleichterung. Das glaube ich jedenfalls. Vielleicht irre ich mich ja.

Im ACA steckte zwar ein Elefant, aber er hatte nichts mit der Börse zu tun. In dem ganzen Tumult vergaßen die Menschen, dass Obama das Ziel hatte, die Zahl der Unversicherten von 45 auf zehn Millionen zu senken. Nur sehr wenige begriffen, dass sich der Versicherungsschutz trotz der Kosten, des Ärgers und des aggressiven Marketings nur wenig besserte – ein Beweis dafür, dass staatliche Programme nicht funktionieren. Das ist der Elefant. In unserer heutigen Zeit – und das ist kaum jemandem klar – kann der Staat so gut wie unmöglich viel „tun“. Zu verkalkt.

Die Nutzlosigkeit des ACA sprang uns vom ersten Tag an ins Gesicht. Stellen Sie sich das einmal so vor: Das globale Imperium von Wal-Mart wurde nicht an einem Tag errichtet – Sam Walton fing klein an, mit einem einzigen Geschäft in Arkansas im Jahr 1950. Er brauchte Jahrzehnte mit Versuch und Irrtum sowie organischem Wachstum, um einen effizienten, riesigen Markt aufzubauen. Wenn schon ein genialer Geschäftsmann wie Walton dafür Jahrzehnte gebraucht hat, wie könnte da die Regierung die enorme Infrastruktur des ACA innerhalb von drei Jahren reibungslos einführen? Es war von vornherein klar, dass das Endergebnis riesige Vorlaufkosten, eine ungelenke Einführung und begrenzter Nutzen sein würden.

Doch den Märkten ist das egal. Im Grunde gibt der Staat sein Geld schon immer ineffizient aus – das schockiert niemanden mehr. Und die Zeche ruinierte uns nicht – wie bereits in Kapitel 4 historisch erläutert, haben wir kein Schuldenproblem. Das ist kein Marktrisiko, sondern lediglich ein politisches Problem und zusätzlicher Stoff für die Diskussion starker Staat/schwacher Staat. Und dieses Problem wird wohl wiederkehren, wenn die liberalen Verfechter des ACA merken, dass immer noch über 40 Millionen Menschen nicht krankenversichert sind – dass also die Menschen, denen sie helfen wollten, gar nicht so viel Hilfe bekamen. Die grundsätzliche Gesundheitsdebatte wird definitiv erneut aufflammen, sei es in zehn, in 15 Jahren oder irgendwann. Irgendeine andere Gruppe wird einen neuen Plan zusammenbrauen und behaupten, Obama sei zu zurückhaltend gewesen und habe das nicht richtig angepackt. Vielleicht wird sie versuchen, die Reichen zu schröpfen, um für die 25-jährigen Speedsüchtigen, die ansonsten an keine Versicherung rankommen könnten, einen ähnlichen Topf wie für die Sozialversicherung zu schaffen. Wer weiß – jedenfalls nicht in den nächsten 30 Monaten! Aber aufhören wird das nicht. Der König ist tot, es lebe der König!

Als ich jünger war und noch in der Zeit davor, da stellte der amerikanische Staat etwas auf die Beine. Er baute große Straßennetze, Brücken, Staudämme, alles Mögliche! Und es funktionierte! Amerikas Highway-Netz ist herrlich. Viele Menschen meinen, gute staatliche Programme seien immer noch machbar und sinnvoll, aber heute ist das schwieriger als früher. So viel auch von „schlüsselfertigen" Projekten geredet wird – heute bringt der Staat nicht mehr viel fertig. Nach dem Erdbeben 1906 wurde San Francisco im Handumdrehen wieder aufgebaut, aber es dauerte Jahre, die Straßenschaden zu reparieren, die durch das Beben 1989 entstanden waren. Nicht weil der Staat zu groß wäre! Sondern weil er aus zu vielen Teilen besteht und zu komplex ist.

Denken Sie nur an die vielen Behörden, die jedes neue bundesstaatsübergreifende Projekt genehmigen müssen. Die Bundesregierung. Die Staatsregierung. Die kommunalen Behörden. Das Army Corps of Engineers und die Umweltschutzbehörde, die normalerweise die Unterschrift des Fish and Wildlife Service und gelegentlich auch der Forstbehörde braucht. Und all das auf Bundes-, Bundesstaats- und kommunaler Ebene. Alle diese verschiedenen Teile des Staates haben ein Wörtchen mitzureden (und ein Vetorecht), bevor ein Projekt vorankommen kann. Das ist so gut wie unmöglich.

Die Zeiten, in denen staatliche Entscheidungen von oben nach unten gefällt wurden, sind zum Guten oder Schlechten vorbei. Die gewählten Volksvertreter fliegen in regelmäßigen Abständen aus dem Amt, aber die Beamten sitzen fest in ihren Sesseln. Sie brauchen dem, was ihnen von oben gesagt wird, nicht zuzustimmen, und sie brauchen es nicht zu befolgen. Das ist das System, das die Amerikaner aufgebaut haben! Wir als Gesellschaft haben beschlossen, dass wir es so haben wollen! Aber es verhindert, dass der Staat viel erreichen kann. Außer wenn er ein vollkommen neues Gebiet betritt, für das es noch keine Behörden gibt, die mitreden müssen, steht ihm die Bürokratie im Weg. Ein Unternehmen kann viel leichter ein Bürogebäude bauen, als der Staat eine Straße bauen kann, die zwei Städte, Countys und Bundesstaaten betrifft.

SICHTBARES UND UNSICHTBARES

Der ACA hatte zwar enorme unbeabsichtigte Folgen, aber nicht so enorm wie erwartet, außerdem zu unbedeutend und zu bekannt, als dass sie sich auf die Aktien ausgewirkt hätten. Der ACA setzte falsche Anreize, sich krankenzuversichern. Da das Programm die regulatorischen Kosten der Versicherungsunternehmen erhöhte, stiegen die Beiträge. Für viele Unternehmen war es billiger, das Bußgeld zu bezahlen als den Arbeitgeberbeitrag. Viele boten ohnehin schon Gesundheitsleistungen an – das ist nämlich sehr gut, um Beschäftigte zu werben und zu halten! Andere strichen hingegen ihre Pläne zusammen und schoben die Verbraucher an die staatlichen und bundesstaatlichen Stellen ab. Einige Menschen versicherten sich, aber anderen wurde klar, dass auch hier das Bußgeld billiger war als die Beiträge. Da die bereits bestehenden Bedingungen nun nicht mehr verboten waren, konnten gesunde Menschen einfach die Strafe bezahlen, einfache Arztbesuche aus eigener Tasche bezahlen und mit der Krankenversicherung abwarten, bis sie etwas Größeres brauchten. Unbeabsichtigt, aber nicht unsichtbar.

Was die Aktien wirklich wurmt, sind die unbeabsichtigten Folgen, die nur wenige sehen – Bastiats Schuster, dem sechs Francs Umsatz entgehen, weil der Sohn des Ladenbesitzers eine Scheibe eingeschmissen hat. Unbeabsichtigte nachgelagerte Folgen, die die Menschen überraschend treffen werden.

Manchmal zeigen sie ihr hässliches Gesicht erst Jahre nach Verabschiedung des Gesetzes – dann trifft „nicht in den nächsten 30 Monaten" auf das „Jetzt". Nehmen wir wieder Sarbox: Wie in Kapitel 1 erläutert, kam es zur Panik 2008, weil hyperaggressive Wertminderungen rund zwei Billionen Dollar aus dem US-amerikanischen Bankensystem vertilgten. Der unmittelbar Schuldige war die Vorschrift, Vermögenswerte nach dem Marktwert zu bewerten – eine zweitrangige regulatorische Änderung, die nicht das Werk des Kongresses war (was vielleicht noch gefährlicher ist, aber dazu kommen wir gleich noch). Allerdings muss man sich fragen, ob die Banken ihre Bilanzen derart rücksichtslos zusammengestrichen hätten, wenn die Vorstandsvorsitzenden und Finanzvorstände nicht wegen Sarbox straf- und zivilrechtlich für Abrechnungstricks hätten zur Verantwortung gezogen werden können. Wären die Abschreibungen auch ohne die drohenden Haftstrafen auf mehr als 300 Milliarden Dollar tatsächliche Darlehensverluste hinausgelaufen?[13] Überlegen Sie sich Folgendes: Im Jahr 1990 schrieb der damalige Fed-Vorsitzende Alan Greenspan noch einen Brief an Richard Breeden, den Leiter der Börsenaufsicht SEC, in dem er meinte, es sei vielleicht verquer, illiquide Bankdarlehen mit ihrem Marktwert zu führen, weil die Banker bei der Bewertung von Vermögenswerten, für die kein ständiger Markt besteht, aus schierer Irrationalität zu aggressiv vorgehen könnten. Er konnte es damals noch nicht wissen, aber durch Sarbox kehrte sich der Anreiz komplett um.

Sarbox wirkte sich in einer Art und Weise aus, die niemand – zumindest niemand, der vorher öffentlich dokumentiert wurde – voraussah. Um solche Dinge zu sehen, braucht man Fantasie. Außerdem muss man dafür gegen den Strom schwimmen und über dem allgemeinen Gerede stehen – also echt kontrarianisch denken. Bei Gesetzen konzentriert sich die Masse immer auf die sichtbaren Konsequenzen. Wird die Gesundheitsreform das Wachstum erschüttern? Werden Steuererhöhungen den Ausgaben einen Schlag versetzen? Das sind zwar gute Fragen, aber oft werden sie zu breit diskutiert, als dass sie sich auf die Aktien auswirken könnten. Der Trick besteht darin, sein Gehirn darauf zu trainieren, dass es sich Dinge vorstellt, die sich andere nicht vorstellen können.

Hier ein Beispiel: Kürzlich hat das Europäische Parlament bei den Banker-Boni durchgegriffen. Es hat entschieden, dass die horrenden Boni der Banker die Finanzkrise verursacht hätten, weil sie sie zu riskantem Verhalten motiviert hätten, das seinerseits das gesamte System habe einstürzen lassen. Das ist zwar verquer, aber Politiker brauchen immer einen Sündenbock und die Banker sind ein dankbares Ziel. Noch nie hat jemand kleinen Kindern zum Einschlafen Geschichten erzählt, die sie auffordern, Banker zu werden, wenn sie einmal groß sind. Deshalb verabschiedete das Parlament eine Vorschrift, die den Jahresbonus auf 100 Prozent des Jahresgehalts begrenzt – mit Zustimmung der Aktionäre sind auch 200 Prozent erlaubt. Die Parlamentarier meinen, dies mache ihr System krisensicher, weil die Banker keinen finanziellen Anreiz mehr hätten, sich auf riskante Wetten einzulassen.

Es liegt jedoch auf der Hand, dass dem nicht so ist – Krisensicherheit ist ein Märchen. Noch schlimmer: Die neue Regelung bringt sogar Nachteile mit sich und manche davon machen massiv Schlagzeilen. Großbritannien klagte vor dem Europäischen Gerichtshof und behauptete, der Londoner Banksektor werde vor der unsinnigen Regel flüchten und dadurch die Wirtschaft aushöhlen. Das ist natürlich leicht übertrieben – die Banken brauchen schließlich eine europäische Drehscheibe und Großbritannien hat einen riesigen Wettbewerbsvorteil –, aber auch nicht ganz falsch. (Wie vorherzusehen, wies das Gericht die Klage ab.) Allerdings wurde darüber allgemein diskutiert und wahrscheinlich hat der Markt das bereits verarbeitet.

Und dies birgt noch weiteres großes negatives Potenzial, wenn es auch wohl erst in einigen Jahren zum Tragen kommt. Boni sind willkürliche Entlohnungen – also variable Kosten. Wenn die Banken hohe Boni bezahlen, können sie die regulären Gehälter niedrig halten und sind dadurch flexibler, sodass sie in harten Zeiten sparsamer agieren können. Aber die Banken sind ja nicht dumm. Sie brauchen Spitzentalente! Wenn sie allen Gehaltskürzungen aufbrummen, wandern die Talente in andere Branchen ab. Deshalb fahren sie die Gehälter hoch und bezahlen kleinere Boni, sodass die gesamte Vergütung in etwa gleich bleibt. Das Problem daran ist jedoch, dass Gehälter Fixkosten sind. Wenn es wieder mal Probleme gibt und die Einnahmen einbrechen, bekommen sie die Kosten nicht mehr mit Bonuskürzungen in den Griff. Dann müssen sich die Banken entscheiden: Massenentlassungen oder riesige Verluste und die Pleite. Irgendwann wird das für die Banken ein grundsätzlicher Nachteil sein. Nicht in den nächsten 30 Monaten! Und nicht bezogen auf die aktuelle Marktlage. Aber eines Tages schon. Das ist ein Elefant, der geduldig, still und unsichtbar in unserem Wohnzimmer einen krisenhaften Moment abwartet.

WAS IST SCHLIMMER ALS EIN POLITIKER?

Viele unsichtbare negative Faktoren kommen nicht vom Kongress, zumindest nicht direkt. Die Gesetzgeber haben zwar ihre Fehler, aber manchmal merken sie, dass sie kollektiv dumm und keine Wirtschaftsexperten sind, und deshalb lagern sie das Verfassen der Vorschriften aus, wenn sie die Regulierung reformieren wollen. Das machten sie beispielsweise 2010 mit dem Dodd-Frank Wall Street Reform and Consumer Protection Act. Der Gesetzestext ist ungefähr 2.000 Seiten lang und verschiebt das Handeln auf Regulierungsbehörden – die SEC, die Federal Reserve, die Einlagensicherung (FDIC = Federal Deposit Insurance Company), die Sparkassenaufsicht und so weiter. Manche Bestimmungen waren Platzhalter für konkrete Vorschriften, andere ordneten Studien an und gaben den Regulierern die wenig konkrete Anweisung, später, wenn sie es für notwendig erachten würden, Vorschriften zu verfassen.

Darin steckt ein Elefant, und zwar ein schlimmer! Für viele Menschen hört es sich klug an, das Erlassen von Vorschriften auszulagern. Wie schon gesagt, die Kongressmitglieder sind ja keine Banker. Sie sind keine Experten und deshalb können sie keine Vorschriften für die Regulierung der Banken verfassen, ohne dabei Kollateralschäden zu verursachen. Von diesem Standpunkt her klingt es logisch, die Drecksarbeit den Regulierungsbehörden zu überlassen. Es klingt sogar gut!

Das Problem dabei ist aber: Die Regulierer kennen oft ihre eigenen Grenzen nicht und oft werden sie selbst von niemandem wirklich angeleitet oder überwacht. Technisch gesehen führt der Kongress die Aufsicht über sie, aber das beschränkt sich gewöhnlich darauf, dass er sich gelegentlich gähnend einen Bericht anhört. In der Praxis können Regulierungsbehörden Polizist, Richter und Geschworene in einem sein.

Außerdem agieren die Regulierer halb im Verborgenen. Wenn der Kongress ein Gesetz erlässt, spielt sich das komplett in der Öffentlichkeit ab. Man kann jeden Gesetzentwurf online auf www.govtrack.us nachlesen. Man kann sich auf C-SPAN die Debatten ansehen. Journalisten beobachten die Debatten und Verhandlungen und berichten darüber. Nachteile werden erkannt und oft bereits vorab eingepreist. Wenn Regulierer Gesetze schreiben, ist das hingegen nicht immer so! Vieles findet hinter verschlossenen Türen statt. Da ist es nicht so, dass Hunderte von Politikern im hellen Tageslicht darüber diskutieren. Da arbeitet vielmehr ein Dutzend nicht gewählte, nicht kontrollierte Menschen, die es gut meinen, im Geheimen.

Wenn nicht kontrollierte Regulierer schlimme Dinge in Gesetze hineinschreiben, die sich auswirken können, ohne längere Zeit öffentlich kommentiert worden zu sein, kann das schnell üble Konsequenzen nach sich ziehen. Eine große Katastrophe aus jüngerer Zeit, die bereits in Kapitel 1 besprochen wurde, war FAS 157, die Rechnungslegungsvorschrift mit der Bewertung nach dem Marktwert. Ein weniger bedeutendes Beispiel erlebten wir im Dezember 2013, als das Parlament die endgültige Fassung der Volcker Rule verabschiedete.

Die Volcker Rule (Volcker-Regel), die Teil des Dodd-Frank Act wurde, begann als drei Seiten umfassender Vorschlag des ehemaligen Fed-Vorsitzenden Paul Volcker, den Eigenhandel der Banken zu verbieten – Eigenhandel bedeutet, dass sie auf eigene Rechnung handeln, nicht im Auftrag ihrer Kunden. Das war wieder ein fehlgeleiteter Versuch, eine Wiederholung der Ereignisse von 2008 zu verhindern – denn nicht der Eigenhandel hatte die Krise verursacht. Die Banken schrieben Anlagen ab, die sie bis zur Fälligkeit halten wollten, nicht die Papiere, die sie im Rahmen des Wertpapierhandels hielten (die führten sie ohnehin zum Marktwert). Laut Bundesrechnungshof verbuchten die sechs größten Banken vom vierten Quartal 2007 bis zum vierten Quartal 2008 Handelsverluste von gerade einmal 15,8 Milliarden Dollar.[14] Peanuts! Ein Verbot des Eigenhandels hätte Lehman Brothers nicht gerettet. Aber die Politiker werden das niemals einsehen.

Als der Kongress Dodd-Frank verabschiedete, lagerte er die Volcker Rule an die Fed, die FDIC, das Office of the Comptroller of the Currency (OCC), die Commodity Futures Trading Commission (CFTC) und die SEC aus. Diese Buchstabensuppe veröffentlichte 2011 einen Gesetzentwurf, damit sich die Öffentlichkeit dazu äußern konnte – nett von ihr –, und die Öffentlichkeit äußerte sich. Dann machten sich die Regulierer wieder an die Arbeit, sahen die öffentlichen Kommentare durch und schrieben Teile des Gesetzes um. Am 10. Dezember 2013 veröffentlichten sie die Neufassung und bezeichneten sie als endgültige Vorschrift. Ab Juli 2015 ist sie für die Banken verbindlich – ohne Wenn und Aber (sagen die Regulierer jedenfalls). Das Problem daran war, dass die Endfassung der Vorschrift einige schwer verdauliche Brocken enthielt, die im

Entwurf nicht enthalten gewesen waren. Einer davon untersagte es den Banken, Collateralized Debt Obligations (CDOs) zu halten, die mit hybriden Kapitalinstrumenten namens „Trust-preferred Securities“ unterlegt sind – im Bankenjargon „TruPS-backed CDOs“. Die langweiligen technischen Details erspare ich Ihnen hier, aber dabei handelt es sich um Schuldverschreibungen, die zu Pools zusammengefasst sind und die die Ortsbanken schon seit langer Zeit ohne Probleme halten. Sie werden/wurden buchhalterisch und regulatorisch bevorzugt behandelt und werfen ordentliche Zinsen ab, sodass die Banken sie kauften und bis zur Fälligkeit hielten. Doch gemäß der geänderten Volcker Rule bedeuteten die Zinseinnahmen, dass die Banken dadurch Besitzanteile (keine passiven Beteiligungen) besaßen. Also Finger weg! Die Banken wurden gezwungen, die TruPS-backed CDOs als „verkäufliche“ Vermögenswerte einzustufen und sie nach dem Marktwert zu bewerten. Auweia!

Nach zwei Wochen meldete die Zions Bancorporation – eine regionale Bank aus Utah – die Abschreibung von TruPS-backed CDOs in Höhe von 387 Millionen Dollar und gab der Volcker Rule die Schuld daran. Die American Bankers Association (ABA) verklagte den Bund und behauptete, die Ortsbanken würden dadurch grundlos geschädigt. Da die Allgemeinheit kleine Banken weniger hasst als große Banken, gab der Gesetzgeber nach. Allerdings hat er keine vergleichbare Regel entwickelt, die es den Banken verbieten würde, gewisse Collateralized Loan Obligations (verbriefte besicherte Darlehen) zu halten, die nach Schätzungen der ABA Notverkäufe in Höhe von 70 Milliarden Dollar auslösen könnten. Das würde zwar bei Weitem nicht reichen, um eine Abschreibungsspirale wie 2008 auszulösen, aber es ist aufschlussreich.

Nicht alles regulatorische Gezänk ist auf Outsourcing seitens des Kongresses zurückzuführen. Auch die Exekutive richtet auf ihre Weise Schaden an. Das Finanzministerium bescherte uns einige unbemerkte Nachteile, als es 2014 gegen „inverse“ Fusionen und Übernahmen vorging – wenn ein amerikanisches Unternehmen ein kleineres ausländisches Unternehmen kauft und seinen Sitz aus steuerlichen Gründen ins Ausland verlegt. Amerika hat die zweifelhafte Ehre, das einzige große Industrieland zu sein, das ausländische Gewinne von Unternehmen besteuert, nachdem die Unternehmen bereits im Ausland Steuern bezahlt haben. Sie müssen aber nur bezahlen, wenn sie die Gewinne ins Land zurückholen, daher liegt zwar die Lösung nahe, das Geld im Ausland zu horten, aber die Firmen wollen ja hier investieren! Da ist die Inversion die Lösung! Indem die Unternehmen „ausländisch" werden, können sie die Gewinne nach Gutdünken nach Amerika zurückführen und investieren und dabei Steuern sparen. Eine Win-win-Situation. Aber in den Medien lesen Sie darüber nichts.

Diese Praxis wurde zum roten Tuch, denn Politiker hassen es, wenn ihnen Steuergelder entgehen! Deshalb dachten sie sich eine surrealistische Story aus, wonach Inversionen die geschäftlichen Investitionen sabotieren würden (wobei sie die Tatsache geflissentlich übergingen, dass ihr Hauptzweck ja gerade darin besteht, Investitionen zu ermöglichen!). Das zog sehr schnell. Das Finanzministerium versuchte den Kongress zu einem gesetzlichen Verbot anzustacheln und sprach von patriotischer Pflicht, aber da stellte sich Gridlock in den Weg. Deshalb schritt das Finanzministerium selbst zur Tat und legte die Steuergesetzgebung neu aus, und zwar so, dass Inversionen erschwert wurden und ihr Nutzen vermindert wurde – es verbot gewisse kreative Transaktionen, mit deren Hilfe die invertierten Unternehmen ihre Gewinne nach Amerika zurückschleusten. Das ist eine invertierte Logik – wenn man sagt, man habe etwas gegen Inversionen, weil sie Investitionen zunichte machen, sollte die Lösung ja die Investitionen nicht erschweren.

Aber das ist gar nicht der Elefant im Zimmer, denn den meisten Unternehmen sind die Inversionen egal. Für sie zählt, dass sich die Vorschriften ändern. Normalerweise legt der Kongress die Regeln fest, aber hier schuf das Finanzministerium einen Präzedenzfall, indem es die Regeln umschrieb, weil es der Kongress nicht konnte! Die Änderungen waren zwar geringfügig und schadeten kaum, aber sie griffen in die Gesetzgebung ein und änderten die Spielregeln. Jetzt müssen sich die Unternehmen fragen: „Wenn das Finanzministerium so etwas machen kann, was kann es dann noch alles? Welche Vorschriften wird es wohl noch optimieren? Wie zum Teufel soll ich das einplanen? Wie soll ich das machen, wenn ich nicht weiß, wie sie noch versuchen wollen, mir wehzutun?"

Diese Unsicherheit verhindert, dass Unternehmen etwas riskieren. Wozu einen gewagten Schachzug machen oder ein langfristiges Projekt mit hohen Anfangskosten in Angriff nehmen, wenn die Regulierer ohne Vorwarnung die Vorschriften ändern und die Gewinne abzwacken können? Vergiss es!

Das sind zwar nur kleine negative Faktoren, aber aufschlussreich, was die unbemerkten Überraschungen angeht, auf die ein angehender Kontrarianer achten sollte. Trainieren Sie Ihr Gehirn darauf, auf solche Dinge zu schauen, dann fällt es Ihnen leichter, die großen Dinge zu erkennen – die unsichtbare Änderung einer Vorschrift, die ein paar Billionen Dollar des globalen BIPs vernichten und eine Hausse abwürgen könnte.

WIESO DIE REGIERUNG DIE NÄCHSTE KRISE SCHON JETZT VERSCHÄRFT

Eine Story habe ich noch für Sie, bevor wir uns von der Politik verabschieden und zu anständigeren Themen übergehen. Es gibt eine weitere Quelle unsichtbarer politischer Risiken. Risiken rühren ja nicht nur von Gesetzen und Vorschriften her! Auch Aktivitäten von Politikern, die nichts mit Gesetzgebung zu tun haben, ziehen Konsequenzen nach sich. Handlungen senden Botschaften aus – manchmal verheerende Botschaften, die sich in tickende Zeitbomben verwandeln. Die Obama-Administration baute nach der Krise des Jahres 2008 eine große Zeitbombe – eine, die jeder versierte Anleger kennen und aus der er etwas lernen sollte.

Politiker haben nur einen Lebenszweck: gewählt werden. Die meisten denken bei Entscheidungen nicht weiter als „Bringt mir das Wählerstimmen?". Wenn ihre Wählerschaft ein Unternehmen oder eine Branche für schurkisch hält, nageln Politiker es oder sie mit Freuden ans Kreuz.

Nach der Panik des Jahres 2008 beschlossen die Menschen, die Banken seien Schurken. Böse Lobbyisten, die naiven, nicht dafür infrage kommenden Menschen Darlehen aufzwangen, dann wissentlich aus faulen Krediten toxische Wertpapiere schnürten, Fannie Mae und Freddie Mac dazu verleiteten, sie zu kaufen, dann fröhlich unschuldige Menschen pfändeten, als der Immobilienmarkt crashte, und sich dann Hunderte Milliarden Dollar an Steuergeldern unter den Nagel rissen. Die Öffentlichkeit verlangte ein Stück vom Kuchen und die Politiker, die sich einschleimen wollten, gaben ihnen fünf. Dass das populäre Narrativ falsch war, kümmerte sie nicht – nur die Wählerstimmen zählten! Von 2010 bis 2014 brummte die Regierung den sechs größten Banken krisenbedingte Geldstrafen in Höhe von über 125 Milliarden Dollar auf. Wenn Sie dies lesen, sind es wahrscheinlich schon wieder mehr. Für sich genommen ist das nicht von Bedeutung (außer für die Banken).

Für mehr als 100 Milliarden Dollar beziehungsweise 80 Prozent stehen JPMorgan Chase und die Bank of America gerade. Das Problem daran ist aber, dass sich die meisten Klagen und Vorwürfe eigentlich gar nicht gegen sie richteten. Sie richteten sich gegen die Banken, die JPMorgan und Bank of America im Zuge der Krise gekauft hatten. Durch diese Übernahmen taten sie Washington einen Gefallen. Wenn es der Staat den Banken so „dankt", dass sie ihm helfen, indem sie in Krisenzeiten Banken kaufen, die pleitegehen, sendet er dadurch eine Botschaft aus: Helft uns nicht noch einmal. Ein sehr törichtes Vorgehen.

Das widerspricht über einem Jahrhundert Krisenmanagement. Gesunde Banken helfen schon lange bei Finanzkrisen. Sie leihen einer bankrotten Bank Geld oder kaufen sie auf und garantieren die Einlagen der Kunden und dadurch verhindern sie Bank Runs. Wenn sie eine Bank kaufen, übernehmen sie zwar deren Verbindlichkeiten, aber auch die Vermögenswerte (und zwar auf die billige Tour) und die Kunden. Das ist keine Wohltätigkeit, sondern es ist langfristig geschäftlich sinnvoll. Aber so lief das in allen Krisen (und manchmal auch dazwischen).

JP Morgan – sowohl der Mann als auch seine Bank – eilte während der Panik 1893 zu Hilfe, indem er es organisierte und dafür bürgte, dass die verkauften Staatsanleihen dafür eingesetzt wurden, Gold von ausländischen Investoren zurückzuholen und dadurch die Reserven aufzufüllen. Im Endeffekt setzte er sein eigenes Geld ein, um das US-Finanzministerium zu retten. Während der Panik 1907 tat er das noch einmal, indem er als Kreditgeber letzter Instanz auftrat (die Federal Reserve gab es noch nicht). Wenn er zu dem Schluss kam, eine Bank, der das Bargeld ausging, sei im Prinzip solvent – mit soliden Vermögenswerten und funktionierenden Geschäftsmodellen –, arrangierte er für sie eine Finanzierung. Er bastelte eine Koalition aus starken Banken, die ihr Geld zusammenlegten, um notleidende Banken am Leben zu erhalten. Als die Brokerfirma Moore and Schley insolvent war und Darlehen in Höhe von mehr als sechs Millionen Dollar (damals viel Geld) nicht zurückzahlen konnte, die durch Aktien der Tennessee Coal, Iron and Railroad Company (TCI) unterlegt waren, arrangierte Morgan, dass US Steel (er kontrollierte das Unternehmen) die Aktien und am Ende TCI kaufte. Damit war Moore and Schley gerettet. Außerdem rettete er die Stadt New York und half bei der Rettung der New York Stock Exchange.

Die North Carolina National Bank (NCNB) wurde in der berüchtigten Sparkassenkrise (als mehr Banken pleitegingen als in der Rezession 2007 bis 2009) zum Retter, indem sie 1988 die First Republic Bank kaufte. In den nächsten Jahren kaufte die NCNB in Texas und im Rest des Landes noch mehr Kreditgeber, die pleitegingen. Noch nie von der NCNB gehört? Oder den Namen vergessen? Das liegt daran, dass sie durch eine Serie von Fusionen zur NationsBank wurde, die 1998 die Bank of America kaufte und ihren Namen annahm. Nach allen Maßstäben ist die heutige Bank of America dasselbe Institut, das der FDIC Ende der 1980er-Jahre und Anfang der 1990er-Jahre immer wieder half.

Ken Lewis, der 2008 Vorstandsvorsitzender der Bank of America war, kam von der NCNB. Er war die rechte Hand des NCNB-Chefs Hugh McColl Jr. gewesen, als dieser 1988 die NCNB Texas Bank leitete – die aus dem Unternehmen First Republic hervorgegangen war. Er lernte die Kunst, Pleitebanken zu kaufen, also aus erster Hand und setzte sie 2008 ins Werk, als er den bankrotten Hypothekenkreditgeber Countrywide und die sich abstrampelnde Bank Merrill Lynch kaufte. Indes kehrte Jamie Dimon, Vorstandsvorsitzender von JPMorgan Chase (dessen Mentor Sandy Weill gewesen war, der ehemalige Übernahme-Maestro der Citibank), zu den Wurzeln seiner Firma zurück und kaufte im März 2008 auf Geheiß der Fed die Asche von Bear Stearns. Als Washington Mutual (WaMu) im September bankrott war, tat

JPMorgan Chase der FDIC einen Gefallen, indem es die Bank kaufte.

Stellen Sie sich für einen Moment vor, wie es ohne diese Käufe (oder den Kauf von Wachovia durch Wells Fargo) ausgesehen hätte. Chaotisch! Als es so aussah, als würde Bear Stearns untergehen, begannen die Märkte in Panik zu verfallen – doch als JP-Morgan einschritt, stabilisierten und erholten sie sich wieder. Der Kauf von WaMu ersparte es der FDIC, für versicherte Einlagen zu bezahlen – ein hoher Aufwand, wenn man bedenkt, dass WaMu zum Zeitpunkt seiner Pleite Einlagen von schätzungsweise 165 Milliarden Dollar hatte.[15] Dadurch, dass die Bank of America Merrill Lynch kaufte, verschaffte sie dem Brokerhaus Zugang zum Notfall-Diskontfenster der Federal Reserve, hielt es am Leben und ersparte wahrscheinlich den Steuerzahlern hohe Kosten. Die Menschen meinen, das Troubled Asset Relief Program (TARP) sei zu teuer, aber die 243 Milliarden Dollar, die das TARP ausgegeben hat, sind nichts im Vergleich zu dem, was es gekostet hätte, wenn das Finanzministerium und die FDIC keine Hilfe aus der Privatwirtschaft bekommen hätten.[16]

So sollte das System eigentlich funktionieren. Man möchte, dass der Privatsektor solche Dinge bewältigt. Er kann das viel besser, als der Staat es jemals könnte. Wir haben ja gesehen, wie gut das funktioniert, als die Federal Reserve und das Finanzministerium Lehman Brothers den Todesstoß versetzten, nachdem sie sich durch die Fusion von JPMorgan mit Bear Stearns gemogelt und im Endeffekt sowohl Fannie Mae und Freddie Mac als auch die American International Group (AIG) verstaatlicht hatten. Sie pickten willkürlich Gewinner und Verlierer heraus und erzeugten dadurch nackte Panik. Was wäre gewesen, wenn sie auch über das Schicksal von WaMu und Merrill Lynch zu befinden gehabt hätten? Gott steh uns bei!

JPMorgan und die Bank of America hielten den Laden am Laufen, sie sorgten dafür, dass die Kunden relativ sicher waren, und wahrscheinlich verhinderten sie eine noch viel weitreichendere Panik. Eigentlich hätte der Staat sie im großen Stil feiern müssen, aber stattdessen fiel er über die weißen Ritter her. Die Regierung verklagte die Bank of America wegen des angeblichen

Hypothekenbetrugs bei Countrywide. Sie warf JPMorgan die unsauberen Geschäfte von Bear Stearns und WaMu vor und erließ dafür eine Geldstrafe. All das um des politischen Vorteils willen!

Darin liegt eine schreckliche Ironie. Die Banken, die 2008 die Hände hoben und sagten, sie würden auf keinen Fall helfen, litten keinen großen Schaden. Goldman Sachs bezahlte nur 900 Millionen Dollar Geldstrafe, Morgan Stanley nur 1,9 Milliarden Dollar. Denen, die nicht eingriffen und halfen, passierte also nicht viel. Aber die Guten bezogen Prügel.

Indem der Staat den Helfern wehtat, sandte er eine überdeutliche Botschaft aus: „Helft uns nie wieder, jemanden finanziell zu retten." Die Guten haben es vernommen. Ich lasse Jamie Dimon persönlich zu Wort kommen: „Eines möchte ich klarstellen. Wir wurden gebeten, das zu tun. Und wir taten das auf große eigene Gefahr hin. [...] Ob ich Bear Stearns gemacht hätte, wenn ich gewusst hätte, was ich heute weiß? Das ist schwer zu sagen."[17] Sie dürfen glauben, dass es der Bank of America genauso geht. Wells Fargo kam mit Geldstrafen in Höhe von neun Milliarden Dollar davon und wartet ab.

Wenn wieder einmal eine Großbank eingeht, könnte es sein, dass die Regierung allein dasteht. Dann werden wir alle den Preis für die Gier der Politiker und für ihr Streben nach Popularität bezahlen. Wahrscheinlich löst das keine Baisse aus, sondern verschlimmert eine, die bereits begonnen hat. Banken gehen meistens nicht in guten Zeiten pleite, sondern in schlechten! Aber das ist ein völlig unnötiges politisches Risiko.

Mag sein, dass Politiker nicht die gefährlichsten Menschen Amerikas sind – die meisten sind keine geistesgestörten Axtmörder. Aber sie gehören zu den schlimmsten Feinden der Anleger. Je besser man seinen Feind kennt, umso leichter kann man ihn besiegen.

Ich habe Ihnen diese Geschichten nicht erzählt und Ihnen diese Gefahren nicht erläutert, um Ihnen Angst zu machen – sondern nur, damit Sie Ihren Feind besser kennenlernen. Jetzt kennen Sie seine Tricks und seine Waffen und sind somit für den Kampf gerüstet!

Und das heißt, dass wir jetzt zu angenehmeren Themen übergehen können! Welcher Spaß wohl auf uns wartet? Zeit, Kapitel 7 aufzuschlagen und es herauszufinden!

ANMERKUNGEN

1. „Fearless Dominance and the US Presidency: Implications of Psychopathic Personality Traits for Successful and Unsuccessful Political Leadership", Scott O. Lilienfeld, Irwin D. Walderman, Kristin Landfield, Ashley L. Watts, Steven Rubenzer und Thomas R. Faschingbauer, *Journal of Personality and Social Psychology*, Vol. 103, No. 3 (September 2012): 489–505. http://psycnet.apa.org/journals/psp/103/3/489/ (Zugriff am 21.10.2014).
2. „Nation Tunes In to See Which Sociopath More Likable This Time", *The Onion*, 16.12.2012. http://www.theonion.com/articles/nation-tunes-into-see-which-sociopath-more-likabl,29946/ (Zugriff am 24.02.2015).
3. US Census Bureau, Stand 06.07.2014.
4. „Résumé of Congressional Activity – First Session of the One Hundred Thirteenth Congress", Congressional Record – Daily Digest, US House Clerk's Office, 27. Februar 2014.
5. Gallup, Stand 21.10.2014. Congressional Job Approval Ratings, 1974–2014. www.gallup.com/poll/1600/congress-public.aspx (Zugriff am 21.10.2014).
6. FactSet, Stand 30.09.2014. S&P 500 Total Return Index, 31.12.2012–31.12.2013.
7. „The Role of Monetary Policy", Milton Friedman, *The American Economic Review*, Vol. 58, No. 1 (March 1968). https://www.aeaweb.org/aer/top20/58.1.1-17.pdf (Zugriff am 21.10.2014).
8. „Phillips Curves, Expectations of Inflation and Optimal Unemployment Over Time", Edmund S. Phelps, *Economica*, New Series, Vol. 34, No. 5 (August 1967): 254–281. www.columbia.edu/~esp2/PhilipsCurvesExpectationsofInflationandOptimalUnemploymentOverTime.pdf (Zugriff am 21.10.2014).
9. FactSet, Stand 22.10.2014. S&P 500 Total Return Index, 16.04.2002 bis 25.07.2002.
10. US Census Bureau, Stand 31.12.2008.
11. Department of Health and Human Services and Centers for Disease Control, Stand 31.03.2014. Gallup-Healthways Well-Being Index, Stand 30.06.2014.
12. United States Census Bureau, Stand 15.01.2015. Gesamtbevölkerung Vereinigte Staaten, 2013.
13. Aussage von William M. Isaac, ehemaliger Vorsitzender der Einlagensicherung Federal Deposit Insurance Association, vor dem Subcommittee on Capital Markets, Insurance, and Government Sponsored Enterprises, US House of Representatives Committee on Financial Services, 12. März 2009. www.williamisaac.com/published-works/testimony-before-the-us-house-of-repre-sentatives/ (Zugriff am 24.02.2015).

6

14. „Proprietary Trading: Regulators Will Need More Comprehensive Information to Fully Monitor Compliance With New Restrictions When Implemented", United States Government Accountability Office Report to Congressional Committees, Juli 2011. www.gao.gov/assets/330/321006.pdf (Zugriff am 22.10.2014).
15. Laut den Unterlagen, die Washington Mutual bei den Regulierungsbehörden eingereicht hat, hatte die Bank am 30. Juni 2008 Einlagen in Höhe von 181,9 Milliarden Dollar. Die Sparkassenaufsicht schätzt, dass die Kunden davon im September 16,7 Milliarden abhoben. Quellen: Washington Mutual, Inc., Formular 10-Q für das Quartal, das am 30. Juni 2008 endete. United States Securities and Exchange Commission, www.sec. gov/Archives/edgar/data/933136/000104746908009146/a2187197z10-q.htm (Zugriff am 23.10.2014). „WaMu Is Seized, Sold Off to J.P. Morgan, in Largest Failure in U.S. Banking History", Robin Seidel, David Einrich und Dan Fitzpatrick, *The Wall Street Journal*, 26.09.2008. http://online. wsj.com/articles/SB122238415586576687 (Zugriff am 23.10.2014).
16. „Report on the Troubled Asset Relief Program – April 2014", Congressional Budget Office, 17. April 2014. www.cbo.gov/ publication/45260 (Zugriff am 23.10.2014).
17. „JPMorgan's Dimon Hits Back at Government Over Bear Stearns Suit", Sarah N. Lynch und Kim Dixon, Reuters, 10.10.2012. http://www.reuters.com/article/2012/10/11/us-jpmorgan-dimon-bearstearns-idUSBRE8991CE20121011 (Zugriff am 24.02.2015).

7

WEG MIT DEN LEHRBÜCHERN

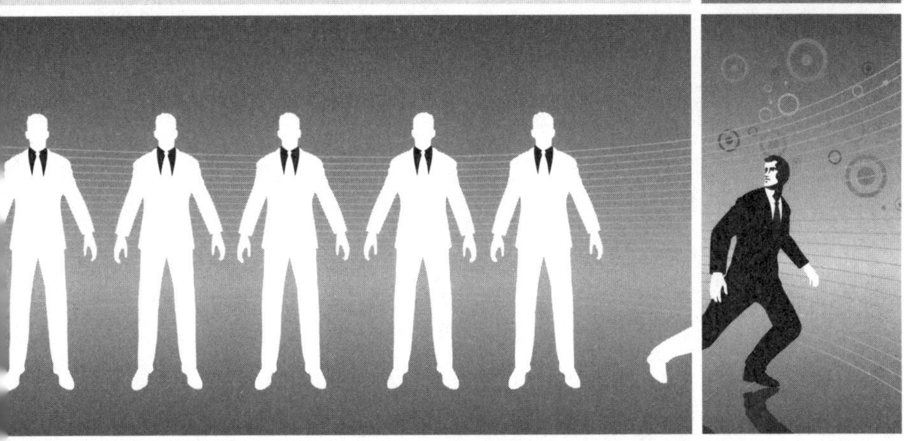

7

Hilft einem ein MBA-Titel, ein besserer Anleger zu sein? Oder ein CFA? Sind Finanzprofessoren tolle Anleger?

Auf Gebieten wie Medizin, Maschinenbau oder Jura ist die Ausbildung von entscheidender Bedeutung. Aber die Geldanlage ist ein anderes Spiel. Einige der größten Anleger hatten kaum eine oder gar keine formale Ausbildung. Und einige der größten Denker und Theoretiker auf diesem Gebiet waren absolut schreckliche Anleger.

Ich nenne das den Peter-Bernstein-Effekt. Bernstein war ein Gigant auf dem Gebiet der Gedanken und Ideen zur professionellen Geldanlage, er war ein toller Mensch und er schrieb das faszinierende Buch „Capital Ideas" (John Wiley & Sons, 2005), das die intellektuelle Entwicklung der Wall Street nachzeichnet. Darin porträtiert er viele Gelehrte, die etwas zur Theorie der Geldanlage beigetragen haben, zum Beispiel Alfred Cowles, den Urahn der Indizes von Standard & Poor's (S&P), William Sharpe, der durch das Sharpe Ratio berühmt wurde, James Tobin, der 1958 den damals radikalen Gedanken der zielbasierten Geldanlage ausformulierte, Paul Samuelson, den ersten US-amerikanischen Wirtschafts-Nobelpreisträger, und viele andere mehr. Wenige dieser großen Denker (wenn überhaupt welche) waren auch großartige Anleger. Manche waren sogar als fürchterlich schlechte Anleger berüchtigt! Sie wussten, wie man es machen könnte, aber gemacht haben sie es nicht so.

Die Geldanlage lernt man mehr durch Machen, weniger durch Lesen, genau wie Baseball. Der Macher Yogi Berra genoss als Kind kein Baseball-Training. Er spielte einfach auf der Straße. Wenn Sie wollen, können Sie Kurse in Geldanlage belegen, und das muss auch nicht unbedingt schlecht sein, aber die Lehrbuch-Theorie allein wird Sie nirgendwo anders hinbringen als wieder auf die

Schulbank – vom richtigen Leben ist sie einfach zu sehr losgelöst. Der Erfolg stellt sich ein, wenn man aus seinen Fehlern lernt. Wenn man seine verhaltensbedingten Neigungen kennt und daher seine schlimmsten Feinde überwinden kann – die eigenen Emotionen und Neigungen (mehr dazu in Kapitel 9). Wenn man die wirkliche Welt in Echtzeit mit echtem Geld erforscht. Manchmal passt die Wirklichkeit durchaus zur Theorie! Aber oft eben auch nicht.

Hochschulbildung ist eine gute Sache – dabei lernt man, kritisch zu denken. Vielleicht gefällt es Ihnen ja auch ganz einfach, die Theorie zu lernen! Vielleicht sind Sie ein Finanzfreak. So etwas macht Spaß! Aber diejenigen MBAs, CFAs und Professoren, die in der Geldanlage am erfolgreichsten sind, wissen, dass sie über den Lehrplan hinausblicken müssen. Sie benutzen ihn als Baustein oder auch nicht, aber jedenfalls nicht als Regelverzeichnis. Sie nutzen die Fähigkeit zum kritischen Denken, die sie gelernt haben, und werden nicht zu Sklaven der Regeln.

Selbst wenn Sie keinen Abschluss in Finanzwesen haben, sind Ihnen die Theorien und Regeln aus dem Lehrbuch wahrscheinlich schon begegnet. Sie sind tief in die Medienberichterstattung über die Märkte eingesickert und viele Experten betrachten sie als Evangelium. Daher ist das vorliegende Kapitel für CFAs, MBAs, Finanzwirte und Autodidakten gleichermaßen geeignet! Unabhängig davon, ob Sie auf dem Papier Börsenexperte sind, dürfte Ihnen das Wissen um folgende Punkte etwas bringen:

- Wieso die Theorien und Regeln aus dem Lehrbuch, die „jeder kennt", normalerweise in der wirklichen Welt nicht funktionieren
- Ob Sie an seit Langem „gültige" Regeln zu Bewertungen, Small Caps und andere Dinge glauben sollten
- Warum die Politik der Federal Reserve keinen Sinn ergibt – und es vielleicht auch nie wieder tun wird!

WERFEN SIE IHRE LEHRBÜCHER NICHT IN DEN MÜLL, ABER KENNEN SIE IHRE GRENZEN!

Der Lehrplan der Finanzwissenschaften ist per Definition bereits eingepreist. Viele Lehrbücher werden seit Jahrzehnten von vielen

Menschen gelesen. Alle, die das Gleiche gelernt und den gleichen Kanon gelesen haben, sind darauf trainiert, das Gleiche zu erwarten. Diese Erwartungen fließen schnell in die Kurse ein. Sie sind bereits eingepreist.

Lehrbücher und Kurse sind keineswegs nutzlos. Dort lernt man die Grundlagen und die sind wichtig! Nehmen wir die Finanztheorie, die vorschreibt: Um im Laufe der Zeit irgendeine Rendite zu bekommen, muss man ein Risiko eingehen – und je mehr Risiko man (richtig definiert) eingeht, umso höher ist die zu erwartende Rendite. Wenn man die Finanztheorie kennt, hat man eine Waffe gegen die Verkaufsargumente der Brokerindustrie in der Hand – zum Beispiel gegen den Mythos, „Kapitalerhalt und Wachstum" sei ein realistisches, erreichbares Ziel. Die Finanztheorie sagt uns, dass das Quatsch ist. Wenn man Wachstum will, muss man ein Risiko eingehen – und wenn man ein Risiko eingeht, muss man das Verlustrisiko in Kauf nehmen. Das ist kein Kapitalerhalt! Wenn man echten Kapitalerhalt will, braucht man ein reines Bargeldportfolio oder etwas Ähnliches. Kein Risiko, kein reales Wachstum.

Die Moderne Portfoliotheorie (MPT) ist ein weiterer entscheidender Baustein. Die MPT erwuchs aus den Forschungen von Harry Markowitz, dessen Artikel „Portfolio Selection" aus dem Jahr 1952 zeigte, dass in einem diversifizierten Portfolio die Gesamtmischung von Risiko und Rendite (die Asset Allocation) den Ertrag viel stärker beeinflusst als die einzelnen Wertpapiere, die man hält.[1] Die Entscheidung, in Aktien oder in Anleihen zu investieren, zählt meistens mehr als die Entscheidung, welche konkreten Aktien und Anleihen man kauft. Das gefällt zwar den wenigsten, aber es ist grundlegend und statistisch gültig. Spätere Studien zeigten, dass die Asset Allocation und die Allokation von Untergruppen – Ländern und Sektoren – für den größten Teil der Rendite verantwortlich ist, wenn man diversifiziert investiert. Das Stock-Picking, das vor Markowitz der Leitstern der Analysten gewesen war, hat die geringste Bedeutung.

Die MPT ist eine gute Anleitung für die Konstruktion eines Portfolios – sie hilft einem, das Aktienuniversum durchzusieben, aus dem man wählen kann. Während ich dies schreibe, gibt es auf der Welt über 50.000 börsennotierte Unternehmen. Wenn man versucht, daraus die besten 40 oder 50 herauszusuchen, kann man genauso gut mit Darts werfen. Wenn man mit der Asset Allocation anfängt und dann entscheidet, wie viel man aus jeder geografischen Region und aus jedem Sektor haben will, wird der Aktienpool, aus dem man wählen kann, kleiner. Außerdem hilft einem das, sonstige Fallstricke zu umgehen, zum Beispiel dass man sich zu sehr auf ein bestimmtes Gebiet konzentriert.

Eine weitere Grundlage ist die Markteffizienzhypothese. Die Theorie an sich, die in den 1970er-Jahren von Eugene Fama populär gemacht wurde, ist nicht perfekt. Die Annahme, die ihr zugrunde liegt, nämlich dass allgemein bekannte Informationen eingepreist werden, ist in Ordnung. Und sie ist die Grundlage für einen großen Teil des vorliegenden Buches! Aber in der wirklichen Welt funktioniert Famas Hypothese nicht immer – eine Schwäche, die sie mit den meisten wissenschaftlichen Theorien teilt. Auf lange Sicht sind die Märkte zwar effizient, aber auf kurze Sicht können sie ziemlich irrational sein. Warum? Aktienkurse preisen ja nicht nur harte Informationen ein. Wie wir in den Kapiteln 2 und 6 gesehen haben, werden auch Erwartungen und Meinungen eingepreist! Dadurch bekommen Kontrarianer die Chance, der Masse ein Schnippchen zu schlagen!

Um die Schwächen der Effizienzmarkthypothese zu erkennen, muss man selbstständig denken können und sich in der wirklichen Welt auskennen. Die Theorie ist durchaus wichtig! Aber um sie richtig anwenden zu können, braucht es mehr als nur die Kenntnis der Theorie. Dafür muss man über das Lehrbuch hinausgehen und in die wirkliche Welt eintreten.

Es gibt noch unzählige weitere nützliche Lehrbuch-Theorien. Und außerdem enthält der Finanz-Lehrplan Dutzende – wenn nicht gar Hunderte – Regeln. Erinnern Sie sich noch an das „Spielzugbuch" aus Kapitel 1? Dort kommt es her. Manchmal können Lehrbuch-Regeln richtig sein. Wenn sie niemals funktionieren würden, stünden sie ja nicht in den Büchern! Dann würde niemand sie befolgen! Aber in der Mehrzahl verhält sich die Realität anders – ein großer Haufen Regelhörige ist für den Großen Erniedriger (GE) leichte Beute. Auch hier muss man gewitzt sein und kritisch denken können, um die Bücher zu schlagen.

Viele wissenschaftliche Forschungsansätze im Finanzwesen finden sich im *Financial Analysts Journal*, dem offiziellen Organ des CFA Institute. Ins Leben gerufen wurde diese Zeitschrift von Helen Slade, einer Investorin und Analystin aus der Mitte des 20. Jahrhunderts. Wenn Ben Graham der Vater der Wertpapieranalyse ist, dann ist Helen Slade ihre Mutter (und in mehrfacher Hinsicht Bens Mentorin). Als Geschäftsführerin der New York Society of Security Analysts hatte sie auch gesellschaftliche Verpflichtungen und hielt mittwochabends einen Salon für 40 bis 50 der besten und hellsten Köpfe ab. Graham war dort ebenso regelmäßig zu Gast wie Lucien Hooper und der junge Malcolm Forbes – und gelegentlich sogar mein Vater.

Helen bezeichnete ihre Gäste als ihre „Tippgeber". Bei Drinks und Sandwiches diskutierte und debattierte man stundenlang über Wertpapiere und Börsenideen. Das *Financial Analysts Journal*, das Helen 1945 gründete und bis zu ihrem Tode 1958 herausgab, brachte diese Tippgeber-Partys zu Papier und verbreitete sie im ganzen Land. Damals gab es noch keinen festen Lehrplan. Das *Financial Analysts Journal* versammelte Analysen, Theorien und Meinungen an einem Ort und schuf dadurch die Wissensbasis, auf der spätere Generationen aufbauen konnten. Was heute kanonisch ist, war es damals noch nicht – und es brachte etwas, denn die Theorien waren neu und noch nicht eingepreist.

Helen war aber nicht nur eine gesellschaftliche Patronin. Sie schrieb für bedeutende Finanzpublikationen in aller Welt, manchmal unter eigenem Namen, manchmal unter dem Pseudonym „John Dean". Außerdem war sie regelmäßige Diskussionsteilnehmerin beim jährlichen Wirtschaftsforum des National Industrial Conference Board, wo sie die konjunkturellen Bedingungen im kommenden Jahr voraussagte und laut Zeitungsberichten sogar die Rezession des Jahres 1949 vorhersah.

Man kann es zwar nicht wissen und es ist nur meine Meinung, aber ich vermute, die Wertpapieranalyse würde nicht dort stehen, wo sie heute steht, wenn Helen nicht zehn Jahre lang regelmäßig ihre Partys geschmissen hätte. Da sie alle im selben Raum zusammenbrachte, entstanden aus dem Zusammenstoß ihrer Ideen neue Theorien und neue Erkenntnisse. Natürlich wäre die Zunft auch ohne sie vorangeschritten! Aber wahrscheinlich nicht im gleichen Tempo.

DAS ERSTE GEBOT: KGVS SAGEN NICHTS VORHER

Jetzt kommt ein uraltes Beispiel. Die meisten Lehrpläne behaupten, Aktien mit einem hohen Kurs-Gewinn-Verhältnis – KGV – seien „teuer" und daher riskant. Aktien und Märkte mit niedrigem KGV seien „billig" und würden „Kauf mich!" schreien. Je höher die Aktienkurse und die KGVs im Zuge einer Hausse steigen, umso mehr Gelehrte predigen, die Aktien seien zu kostspielig und müssten bald wieder fallen.

In der Theorie mag das sinnvoll klingen. Aktienbesitz bedeutet ja, dass man die künftigen Gewinne besitzt, sodass ein hohes KGV natürlich auf einen überbewerteten Markt schließen lässt – dass die euphorischen Anleger über das Ziel hinausgeschossen sind. Aber um einen Satz aus meinem Buch „The Only Three Questions That Count" zu zitieren: Das ist falsche Mythologie. Schlicht unwahr!

Es gibt keinen gültigen statistischen Beleg dafür, dass Märkte mit hohem KGV in irgendeinem Zeitrahmen, den die Menschen ernsthaft in Betracht ziehen, zum Beispiel über ein Jahr, über drei Jahre oder über fünf Jahre, riskanter wären als welche mit niedrigen KGVs. Keinen. Sie können sich das selbst online auf www.multpl.com anschauen, wo die belastbaren historischen Preis- und KGV-Angaben von Robert J. Shiller, Professor an der University of Yale, dargestellt werden (mehr zu Shiller gleich). Als im Juni 1962 die Hausse begann, lag das historische KGV des S&P 500 über die vergangenen zwölf Monate über dem langfristigen Durchschnitt. Auch während der Hausse der 1990er-Jahre waren die KGVs meistens überdurchschnittlich. Die Hausse von 2002 bis 2007 begann bei einem KGV von über 29 – und das KGV blieb während der gesamten Hausse über dem Durchschnitt! Im März 2009 begann eine Hausse, als das KGV des S&P 500 über 100 betrug. Jeder, der sich an die Regel „hohe KGVs sind riskant" gehalten hätte, hätte satte Renditen verpasst.

Auch niedrige KGVs sind nicht zuverlässig. Die Baisse von 1980 bis 1982 begann mit einem appetitlichen KGV von 9,19. Als die Baisse 1956/1957 begann, stand das KGV des S&P 500 mit freundlichen 13,81 unter dem Durchschnitt. Leute, die sich damals an die KGV-Mythologie hielten, bezogen Prügel.

Auch die logische Prüfung besteht der KGV-Mythos nicht. Erstens ignoriert er den Nenner! In Rezessionen sacken die Gewinne ab. In konjunkturellen Erholungen schnellen zuerst die Aktien in die Höhe – sie preisen das wieder anziehende Wachstum und die wieder anziehenden Gewinne im Voraus ein. Infolgedessen sind die KGVs in Anfangsphasen von Haussen oft hoch. Zweitens geht der Mythos davon aus, frühere Renditen würden die Zukunft vorhersagen – was jedoch immer und überall nicht stimmt.

Und schließlich: Wenn man sagt, Aktien mit hohen KGVs seien überbewertet und Aktien mit niedrigen KGVs unterbewertet, geht man davon aus, Aktien besäßen einen inneren fairen Wert – und impliziert somit, der Markt irre sich jedes Mal, wenn das KGV davon abweicht. Solche Gedanken denkt man auf eigene Gefahr. Nun ja, ganz kurzfristig stimmt das vielleicht sogar manchmal. Wie Benjamin Graham sagte, ist der Markt auf kurze Sicht eine Wahlmaschine; die Menschen kaufen und verkaufen aufgrund von Emotionen und ihre Gefühle sind oft irrational. Aber auf lange Sicht ist der Markt eine Wiegemaschine, die künftige Fundamentaldaten abwägt. Irrte sich der Markt in den Jahren 1996, 1997, 1998 und 1999, als bereits überdurchschnittliche KGVs noch höher hinausschossen, während die Aktien im Zuge des Technologiebooms nach oben rauschten? Heute ist das wenigen Menschen klar, aber echten Blasenstatus erreichte die Technologiebranche erst ganz am Ende des Jahres 1999 oder Anfang 2000, als die Ramsch-Börsengänge den Siedepunkt erreichten und die meisten Anleger zu sehr von den Dotcoms berauscht waren, um zu bemerken, dass sie Firmen in die Höhe boten, die das verfügbare Geld schnell verbrannten und tief in den roten Zahlen operierten. Waren die Marktpreise in den Jahren 1996 und 1997 irrational? Dazu kann man bestenfalls eine Meinung haben, weil es arrogant und töricht ist zu meinen, man wisse so etwas mit Sicherheit.

KGVs können einem zwar helfen, die Stimmung zu erkennen, aber kein KGV ist für sich genommen zu hoch oder zu tief. Oft bleiben die KGVs jahrelang hoch, wenn Haussen reifen – das ist normal, weil sich die Stimmung aufhellt. Manche behaupten, der langfristige Durchschnitt des KGVs sei der faire Wert, aber Aktien kehren eben nicht immer zum Mittelwert zurück. Manchmal tun sie es zwar, aber meiner Meinung nach in der Mehrzahl der Fälle nicht. Dann wäre es für den Geschmack des GE nämlich zu leicht, das auszunutzen. Das durchschnittliche KGV entsteht aus Hunderten hohen und niedrigen Datenpunkten. Es ist eine Mischung aus Extremen, keine Gravitationskraft.

Wenn Sie meine früheren Bücher gelesen haben, kennen Sie dieses Argument wahrscheinlich schon – ich geißele den KGV-Mythos ja schon seit Jahrzehnten. In einem Artikel für *The Journal of Portfolio Management* mit dem Titel „Cognitive Biases in Market Forecasts" versetzte ich ihm im Jahr 2000 einen weiteren Schlag. Wir untersuchten KGVs aus 128 Jahren und die Renditen von 1872 bis 1999 – ebenfalls anhand von Shillers Datenbank – und fanden dabei keine signifikante statistische Beziehung zwischen dem KGV am 1. Januar und der Jahresrendite. KGVs geben keine zuverlässigen Prognosen.

Und nun noch ein Auszug aus diesem Artikel:

„Viele Anleger machen sich vor allem Sorgen um die kurzfristigen Implikationen sehr hoher KGVs und befürchten, diese würden darauf hindeuten, dass katastrophale Renditen unmittelbar bevorstehen. Aber die Geschichte stützt solche Befürchtungen kaum. Beispielsweise folgten auf KGVs über 19 noch nie Verluste über zehn Prozent im darauffolgenden Jahr. Es kann natürlich sein, dass auf hohe KGVs katastrophale Renditen folgen, aber es ist ironisch, dass die Anleger meinen, solche Renditen seien das übliche Kennzeichen der Markthistorie."[2]

Aber warum glauben sie das? Medienhype und Lehrbücher! Stellen Sie immer die Regeln infrage!

DER RITTER MIT DEM CAPE IST KEIN SUPERHELD

Shiller und sein Forschungspartner John Y. Campbell erkannten, dass Rezessionen die Gewinne verzerren, aber ihre Lösung scheint für Prognosen genauso nutzlos zu sein wie das normale KGV. Sie stellten eine Mischung aus sehr weit in die Vergangenheit blickenden KGVs zusammen und behaupteten, sie könne die Rendite im nächsten Jahrzehnt voraussagen. Das ist aber ein sinnloses Unterfangen, denn setzt irgendjemand, der Aktien kauft, wirklich auf eine konkrete Rendite über zehn Jahre?

Shiller schildert die ersten gemeinsamen Bemühungen in einem Artikel aus dem Jahr 1996 mit dem Titel „Price-Earnings Ratios as Forecasters of Returns: The Stock Market Outlook in 1996".[3] Das KGV, das er darin beschreibt, setzt den Kurs zum gleitenden Durchschnitt der Gewinne der vergangenen 30 Jahre ins Verhältnis. Das ist kein Druckfehler – 30 Jahre! Seine Logik? Der Klassiker „Wertpapieranalyse" von Ben Graham und David Dodd aus dem Jahr 1934 ermahnte die Anleger, durchschnittliche Gewinne auf „nicht weniger als fünf Jahre, lieber auf sieben oder zehn Jahre" zu beziehen".[4] Wenn ein Jahrzehnt besser ist, dann sind drei Jahrzehnte doch bestimmt perfekt!

Laut Shiller belief sich das 30-Jahres-KGV im Januar 1996 auf 29,72 – es war also irrsinnig hoch! Seine Prognose und sein Ratschlag: „Man kann sich kaum des Gefühls erwehren, dass der Markt in den kommenden zehn Jahren deutlich zurückgehen wird; es scheint, als sollten sich langfristig orientierte Anleger in den nächsten zehn Jahren aus dem Markt heraushalten."

Auch das haben Sie richtig gelesen.

Aufgrund dieser Analyse hielt Shiller am 3. Dezember 1996 einen Vortrag vor Alan Greenspan und behauptete darin, die Hausse sei zur Blase geworden. Zwei Tage danach hielt Greenspan seine berüchtigte Rede vom „irrationalen Überschwang". Die Hausse dauerte danach noch weitere drei Jahre, drei Monate und drei Wochen.

Im Jahr 1998 verfeinerten Shiller und Campbell ihre Methode, indem sie die Gewinnkomponente auf zehn Jahre verkürzten. Man kennt das heute als „Shiller-KGV" oder „zyklenbereinigtes KGV" – abgekürzt CAPE für „Cyclically Adjusted Price/Earnings". Ihre damalige Prognose entsprach Shillers Ergebnis aus dem Jahr 1996: Das damalige CAPE ließ „beträchtliche Rückgänge der reale Aktienkurse und der realen Aktienrenditen in den nächsten zehn Jahren fast auf null" erwarten.[5] Immerhin warnten sie, aufgrund einiger anderer Fälle, in denen das CAPE sehr hoch gewesen war, solle man ihre Schlussfolgerung cum grano salis betrachten.

Wie sie in dem Kasten auf Seite 222 sehen werden, der aus „The Only Three Questions That Count" entnommen ist, kam das CAPE so gut an, weil es den althergebrachten Mythos aufrechterhielt, an den so viele glaubten – und ihn anscheinend mithilfe von Zahlen bewies! Dabei war es egal, dass die Daten zu Tode gequält werden mussten, damit sie zu der Hypothese passten (in diesem Fall mussten die Gewinne über zehn Jahre geglättet und anhand eines antiquierten Preisindex um die Inflation bereinigt werden).

Obwohl das CAPE in den 1990er-Jahren so falsch gelegen hatte, hält es sich bis heute. Das liegt zum Teil daran, dass es zwischen 1998 und 2008 sehr richtig gelegen hatte (auch wenn es von 1996 bis 2006 oder von 1997 bis 2007 sehr falsch gelegen hatte), aber selbst eine kaputte Uhr zeigt zweimal am Tag die richtige Zeit an. In den meisten 10-Jahres-Zeiträumen seit seiner Erfindung, einschließlich der letzten zehn Jahre (2004 bis 2014), lag das CAPE falsch. Trotzdem führen es die Experten regelmäßig an, wenn sie warnen, die Aktien sähen nach Blase aus, und die Tatsache, dass Shiller 2013 den Nobelpreis bekam, verschafft ihm enorme Elfenbeinturm-Glaubwürdigkeit.

Und doch kann man das CAPE anhand der Geschichte und der logischen Prüfung innerhalb von 30 Sekunden widerlegen! Dafür braucht man nicht einmal die umfangreiche statistische Analyse, die Meir Statman und ich im Jahr 2000 in einem Artikel anstellten, in dem wir es ebenfalls auf das CAPE abgesehen hatten! Man kann sich einfach die langfristige Datenbank auf www.multpl.com anschauen und viele Fälle sehen, in denen Haussen bei hohem CAPE weiterliefen. Das ist der historische Test.

Und der logische Test? Wie bereits erwähnt, sagt die vergangene Performance allein niemals die künftige Rendite voraus. Das gilt sowohl für die Aktienkurse als auch für die Gewinne im letzten Jahrzehnt! Jeder, der schon einmal ein Unternehmen geleitet hat, versteht das. Vorstandsvorsitzende und Finanzvorstände machen ihre langfristigen Businesspläne nicht, indem sie die Gewinne der letzten zehn Jahre fortschreiben. Und sie gehen nicht davon aus, dass sie nach einem Jahrzehnt mit hohen oder niedrigen Gewinnen zum Mittelwert zurückkehren werden. Jeder Finanzvorstand, der das versuchen würde, würde wegen Faulheit und Dummheit zugleich gefeuert werden. Vielmehr wägen sie die Vorlaufkosten und die laufenden Kosten neuer Projekte gegen die wahrscheinlichen Einnahmen ab. Sie berücksichtigen die aktuellen konjunkturellen Bedingungen, ihre Erwartungen für die absehbare Zukunft, die Zinsen, die Arbeitskosten und vieles andere. Die jüngere Geschichte kann dabei helfen, die Erwartungen für die nächste Rezession oder andere Ereignisse festzulegen! Aber sie nehmen nicht an (und sollten es auch nicht), dass die Vergangenheit die Zukunft vorhersagt. Das tut sie nämlich nie. Oder jedenfalls selten.

Auch haben Shiller und Campbell das CAPE nicht so gestaltet, dass es zyklische Wendepunkte vorhersagt. (Auch wenn man es den Medien wohl durchgehen lassen sollte, dass sie es oft falsch anwenden. Shiller selbst hat behauptet, die hohen CAPEs würden signalisieren, dass in den Jahren 2013 und 2014 ein Abschwung lauere – denn er schloss daraus, die Anleger seien wieder euphorisch und die hohen Bewertungen würden sich nicht halten können.[6] Doch schon drei Wochen später behauptete er, die Menschen seien irrationalerweise *negativ* gestimmt – was ja nicht unbedingt zu hohen Bewertungen führt.[7]) Ursprünglich sollte das CAPE etwas vorhersagen, das man nicht wissen kann, nämlich die Renditen über zehn Jahre. Zehn Jahre gehen weit über die nächsten 30 Monate hinaus! Selbst wenn das CAPE funktionieren würde und nach hohen CAPE-Werten geringe 10-Jahres-Renditen anfallen würden, würde das ja nicht bedeuten, dass alle zehn Jahre lausig wären.

Selbst in den lausigsten Jahrzehnten der Geschichte gab es großartige Hausse-Jahre. Von 1998 bis 2008, also in den zehn Jahren nach dem Artikel von Shiller und Campbell, fiel der S&P 500 tatsächlich um 13 Prozent.[8] Das geschah aber nur, weil er von zwei massiven Baissen flankiert war, und im Jahr 1998 hatte nichts darauf hingedeutet, dass die Bewertung zum Marktwert eingeführt und im Jahr 2007 eine Hausse vorzeitig abwürgen würde. Hinzu kommt, dass die Aktien zwar auf zehn Jahre gesehen ein Minus verbuchten, dass man aber gerne die Hausse von 2002 bis 2007 mitgenommen hätte. Wenn man in der Absicht investiert, langfristiges Wachstum zu bekommen, muss man bei Haussen dabei sein.

Nehmen wir einmal an, das CAPE habe für eine gewisse Zeit funktioniert. Und es ist ja nicht so, als hätten Shiller und Campbell dieses Werkzeug für sich behalten und die ganze Zeit stillschweigend davon profitiert. Da stellen sich zwei Fragen: Warum nicht? Ist der Markt effizient oder nicht? Die erste Frage können Sie selbst beantworten, die zweite gehe ich später noch an – er ist ziemlich, aber nicht vollkommen effizient. Deshalb funktionierte das Kurs-Umsatz-Verhältnis, das ich Anfang der 1980er-Jahre verfocht, kurzzeitig – bis auch andere das merkten. Sobald es populär wurde, funktionierte es kaum noch. Man bekommt keinen Vorsprung, wenn man ein Werkzeug benutzt, das der größte Teil der Wall Street kennt, und erst recht nicht, wenn sie darin vernarrt ist.

Aus „The Only Three Questions That Count", 2006:

„Campbells und Shillers seltsam konstruiertes KGV lieferte ein Ergebnis, das zu dem passte, was die Gesellschaft schon immer glaubte – hohe KGVs würden geringe Renditen und hohe Risiken bedeuten. Und alle Welt liebte es.

In der Statistik berechnet man eine Größe namens *R-Quadrat*, die die relative *Beziehung* zwischen zwei Variablen angibt – welcher Anteil der Bewegung der einen durch die andere verursacht wird. Campbell und Shiller erhielten bei ihrer Regressionsanalyse ein R-Quadrat von 0,40.[9] Das bedeutet, dass 40 Prozent der nachfolgenden Aktienrenditen in Beziehung zu dem Vergleichsfaktor stehen, in diesem Fall zu dem umkonstruierten KGV. Statistisch gesehen ist das kein schlechtes Ergebnis, aber auch kein überwältigendes. Es ist zwar keine kolossale Bestätigung ihrer Theorie, aber immerhin stützt es ihre Hypothese.

***Anmerkung:* Ob sie nun auf schwachen Beinen stand oder nicht, Campbells und Shillers Studie wurde deshalb extrem populär, weil sie die Ansicht stützte, die die Gesellschaft schon lange vertrat [Märkte mit hohen KGVs seien riskant und müssten hinterher fallen]. Wenn man Zahlen vorlegt, die die Mythen der Gesellschaft aushebeln, werden sie nicht besonders populär. Das ist schön, denn wenn man die Wahrheit entdeckt, wird die Welt nicht versuchen, sie einem eilig abzuluchsen."**

Das R-Quadrat von 0,40 bedeutet aber auch, dass ganze 60 Prozent der nachfolgenden Renditen – die Hälfte mehr und darum mächtiger – aus etwas anderem resultieren. Was ist nun für eine Prognose wichtiger, eine Tatsache, die 40 Prozent wiegt, oder eine, die 60 Prozent wiegt?

SIND DIE KLEINSTEN IMMER DIE FEINSTEN?

Ein weiterer Spruch aus dem Lehrbuch besagt, Small Caps würden die besten Renditen bringen. Das scheint die Geschichte zu zeigen: Von 1926 bis 2013 brachten die Small Caps im Schnitt eine Jahresrendite von 11,5 Prozent, die Large Caps nur 10,0 Prozent.[10] Zahlreiche Studien behaupten, sie würden das beweisen, unter anderem das maßgebliche Paper, in dem Eugene Fama und Kenneth French ihr berühmtes 3-Faktoren-Modell einführten.[11] Die Experten lieben das, sie verkünden, die Small Caps seien immer besser, in Ewigkeit, amen. Die herrschende wissenschaftliche Meinung (o weh!) besagt einhellig, kleinere Firmen seien grundsätzlich riskanter und dadurch seien ihre Renditen von Natur aus und automatisch höher.

Die Geschichte? Stimmt. Die Logik? Scheint auch zu stimmen. Und doch – wenn die Small Caps so verflucht überlegen sind, warum zum Teufel kaufen die Menschen dann überhaupt Large Caps?

Ein Tipp: Wenn Ihnen plötzlich solche Fragen in den Sinn kommen, übernimmt Ihr selbstständig denkender kontrarianischer Instinkt das Ruder. Ignorieren Sie ihn nicht, sondern folgen Sie ihm!

Die langfristige durchschnittliche Rendite von Small Caps schlägt diejenige von Large Caps. Das ist nicht zu bestreiten! Aber Durchschnitte bestehen aus Extremen. Es ist einfach so, dass die Small Caps in manchen Jahren – einer kleinen Minderheit – die Large Caps ausstechen. Aber besser sind sie nicht. Wenn man richtig rechnet, haben beide Kategorien ihre Zeit im Rampenlicht. Und die Large Caps besetzen den Rest der Bühne.

Die Wirklichkeit sieht so aus: In den meisten Jahren von 1926 bis 2013 schlugen die Large Caps die Small Caps. Normalerweise beweisen kleine Unternehmen ihre Überfliegerqualitäten vor allem ungefähr im ersten Drittel von Haussen. In der restlichen Zeit führen normalerweise die Large Caps.

Die langfristige „Prämie" der Small Caps beruht darauf, dass ein paar Überflieger in der Frühphase von Haussen so richtig durchstarten. Tabelle 7.1 ist die aktuelle Version einer Darstellung, die ich zum ersten Mal vor langer Zeit, 1999, in der Zeitschrift *Research* veröffentlicht habe. Sie zeigt die Renditen von Large Caps und Small

Caps im ersten Jahr der letzten 13 Haussen des S&P 500. Man sieht, dass die Small Caps gleich am Anfang, von 1932 bis 1942, durchstarteten. Aber was passiert, wenn man diese Jahre weglässt? Dann sinkt die durchschnittliche Jahresrendite bei den Small Caps auf 9,8 Prozent und bei den Large Caps auf 9,4 Prozent. Sozusagen ein Rundungsfehler. Und wenn man die verrückten Renditen der Small Caps in nur vier der größten Durchmärsche in der Frühphase von Haussen eliminiert – jeweils die ersten beiden Jahre der galoppierenden Bullenmärkte, die 1932, 1942, 1974 und 2002 starteten –, schlägt das Pendel leicht zugunsten der Large Caps aus. Lässt man alle acht Jahre weg, schmilzt die durchschnittliche Jahresrendite der Small Caps auf 7,6 Prozent und die der Large Caps auf 7,9 Prozent zusammen. Während des größten Teils der Geschichte übertreffen also die Large Caps die Small Caps leicht.

Greift man die ersten Jahre der Haussen heraus, stehen die Small Caps phänomenal da – sie liefern annualisierte 69,1 Prozent und schlagen damit die 42,9 Prozent der Large Caps um Längen. Doch in den restlichen 75 Jahren sind die Large Caps mit 5,07 Prozent gegenüber 3,7 Prozent bei den Large Caps die Sieger.

TABELLE 7.1: Die Small-Cap-Prämie nach den Tiefpunkten von Baissen

Tiefpunkt	Small Caps	Large Caps
01.06.1932	316,45 %	160,58 %
28.04.1942	147,29 %	61,35 %
13.06.1949	35,41 %	33,74 %
22.10.1957	46,63 %	30,04 %
26.06.1962	31,12 %	31,06 %
07.10.1966	74,74 %	20,94 %
26.05.1970	42,83 %	34,84 %
03.10.1974	33,04 %	25,95 %
12.08.1982	73,43 %	44,11 %
04.12.1987	25,02 %	16,61 %
11.10.1990	50,39 %	33,59 %
09.10.2002	61,64 %	36,16 %
09.03.2009	97,90 %	72,29 %

Summe der Erholungsphasen	**Small Caps**	**Large Caps**
Kumuliert	92.756,61 %	10.264,98 %
Annualisiert	69,16 %	42,90 %
Annualisierte Prämie	**26,25 Prozentpunkte**	
Alle anderen Zeiträume	**Small Caps**	**Large Caps**
Kumuliert	1.423,57 %	3.978,15 %
Annualisiert	3,70 %	5,07 %
Annualisierter Rückstand	**-1,37 Prozentpunkte**	

Quelle: Morningstar, FactSet und Global Financial Date, Stand 02.06.2014. Die Renditen der Small Caps basieren auf dem Ibbotson Associated Small Total Return Index von 01.01.1926 bis 31.12.1978 (Morningstar) und dem Russell 2000 von 01.01.1979 bis 31.12.2013 (FactSet). Die Renditen der Large Caps basieren auf dem S&P 500 Total Return Index von Global Financial Data von 01.01.1926 bis 31.12.2013.

Was ist nun wirklich besser? Die Kategorie, die ab und zu spektakulär läuft, oder diejenige, die meistens am besten ist? Wahrscheinlich hängt es davon ab, wer man ist und was man wirklich vorhat.

Aber für die meisten lautet die Antwort wahrscheinlich „weder noch"! Wie schon gesagt, keine Kategorie ist grundsätzlich überlegen – und das gilt für das Land, die Region, den Sektor, die Größe, den Stil oder irgendein anderes Kriterium, das die höheren Mächte noch zusammenbrauen mögen. Wer führt und wer hinterherhinkt – das gleicht sich häufig und unregelmäßig aus. Wenn Sie die entsprechenden Zeitpunkte gut abpassen können, schön für Sie! Toll für Sie! Aber die Geschichte zeigt auch kristallklar, dass die meisten Anleger ungeachtet ihrer Absicht oder ihres Hintergrunds diese Kategorien teuer kaufen und billig verkaufen und damit ein schlechtes Timing an den Tag legen – selbst wenn sie gar nicht merken, dass sie auf das Timing achten.

Es ist einfach so, dass die Small Caps nach dem Tiefpunkt von Baissen einen besonderen Schub erleben. Das ist alles! In schweren Baissen beziehen sie massive Prügel, und deshalb schießen sie im Zuge der Erholung über das Ziel hinaus. Manchmal dauert die Blütezeit der Small Caps ein paar Jahre, aber manchmal verläuft sie schnell wieder im Sande. Wenn man das jedes Mal perfekt timen kann, macht man riesige Gewinne – aber wenn Sie das können, brauchen Sie dieses Buch nicht zu lesen.

Für die meisten Menschen sind jedoch die tollen langfristigen Renditen der Small Caps im wirklichen Leben unerreichbar. Sie existieren nur auf dem Papier! Doch um sie mit dem Portfolio wirklich zu erzielen, hätte man im Jahr 1926 Aktien kaufen und sie die ganze Zeit behalten müssen. Über den Crash 1929 und die Depression hinweg, um die irren Gewinne des Jahres 1932 mitzunehmen, und über die Baisse zu Beginn des Zweiten Weltkriegs hinweg, um die Gewinne des Jahres 1942 einzufahren. Über Nixons Preiskontrollen, die Nachwehen der Technologieblase, die Krise 2008 sowie alle anderen Turbulenzen und seismischen Ereignisse hinweg, die in dieser ganzen Zeit auftraten. Wahrscheinlich müsste man dafür über 100 Jahre alt sein. Das ist durchaus möglich! Aber nicht gerade wahrscheinlich. Und sicherlich lesen solche wunderbaren Hundertjährigen mit Nerven aus Stahl dieses Buch nicht. An Tiefpunkten des Marktes haben die meisten Menschen zu viel Angst davor, Aktien winziger Unternehmen zu besitzen.

TOLLE FORMELN UND SONSTIGES GELEHRTES KRYPTONIT

Warnung: Wenn Sie zu den Menschen gehören, die beim Anblick griechischer Buchstaben glasige Augen bekommen, überblättern Sie diesen Abschnitt und merken Sie sich nur: Tolle mathematische Modelle können keine langfristigen Renditen vorhersagen und die meisten Versuche, dies zu tun, sind Sachen, die sich jemand zusammenreimt, um auf Cocktailpartys Eindruck zu machen. Aber wenn Sie zu den Menschen gehören, die in abgefahrenen Theorien schwelgen können und die mit mathematischen Formeln etwas anfangen können, dann ist dieser Abschnitt das Richtige für Sie.

Ein anderer Teil der akademischen Folklore dreht sich um quantitative Prognosemodelle. Sie sind nichts für Leute, die sich nur gelegentlich mit den Märkten befassen – sie sind gehaltvoll und komplex und Theoretiker debattieren seit Jahrzehnten darüber, ob sie funktionieren.

Sind Sie jetzt eingeschüchtert? Das sollten Sie nicht sein! Sie brauchen keine mathematisch formulierten Modelle. Die meisten haben die gleichen Nachteile wie KGVs und Bewertungskriterien im Allgemeinen. Es ist schön, Modelle zu kennen, wenn man sich mit solchen Dingen befassen will, aber in der wirklichen Welt bringen sie einem nicht viel.

Modelle sind nur so gut wie das, was in sie eingeht, und da hat man immer nur zwei Möglichkeiten: vergangene Ergebnisse oder hypothetische Annahmen. Beide sagen nicht die Zukunft voraus.

Das Capital Asset Pricing Model (CAPM) ist ein uraltes populäres Modell, das den Test auf fehlerhafte Eingangsgrößen nicht besteht. Es kam Anfang der 1960er-Jahre als Möglichkeit auf, die zukünftige Erwartungsrendite einer Aktie zu berechnen. Sein theoretisches Fundament klingt gut. Es geht davon aus, dass volatilere Aktien die Anleger mit höheren potenziellen Zugewinnen belohnen sollten als der breite Markt – als Ausgleich für das zusätzliche Risiko, das man mit ihnen eingeht. Die einfache Intuition würde einem das Gleiche verraten! Aber die Erfahrung im richtigen Leben würde einem ebenfalls verraten, dass die Aktie auch tief fallen könnte.

Die Standardformel des CAPM sieht so aus.

$$E(R) = R_f + \beta(R_{Markt} - R_f)$$

E(R) ist die Erwartungsrendite. R_f ist die „risikolose" Rendite des Marktes. β – das Beta – gibt die Volatilität in Form der täglichen Kursbewegungen einer Aktie im Verhältnis zum Gesamtmarkt an. R_{Markt} ist die Erwartungsrendite des breiten Marktes.

Schau mal, ein kotzendes Eichhörnchen! (Nur ein Scherz – um Ihren geistigen Gaumen zu reinigen, falls Ihnen von dem griechischen Buchstaben übel geworden ist.)

Gehen wir die Gleichung eins nach dem anderen durch, dann erkennen wir problemlos ihre Fehler. R_f ist normalerweise die Rendite aktueller 10-jähriger US-Schatzanweisungen – eine vernünftige rationale Erwartung dafür, wie viel das Geld in Zukunft wert wäre. Dagegen ist als Ausgangspunkt für eine Rendite-Risiko-Berechnung nichts einzuwenden. Problematisch ist aber das Beta. Es gibt die frühere Volatilität an. Diese hat jedoch keinen Vorhersagewert! Die frühere Volatilität ist Iteration der früheren Performance. Sie sagt einem nicht, wie volatil die Aktie in Zukunft sein wird, und auch nicht, welche Rendite sie abwerfen wird. Auch R_{Markt} fällt durch. Es ist im Grunde ein geratener Wert! Viele Analysten gründen ihre Annahmen auf die Gewinne und Dividendenrenditen des Marktes und dafür gehen sie wiederum davon aus, die Vergangenheit sage die Zukunft voraus – die Gewinnrendite ist ja einfach der Kehrwert des KGVs. Das ist hilfreich, um vernünftige Erwartungen an ultra-langfristige durchschnittliche Jahresrenditen zu bilden, aber es berücksichtigt weder das Wachstum noch die Produktivität. Auch bringt es nicht viel für Prognosen über einen praktikablen Zeitraum, sodass es in diesem Kontext größtenteils nutzlos ist.

Aus dem CAPM wurde ein weiteres Lehrbuch-Modell abgeleitet, die Aktien-Risikoprämie (ERP = Equity Risk Premium). Das ist das, was im CAPM in der Klammer steht – eine Schätzung, wie sehr die Aktienperformance die Anleiheperformance über einen bestimmten Zeitraum übertreffen sollte.

Man kann diese Risikoprämie auf viele verschiedene Arten berechnen, aber die meisten davon haben die gleichen Schwächen wie das CAPM – sie beruhen fast immer auf willkürlichen Annahmen und auf der Überzeugung, der Markt werde zum Mittelwert zurückkehren – egal, ob sich der Mittelwert auf die durchschnittliche Gewinnrendite, die Dividendenrendite, das Gewinnwachstum, das Dividendenwachstum oder andere Größen bezieht.

Ich habe nichts gegen die Überzeugung einzuwenden, dass Aktien Anleihen über längere Zeiträume outperformen dürften (auch wenn die Geschichte zeigt, dass der GE einem von Zeit zu Zeit Prügel verabreicht). Aber das genaue Ausmaß lässt sich nicht angeben.

Das war die schlechte Nachricht. Und jetzt kommt die gute: Es ist gar nicht nötig! Überlegen Sie sich einmal, aus welchem Grund wohl irgendjemand berechnen möchte, in welchem Maße die Aktien in den nächsten 10, 20 oder 30 Jahren über die Anleihen triumphieren werden: um die Zusammensetzung eines Portfolios festzulegen! Es gibt aber bessere, weniger beschränkte, mathematisch robustere Möglichkeiten, die optimale Mischung aus Aktien und Anleihen für die eigenen langfristigen Ziele herauszufinden.

In meiner Firma benutzen wir dafür Monte-Carlo-Simulationen – Computermodelle simulieren Tausende zufälliger Szenarien, die auf realen historischen Ergebnissen basieren, und führen die Ergebnisse zusammen, um daraus die Wahrscheinlichkeit verschiedener Ausgänge zu beurteilen. Wie ich 2013 in meinem Buch „Plan Your Prosperity" erklärt habe, können wir in unser Programm die Ziele, den Zeithorizont und den jährlichen Bargeldbedarf eines Kunden eingeben und dann berechnet es für verschiedene Asset Allocations die jeweilige Überlebens- und Wachstumswahrscheinlichkeit.

Monte-Carlo-Simulationen sind zwar nicht im Entferntesten perfekt (an den Märkten ist nichts perfekt), aber sie sind wissenschaftlich solide. Die populäre moderne Version entwickelte Stanislaw Ullum in den 1940er-Jahren, als er am Manhattan Project arbeitete und herauszufinden versuchte, wie dick die Abschirmung gegen Radioaktivität sein musste, damit die Wissenschaftler sicher waren. (Es hat funktioniert.)

Wie funktionieren Monte-Carlo-Simulationen für die Geldanlage? Stellen Sie sich vor, Sie hätten 1.068 Racquetbälle aus Gummi und eine Tabelle, in der die Monatsrenditen des S&P 500 von 1926 bis 2014 aufgeführt sind – also Renditen aus allen Haussen, Baissen, Korrekturen, „verlorenen Jahrzehnten", fetten und mageren Jahren. Stellen Sie sich vor, Sie würden mit einem wasserfesten Stift auf jeden Ball eine Monatsrendite schreiben und ihn dann in einen Swimmingpool werfen. Dann verbinden Sie sich die Augen, nehmen ein Netz zur Hand und fischen willkürlich einen Ball aus dem Pool. Dann nehmen Sie die Augenbinde ab, öffnen Ihre Tabelle für die Portfoliosimulation und geben die auf dem Ball stehende Rendite in die Zelle für die Rendite im ersten Monat ein. Werfen Sie den Ball wieder ins Wasser, verbinden Sie sich wieder die Augen und fischen Sie wieder einen Ball heraus. Machen Sie das ein paar Dutzend Mal, eben bis Ihre Simulation Ihrem Zeithorizont entspricht, und wenden Sie die Renditen dann auf den Anfangswert Ihres Portfolios an. Das ist eine Reihe hypothetischer Renditen. Das Ganze wiederholen Sie etwa 2.500 Mal und berechnen den Anteil der Renditen, die Ihren Zielen genügen. Dadurch erhalten Sie eine realistische Wahrscheinlichkeit dafür, dass ein zu 100 Prozent aus Aktien bestehendes Portfolio Ihre Ziele erreicht. Dann können Sie die gleiche Übung mit Anleihen und mit verschiedenen Mischungsverhältnissen (70/30, 60/40, 50/50) machen.

Ich persönlich empfehle allerdings, dafür keinen Pool zu nehmen, sondern ein geeignetes Online-Tool (oder einen Excel-Zauberer) zu finden – das geht schneller und man wird nicht so nass.

Monte-Carlo-Simulationen sind viel aussagekräftiger als die Risikoprämie oder irgendwelche anderen hypothetischen Modelle. Sicher, sie verwenden ebenfalls frühere Renditen ohne Vorhersagekraft, aber dank der schieren Größe der Stichprobe gewinnt man daraus vernünftige Wahrscheinlichkeiten – und mehr wollen wir gar nicht. Wir versuchen ja nicht, die künftigen Renditen exakt zu beziffern – wir wissen, dass wir das nicht können (nicht für die nächsten 30 Monate!). Wir würfeln einfach aus, welche Asset Allocation mit der höchsten Wahrscheinlichkeit die Ziele eines Kunden realisiert. Das macht die Monte-Carlo-Simulation. Anhand früherer Werte, aber nicht anhand geratener Werte.

TUN SIE ES EINFACH – MEHR ALS NUR EIN WERBESPRUCH

Wieso kann sich eine wissenschaftliche Theorie halten, obwohl die daraus gezogenen Schlüsse oft falsch sind? Warum wird es gewöhnlich unter den Teppich gekehrt, dass sie so oft falschliegt? Es ist nur eine Vermutung, weil sich unsere Welt so entwickelt hat, dass den Menschen beeindruckende Lebensläufe lieber sind als Erfahrung. Wir schätzen das Prestige eines akademischen Werdegangs mehr als den schmutzigen geschäftlichen Erfolg. Falls Sie in den letzten 50 Jahren keine Gelegenheit hatten, Zeitung zu lesen: Geschäfte sind böse. Und wenn Sie Zeitung gelesen haben, scheint es, als seien Wissenschaftler nicht böse. Sie sind Experten! Das meine ich natürlich sarkastisch. Aber tatsächlich leben wir in einer Welt, in der Nobelpreisträger Helden und Vorstandsvorsitzende Schurken sind.

Vielleicht ist es anders, wenn Sie dies in der Zukunft lesen. Doch während ich dies schreibe, besetzt die Elite aus dem Elfenbeinturm alle wichtigen offiziellen Wirtschaftspositionen und das schon seit Jahrzehnten. Als Janet Yellen 2013 zur Fed-Chefin ernannt wurde, hoben die Experten ihren Doktorgrad aus Yale hervor – genauso wie sie 2006 Ben

Bernanke wegen Princeton priesen. Beide galten als wundervolle, äußerst qualifizierte Kandidaten – fast ausschließlich wegen Artikeln, die sie geschrieben, und wissenschaftlicher Positionen, die sie vertreten hatten. Theorien, Lebensläufe und kontrollierte Studien – alles graue Theorie.

Alle Präsidenten seit Reagan hatten in Harvard oder Yale studiert, ebenso acht von neun Richtern am Supreme Court. Nur Elena Kagan nicht – sie absolvierte zwar die meisten Kurse in Yale, aber die Arme musste dann ihren Abschluss an der Columbia machen, weil ihr Mann nach New York zog, bevor sie fertig war. Sie ist die Ausnahme, die die Regel bestätigt.

In der wirklichen Welt zählt ein akademischer Stammbaum allerdings nichts. Die Märkte kümmert es nicht, wo man zur Schule gegangen ist oder ob überhaupt, sondern nur, ob man richtigliegt. Dafür braucht man Köpfchen und echte Erfahrung. Sie wollen ein großartiger Anleger sein? Dann brauchen Sie keinen Hochschulabschluss! In den harten Wissenschaften kommt es auf Hochschulbildung und Bücherwissen an. Aber die Geldanlage ist anders als Biologie, Chemie, Maschinenbau oder Informatik. Die meisten Anleger werden durch Learning by Doing erfolgreich.

Die meisten Menschen halten intuitiv nicht viel von Erfahrung. Aber betrachten Sie es so: Stellen Sie sich vor, Sie gehen auf eine Safari. Wollen Sie den Führer haben, der an einer Elite-Hochschule seinen Doktor in Zoologie gemacht hat, aber keine Felderfahrung besitzt und noch nie eine halbautomatische Handfeuerwaffe Kaliber 7,62 abgefeuert hat? Oder wollen Sie lieber den Mann oder die Frau haben, der oder die in der afrikanischen Savanne aufgewachsen ist, ein Fotoalbum mit den fantastischsten Nahaufnahmen hat, die Sie je gesehen haben – aber keinen College-Abschluss besitzt? Ich wette, sie wollen den Führer, der sich in der Savanne auskennt. Probieren geht über Studieren.

Diese Logik lässt sich auf alle möglichen Berufe anwenden. Nehmen wir an, Sie wären Manager einer Baseballmannschaft und Sie würden gerade einen neuen Trainer engagieren. Nehmen Sie den mit einem Baseball-Doktor aus Yale? Auf keinen Fall! Sie engagieren den Typen, der das Spiel selbst gespielt hat! Da ist es egal, ob er Nichtschülerabitur oder einen Highschool-Abschluss hat, ob er auf einem College war oder einen College-Abschluss hat. Im Bunker ist das egal! Natürlich schwärmten alle von Tony LaRussa, dem ehemaligen Manager der Oakland Athletics und der St. Louis Cardinals, mit seinem Jura-Abschluss, aber auch er ist die Ausnahme, die die Regel bestätigt. Niemand meinte, er sei wegen seines

Jura-Abschlusses so ein toller Manager – es war einfach ein Kuriosum (und wieder ein Beispiel dafür, wie sehr die Gesellschaft von Pergament und sonstigen Symbolen der Gelehrsamkeit fasziniert ist). Das, was ihn groß gemacht hat, waren die Weltmeisterschaft und seine Siege.

Jahrzehntelang schwärmten die Medien von dem kürzlich verschiedenen Joe McNamara, dem einzigen Polizeichef einer bedeutenden Stadt mit Doktortitel (sogar aus Harvard). Und er stand den Polizisten sehr kritisch gegenüber, was bei den Medien noch besser ankam. Es gibt aber kaum Belege, dass er besser gewesen wäre als seine Kollegen. Doch wir lieben Doktortitel, selbst wenn sie nichts bringen.

Am deutlichsten tritt dieser Punkt vielleicht in der Welt der Musik zutage. Die renommiertesten Universitäten und Hochschulen für darstellende Künste bieten Studiengänge in Musiktheorie und Komposition an. Dort kann theoretisch jeder lernen, wie man ein großartiger Komponist oder Songwriter wird. Doch können Sie mir irgendeinen großartigen Songwriter mit Abschluss in Musiktheorie nennen? Brian Wilson hatte keinen. Keiner von den Beach Boys hatte einen. Wilson und Mike Love schrieben ihre erste Hitsingle „Surfin'" innerhalb von zwei Stunden bei einer Jam Session, als sie noch Teenager waren – noch bevor der Rest der Gruppe überhaupt seine Instrumente beherrschte. Carl Wilson erinnerte sich später: „Die Gruppe lernte eigentlich erst zu spielen, nachdem wir schon Schallplatten aufgenommen hatten."[12] Sie brachten es sich selbst bei und lernten durch Versuch und Irrtum. Nicht aus Büchern.

Mozart war Autodidakt, ebenso Son House, Robert Johnson und die anderen Blues-Größen. Buddy Holly, die Beatles, Mick Jagger, Keith Richards, Jimmy Page ... keiner hatte einen Abschluss in Musiktheorie oder in Rockstar-Kunde. Sie spielten einfach, sie machten es einfach. Ebenso Irving Berlin, George Gershwin, Victor Herbert und so weiter und so fort. (Ja, Richard Rogers und Oscar Hammerstein II hatten Musikabschlüsse von der Columbia University, aber keine Doktortitel.)

DIE THEORIE IST NICHT DIE WIRKLICHKEIT

Es ist ja schön, wenn man die Theorie der Geldanlage lernt und kennt, aber wenn man nur anhand der Theorie investiert, kommt man nicht weit. In der wirklichen Welt funktioniert die Theorie nicht immer. Sehen Sie sich nur die Volkswirtschaft an. Viele Wirtschaftstheorien stimmen nur „ceteris paribus", also unter konstanten oder sonst gleichen Bedingungen. Im richtigen Leben ist jedoch nichts konstant und nie ist alles andere gleich. Die wirkliche Welt ist voller veränderlicher Variablen. Mit Theorien kommt man da nicht weit.

Beweisstück A ist die Federal Reserve. In den ersten 60 Jahren ihres Bestehens wurde sie von Bankern geleitet – Menschen aus der wirklichen Welt, denen die Beziehung zwischen der Zinskurve und der Geldmenge klar war. Ihr Beruf war es, Geld zu verleihen, um Gewinn zu erzielen, und ihnen war klar, wie Anreize funktionieren. Doch nach Greenspan hatten wir nur Wirtschaftswissenschaftler aus dem Elfenbeinturm (vor Greenspan hatten wir auch ein paar, die auch nicht gerade geglänzt haben). Kluge Menschen mit gutem Stammbaum, aber ohne jegliche praktische Erfahrung. Auf dem Papier sind sie gut, aber sie sind zu sehr von Theorien und Modellen durchdrungen. Sie wissen nicht, dass in der wirklichen Welt niemals alles konstant oder gleich ist, weil sie noch nie in der wirklichen Welt gearbeitet haben! Ihre Maßnahmen funktionieren nicht, weil sie auf Theorien gegründet sind, nicht auf die Realität. Janet Yellen hat keinerlei Erfahrung in der wirklichen Welt und damit ist sie unter den heutigen Notenbankern nicht die Ausnahme, sondern die Norm. Sie ist wie der Doktor im Boxen, der alles darüber weiß, aber keine Erfahrung im Ring hat.

Ein Beispiel habe ich in Kapitel 5 erläutert – das Quantitative Easing (QE). Das QE fußt unmittelbar in der nachfrageorientierten Wirtschaftstheorie und basiert auf der Annahme, die Senkung der langfristigen Zinsen würde die Nachfrage nach Darlehen anheizen und dies würde die Kreditvergabe ankurbeln. Eine schöne Theorie! Sie ging aber davon aus, das Angebot würde konstant bleiben, und ignorierte deshalb die Variablen, die sich auf das Angebot auswirken – die Geldbeschaffungskosten und die Erlöse aus der Kreditvergabe. Das QE ignorierte das Profitstreben. Die Fed überlegte sich nie, dass die Senkung der langfristigen Zinsen bei fixen kurzfristigen Zinsen nahe null die Kreditvergabe weniger profitabel und somit für die Banken weniger attraktiv machen würde.

Sie überlegte sich nie, dass das schwache Gewinnpotenzial die Banken von der Kreditvergabe abhalten würde, sodass das Kreditwachstum zusammenbrechen würde, egal wie sehr die Kreditnehmer Kredite haben wollten. Doch Ben Bernanke war noch nie Banker gewesen. Das Banker-Dasein ist eben zu schmutzig für den Wunsch der Welt nach einem Notenbanker, der nicht von der wirklichen Welt ist.

Bernankes Beschränkungen durch den Elfenbeinturm traten auch 2008 zutage. In Wissenschaftskreisen hatte er sich einen Namen als gelehrter Fachmann für die Große Depression gemacht. Als die Krise zuschlug, versicherten uns die Experten, Bernanke als Depressionsexperte werde sie zuverlässig bewältigen. Das Gegenteil war aber der Fall! Er überging die altbewährten, in der wirklichen Welt erprobten Waffen zum Krisenmanagement im Arsenal der Fed. Denn als Experte für die nicht-wirkliche Welt dachte er, sie würden nicht funktionieren. Als Depressionsexperte hätte er eigentlich wissen müssen, was funktioniert hatte und was nicht. Aber er überging die funktionierenden Instrumente und ging gleich zu unkonventionellen Maßnahmen über. Er hatte grandiose Theorien, die er in der Praxis ausprobieren wollte – im wahrsten Sinne des Wortes ein Hammer auf der Suche nach einem Nagel. Im Nachhinein ist das nicht überraschend. Bernanke bewunderte schon lange Franklin D. Roosevelt wegen seiner ähnlichen Methode zur Bekämpfung der Depression. 1999 schrieb er: „Ich glaube, Roosevelts konkrete politische Maßnahmen waren nicht so wichtig wie seine Bereitschaft, aggressiv vorzugehen – also kurz gesagt alles zu tun, was nötig war, um das Land wieder in Gang zu bringen. Viele seiner Maßnahmen funktionierten zwar nicht so, wie er es beabsichtigt hatte, aber letztlich gebührt FDR das große Verdienst, dass er den Mut besaß, gescheiterte Paradigmen aufzugeben und zu tun, was getan werden musste."[13] Anders ausgedrückt soll man nicht in erster Linie keinen Schaden anrichten, sondern zunächst etwas tun, und zwar irgendwas.

Und so tat Bernanke exakt das, was er an FDR so bewunderte – er experimentierte und zeigte die Bereitschaft, aggressiv vorzugehen, ohne konkrete Ergebnisse zu erhalten. Er überging die schlachterprobten Kunstgriffe und ließ eine Buchstabensuppe von

Liquiditätsfazilitäten vom Stapel und ganz am Ende das QE. Doch trotz des vielen Geldes, das angeblich durch das Finanzsystem schwappte, fror die Kreditvergabe ein und es kam nicht zu einer Geldschöpfung im Sinne der traditionellen Kennzahlen M2 und M4.

Warum nicht? Weil er den ältesten Trick aus dem Lehrbuch übersprang! Die Fed kontrolliert zwei Zinssätze – den Diskontsatz für Banken, die sich direkt bei der Fed Geld leihen, und die Federal-Funds Rate, die für Ausleihungen der Banken untereinander gilt. Wenn die Fed in Krisenzeiten Liquidität ins System pumpen musste, machte sie das im Laufe der Geschichte meistens so, dass sie den Diskontsatz so weit senkte, dass er unter der Federal-Funds Rate lag. Auf diese Art konnten sich die Banken bei der Fed billiges Geld leihen, es untereinander zu leicht höheren Zinsen ausleihen und die Differenz einstecken. Dieser sichere kleine Gewinn bildete für die Banken einen Anreiz, das Geld in Bewegung zu halten. Doch im Jahr 2008 stellte die Fed unter Bernanke die Geschichte auf den Kopf. Sie tat das Gegenteil! Sie setzte einen Diskontsatz, der 25 Basispunkte über der Fed-Funds Rate lag, und beließ ihn ein ganzes Jahr lang dort. Die Verantwortlichen konnten den Schaden, den sie dadurch anrichteten, nicht verstehen, weil ihnen das einfache Wissen fehlte, wie solche Dinge in der wirklichen Welt funktionieren. Weil sie Experten waren.

Das heißt nicht, dass sie schlechte Menschen wären. Die meisten von ihnen haben nur noch nie eine Bank oder ein anderes Unternehmen geleitet. Ein paar Ausnahmen gab es: Elizabeth Duke, eine der Gouverneurinnen, die während der Krise dem Offenmarktausschuss – dem Federal Open Market Committee (FOMC) – angehörte, hatte über drei Jahrzehnte Erfahrung im Bankwesen – davon über 20 Jahre als Führungskraft –, bevor Präsident Bush sie 2007 in die Fed berief. Während des gesamten Jahres 2008 äußerte sie aus der Sicht der Bankerin Bedenken und erklärte, dass die geplanten Maßnahmen die Gewinne schmälern und die Kreditvergabe blockieren könnten. Sie stellte auch die Bewertung zum Marktpreis infrage und argumentierte dagegen (wenn auch erst in der Sitzung im Dezember 2008). Die anderen waren allerdings überwiegend direkt von der Uni in die

Notenbank gekommen. Die Präsidenten der regionalen Federal Reserve Banks bekamen zwar einzelne Informationen von Banken und Unternehmen aus ihrem jeweiligen Bezirk, aber sie konnten sich nicht in die Lage der Unternehmer und Banker versetzen.

Einen weiteren Beleg erhielten wir 2014, als Ben Bernanke demütig offenbarte, dass er seine Hypothek nicht refinanzieren konnte – die Bank wies ihn ab![14] Und das, obwohl er Ben Bernanke war, der König des astronomischen Buchvertrags, der für öffentliche Auftritte sechsstellige Summen kassierte. Er nahm die Schuld auf sich und gab zu, dass die strengeren Bedingungen für Hypothekenkredite eine gewisse Kreditklemme verursacht hatten. Die Zinskurve erwähnte er allerdings nicht. Ihm schien nicht klar zu sein, dass die Bank wahrscheinlich Risiko und Rendite gegeneinander abwägte. Sie betrachtete ihn nicht als Ben Bernanke, den König des astronomischen Buchvertrags, der für öffentliche Auftritte sechsstellige Summen kassierte, sondern als Ben Bernanke, den frisch gebackenen Mitarbeiter eines nicht gewinnorientierten Thinktanks, der nicht mehr das regelmäßige, berechenbare Gehalt bezog, das er aus der Fed heimgetragen hatte. Ben Bernanke als Kreditrisiko! Nicht gerade das, worauf sich Banken bei schmalen Gewinnspannen stürzen. Aber das ist eben die wirkliche Welt, nicht die Theorie.

WENN NICHT IN DER SCHULE, WO DANN?

Wenn man Dinge für das richtige Leben nicht in der Schule lernt, wo lernt man sie dann? Suchen Sie sich einen Mentor! Was Bildung angeht, ist der Mentor der Elefant im Zimmer. Suchen Sie sich einen erfolgreichen Mentor, dann können Sie direkt von jemandem lernen, der etwas getan hat und etwas tut. Das ist an allen Tagen der Woche besser als jemand, der etwas tun könnte oder ganz eventuell tun mag. George Gershwin hatte drei Mentoren. Auch gut. Yogi Berras Mentoren waren die Kids auf der Straße.

Das Tierreich hat das schon vor langer Zeit erkannt. Eine Puma-Mutter schickt ihre Jungen nicht auf die Puma-Schule, damit sie dort Bücher über die Jagd lesen. Mama nimmt sie einfach mit! Sie schauen ihr ein paarmal zu, sehen, wie sie ihrer Beute auflauert und sie dann tötet – und dann machen sie es zum ersten Mal selbst. Wenn Sie je die Chance haben, bei solchen Übungen zuzuschauen, sehen Sie, dass die Jungen vorausgehen, dass ihnen die Mutter in einigem Abstand folgt und ihnen bei der Arbeit zuschaut. Sie beobachtet ihre Fehler, schaut zu, wie sie durch die Praxis lernen, und wenn sie etwas nicht begriffen haben, zeigt sie es ihnen noch einmal. Das ist ein bemerkenswerter Anblick.

Tiere geben auch Innovationen weiter. So konnte der Schwarzbär überleben, als die Populationen größer wurden und die traditionellen Nahrungsquellen knapp wurden. Durch Versuch und Irrtum fanden kalifornische Schwarzbären heraus, dass Baumsaft nahrhaft, süß und lecker ist – richtiger Brennstoff! Dann fanden sie heraus, wie sie bis in den Wipfel von Mammutbäumen in gut 40 Metern Höhe klettern, die Borke bis zum Boden hinunter abschälen und anschließend den köstlichen Saft auflecken können, der dann herausläuft. Selbst gemachter Sirup für Bären! Sie fanden es ganz allein heraus und brachten es ihren Jungen bei. Und jetzt sind die sekundären Mammutbaum-Wälder in Nordkalifornien voll von Bären, die auf Bäume klettern und Saft schlürfen. Das ist 1:1-Lernen. Inzwischen sind die Schwarzbären für die Mammutbäume eine viel größere Bedrohung als die Menschen. Das ist das richtige Leben. Von Schwarzbären und Mülltonnen gar nicht zu reden.

Sie sind im Gegensatz zu mir kein Naturfreund? Dann ein Paradebeispiel aus dem Sport: Muhammad Ali. Der junge Cassius Clay hatte kein Stipendium für die Boxer-Universität. Er lernte das Boxen im Ring von seinem Trainer und Mentor Angelo Dundee. Er erforschte nicht die Physik des Schmetterlingsflugs und den Bienenstich, schrieb dann eine Dissertation darüber und verteidigte sie vor Sonny Liston. Nein, er schlug Sonny „Big Bear" Liston einfach k. o.! Wie ein Schwarzbär erfand er auf eigene Faust den Rope-a-dope und schlug den fabelhaften George Foreman beim „Rumble in the Jungle" in Zaire k. o. Keine prestigeträchtigen Box-Abschlüsse oder Zeugnisse. Einfach Übung und 1:1-Training. Deshalb war er „Der Größte".

Das alles lässt sich auf die Geldanlage übertragen. Warren Buffett hat zwar an der Columbia University studiert, aber er sagt selbst, das meiste, was er weiß, habe er von Ben Graham gelernt.

Unternehmen bewerten? Gute, übersehene Kaufgelegenheiten finden? Alles eine Frucht der Ausbildung beim Vater der Wertpapieranalyse. Graham machte es und er brachte Buffett bei, wie man es macht.

Ben Graham starb 1976, aber man kann ihn und andere verstorbene großartige Mentoren immer noch studieren. Wie? Sie haben Bücher geschrieben! Keine theorielastigen, einschläfernden Lehrbücher, sondern Literatur. Lesbar und nachvollziehbar. In den klassischen Büchern über Geldanlage sind viele Elefanten versteckt, wenn man weiß, wo man suchen muss. Sie wollen wissen, wo? Dann blättern Sie weiter zu Kapitel 8!

ANMERKUNGEN

1. „Portfolio Selection", Harry Markowitz, *The Journal of Finance*, Vol. 7, No. 1 (März 1952): 77–91.
2. „Cognitive Biases in Market Forecasts", Kenneth L. Fisher und Meir Statman, *The Journal of Portfolio Management*, Herbst 2000.
3. „Price-Earnings Ratios as Forecasters of Returns: The Stock Market Outlook in 1996", Robert J. Shiller, Yale University. www.econ.yale.edu/~shiller/data/peratio.html (Zugriff am 29.10.2014).
4. *Security Analysis*, Benjamin Graham und David Dodd (New York: McGraw-Hill, 1st ed., 1934), 452.
5. „Valuation Ratios and the Long-Run Stock Market Outlook", John Y. Campbell und Robert J. Shiller, *The Journal of Portfolio Management*, Winter 1998: 11–26. www4.fe.uc.pt/jasa/m_i_2010_2011/valuationratiosandthelongrunstockmarketoutlook.pdf (Zugriff am 29.10.2014).
6. „The Mystery of Lofty Stock Market Elevations", Robert J. Shiller, *The New York Times*, 16.08.2014.
7. „Parallels to 1937", Robert J. Shiller, Project Syndicate, 11.09.2014.
8. FactSet, Stand 30.10.2014. S&P 500 Total Return Index, 31.12.1998 bis 31.12.2008.
9. „Valuation Ratios and the Long-Run Stock Market Outlook", John Y. Campbell und Robert J. Shiller, *The Journal of Portfolio Management*, Winter 1998: 11–26.
10. Morningstar, FactSet und Global Financial Data, Inc., Stand 02.06.2014.
11. „The Cross-Section of Expected Stock Returns", Eugene F. Fama und Kenneth R. French, *The Journal of Finance*, Vol. 47, No. 2 (Juni 1992): 427–465. www.bengrahaminvesting.ca/Research/Papers/French/The_Cross-Section_of_Expected_Stock_Returns.pdf (Zugriff am 30.10, 2014).

12. *The Beach Boys and the California Myth*, David Leaf (New York: Grosset & Dunlap, 1978).
13. „Japanese Monetary Policy: A Case of Self-Induced Paralysis", Ben S. Bernanke, Princeton University, Dezember 1999. https://www.princeton.edu/~pkrugman/bernanke_paralysis.pdf (Zugriff am 03.11.2014).
14. „You Know It's a Tough Market When Bernanke Can't Refinance", Elizabeth Campbell und Lorraine Woellert, Bloomberg, 03.10.2014. http://www.bloomberg.com/news/articles/2014-10-02/you-know-it-s-a-tough-market-when-ben-bernanke-can-t-refinance (Zugriff am 24.02.2015).

8

WERFEN SIE DIESES BUCH WEG!

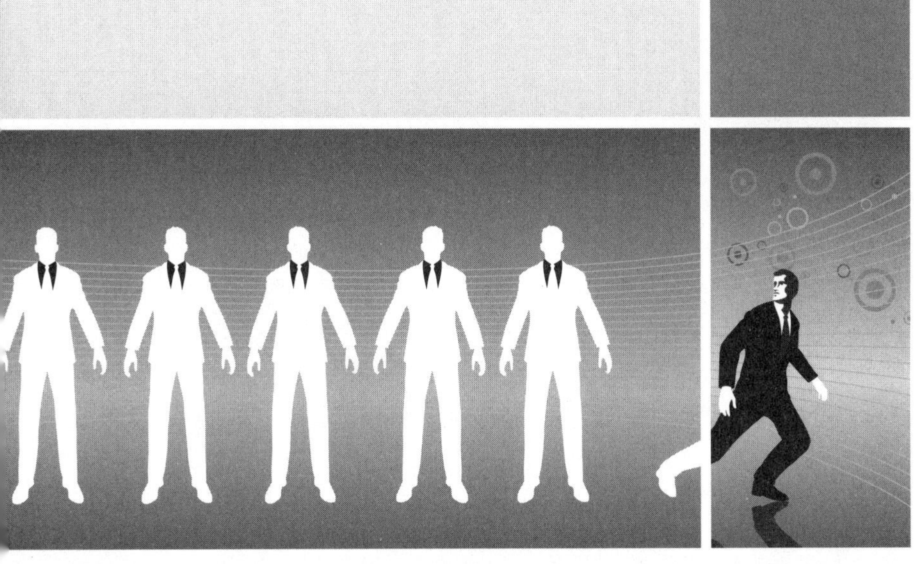

8

Die Überschrift dieses Kapitels ist zu 50 Prozent ironisch gemeint – ich rate Ihnen nicht wirklich, das vorliegende Buch wegzuwerfen oder es zu entsorgen oder im nächsten Antiquariat zu verkaufen. Schließlich habe ich mir ja die Zeit genommen, es zu schreiben! Und es eignet sich gut, um das fehlende hintere Bein eines alten, bequemen Sofas zu ersetzen. Aber wenn Sie es im Jahr 2015 lesen, hat es einen Nachteil: Es ist neu. Nur wenige neue Bücher enthalten brauchbare Handlungsanweisungen, um die Masse zu schlagen – zu viel Geschwafel! Alles, was hierin besprochen wird, könnte dadurch, dass es zu viel Aufmerksamkeit bekommt, für eine Weile eingepreist werden. Vielleicht fahren Sie am besten, wenn Sie das Buch in zehn oder 20 Jahren noch einmal lesen. Ziehen Sie es unter dem wackelnden Sofa heraus, wenn Sie es zum Sperrmüll bringen.

Oder vielleicht doch nicht? Einer der Gründe, weshalb ich „The Only Three Questions That Count" geschrieben habe, war, dass ich sehen wollte, ob meine Methoden eingepreist würden, nachdem ich sie für alle sichtbar veröffentlicht habe. Ich wollte sehen, ob sie dann immer noch funktionieren! Und wie es der Zufall so will, funktionieren die meisten auch noch nach zwei Auflagen und einer Reise durch die Bestsellerliste der *New York Times*. Also besitzt vielleicht auch das vorliegende Buch Durchhaltevermögen. Die Zeit wird es zeigen.

Doch für die Wartezeit gibt es noch eine Menge andere wundervolle und nützliche Bücher über Geldanlage, die Sie lesen können. Manche geben ureigene Tipps, wie man es machen soll. Andere erklären, wie die Wall Street funktioniert und wie man sich in die Irre führen lassen kann, wenn man nicht aufpasst. Klassiker der Wirtschaftsphilosophie führen die Schönheit der Märkte und des

Kapitalismus vor und das kann einem helfen, die heutige Wirtschaftspolitik zu analysieren. Manche Bücher bringen einem einfach das Denken bei – natürlich nicht ideologisch. Geschichtsbücher gemahnen uns daran, dass „dieses Mal" fast nie wirklich anders ist als die vorigen Male, und sie helfen einem, die aktuellen Ereignisse sowie die düsteren Medienkommentare in die richtige Perspektive zu rücken.

All das und vieles andere werden wir in diesem seltsamen Kapitel behandeln. Ich betrachte es gern als Lesekreis auf Papier. Natürlich ist dieser Lesekreis einseitig, denn Sie bekommen nur meine Seite der Unterhaltung mit, aber später können Sie jederzeit mitreden!

Folgendes werden wir in diesem unterhaltsamen Finanzliteratur-Führer behandeln:

- Weshalb Sie von angesagten neuen Büchern keine große Hilfe bei der Geldanlage erwarten sollten
- Vergessene Klassiker, brillante Biografien und nützliche Geschichtsbücher
- Moderne Klassiker, die Sie im Kampf gegen die vom Untergang besessenen Medien unterstützen

MILEY CYRUS, JUSTIN BIEBER UND POPSTAR-ÖKONOMEN

Neue Bücher können nicht der Elefant im Zimmer sein. Sie sind ja in aller Munde! Ihre Theorien, Prognosen, Meinungen und Schlussfolgerungen werden normalerweise schnell eingepreist, vor allem wenn sie populär sind. Und selbst wenn sie zu den richtigen Schlussfolgerungen kommen, können Sie daraus keine Handlungsanweisungen ableiten.

Wie wir später noch sehen werden, sind manche Neuerscheinungen sofort Klassiker. Aber die meisten fallen in eine von zwei Kategorien: aktuelle Ereignisse oder langfristige Prognosen.

Bücher über aktuelle Ereignisse können interessant und unterhaltsam sein. Normalerweise wird in solchen Büchern aber viel zu viel um das Thema herumgeschwafelt. Außerdem fließen die Meinungen und Vorlieben des Autors ein – wie hier die meinigen

–, sodass es schwierig ist, Fakten von Meinungen oder gar Fiktion zu unterscheiden, die gerne als Non-Fiction verkleidet wird. Es gibt einige sehr unterhaltsame Bücher, die sich gut lesen, aber in diese Falle tappen – zum Beispiel die von Michael Lewis. Es kann großen Spaß machen, seinen Bestseller-Finanzjournalismus zu lesen! Der Wermutstropfen ist jedoch, dass der Leser Fakt und Fiktion trennen muss, was nicht immer leicht ist.

Außerdem sind die meisten Bücher über aktuelle Trends und Ereignisse nur in einem kurzen Zeitfenster von Interesse. Sie sind die Miley Cyrus und Justin Biebers der Buchszene. (Wenn Sie dem Babyboom entstammen und Miley und Justin nicht kennen, nehmen Sie David Cassidy oder Donovan.) Sie werden schon bald von neuen Moden abgelöst. Außer wenn solche Bücher auch zeitlose Lehren vermitteln, bringen sie nach ein oder zwei Jahren nichts mehr.

Die Methode, sich am Markt auf Dauer zu halten, besteht darin, das Richtige zu tun, jedoch nicht auf zu populäre Art – das ist genauso wie mit meiner Diätempfehlung. Es gibt unzählige Diätbücher. Manche sind große Bestseller. Ich habe vor Jahren rund 50 Kilo abgenommen und mein Gewicht gehalten – mit meiner eigenen Zauberdiät, die aber nie populär werden wird und mit Börsenmethoden vergleichbar ist, die nie eingepreist werden. Wie man abnimmt? Indem man nichts isst, was man gerne isst. Dann überisst man sich nicht und die Pfunde schmelzen dahin! Aber so etwas macht fast niemand. Und niemand würde ein Buch darüber kaufen.

In diese Schublade passen viele Bücher, die Früchte der Finanzkrise des Jahres 2008 sind und die keinerlei praktikable Investmentratschläge enthalten. Einige davon stürzten sich auf die allgemeine Weltuntergangsstimmung unter den Anlegern. So wurden eilig Bücher zusammengeschustert und verscherbelt, die vorhersagten, die Krise werde zurückkehren. „Depression“ und „Ende“ waren noch Jahre danach Standardelemente von Buchtiteln. Die meisten waren Anleitungen, wie man die Krise überlebt, und manche davon schienen direkt einer Folge von *Preppers* –

bereit für den Weltuntergang entsprungen zu sein. Alle begingen den grundlegenden Fehler, anzunehmen, diesmal sei alles anders – „diesmal ist alles anders" sind laut einem berühmten Zitat von Sir John Templeton auf dem Gebiet der Geldanlage die vier gefährlichsten Wörter, die es gibt. Sogar nachdem der Markt und die Konjunktur sich wieder im Aufschwung befanden, ignorierten sie zyklische Faktoren. Manche wurden inzwischen in dem vergeblichen Bemühen überarbeitet, relevant zu werden, obwohl wir schon seit Jahren wieder Wachstum haben. Wenn man solche Bücher liest, sieht man zwar, welche Stimmung damals herrschte, aber die Wirklichkeit sieht man nicht – und die Stimmung kann man bereits am Titel ablesen, also braucht man seine Zeit gar nicht erst mit ihrer Lektüre zu vergeuden. Schon die schiere Menge solcher Bücher lässt darauf schließen, dass die darin enthaltenen Ansichten und düsteren Erwartungen bereits eingepreist wurden. Das ist eine großartige Möglichkeit, kontrarianisch zu sein und die Masse auszunutzen.

Auch Bücher, die langfristige Prognosen abgeben, sind normalerweise nicht sehr nützlich (nicht für die nächsten 30 Monate!). Diese Kategorie beinhaltet so ziemlich alles von Harry Dent, der dadurch populär wurde, dass er den demografischen Wandel nutzte, um langfristige Aktienerträge zu prognostizieren. Vielleicht erinnern Sie sich noch, dass er 1999 prophezeite, der Dow Jones werde bis 2009 auf 35.000 Punkte steigen – oder dass er 2012 vorhersagte, er werde bis 2022 auf 3.300 Punkte fallen. Solche Behauptungen sind sensationell und erregen Aufmerksamkeit, doch es liegt ja wohl auf der Hand, dass sie Anlegern nicht viel bringen.

Andere Bücher über langfristige Prognosen sind zwar wissenschaftlich solider, bringen den Anlegern aber genauso wenig. Viele wurden nicht einmal in der Absicht geschrieben, dass Anleger danach handeln sollen! Es handelt sich eher um Empfehlungen von Maßnahmen, die als langfristige ökonomische Ausblicke daherkommen. Der große Bestseller des Jahres 2014, „Das Kapital im 21. Jahrhundert" von Thomas Piketty (C.H. Beck), ist ein Paradebeispiel dafür. Er behauptet, die Einkommensungleichheit nehme zu, was die Volkswirtschaften langfristig in große Gefahr bringe, aber damit will er Regierungen dazu anstacheln, Wohlhabende und Besserverdiener mit hohen Steuern zu bestrafen. Daran lässt sich ablesen, dass hier eine ideologische Neigung im Spiel ist, und dies ist ein Anzeichen dafür, dass seine Analyse mehr auf Meinungen als auf Tatsachen beruht. (Und tatsächlich weisen die Zahlen, mit denen er seine These untermauert, die gleichen Mängel auf wie die Zahlen zur Einkommensungleichheit, die wir in Kapitel 4 demontiert haben.) Doch selbst wenn seine Schlussfolgerung letztlich korrekt ist, fällt sie durch den Test nach dem Motto „nicht in den nächsten 30 Monaten".

Ich habe Pikettys Buch herausgegriffen, weil es das neueste Beispiel dafür ist, aber es steht in dieser Hinsicht nicht allein. Die im Original 2009 erschienene Abhandlung „Dieses Mal ist alles anders" (FinanzBuch Verlag) von Carmen Reinhart und Kenneth Rogoff (ich höre, wie sich Sir John Templeton bei diesem Titel im Grabe umdreht), die auf mehrere ihrer früheren Studien über Schulden und Wirtschaftskrisen aufbaut, bot ebenfalls eher politische Rezepte als ökonomische Analysen. Die Behauptung dieses Buches (die inzwischen von Volkswirten entlarvt wurde, die Fehler in den verwendeten Zahlen fanden), wonach die hohe Verschuldung das Wachstum bremse, stand hinter einem Großteil der Austeritätspolitik im Zuge der Krise der Eurozone. Die Lektüre dieses Buches, von „Das Kapital im 21. Jahrhundert" und von ähnlichen Büchern hilft einem dabei, die Überzeugungen und Philosophien zu verstehen, die hinter wirtschaftspolitischen Maßnahmen stehen. Wenn solche Sachen Sie interessieren, machen sie Ihnen wahrscheinlich Freude! Bedenken Sie jedoch, dass es sich dabei um Soziologie handelt. Sehr wahrscheinlich um tendenziöse Soziologie. Es sind keine Anleitungen für die Geldanlage.

KLASSIKER SIND AUS GUTEM GRUND KLASSIKER

Nun aber genug von Büchern, die nichts bringen. Was aber *sollte* man lesen, um nützliche, umsetzbare Anlagetipps zu finden?

Fangen Sie mit den Klassikern an! Es ist viel wahrscheinlicher, dass Sie den Elefant im Wohnzimmer in alten Büchern finden. In Klassikern, die jeder gelesen hat, von denen aber viele oder die meisten meinen, sie würden den „alten Stil" repräsentieren. Vielleicht tut man sie als altbacken ab. Doch bezüglich grundwichtiger und grundlegender Dinge ändern sich weder Märkte noch Menschen wirklich – der alte Stil kann immer noch relevant sein! Und daher stecken alte Bücher voller nützlicher, lange Zeit übersehener Konzepte und Methoden. Dass legendäre Anleger legendär waren, hat seinen Grund. Die Klassiker ermöglichen es uns, direkt von ihnen zu lernen.

Doch zunächst eine Warnung, eine Entschuldigung und ein Vorschlag: Diese Liste ist unvollständig. Es gibt Dutzende lohnenswerter Klassiker und der begrenzte Raum zwingt mich, einige wegzulassen. Eine vollständigere Liste finden Sie in „Best Books on the Stock Market: An Analytical Bibliography" von Sheldon Zerden, erschienen 1972 bei RR Bowker. Darin werden über 100 Bücher, die größtenteils Pflichtlektüre sind, jeweils auf ungefähr einer Seite kurz zusammengefasst. Diese Bibliografie enthält wundervolle Wahrheiten über Grundlagen der Märkte, über die Börsengeschichte, Anlegerpsychologie, kontrarianisches Denken und vieles mehr. Wegen ihres Alters sind die wenigen neueren Klassiker nicht enthalten, aber sie ist wirklich die grundlegende Bibliografie für jeden Anleger – das Stöbern darin wird zum Beginn einer langen, freudvollen literarischen Reise. Bei Amazon .com und AbeBooks.com gibt es reichlich gebrauchte Exemplare zu Schleuderpreisen.

„INTELLIGENT INVESTIEREN", BENJAMIN GRAHAM, 1949

Dieses Buch ist zwar größtenteils historisch ausgerichtet, aber es enthält viel Wissen. Grahams anderes Werk, „Wertpapieranalyse" (zusammen mit David Dodd 1934 verfasst) wird oft als Anlegerbibel bezeichnet und ist ein echtes Kleinod. Aber „Intelligent investieren" ist für unsere Zwecke nützlicher und nicht ganz so antiquiert – vor allem da Graham das Buch 1973 aktualisiert hat. In „Wertpapieranalyse" geht es nur um die Aktienauswahl – das ist zwar fesselnd und notwendig, aber in einem diversifizierten Portfolio wirkt sich die Auswahl einzelner Aktien, das Stock-Picking, nicht so stark aus. In „Intelligent investieren" geht es mehr um den Markt. Um genau zu sein um Mr. Market – diese Personifizierung des Aktienmarkts ist der Held von Grahams Parabel über Volatilität. Die Launen von Mr. Market – am einen Tag übertrieben euphorisch, am nächsten panisch – belegen, dass Märkte auf kurze Sicht irrationale „Wahlmaschinen" sind, so eine berühmte Formulierung von Graham. Dieses irrationale Verhalten erzeugt im ansonsten effizienten Markt Gelegenheiten für uns Kontrarianer.

Mr. Market mag der berühmteste Bestandteil des Buches sein, aber Graham hat noch viel mehr zu bieten. Seine Abhandlung über Risiken erinnert uns daran, dass kurzfristige Volatilität und echtes Risiko zwei Paar Schuhe sind. Seine Anklageschrift gegen die Dow Theory zeigt uns, warum und wieso die akademischen Formeln, die wir in Kapitel 7 besprochen haben, limitiert und meist bereits eingepreist sind. Und er untermauert die alte Weisheit: So etwas wie eine gute oder eine böse Aktie gibt es nicht. Unternehmen können gut oder böse sein! Aber Aktien sind nur Aktien. Diese und andere Lehren von Graham können einem helfen, die gängigsten Fehler zu vermeiden.

Wenn Sie auch „Wertpapieranalyse" lesen wollen, nehmen Sie die Originalfassung von 1934 – den wahren Klassiker. Auch die ersten Neuauflagen sind noch in Ordnung, aber die neueren Überarbeitungen haben Grahams Klassiker verwässert und in einem Eintopf verrührt, in dem der eigentliche Geschmack so sehr von einem modernen akademischen Mischmasch überdeckt wird, dass man Grahams Stimme und seine Ansichten gar nicht mehr erkennt.

„DIE PROFI-INVESTMENT-STRATEGIE": MIT PHILIP A. FISHERS ANLAGEREGELN ZUM ERFOLG, PHIL FISHER, 1958

Warren Buffett hat seine Anlagestrategie einmal so beschrieben: „85 Prozent Benjamin Graham und 15 Prozent Fisher."[1] „Fisher" ist Phil Fisher, mein Vater.

Vater brachte mir bei, wie ich denken soll. Dieses Buch kann für Sie das Gleiche tun, indem es Ihnen vorführt, wie *er* dachte. Er war ein Denker, der sich durch und durch von der Masse abhob. Sein Buch war das erste Investmentbuch, das es in die Bestsellerliste der *New York Times* schaffte. Noch heute verkauft es sich gut auf Amazon.

Der größte Teil von „Common Stocks and Uncommon Profits" – so der Originaltitel – befasst sich mit Unternehmen. Mein Vater fand, Diversifizierung sei überbewertet, und es interessierte ihn nicht so sehr, Marktzyklen auszunutzen. Lesen Sie das Buch trotzdem und nehmen Sie es in sich auf – es ist kurz [die 336 Seiten lange deutsche Ausgabe enthält noch andere Schriften von Fisher, Anm. d. Ü.]. Sie können es an einem Nachmittag durchlesen. Dabei werden Sie sehen, dass die Aktienanalyse nicht nur quantitativ, sondern auch qualitativ sein sollte. Sie werden immer und immer wieder sehen, wie wichtig es ist zu wissen, dass man sich irren kann, und wie wichtig es ist, aus seinen Fehlern zu lernen – und nicht zuzulassen, dass einen der Stolz für eigene Fehler blind macht. Sie werden dort sehen, wie die Massenpsychologie in die Irre führt, zum Beispiel die apokalyptische Stimmung im Umfeld der Rezession 1949. Sie werden sehen, wie gefährlich es ist, seine Entscheidungen von Emotionen beeinflussen zu lassen – und wie viel es bringt, diszipliniert zu sein und nicht wegen historischer Preistrends oder wegen der jüngeren Vergangenheit – seien sie nun gut oder schlecht – zu verkaufen.

Viele Verbote meines Vaters für Anleger sind zeitlos. Kaufe nie ein Unternehmen aufgrund von Werbesprüchen. Kaufe weder kurzfristig noch langfristig wegen der früheren Performance oder der früheren Gewinne. Vater hätte Shillers zyklusbereinigtes KGV – das CAPE – gehasst. Wenn Sie mir nicht glauben, lesen Sie den nächsten Kasten. Und noch ein schöner Spruch: „Habe keine Angst, zu kaufen, wenn ein Krieg droht." Und vor allen Dingen: „Folge nicht der Masse." Ich lasse ihn selbst zu Wort kommen: „Die Fähigkeit, über gewisse Mehrheitsmeinungen hinauszublicken und so herauszufinden, welche Fakten wirklich vorliegen, ist eine Eigenschaft, die einem auf dem Gebiet der Aktien reichen Lohn einbringen kann. Es ist aber nicht leicht, diese Fähigkeit zu entwickeln, denn die geballten Meinungen der Menschen, mit denen wir zu tun haben, wirken sich stark auf das Denken von uns allen aus."[2]

Wie wir in Kapitel 7 gesehen haben, setzt Shillers CAPE den aktuellen Kurs zum inflationsbereinigten Gewinn der letzten zehn Jahre ins Verhältnis. Und dann behauptet er, ein hohes CAPE bedeute für die nächsten zehn Jahre geringe Renditen und umgekehrt. Mein Vater widerlegte diese Behauptung schon Jahrzehnte bevor sich Shiller das CAPE ausdachte. Hier ein kurzer Auszug aus Kapitel 9 von „Die Profi-Investment-Strategie", der unter der hübschen Überschrift „Vergessen Sie nicht Gilbert und Sullivan" steht:

„In diesem Sinne messen viele Anleger dem Gewinn je Aktie der letzten fünf Jahre großes Gewicht bei, wenn sie entscheiden wollen, ob sie eine Aktie kaufen sollen. Sich den Gewinn je Aktie an sich anzusehen und den Gewinnen aus vier oder fünf Jahren irgendeine Bedeutung beizulegen ist so, als würde man nützliche Arbeit von einem Motor erwarten, der an keine Maschine angeschlossen ist, der er seine Kraft zur Verfügung stellen könnte. Nur zu wissen, dass ein Unternehmen vor vier oder fünf Jahren viermal so viel Gewinn oder ein Viertel des Gewinns von heute erzielt hat, sagt überhaupt nichts darüber aus, ob man eine bestimmte Aktie kaufen oder verkaufen sollte. Wie gesagt, es kommt darauf an, dass man auch die Hintergrundbedingungen kennt. Es ist von überragender Bedeutung, zu wissen, was in den nächsten Jahren wahrscheinlich passieren wird.

Der Anleger wird ständig mit Berichten und sogenannten Analysen gefüttert, die sich größtenteils um diese Kennzahlen der letzten fünf Jahre drehen. Doch er sollte bedenken, dass für ihn zum jetzigen Zeitpunkt nicht die Gewinne der vergangenen fünf Jahre, sondern der kommenden fünf Jahre von Bedeutung sind."[3]

„JESSE LIVERMORE: DAS SPIEL DER SPIELE", EDWIN LEFÈVRE, 1921

Das ist eines meiner absoluten Lieblingsbücher. In meinem Buch aus dem Jahr 1993, „100 Minds That Made the Market", schrieb ich, niemand solle Geld, das er für „wichtig" hält, investieren, ohne zuvor dieses Buch gelesen zu haben. Jahrzehnte später gilt das immer noch. „Jesse Livermore: Das Spiel der Spiele" ist eine fiktionalisierte Autobiografie von Jesse Livermore, die versucht, in seinen Kopf zu blicken und zu zeigen, wie er dachte. Dadurch zeigt es, dass es schiere Torheit ist, kurzfristig zu kaufen und zu verkaufen. Jeder kann aus Livermores Torheiten während der Panik 1901 (dazu später mehr) etwas lernen – um nur ein Beispiel zu nennen.

Livermore hat auch selbst ein Buch geschrieben, und zwar „Mein Schlüssel zu Börsengewinnen", im Original erschienen im März 1940 bei Duell, Sloan & Pearce. Es liest sich zwar gut, ist aber eine Anleitung, wie man es nicht machen soll. Livermore tradete auf der Grundlage von Kursbewegungen und wurde überheblich – eine tragische Angeberei, wie die Welt im November jenes Jahres erfuhr, denn als er sich umbrachte, war er völlig mittellos. Der geniale Trader konnte sein Kapital nicht bewahren. Mehrmals hintereinander gewann er ein Vermögen und verlor es wieder. Viermal meldete er Insolvenz an – alles nachzulesen in der Biografie „Jesse Livermore. Die Geschichte der Börsenlegende" von Richard Smitten aus dem Jahr 2001 (TM Börsenverlag).

Ich bevorzuge jedoch eindeutig „Jesse Livermore: Das Spiel der Spiele". Dort sehen wir, wie der junge Livermore direkt aus dem Gymnasium an die Wall Street ging und sich ab dem ersten Tag Aktienbewegungen notierte. Anhand von Livermores Aufstieg vom Gehilfen zum legendären „Boy Plunger" und König der Wall Street schildert „Das Spiel der Spiele" seine Höhen und Tiefen, wobei uns der Held freudig mitteilt, was er unterwegs lernt. Perlen der Weisheit!

Ironischerweise findet sich die bedeutendste Lehre bereits ziemlich am Anfang: „Ich gewann nicht immer. Mein Handelsplan war durchaus solide und machte öfter Gewinn als Verlust. Hätte ich mich daran gehalten, hätte ich vielleicht sieben von zehn Mal richtiggelegen. Tatsächlich verdiente ich immer dann Geld, wenn ich schon vorher sicher war, dass ich richtiglag. Es brach mir jedoch das Genick, dass ich nicht genug Hirnschmalz besaß, bei meinem eigenen Spiel zu bleiben – also nur dann zu spekulieren, wenn ich sicher war, dass die Präzedenzfälle für mich sprachen. Für alles gibt es eine Zeit, aber das wusste ich damals noch nicht. Und genau das bricht vielen Männern an der Wall Street das Genick, die nicht im Entferntesten zu den Dummköpfen zählen. Es gibt einfache Deppen, die immer alles falsch machen, und es gibt den Wall-Street-Deppen, der meint, er müsste die ganze Zeit handeln.

Niemand kann immer gute Gründe haben, täglich Aktien zu kaufen und zu verkaufen – oder genug wissen, damit daraus ein intelligentes Spiel wird."

Livermore musste diese Lektion während seiner gesamten Laufbahn immer wieder neu lernen und gegen seine destruktiven Instinkte ankämpfen. Er gewann mit Aktien ein Vermögen, vernichtete es mit Grundstücksgeschäften, gewann es zurück, verlor es wieder – einseifen, abspülen, wiederholen. Sein Abschiedsbrief sagte alles: „Ich bin des Kämpfens müde."[4] „Das Spiel der Spiele" fängt jedoch einen glücklicheren Jesse Livermore ein, der seine Triumphe und seine Schnitzer forsch mit uns teilt, dabei zwar gelegentlich prahlt, uns dabei aber immer etwas lehrt. Lassen Sie sich von ihm etwas beibringen.

„CONTRARIAN INVESTMENT STRATEGY: THE PSYCHOLOGY OF STOCK-MARKET SUCCESS", DAVID DREMAN, 1980

Auch ein Lieblingsbuch von mir und eines, das mich enorm beeinflusst hat. In mancher Hinsicht merkt man ihm sein Alter an. Es wurzelt in der Stimmung der späten 1970er-Jahre, als sich die Menschen mit „Stagflation" und sonstigen Plagen herumschlugen. Viele seiner Erklärungen zu Bewertungen sind heute allgemein bekannt und werden allgemein angewendet – sie bringen Ihnen also nicht viel, wenn Sie sich von der Masse abheben wollen. Aber das sind nur kleine Nachteile angesichts einer ansonsten exzellenten Diskussion des Gruppendenkens im Investmentbereich und der Zwecklosigkeit, der Masse zu folgen. Manche Teile sind gewissermaßen die Vorgeschichte zum vorliegenden Buch, zum Beispiel das Kapitel, in dem die schlechte Erfolgsbilanz professioneller Prognosen seit den 1960er-Jahren vorgeführt wird. In anderen Teilen zeigt er, wie technische Analysten und Fundamentalanalysten jeweils ihre eigene (meist irrende) Masse bilden – was wir in Kapitel 1 schon besprochen haben –, weil sie alle die gleichen Modelle, Theorien und Annahmen verwenden. Und Dreman zeigt ganz direkt, wie gefährlich es ist, der Masse nachzueifern, indem er das Anlegerverhalten in früheren euphorischen Phasen wie der Mississippi-Spekulation oder dem Börsenhoch 1962 schildert. Man kann sagen, das Buch zeigt das kontrarianische

Denken in Aktion – und dadurch bringt es einem einen Denkprozess bei, den man auch auf heutige Probleme und Situationen anwenden kann.

David schrieb außerdem eine regelmäßige Kolumne in *Forbes* und fing damit kurz vor mir an. Sie hieß „The Contrarian" und jahrzehntelang erschienen seine und meine Kolumne im Wechsel. Er schreibt immer noch für *Forbes*, aber nicht mehr so oft, und ich vermisse unsere kontrapunktischen, jedoch oft auch parallelen Argumentationen. Aber *Forbes* ist natürlich schon immer eine großartige Quelle für kontrarianische Anregungen.

„... UND WO SIND DIE YACHTEN DER KUNDEN?", FRED SCHWED, 1940

Das ist wieder so ein hübscher kleiner Klassiker, den sie an einem Nachmittag verschlingen können – 150 groß bedruckte Seiten. Auch diesem Buch merkt man in mancherlei Hinsicht sein Alter an. Es geht davon aus, die Aktien seien nach der großen Depression in eine ewige Hausse eingetreten, und es wurde geschrieben, bevor der Investment Advisers Act von 1940 den Verkauf von Geldanlagen von entsprechenden Dienstleistungen trennte. Aber es formuliert einige sehr alte und wahre Grundlagen prägnant und in einfachen Formulierungen, die jeder nachvollziehen kann. Kurze Gleichnisse zeigen uns, dass die frühere Performance niemals die Zukunft vorhersagt. Zu jedem Käufer gehört ein Verkäufer. Wer behauptet, er könne sehr kurzfristige Renditen vorhersagen, kann nur raten.

Schweds Klassiker führt auch verhaltensbedingte Fehler vor, etwa die gefährliche Annahme „The Trend Is Your Friend" – auch als Momentum-Investing bekannt. Außerdem erinnert er uns daran, dass es feindselige Stimmung gegen die Wall Street und die Verunglimpfung von Bankern schon immer gegeben hat und dass sie häufig ein verhaltensbedingter Fehler ist – die Vermeidung von Reue. Wenn der Große Erniedriger (GE) uns erwischt, schieben wir die Schuld lieber auf andere, als zuzugeben, dass der Markt gewonnen hat oder dass wir einen Fehler gemacht haben. Das raubt uns jedoch die Chance, daraus etwas zu lernen, und ist daher ein gefährlicher Fallstrick.

„CUSTOMERS' MAN", BOYDEN SPARKES, 1931

Dieses kuriose Büchlein handelt mehr von der Struktur der Wall Street als von der Geldanlage – was für Marktteilnehmer aber genauso wichtig ist. „Customers' Man" ist eine fiktionale Parabel, die nach dem Crash 1929 geschrieben wurde, um die Broker (die man damals als „customers' men" bezeichnete) auf die neuen Regulierungen vorzubereiten – den Securities Act von 1933, den Securities Exchange Act von 1934 und den Investment Advisers Act von 1940. Der Protagonist ist ein Musiker, der an die Wall Street ging, um die Hand seiner Geliebten zu erringen – ein ehrbarer Bursche, den die Interessenkonflikte seines Berufs und das skrupellose Verhalten seiner Kollegen anwidern. Diese Erzählung zeigt, wieso Vorschriften, die den Verkauf von Geldanlagen von entsprechenden Dienstleistungen trennen, damals unbedingt notwendig waren. In letzter Zeit verschwimmt diese Grenzlinie zum Schaden der Anleger jedoch wieder. Politiker, Regulierer und Anleger – sie alle könnten mal wieder eine Auffrischung gebrauchen, weshalb es gefährlich ist und Interessenkonflikte provoziert, wenn Verkauf und Service Hand in Hand gehen.

PHILOSOPHIE UND DAS EINMALEINS DER ÖKONOMIE

Es tut mir weh, jetzt den Gang zu wechseln, denn im vorigen Abschnitt habe ich einige Schätze ausgelassen. Verzeihung! Das Buch hat eine begrenzte Seitenzahl und reine Investmentbücher sind nicht die einzigen Quellen gedruckter Weisheit. Was ist mit der Politik? Mit der Volkswirtschaftslehre? Wir haben ja schon gesehen, dass beide sich mit den Märkten überschneiden und Triebkräfte von Auf- und Abschwüngen sind. Auch hier können uns literarische Klassiker helfen.

„WAS MAN SIEHT UND WAS MAN NICHT SIEHT", FRÉDÉRIC BASTIAT, 1850

Wir haben uns in Kapitel 5 mit der Parabel vom zerbrochenen Fenster befasst – sie stammt aus diesem Buch. „Was man sieht" ist ein Essay in zwölf Teilen, der die französischen Politiker des 19. Jahrhunderts vor den Gefahren von Eingriffen in die freie Marktwirtschaft warnte. Bastiat gehörte zur Schule des französischen

Liberalismus und war überzeugt, dass Wohlstand aus freien Menschen und freiem Handel erwächst, für ihn war staatliche Einmischung der Weg in den Ruin. Die Franzosen ignorierten das. Das moderne Frankreich ist oft ein Beweis dafür, dass Bastiat recht hatte.

„Was man sieht" ist eine kurze und bündige Lektion über das Gesetz der unbeabsichtigten Folgen. Auf normalem Papier sind es etwa 40 Seiten. Und man bekommt den Aufsatz kostenlos, zum Beispiel auf http://bastiat.de/bastiat/schriften/was_man_sieht_und.html. Wie bei einem Text zu erwarten, der aus dem Französisch des 19. Jahrhunderts ins Deutsche übersetzt wurde, ist die Sprache etwas gestelzt, aber die Logik ist einfach und klar, die Themen zeitlos. Ein Beispiel: Sollten Länder riesige Streitkräfte unterhalten, um die Beschäftigung zu fördern? Beleben hohe Steuern und öffentliche Investitionen das Wachstum? Würden die schönen Künste ohne staatliche Unterstützung zugrunde gehen? Wirken öffentliche Investitionen in Infrastruktur wirklich als Anreiz und sind sie effizient? Werden automatisierte Fertigungsprozesse die Arbeitskräfte verdrängen und den Untergang der Gesellschaft bedeuten? Würde der Staat die Kredite besser verteilen als die Banken?

Mit diesen Fragen haben Politiker und Bevölkerung bis heute zu kämpfen. Wahrscheinlich werden sie das immer auf alle erdenklichen Arten tun. Wenn Sie verstehen, wie Bastiat denkt und warum, können Sie die Risiken besser einschätzen, wenn der Kongress wieder einmal versucht, etwas zu „beheben".

„WOHLSTAND DER NATIONEN", ADAM SMITH, 1776

Das Jahr 1776 war für die Menschheit ein leuchtendes Jahr. Amerika erklärte seine Unabhängigkeit. Adam Smith erklärte den Kapitalismus. Sie können entscheiden, was für die Freiheit und den Wohlstand Amerikas mehr bedeutet. Entscheiden Sie aber erst, wenn Sie „Wohlstand der Nationen" gelesen haben, erschienen im Geburtsjahr unseres großartigen Landes.

Als der große Schotte „Wohlstand der Nationen – Eine Untersuchung seiner Natur und seiner Ursachen" – so der vollständige Titel – schrieb, näherte sich Großbritannien dem Siedepunkt.

Gerade hatten die Kolonien König Georg zum Tyrannen erklärt und die Briten setzten sich mit dem Gedanken des Individualismus auseinander, nachdem sie jahrhundertelang unter beinahe allmächtigen merkantilistischen Monarchen gelebt hatten. Smith trat mitten auf die Bühne der Entwicklung, die wir heute als Aufklärung bezeichnen, und zwar mit einer einfachen, radikalen Idee: Wenn man es zulässt, trifft der jeweilige Eigennutz aller Menschen aufeinander und erzeugt Wohlstand und Fortschritt für die gesamte Gesellschaft, geleitet von der „unsichtbaren Hand" des Marktes – Wettbewerb und das Streben aus eigener Kraft nach Wohlstand und Gewinn. Die eigennützigen Verkäufer werden nie aufhören, immer neue und bessere Waren, Dienstleistungen und Technologien zu schaffen, weil sie einander stets überbieten wollen, und die eigennützigen Käufer suchen sich daraus das Beste heraus, lehnen den Rest ab, wollen gute Geschäfte machen und drücken dadurch die Preise auf ihr natürliches Niveau. Das gereicht allen zum Vorteil.

Auf über 1.000 Seiten betont „Wohlstand der Nationen" diese Idee immer und immer wieder. Adam Smith zeigte darin, dass die Selbstbestimmung in den Kolonien den Wohlstand förderte und dass die Kolonien deshalb aufblühen konnten, weil sie für die Krone aus den Augen, aus dem Sinn waren – de facto betrieb die Krone eine *Laissez-faire*-Politik. (Nachdem die Kolonien reich geworden waren, wurde König Georg jedoch gierig und wollte ein größeres Stück vom Kuchen haben.) Er zeigte, dass ein starker Staat und hohe Steuern einer Volkswirtschaft die Lebenskraft aussaugen können. Er zeigte, dass Spezialisierung und Arbeitsteilung die Produktivität durch die Decke treiben können – die Blütezeit der industriellen Revolution erlebte er zwar nicht mehr, aber er konnte sie sich gewiss vorstellen. Er zeigte, dass Fiatgeld so lange funktionieren kann, wie die Menschen den Banken vertrauen – ein Goldstandard ist nicht nötig.

Außerdem kannte Adam Smith seine Leser. Er schrieb für die Massen. „Wohlstand der Nationen" ist das lesefreundlichste tausendseitige Buch über Wirtschaftsphilosophie auf diesem Planeten. Es wird Sie nicht einschläfern. Es wird Sie vielmehr weiser machen und Ihnen helfen zu verstehen, weshalb es marktwirtschaftlichen Volkswirtschaften am besten geht – und weshalb es die Märkte hassen, wenn sich echter Sozialismus einschleicht.

„HOW CAPITALISM WILL SAVE US", STEVE FORBES UND ELIZABETH AMES, 2009

Einer der großartigsten Titel und Untertitel aller Zeiten: „Wie uns der Kapitalismus retten wird. Wieso freie Menschen und freie Märkte in der heutigen Wirtschaft die beste Lösung sind." Das sagt doch alles! In Kapitel 5 habe ich erwähnt, dass der Kapitalismus (also die Denkweise der Nachfrageseite) nach der Krise 2008 aus der Mode gekommen ist – Forbes erinnert uns mithilfe klarer Logik und einfacher Volkswirtschaftslehre daran, wieso die freie Marktwirtschaft moralisch richtig ist und weshalb man sich im Großen und Ganzen immer noch darauf verlassen kann – und zwar fast unabhängig davon, womit wir konfrontiert werden –, dass sie den Lebensstandard aller Menschen steigert, die in ihr leben, so wie sie es seit Jahrhunderten in den Vereinigten Staaten und in Großbritannien tut.

Dieses Buch ist zwar keine Anleitung für die Geldanlage, aber jeder, der jemals eine Aktie besessen hat oder vorhat, sich eine zu kaufen, sollte es lesen. Wenn Sie die freie Marktwirtschaft verstehen, begreifen Sie auch, wie und warum Unternehmen und Menschen stets Dinge etwas erschaffen, für Wachstum sorgen und den Aktionären einen vielfachen Lohn bescheren – dadurch sorgen sie dafür, dass vormals knappe Güter reichlich vorhanden sind, und erhöhen im Zuge dieses Vorgangs die Lebensqualität aller. Und das geschieht alles ohne Zutun irgendeines großen Masterplans, sondern nur dadurch, dass der menschliche Eigennutz Amok läuft. Wenn Sie die unsichtbare Kraft des Kapitalismus verstehen, dann gewinnen Sie den Glauben, dass die Märkte es schaffen, alle Probleme – ökonomische und soziologische – zu überwinden, über die sich die Medien ständig aufregen. Dieser Glaube verhilft uns allen dazu, dass wir besser investieren, denn er bietet uns eine langfristige Perspektive, über die die Medien im Allgemeinen nicht berichten.

„A NEW RADICAL'S GUIDE TO ECONOMIC REALITY", ANGUS BLACK, 1970

Angus Black ist das Pseudonym von Roger Leroy Miller, den ich als Student an der Humboldt State University kennenlernte – und der mein Leben veränderte. Ich hatte die meisten (wenn nicht alle) VWL-Kurse besucht und auch sehr gute Noten bekommen, aber ich erfasste immer noch nicht wirklich das große Ganze. Es war, als hätte ich ein Auto in Einzelteile zerlegt und alle Teile untersucht; als würde ich alle Teile und die Theorie begreifen, wie sie zusammengehören, aber ich erfasste die Dynamik nicht, dank deren sie alle gleichzeitig zusammenarbeiten, damit das Auto fährt.

Dann hält Miller an meiner Uni einen Vortrag, in dem er sein knappes, spritziges Manifest für die freie Marktwirtschaft anpreist. Ich sitze im Publikum, da kommt dieser junge Volkswirt herein, der an der University of Chicago studiert hat, mit langem wallenden Haar und in schwarzen Stiefeln – radikal! Falls Sie die Humboldt State nicht kennen: Sie liegt hoch im ländlichen, waldreichen Nordkalifornien – damals wie heute ein Paradies für kiffende Hippies. Miller stellte sich hin und sagte: „Wenn Sie linke Ansichten haben und glauben, dass linke Politik in allen Angelegenheiten funktioniert, die Ihnen am Herzen liegen, wird Ihnen dieses Buch die Wahrheit zeigen." Damals war ich ein 19-jähriger Linker, der sich dachte: „Junge Junge, den Kerl werden meine Professoren ganz schön in Stücke reißen." Und ich freute mich schon darauf! Doch als hinterher Fragen gestellt werden durften, fragten sie alle nur ganz zaghaft – er kannte sich damit nämlich besser aus als sie, und sie wussten dass. Und sie wollten ja nicht, dass er sie öffentlich zerpflückt.

Damals kamen die Rädchen in meinem Gehirn in Gang – nach 45 Minuten wusste ich, wie das Auto als Ganzes funktioniert, und ich wurde zum Liberalen. Miller hatte anhand von Fakten, Theorien und des gesunden Menschenverstands bewiesen, dass mehr Staat gewöhnlich nicht die Lösung, sondern das Problem ist. Wahlfreiheit und freie Marktwirtschaft können mehr bewirken als Politiker und radikale Vorschriften. Als ich nach Hause kam, war meine frisch gebackene Ehefrau, Sherrilyn, bass erstaunt – sogar erschrocken und entsetzt –, wie sehr ich mich verändert hatte. Die

Argumente in Millers Buch veränderten die Ansichten über fast alles, die ich als junger Mann hatte. Dank dieser Argumente verstand ich, wie die neoklassische Ökonomie funktioniert und wie die gesamte wissenschaftliche Disziplin funktionieren würde. Doch vor allem lernte ich – mit Einschränkungen –, das neoklassische Modell für Prognosen bezüglich der Wirtschaft und der Märkte zu verwenden.

Bei Ihnen kann sein Buch das Gleiche bewirken. Es ist eine großartige Möglichkeit, die Grundlagen der neoklassischen Ökonomie im Handumdrehen zu lernen. Um alle Karten auf den Tisch zu legen (nur dann können Sie sich frei entscheiden, sich vollständig zu informieren): Es ist wirklich radikal, gelegentlich schamlos und politisch inkorrekt. Es enthält Formulierungen, die die meisten Leser anstößig finden werden und die ich auf keinen Fall unterstütze. Aber das sind Relikte seiner Zeit und seines Publikums und sie erklären vielleicht, weshalb das Buch heute unbekannt ist. Ich kann über all das hinwegsehen und hoffe, Sie können das auch. Die Substanz ist notwendig und zeitlos.

„BUSINESS BAROMETERS USED IN THE ACCUMULATION OF MONEY", ROGER W. BABSON, 1905-1930

Die lange Zeitangabe ist kein Fehler – Babson brachte seinen Text im Laufe der Jahre Dutzende Male auf den neuesten Stand. Sie können mit keiner Ausgabe etwas falsch machen und brauchen nicht alle zu lesen, denn der Kern ändert sich kaum. Nachdrucke sind leicht zu finden und manche Auflagen sind online kostenlos erhältlich. Eine Google-Suche bringt sie innerhalb einer halben Sekunde auf den Schirm.

Die Reihe *Business Barometers* ist eines der ersten Werke über fundamentale Wirtschaftsanalyse für langfristige Anleger. Babson wusste, dass kurzfristiges Timing nichts bringt, dass es aber möglich ist, längere Zyklen – Haussen und Baissen oder „Phasen des Niedergangs" und „Phasen des Gedeihens" – zu identifizieren und vorherzusagen. Seine *Business Barometers* sollten uns beibringen, wie das geht.

Jede Ausgabe beginnt mit einem kurzen Kapitel namens „Zwei Arten von Kennzahlen", das eine unüberschreitbare Grenzlinie zwischen „vergleichenden Kennzahlen" wie Gewinnen und Erlösen einerseits und „fundamentalen Kennzahlen" andererseits zog, die die zugrunde liegenden konjunkturellen Bedingungen anzeigen. Babson erklärte, die vergleichenden Kennzahlen seien zwar nützlich, besäßen grundsätzlich aber keinen Vorhersagewert. Er argumentierte, die Anleger sollten und könnten Zyklen anhand der fundamentalen Bedingungen vorhersagen – damals ein revolutionäres Konzept. Einige seiner Lieblings-Kennzahlen, zum Beispiel die Gewinne der Eisenbahngesellschaften, sind zwar überholt, aber sie haben brauchbare Nachkommen, etwa den Luftfrachtverkehr und den kombinierten Frachtverkehr zu Lande – die Kennzahlen haben sich weiterentwickelt. Andere, etwa die Geldmenge, sind zeitlos (auch wenn sich die konkrete Berechnung der Geldmenge ändert, während wir immer mehr „Beinahe-Geld" wie etwa Kreditkarten entwickeln, die sich Babson nicht vorstellen konnte).

Babson bezeichnete *Business Barometers* als angewandtes Wirtschaftslehrbuch für Anleger, was recht trocken klingt. Ist es aber nicht! Es liest sich nicht einmal wie ein Lehrbuch. In trockenen Lehrbüchern gibt es keine Parabeln, die zeigen, wann ein Aktienkauf auf den heißen Tipp eines Brokers hin sinnlos ist. Diese umfangreiche Wirtschaftsanalyse enthält eine Menge Dinge, die für Klarheit sorgen.

„BUSINESS CYCLES", WESLEY CLAIR MITCHELL, 1913

Ich habe Mitchells Magnum Opus bereits in Kapitel 5 erwähnt. Ich finde es dermaßen gut, dass ich es hier ebenfalls als Kleinod serviere. Meiner Meinung nach war Mitchell einfach ein Gott der Volkswirtschaft, der Kennzahlen, der Zyklen und der Prognosen.

Als er 1913 „Business Cycles" schrieb, dachten die meisten, Aufschwünge und Abschwünge würden einfach so passieren. Wie das Wetter. Nur wenige dachten, sie könnten zu einem Zyklus gehören, der auf den Exzessen beruht, die der Kapitalismus von Natur aus mit sich bringt. Nur wenige malten sich aus, Abschwünge seien die Art, wie die unsichtbare Hand diese Exzesse selbst wieder korrigiert und uns alle auf der kapitalistischen Straße in den Himmel wandeln lässt, wenn wir sie lassen. (Die Politiker wollen sie anscheinend nie lassen.)

Doch Mitchell stellte es sich so vor und legte in „Business Cycles" seine Theorie und seinen Beweis dar. Ganz ohne Effekthascherei, nur anhand der wissenschaftlichen Methode. Er sammelte sehr viele Daten, er beobachtete, analysierte, prüfte nach und zog Schlüsse. Stets unterhaltsam und niemals trocken geleitet er uns durch einen vollständigen Konjunkturzyklus, wobei er jeden Schritt genau erklärt. Wir sehen, wie sich Unternehmen übernehmen, weil sie die potenziellen Gewinne überschätzen, und wie sie dann in die Klemme geraten, wenn sie die Kosten nicht in den Griff bekommen. Wir sehen, wie die Kreditkosten steigen, weil die Banken vorsichtig werden. Dann tritt Panik ein, wenn die Unternehmen die Zeche nicht mehr zahlen können. Wir sehen das Kreditaufkommen auf dem Höhepunkt der Panik einfrieren und wir sehen den Liquiditätsbedarf – genau in jenem Jahr tritt die Federal Reserve auf. Und dann sehen wir, dass sich die Preise wieder fangen, dass die Geschäfte wieder besser laufen und eine neue Expansion beginnt.

Business Cycles wird Ihnen zeigen, wie die Wall Street und die Main Street miteinander verflochten sind – die Börse und die Realwirtschaft arbeiten niemals gegeneinander, sondern immer Hand in Hand. Das ist heute genauso zentral wie vor hundert Jahren. Danach probieren Sie es vielleicht mal mit dem Buch aus dem Jahr 1927, das er im Auftrag des National Bureau of Economic Research schrieb, „Business Cycles: The Problem and Its Setting", eine erneute Tour de Force für alle, die die Anfänge der allgemeinen Wirtschaftsprognosen tiefer ergründen wollen.

„WIE LÜGT MAN MIT STATISTIK", DARRELL HUFF, 1954

Mark Twain behauptet, Benjamin Disraeli habe einmal gesagt: „Es gibt drei Arten von Lügen: Lügen, faustdicke Lügen und Statistiken." Huffs wunderbare Lektüre zeigt uns, inwiefern und wieso dem so ist. Komplett mit lustigen Illustrationen!

Das Buch ist kurz und ich möchte keinen ellenlangen Klappentext verfassen – nicht nötig. Der Titel spricht für sich. Huff zeigt, dass sich statistische Analysen problemlos so hindrehen lassen, dass sie das gewünschte Ergebnis liefern, eine bestimmte Vorliebe unterstützen oder jede böse Aufgabe erledigen, den ihr Urheber wünscht. Jeder kann die Zahlen zum Lügen bringen.

Warum man es lesen sollte? Denken Sie bloß an die vielen wilden Behauptungen über die Konjunktur, die Märkte und über bestimmte Maßnahmen, die mit Zahlen untermauert werden! Wie wir bei Piketty und Saez gesehen haben, ist das oft Mumpitz. Sie lassen sich aber leicht überprüfen und auseinandernehmen, wenn man weiß, wie das geht, und genau das bringt uns Huff bei. Wenn Sie dieses Buch nicht im Kopf haben, können Sie nicht außerhalb der Masse denken. Ich halte es für eine Pflichtlektüre für jeden, der sich für gebildet hält – selbst wenn er wie ich auf der Uni ausgiebig Statistiken studiert hat. Ich hatte schon viel gelernt, als ich auf Huff stieß. Das Schöne ist aber, dass Sie keine Kurse brauchen, um den Saft aus Huff herauszupressen. Es geht kinderleicht!

VON DEN LEGENDEN LERNEN

Nicht alle legendären Investoren haben Bücher geschrieben. Viele waren einfach zu beschäftigt! Zum Glück haben Biografen den Job für sie erledigt. Wir können also die Geschichte ihres Lebens lesen, sie in Aktion erleben und aus ihren Erfolgen, Misserfolgen und Erfahrungen lernen.

„DIE ROTHSCHILDS", FREDERIC MORTON, 1961

Laut der Finanz-Legende war Nathan Mayer Rothschild der Erste, der gesagt hat: „Die rechte Zeit zu kaufen ist dann, wenn in den Straßen Blut fließt." Manche Historiker bezweifeln das und vielleicht haben sie recht. Lesen Sie „Die Rothschilds" trotzdem. Auch wenn Nathan diesen berühmten Spruch nicht von sich gegeben hat, danach gelebt hat er sicherlich.

Wie der Titel schon sagt, handelt es sich um die 200 Jahre umspannende Saga des Hauses Rothschild, angefangen beim Patriarchen Mayer Rothschild in den 1760er-Jahren im Frankfurter Getto. Mit 300 Seiten ist sie erfreulich kurz.

Das Haus Rothschild war die erste moderne Privatbank der Welt. Im Endeffekt war es auch die erste Zentralbank der Welt, denn es finanzierte neben der Industrie auch Regierungen und Kriege. Alle Rothschilds spielten ihre Rolle, aber Nathan Rothschild war führend und ein begnadeter Spekulant. Während der napoleonischen Kriege verdiente er Unsummen und er kaufte im wahrsten Sinne des Wortes, als in den Straßen Blut floss. Im Jahr 1826 half er der Bank of England aus und war somit ein Vorläufer von JP Morgan im Jahr 1893. Er war ein Pionier des internationalen Kreditwesens und führte ein Wertpapiersystem ein, um den Kreditnehmern den Ärger zu ersparen, physische Sicherheiten als Beleg für ihre Einlagen zu transportieren.

Aus der Geschichte der Rothschilds kann man eine Menge lernen. Eine der zeitlosesten Lektionen findet sich bereits am Anfang, wenn wir Zeuge der Eskapaden der Familie während der napoleonischen Kriege werden. Die damaligen Spekulationen Nathans sind legendär, aber auch die Schmuggelgeschäfte der Familie waren von wesentlicher Bedeutung. Dubios? Klar doch! Aber sie wussten von Anfang an, dass der Krieg weder den Handel noch das normale Leben beenden würde. Die Menschen wollen immer essen und einkaufen und die Rothschilds sorgten dafür, dass sie das auch konnten. Bedenken Sie das, wenn Sie das nächste Mal hören, Krieg sei eine todsichere Konjunkturbremse. Und wenn Sie wissen wollen, wie wichtig dieses Buch für mich ist: Ich habe meinen zweiten Sohn nach Nathan Rothschild benannt – das ist eine Tatsache.

„THE HOUSE OF MORGAN: AN AMERICAN BANKING DYNASTY AND THE RISE OF MODERN FINANCE", RON CHERNOW, 1990

Dies ist die Geschichte einer Bank – JP Morgan –, aber auch die Geschichte eines Mannes, des legendären Finanziers John Pierpont Morgan, ohne den das moderne Bankwesen und die Kapitalmärkte wohl nicht in der Form existieren würden, wie wir sie heute kennen. Vielleicht würde es nicht einmal Amerika in der Form geben, wie wir es kennen, wenn man bedenkt, dass Morgan persönlich Uncle Sam in der Panik des Jahres 1893 rettete. Männer wie Morgan werden heute nicht mehr gemacht: eisenhart, visionär, facettenreich, halsabschneiderisch, aber freundlich. Er suchte seinesgleichen.

Mit über 800 Seiten ist dieses Buch nichts für schnell Verzagte. Aber es ist eine fesselnde Geschichte des amerikanischen Finanzsystems und über vier Generationen Morgans. Das Haus Morgan war das verspätete amerikanische Pendant zum Haus Rothschild, einschließlich der Notfinanzierung für den Staat. Man wird Zeuge, wie Morgan alle Hebel in Bewegung setzt, um die Paniken der Jahre 1893 und 1907 zu beenden. Man spielt Mäuschen bei dem Geheimtreffen auf Jekyll Island und bei Anhörungen im Kongress, aus denen schließlich die Fed hervorging. Sie werden sehen, wie die Kritik an den Bankiers vonseiten Ferdinand Pecoras und anderer Politiker während der Großen Depression zum Glass-Steagall Act sowie zur Trennung von Privatkundenbanken und Investmentbanken führte. Während der 150 Jahre langen Geschichte der Morgans werden Sie das Gleiche sehen wie die Märkte und das ist eine tolle Geschichte.

„JAMES J. HILL AND THE OPENING OF THE NORTHWEST", ALBRO MARTIN, 1991

Die Rothschilds und die Morgans spielten Hauptrollen in meinem Buch „100 Minds That Made the Market". Die drei nächsten Protagonisten auch – zunächst James J. Hill, der Titan des Nordwestens.

Roger Babson nannte James J. Hill „einen großartigen Erforscher fundamentaler Kennzahlen".[5] Der Eisenbahnmogul des 19. Jahrhunderts war ein großer Denker, Unternehmer und Investor. Außerdem war er ein klassischer Selfmade-Titan, der sich am eigenen Schopf emporzog. Er kurbelte das Wachstum und die Industrie im gesamten Nordwesten an, indem er sein Eisenbahnimperium aufbaute – ohne Landschenkungen, ohne Enteignungen, ohne politische Gönner und ohne einen Cent staatliche Unterstützung. Er ist der lebende Beweis dafür, dass die Privatwirtschaft die Entwicklung viel besser anheizt, als sich der Staat träumen lassen würde.

Hill ging erst spät in seinem Leben an die Wall Street, daher zeichnet der größte Teil des Buches den Aufbau seines Imperiums nach. Doch auch seine unternehmerischen Entscheidungen bringen Anlegern Erkenntnisse – seine Analyse der wirtschaftlichen Bedingungen und seine Konzentration auf den Gewinn lassen sich direkt auf die heutige Wertpapieranalyse übertragen. Aber so richtig rund geht es erst ab seinen Abenteuern an der Wall Street. Als er an die Wall Street kam, wurde er zur personifizierten Gier (nach dem Motto „Die Gier ist gut") und er trieb die Konkurrenten in die Enge, um seine Eisenbahngesellschaft Great Northern in ein transkontinentales Imperium zu verwandeln. Und er hatte einen ausgeprägten Hang zum Kontrarianismus. Er schluckte Northern Pacific, als das Unternehmen im Zuge der Panik 1893 bankrottging. Sein Gebot für die Gesellschaft Chicago, Burlington and Quincy trieb seinen Rivalen Ed Harriman vor Neid zur Weißglut und legte den Keim zur Panik des Jahres 1901. Über Great Northern gab er 1898 vier Millionen Dollar für Land mit Eisenerzlagerstätten in der Mesabi Range in Minnesota aus und blieb acht Jahre lang darauf sitzen, bevor er mit US Steel einen Abbauvertrag schloss. Die Beobachter kratzten sich am Kopf, aber bis 1906 waren aus den vier Millionen Dollar 425 Millionen geworden – ein riesiger Gewinn für Hills Aktionäre. Dazu gehörten auch seine Angestellten, nachdem er eine Möglichkeit ausbaldowert hatte, wie sie Aktien zum halben Preis kaufen konnten – ein Pionier der Aktienbezugsrechte für Unternehmensangehörige, Innovation in Bestform.

Hills Leistungen trugen auch zur Weiterentwicklung der Wertpapiergesetzgebung und der Kartellgesetzgebung bei. Das Buch bietet zwar einen guten Überblick, aber vielleicht wollen Sie danach noch mehr über das Drama erfahren – keine Angst, später in diesem Kapitel kann ich Ihnen noch einen Leckerbissen servieren.

„DARK GENIUS OF WALL STREET: THE MISUNDERSTOOD LIFE OF JAY GOULD, KING OF THE ROBBER BARONS“, EDWARD J. RENEHAN JR., 2005

Zunächst einmal ist Jay Gould der richtige Mann, wenn man auf dramatische Ereignisse steht. Der allgemein verhasste Gould ließ den Rest der „Räuberbarone“ des „Gilded Age“ wie Schmusekätzchen aussehen. Wenn man nicht gerade mit ihm verwandt war, war er ein übler Kerl. Aber er war auch einer unserer kreativsten und innovativsten Finanziers. Ich habe ihn wegen seiner Chuzpe schon immer irgendwie gemocht und es ist klar, dass auch Renehan ihn mag. Und das ist ein Kompliment – es handelt sich um die rasante, fesselnde Erzählung von einem echten Außenseiter und Kontrarianer.

Ich empfehle nicht, jeden seiner Schachzüge nachzumachen. Wenn man Unternehmenszahlen manipuliert, um den Aktienkurs in die Höhe zu treiben, landet man im Gefängnis. Aber sein unvergleichliches Geschick und seine Disziplin beeindrucken bis heute. Er wurde gehasst, weil er rücksichtslos war, und dadurch wurde er aus der Masse hinausgedrängt. Das war wahrscheinlich ohnehin seine Absicht – die Umstände und seine Instinkte machten ihn zum Kontrarianer.

Je erfolgreicher Gould wurde, umso mehr verhöhnte ihn die gute Gesellschaft. Das New York der Vanderbilts und der Astors konnte diesen Neureichen, der durch Spekulationen Ruhm und Reichtum erworben hatte, nicht dulden. Ihrer Meinung nach war er auf die falsche Art reich geworden! Er hatte es nicht verdient! Ein Porträt in der *New York Times* bezifferte 1982 sein Vermögen auf 70 Millionen Dollar (heute etwa 1,2 Milliarden Dollar) und ereiferte sich dann über seine selbstsüchtigen Taktiken – er habe im Unterschied zu den Astors und Vanderbilts keinen Wohlstand geschaffen, so die *Times*. Ihrer Meinung nach war er ein Blutsauger und fast schon kriminell.[6]

Die Ironie daran ist, dass Gould gar kein Blutsauger war! Er drückte zwar die Preise, damit er Unternehmen billig kaufen konnte, aber er überfiel keines, um es zu ruinieren. Er leitete die Unternehmen, die er gekapert hatte, normalerweise so, dass es ihnen besser ging. Und das, liebe Leute, schafft Wohlstand. Er war ein Vorläufer dessen, was Private-Equity-Firmen heutzutage ständig machen (allerdings ohne Gebühren zu kassieren).

Diese Story bietet all das und noch mehr. Einschließlich einer Panik! Genauer gesagt der Panik 1869, die Gould verursachte. Er versuchte damals, den Goldmarkt zu beherrschen, und war verdammt dicht dran. Auch wollte er den Schwager eines Freundes – Präsident Grant – dazu nötigen, den Preis in die Höhe zu treiben. Grant weigerte sich jedoch und verkaufte fünf Prozent der staatlichen Goldreserven, was den Preis ins Trudeln brachte. Die Spekulanten waren ruiniert! Gould aber nicht, denn er hatte von Grants Frau einen Tipp bekommen und hoch verkauft. (Wie gesagt, Sie sollten nicht alles nachmachen, was er gemacht hat.) Es gibt darin noch viel Vergnügliches, aber ich möchte Ihnen den Spaß nicht verderben.

„HETTY GREEN: A WOMAN WHO LOVED MONEY", BOYDEN SPARKES UND SAMUEL TAYLOR MOORE, 1930

Es kursieren zwar neuere Biografien der „Hexe der Wall Street", aber keine fängt ihr Händchen für den Markt und ihre Methoden so gut ein wie diese – sie verwenden zu viel Zeit auf ihre exzentrischen Schrullen und auf Boulevard-Klatsch, dafür zu wenig auf ihre Käufe und Verkäufe. Hetty hasste Klatsch. Dieses Buch, das 14 Jahre nach ihrem Tod erschien, ist ein ehrlicher Bericht über ihr Leben und ihre verrückte Genialität.

Hetty durchbrach die unsichtbare Barriere, die im 19. Jahrhundert den Männerklub der Wall Street abschirmte – die einzige weibliche große Nummer im Zeitalter von Gould, Hill und Morgan. Sie überlistete die Spekulanten, rettete mindestens zweimal New York City und bedrohte (der Legende nach) ihren Rivalen, den Eisenbahnmagnaten Collis Huntington, mit einer Schusswaffe, als dieser während ihres Kampfes um die texanischen Eisenbahnen drohte, ihren Sohn ins Gefängnis zu werfen. Sie hasste es, Geld zu verlieren, und sie trennte sich von ihrem Mann, nachdem er ihr Geld durch ein schlechtes Bankgeschäft in den Sand gesetzt hatte. Gefühlsduselei? In Hettys Augen war das etwas für Schwächlinge. Seinen Reichtum in Form von Konsumartikeln oder Dienstleistungen zu genießen – das war etwas für Verschwender. Um Geld und Steuern zu sparen, führte sie ein unstetes Leben und steckte ihre Kinder von einem gemieteten Zimmer in die nächste billige Wohnung in Brooklyn oder Manhattan.

Ihre Sparsamkeit grenzte zwar an Wahnsinn, aber dadurch konnte sich ihr Vermögen vervielfachen. Aus einem Erbe von sechs Millionen Dollar machte sie bis zu ihrem Tod 100 Millionen Dollar, und das ganz einfach indem sie eine Rendite von sechs Prozent im Jahr anstrebte und das Vermögen dank Zinseszinseffekt wachsen ließ. Sie kaufte gerne Anleihen und Hypotheken und wenn die Hypothek platzte, behielt sie das Haus. Und sie ließ sich keine Gelegenheit entgehen, Aktien günstig zu kaufen – vor allem Eisenbahn-Aktien. Als sie in der Panik 1873 mit Long-Positionen dastand, war ihre Strategie ganz einfach: „Ich kaufe die Sachen, wenn sie niedrig stehen und niemand sie haben will. Dann behalte ich sie genauso, wie ich eine Handvoll Diamanten behalte, bis sie steigen und die Leute sie unbedingt kaufen wollen. Das ist das grundsätzliche Geheimnis des geschäftlichen Erfolgs. Ich spekuliere nie. [...] Die Aktien, die ich besitze, habe ich einfach als Anlage gekauft, nie mit einem Gewinnziel."[7]

Hetty spielte auf dem Lebenszyklus der Börsenstimmung wie auf einem Klavier. Sie kaufte immer am Tiefpunkt von Paniken und hatte den Bogen raus, in der Nähe des Höhepunkts zu verkaufen. Sie stieß 1907 Knickerbocker Trust ab, weil die Männer, die dort arbeiteten, „zu gut aussehen". Das musste ja wohl Euphorie sein! Dann verlieh sie den Erlös an notleidende Banken und Finanziers – etwas stiller und bescheidener als JP Morgan –, aber immer vernünftig und nie zu Wucherzinsen (immer kam die Quäkerin durch). Hetty wusste, wie man Risiken abwägt, und sie griff nie nach den Sternen. Lernen Sie diese fabelhafte Dame kennen, lernen Sie von ihrer disziplinierten Art, die Masse zu schlagen, und von ihrer Liebe zum Vermögenswachstum dank Zinseszinseffekt. Um aus ihrem Leben zu lernen und davon zu profitieren, müssen sie ja ihren knauserigen Lebensstil nicht kopieren.

„TEMPLETON'S WAY WITH MONEY", JONATHAN DAVIS UND ALASDAIR NAIRN, 2012

Sir John Templeton schrieb zwar, aber vor allem über seinen Glauben, über Wissenschaft und über seine persönliche Philosophie. Dieses Juwel und andere Biografien füllt eine Lücke. Sie stellen den Aufstieg und die Taktiken des größten Investmentfonds-Managers aller Zeiten dar.

Wie schon in Kapitel 6 erwähnt, war Templeton der Pionier der globalen Geldanlage. Er war der Erste! Er legte kurz nach dem Zweiten Weltkrieg Geld in Japan an, als die meisten Ausländer noch von Japans Kapitalkontrollen verschreckt waren. Nicht so Sir John! Er studierte das Land und seine Kultur, lernte, wie seine Wirtschaft und sein politisches System funktionierten, und spielte sein Spiel. Er war einer der Ersten, die Anfang der 1980er-Jahre Südkorea ins Auge fassten, als es dort nach dem Sturz der Militärdiktatur von Park Chung-hee immer noch massive Beschränkungen gab. Aus diesen und seinen anderen globalen Abenteuern kann man viel lernen.

Sie bekommen auch genug Zitate von Sir John zu lesen. Die meisten kennen seinen Ausspruch: „Haussen werden im Pessimismus geboren, wachsen in Skepsis, reifen in Optimismus und sterben in Euphorie." Das Buch ist eine Fundgrube für solche Weisheiten. Hier noch ein Appetithäppchen: „Wenn man über 20 oder 30 Jahre beste Ergebnisse erzielen will, muss man flexibel sein. Ein flexibler Standpunkt bedeutet, dass man einen eigentümlichen Zug der menschlichen Natur vermeiden muss, nämlich dass man Dinge kauft, von denen man wünscht, man hätte sie schon früher gekauft, oder dass man weiterhin Dinge kauft, die in der Vergangenheit gut funktioniert haben."

Und Sie werden sehen, dass er einen anderen „Sir Johnism" wirklich gelebt hat: „Folge nie der Masse." Er liebte es, in Zeiten des „größten Pessimismus" zu kaufen. Er mied die Schlagzeilen und dachte eigenständig, er erkundete die Fakten. Er kaufte mitten in der US-amerikanischen Sparkassenkrise – als alle „Verkaufen!" schrien –, wobei er die Bilanzen der Banken eine nach der anderen durchging. Die von ihm ausgewählten Banken fielen nach seinem Kauf noch ein bisschen weiter, aber er akzeptierte es, dass es unmöglich ist, Tiefpunkte (und Höhepunkte) präzise abzupassen. Seine These stimmte immer noch und deshalb blieb er dabei – die richtige Entscheidung! Sie können viel aus seiner Taktik und seiner Geisteshaltung in dieser und in vielen anderen Situationen lernen. Ich bin ihm ein paarmal begegnet und er war ein wunderbarer Mensch – mit Weitblick, bescheiden, mutig, sparsam, mit Geschäftssinn und flexibel.

Wie ich im Klappentext geschrieben habe, ist es ein großartiges Buch über einen der Großen. Junge und alte Anleger, Amateure und Profis werden enorm davon profitieren, wenn sie dieses Buch lesen und in sich aufsaugen. Vorher sollten Sie keinen Trade mehr machen.

„CATCHING LIGHTNING IN A BOTTLE", WINTHROP H. SMITH JR., 2013

Dies ist die Biografie eines Unternehmens – die komplette Geschichte von Merrill Lynch, die auch die vielen Innovationen dieses Unternehmens beschreibt. Merrill Lynch war im 20. Jahrhundert die Königin des Investmentbankings und eines der bedeutendsten Brokerhäuser. Seine treibende Kraft war Charlie Merrills Ziel, die Börse und die Realwirtschaft zusammenzubringen (Wesley Mitchell fände das gut). Es setzte als Erstes die Schulung von Anlegern als Werbeinstrument ein, wodurch es die Welt der Geldanlage verbesserte und „normalen" Menschen Möglichkeiten verschaffte. Es erkannte als Erstes, dass es eine Heerschar von Anlegerinnen gab – und machte ihnen den Hof. Es war das erste Brokerhaus, dass die kleinen Privatanleger umwarb, nicht nur das große Geld. Das Erste, das Computer einsetzte. Das erste Brokerhaus, das einen Jahresbericht herausgab. Das Erste, das Bargeldkonten anbot – einschließlich der Möglichkeit, Schecks auszustellen, und mit Kreditkarte –, sodass die Anleger ihre Trading-Erlöse in hauseigenen Geldmarktfonds anlegen konnten. Das ersparte ihnen den Aufwand einer Überweisung. Merrill war einer der ersten Finanzdienstleister, der alles aus einer Hand anbot. (Er war aber leider nur der zweite, der an die Börse ging – man kann nicht immer gewinnen!)

Die Geschichte von Merrill Lynch ist eigentlich die Geschichte der amerikanischen Finanzdienstleister. Der Untertitel „Wie Merrill Lynch die Finanzszene revolutionierte" ist keine Übertreibung. In der Zeit, in der Helen Slade ihre Dinnerpartys gab, eroberte Merrill Lynch die Wall Street im Sturm. Alles, was Merrill Lynch als Erstes machte, gehört heute zum Standard und Winthrop Smith war immer dabei. Der Vater des Autors, Winthrop H. Smith Sen., kam 1916 direkt nach dem College als Aushilfskraft in das Büro von Charlie Merrill. 1940 wurde er Leiter des Unternehmens. Winthrop Jr. hörte immer die Geschichten seines Vaters und trat 1974 in das Unternehmen ein. Er blieb dort 28 Jahre lang, die meiste Zeit als Führungskraft. Niemand kann diese Geschichte besser erzählen als er.

Ich empfehle dieses Buch unter einem kleinen Vorbehalt: Die späteren Teile sind etwas abgedroschen und wettern gegen Sam O'Neal, der nach Meinung des Autors das Vermächtnis der Bank beschädigt und den Niedergang der Bank im Vorfeld des Jahres 2008 betrieben hat. Das stimmt zwar, ist aber relativ aktuell – darüber wurde andernorts ausgiebig berichtet – und daher nicht einzigartig. Die ersten zwei Drittel machen das Buch jedoch zu einer phänomenalen und informativen Lektüre.

VORSICHT BEI AUTOBIOGRAFIEN!

Sie werden gemerkt haben, dass eine Kategorie fehlt: Autobiografien, also die Memoiren von Politikern, Fed-Mitgliedern, Finanzministern und Präsidenten-Beratern. Sie schließen fast immer Buchverträge ab, sobald sie arbeitslos geworden sind. Manche sind großartige Autoren und haben sehr unterhaltsame Geschichten zu erzählen (auch wenn die meisten Ghostwriter engagieren), doch als Anleger bringen sie einem nicht viel.

Von wenigen Ausnahmen abgesehen sagen sie nicht die Wahrheit, die ganze Wahrheit und nichts als die Wahrheit. Sie erzählen einem das, was sie Sie glauben machen möchten. Wenn man Memoiren schreibt, möchte man sein Vermächtnis aufpolieren und nicht erzählen, was wirklich passiert ist – wobei es egal ist, ob sie über ihre gesamte Laufbahn reflektieren oder nur über einen kurzen Zeitabschnitt wie etwa eine Wirtschaftskrise. Dann erfahren Sie vielleicht ihre Beweggründe und ihre Denkprozesse, aufgrund deren sie gewisse Dinge getan haben, aber mehr auch nicht.

Memoiren sind Worte – aber Taten sprechen lauter und sagen mehr aus. Viel mehr Nutzen – und mehr Wahrheit – werden Sie aus echten historischen Aufzeichnungen aus der Zeit beziehen, in der sie an der Macht waren, zum Beispiel aus Protokollen von Fed-Sitzungen.

Es ist Fluch und Segen zugleich, dass die Fed die Protokolle aller Sitzungen und Konferenzen nach fünf Jahren veröffentlicht. Ein Segen, weil wir dann vielleicht endlich die ganze Wahrheit erfahren und sehen, was die Mitglieder wussten, wann sie es erfahren hatten und wann sie uns etwas vormachten. Ein Fluch, weil fünf Jahre eine lange Zeit sein können. Zeit ist wichtig. Wenn die Protokolle von 2008 vor 2012 veröffentlicht worden wären, wäre Janet Yellen bei Erscheinen dieses Buches vielleicht nicht Fed-Chefin. Die Protokolle erschienen ein paar Wochen nachdem der Senat sie bestätigt hatte. Wenn die Senatoren und die Öffentlichkeit sie gekannt hätten, bevor sie Rede und Antwort stehen musste, hätten sie vielleicht schärfere Fragen gestellt und ihre Taten anstatt ihren Lebenslauf und ihre Durchsetzungskraft bewertet. Sie hätten vielleicht gefragt, weshalb sie abfällige Witze über Zahnärzte und Country Clubs machte, die zu kämpfen hatten, als das Finanzsystem zum Teufel ging. Weshalb sie ratlos war, als es im Herbst 2008 in den Abgrund stürzte. Vielleicht hätten sie sogar gefragt, warum sie am Tag nach dem Ableben von Lehman Brothers für höhere Zinsen stimmte.

Die Fed-Protokolle des Jahres 2008 sind über 1.000 Seiten lang, aber sie stecken voller Perlen. Außerdem widersprechen sie eklatant dem Gedächtnis der ehemaligen Finanzminister Hank Paulson und Tim Geithner. Sie belegen, dass Paulson und Geithner bezüglich Lehman einige dicke Klopse geäußert haben. Paulson behauptete, die britischen Regulierungsbehörden würden es nicht zulassen, dass Barclays Lehman kauft, so wie JPMorgan Chase Bear Stearns gekauft hatte. Vielleicht stimmt das sogar! Aber die Protokolle zeigen auch, dass das Finanzministerium und die Fed bewusst die Entscheidung trafen, eine etwaige Finanzierung der Rettung zu verweigern – obwohl sie JPMorgan Chase unter fast identischen Umständen geholfen hatten, Bear Stearns zu kaufen. Und dann klopften sie sich gegenseitig auf die Schulter, weil sie so gute Arbeit geleistet hatten. Regierungsvertreter meinen fast immer, sie hätten prima Arbeit geleistet. Man hört selten etwas anderes. Das Erwähnte steht jedoch in direktem Widerspruch zu Geithners Buch. Darin schreibt er nämlich, er hätte ein Kaufgebot von Barclays unterstützt. Wenn dem so ist, weshalb hat er es dann nicht wirklich getan? Weshalb machte er nach dem Tag des Händeschüttelns nicht den Mund auf? Weshalb widersprach er nicht vernehmlich den Fed-Mitgliedern, die behaupteten, der Bankrott von Lehman sei ein Sieg?

Sie brauchen sich nicht auf mein Wort zu verlassen, was diese Angelegenheit angeht. Sie können das alles selbst auf der Website der Fed nachlesen. Dort werden Sie sehen, dass die Fed-Gouverneure und die regionalen Fed-Präsidenten einander gegenseitig dazu gratulierten, dass sie Lehman in den Untergang gezwungen hatten. Und dass sich Bernanke mehr Sorgen um die Werbewirksamkeit der Verlautbarung über die Maßnahmen der Fed machte als um das Bankensystem. Sie werden dort eindeutig sehen, dass niemand von ihnen dachte, sie würden irgendeinen Schaden anrichten, wenn sie Lehman in den Bankrott trieben. Sehr aufschlussreich! Das sagt uns nämlich, dass Regulierer oft keine Ahnung haben, dass sie Mist bauen und größere Probleme verursachen als die, die sie zu lösen versuchen. Wertvolles Wissen! Aber aus beschönigenden, retuschierten Memoiren erfährt man solches Wissen so gut wie nie.

WER DIE GESCHICHTE VERGISST ...

... ist nicht nur dazu verdammt, sie zu wiederholen. Wenn man die Geschichte kennt, sieht man die heutige Volatilität eher aus der richtigen Perspektive. Geschichtsbücher führen uns die ganzen früheren Paniken und die ganze frühere Volatilität vor Augen, die wir aufgrund unserer Konditionierung vergessen haben.

Außerdem bewahrt einen die Geschichte vor dem Medienhype. Die meisten Finanzjournalisten waren 2008 noch zu jung, um zu begreifen, dass die Krise eine klassische Bankenpanik war – wie sie im 19. und Anfang des 20. Jahrhunderts grassierten. Gar nicht so ungewöhnlich, aber schon längst vergessen. Für sie war die Krise beispiellos und somit apokalyptisch. Die meisten kannten die Geschichte der Paniken nicht und wussten daher nicht, wie schnell es mit der Erholung gehen kann! Ihre Stimmung prägte die Stimmung der Masse und erzeugte dadurch hervorragende kontrarianische Gelegenheiten. Blut in den Straßen!

Je mehr man über die früheren Korrekturen, Baissen, Crashs und Bank Runs weiß, desto besser weiß man, dass es kaum etwas Neues unter der Sonne gibt. Es gibt dann weniger Unbekanntes, das einen ängstigen kann. Die Märkte haben so ziemlich alles schon früher einmal erlebt, durchgemacht und sind daraus auf höherem Niveau gestärkt hervorgegangen.

Es gibt zu viele wundervolle Bücher über Finanzgeschichte, um sie hier alle zu erwähnen. Zu jedem bedeutenden wirtschaftlichen Ereignis gibt es mindestens eines, deshalb bitte ich um Verzeihung, dass ich die Liste auf fünf zusammengestrichen habe. Betrachten Sie sie als Teller mit Appetithäppchen – da, wo sie herkommen, gibt es noch viel mehr leckere Sachen.

„ZEICHEN UND WUNDER: AUS DEN ANNALEN DES WAHNS“, CHARLES MACKAY, 1841

Im Jahr 1841 umfasste die Geschichte der Finanzblasen bereits Jahrhunderte. Diese fängt Mackay hier ein, allerdings in einem schwerfälligen Stil: die Mississippi-Spekulation, die Südseeblase, die Tulpenmanie und viele andere vorindustrielle Vorläufer der modernen Blasen, die wir alle kennen und die wir so gerne hassen.

Weshalb einen das interessieren sollte? Blasen werden fast immer und überall missverstanden. Die Gelehrten sehen immer dann welche, wenn es keine gibt, und übersehen sie, wenn sie vorhanden sind. Immer wieder wird uns erzählt, Haussen seien Blasen, und das fast von Anfang an. Steigende Preise für Anleihen, Gold, Silber, Immobilien oder was auch immer – alles wurde in den letzten beiden Jahrzehnten für Blasen gehalten. Echte Blasen sind aber selten und werden meistens übersehen.

Blasen sind massenpsychologische Ereignisse. Wenn wir in einer Blase stecken, werden fast alle von ihr mitgerissen. (Sie hoffentlich nicht mehr, nachdem Sie dieses Buch gelesen haben!) Sogar die intelligentesten Menschen der Welt! Sir Isaac Newton verlor durch die Südseeblase ein Vermögen. Zunächst sah es aus, als habe er klug gehandelt, denn er war früh eingestiegen und wieder ausgestiegen, wobei sich sein Geld annähernd verdoppelt hatte. Als er aber sah, dass seine Kollegen sagenhafte Gewinne einfuhren, ließ er sich hinreißen, wurde gierig und neidisch – und kurz vor dem Höhepunkt setzte er fast sein gesamtes Vermögen ein. Dann ging es abwärts und er verlor 20.000 Pfund – in heutigem Geld fast drei Millionen Dollar. Danach war er fast bankrott.[8] Der Legende nach soll er gesagt haben: „Ich kann die Bewegungen der Sterne berechnen, aber nicht den Irrsinn der Menschen."[9]

In echten Blasen schlagen vernünftige Menschen die Vernunft in den Wind, um sich einzureden: „Diesmal ist alles anders." Angebot und Nachfrage zählen nicht mehr, Gewinne auch nicht, solange das sexy Dotcom-IPO nur genügend Klicks bekommt. Die wenigen, die die Blase erkennen, werden an allen Ecken und Enden verspottet.

Genau das führt uns Mackay vor – die Psychologie und die geistigen Fallen, in die die Menschen tappen, wenn sich eine Blase aufbläht. Das Phänomen, das er beschreibt, lässt sich auf den Crash 1929 übertragen, auf die Goldblase der 1980er-Jahre und auf die Technologieblase 1999-2000. Die Szenerie ist eine andere, aber die Story ändert sich nie. Die Medien erzählen uns, diesmal sei alles anders, aber es ist so, wie ich 1985 in *Forbes* in einem Überblick über Mackays Buch geschrieben habe: „Trotz allem, was die Medien sagen, hat sich an den Finanzmärkten seit

Jahrhunderten nichts wirklich Wesentliches geändert."[10] Das stimmt nach wie vor! Und es wird immer noch gewohnheitsmäßig vergessen. Und noch immer ist das Buch von Mackay das klassische Blasenbuch.

„A MONETARY HISTORY OF THE UNITED STATES, 1867-1960 OR THE GREAT CONTRACTION", MILTON FRIEDMAN UND ANNA JACOBSON SCHWARTZ, 1963

Dies ist einer der großartigsten, umfassendsten und bedeutendsten Texte über Wirtschaftsgeschichte, die je geschrieben wurden. Wenn sein Umfang Sie einschüchtert, fangen Sie mit „The Great Contraction" an, der Buchversion des langen Kapitels über die Große Depression. Dieses Kapitel zeigt peinlich genau, dass die schlecht beratene Politik der Fed die treibende Kraft des Abschwungs war. Es wird Sie schnell fesseln und dann stört es Sie auch nicht mehr, dass Friedman und Schwartz dazu neigen, vieles in die Fußnoten zu schreiben.

„The Great Contraction" sollte jeder gelesen haben, der die Große Depression verstehen will, und das „Mutterschiff" ist unentbehrlich für jeden, der Amerika verstehen will. Es umspannt ein Jahrhundert, von der Greenback-Ära nach dem Bürgerkrieg bis zum stetigen, gleichmäßigen Geldmengenwachstum Ende der 1940er-Jahre und in den 1950er-Jahren. Alle Schocks, Paniken, Booms, Bank Runs, Rezessionen, Depressionen und Expansionen in diesem Zeitraum – und alles vom monetaristischen Standpunkt her. Das Buch besteht aber nicht ausschließlich aus Diagrammen und Tabellen. Friedman und Schwartz erzählen darüber hinaus auch Storys über Banken, Banker, Politik, Politiker, Schulden und vieles mehr.

Dort lernen Sie farbenfrohe Persönlichkeiten wie William Jennings Bryan kennenlernen, den Verfechter des Bimetallismus, der – ob Sie es glauben oder nicht – der Löwe in der Originalfassung der als Kindererzählung verkleideten Geld-Allegorie „Der Zauberer von Oz" von L. Frank Baum ist. Ich habe das in meinem Buch „The Only Three Questions That Count" 2006 detailliert dargelegt. Sie betreten die Fed in ihren Anfangstagen und begegnen dort den Männern, die sie geprägt haben. Sie sehen, weshalb der New Deal nicht das war, wozu er hochgespielt wurde. Wenn Sie das Buch ausgelesen haben, werden Sie sich wüschen, dass Friedman und Schwartz vor ihrem Tod noch einen zweiten Band veröffentlicht hätten. Ein Kapitel über Nixons Preiskontrollen wäre pures Dynamit geworden.

„GROWTH AND WELFARE IN THE AMERICAN PAST“, DOUGLASS NORTH, 1966

Dieses Buch ist ein geistiger Cousin von „Monetary Theory“ und etwa 650 Seiten kürzer, aber nicht weniger informativ! Unter Verwendung der damals neuesten statistischen Informationen über die Vereinigten Staaten ab der Kolonialzeit untersucht North darin populäre Ansichten über die Vergangenheit und geht der Frage nach, ob die Zahlen diese Behauptungen stützen. Ein Beispiel: Hielten uns die Briten ab 1763 wirklich kurz? Waren die Eisenbahnen wirklich für das explosionsartige Wachstum in der ersten Hälfte des 19. Jahrhunderts verantwortlich? Beuteten die angeblich bösen „Räuberbarone“ des „Gilded Age“ wirklich die Arbeiter mit Löhnen, von denen man nicht leben konnte, und mit unsäglichen Arbeitsbedingungen aus, als die industrielle Revolution durchstartete? Und während er dies tut, zeigt er, dass unsere Marktwirtschaft, unser technisches Geschick, unser Wettbewerbsdrang und unsere gute Ausbildung (schulisch und beruflich) zusammengenommen seit Jahrhunderten für Wachstum und einen steigenden Lebensstandard sorgen.

Die geschichtliche Darstellung ist zwar großartig, aber für unsere Zwecke am nützlichsten ist die Entlarvung historischer Mythen. Wieso? Ich lasse North selbst zu Wort kommen: „Viele große Fragestellungen, mit denen man als Wirtschaftshistoriker konfrontiert ist, betreffen die tatsächliche oder angebliche Verbesserung oder Verschlechterung der Einkommenslage eines Segments der Gesellschaft. Der Lebensstandard des Arbeiters während der industriellen Revolution, die Unzufriedenheit des Farmers Ende des 19. Jahrhunderts und die Kampagne gegen die Armut in neuerer Zeit sind kleine Beispiele für solche Fragestellungen. Man benötigt korrekte quantitative Angaben, um die tatsächliche Veränderung der Einkommenslage einer gesellschaftlichen Gruppe zu bestimmen, erst danach liefert die Wirtschaftsanalyse eine Erklärung.“

Das gilt bis heute! Die konkreten Punkte sind andere, aber wir werden nach wie vor mit Behauptungen konfrontiert, wie, warum und für wen die Wirtschaft wächst. Norths Ansatz und Denkprozess sind immer noch gültig und werden so lange relevant bleiben, wie es Kapitalmärkte gibt. Er wollte die Diskrepanz zwischen historischer Wahrnehmung und Wirklichkeit erkunden. Genau das, was wir in diesem Buch versucht haben!

„HARRIMAN VS. HILL: WALL STREET'S GREAT RAILROAD WAR", LARRY HAEG, 2013

James J. Hill haben wir vor ein paar Seiten bereits kennengelernt. Jetzt ist er wieder da in einer Story über die Panik des Jahres 1901, der die Biografie nur ein Kapitel widmet.

Die Panik von 1901 war im Grunde ein Kollateralschaden des verbissenen Kräftemessens zwischen Hill und seinem Erzrivalen Ed Harriman – zwei von Neid und Gier getriebenen Eisenbahnmagnaten. Jeder wollte aus seiner Eisenbahnlinie ein transkontinentales Imperium machen – Harriman aus Union Pacific und Hill aus Great Northern und Northern Pacific. Sie konkurrierten aufs Schärfste um die Übernahme regionaler Eisenbahngesellschaften. Hill gewann die Schlacht um Chicago, Burlington and Quincy, er schnappte sie Harriman direkt vor der Nase weg. Harriman schlug zurück, indem er eine feindliche Übernahme von Northern Pacific probierte. Er versuchte, über Kuhn, Loeb Aktien von Northern Pacific im Wert von 90 Millionen Dollar zu kaufen. Hill bekam jedoch Wind davon und kaufte wie rasend Aktien, um das zu vereiteln. Innerhalb von Tagen kauften sie fast alle Aktien auf und trieben dadurch den Preis von 110 auf fast 1.000 Dollar in die Höhe. Dadurch zogen sie die anderen Bahngesellschaften und den größten Teil der Börse mit. Als die Leerverkäufer an allen Ecken und Enden in die Klemme gerieten, brach Panik aus. Brokerhäuser, die ihre Shorts nicht eindecken konnten, machten Bankrott. Die Aktien gerieten ins Trudeln – das war der erste Crash der New York Stock Exchange und der bis dato größte Kursverfall. Doch die Kurse federten ebenso schnell wieder zurück.

Das ist aber noch nicht das Ende der Geschichte. Nachdem sie „gemeinsam" Northern Pacific aufgekauft hatten, wurden Hill und

Harriman zwangsweise zum Gespann. Sie gründeten eine Holdinggesellschaft namens Northern Securities, wodurch sie im Endeffekt ihre Eisenbahngesellschaften fusionierten (sie hassten einander aber immer noch). Teddy Roosevelt war dagegen und die Bundesregierung verklagte die Gesellschaft nach dem Sherman Antitrust Act. Northern Securities verlor den Prozess, ging dann aber durch alle Instanzen bis zum Supreme Court. Zwar verlor die Gesellschaft auch dort den Prozess, aber Richter Oliver Wendell Holmes Jr. hatte dagegen gestimmt und verteidigte leidenschaftlich den Grundbesitz als moralisches Recht. Sein Widerspruch dämmte Roosevelts Einmischung in die Unternehmenswelt ein und ist bis zum heutigen Tag im US-amerikanischen Eigentumsrecht und Kartellrecht spürbar.

Das Buch ist ein unverzeihlich kurzer Überblick über die Geschichte eines Börsenchaos, über Intrigen und den Triumph des Kapitalismus. Tun Sie sich einen Gefallen und lesen Sie es.

„THE JACKSONIAN ECONOMY", PETER TREMIN, 1969

Quizfrage: Was geschah, als unser siebter Präsident die Notenbank schloss, für eine harte Währung eintrat und unsere gesamten Staatsschulden bezahlte?

Wenn man das heutige Gerede der Experten bedenkt, könnte man Ihnen verzeihen, wenn sie meinen, damals habe Wohlstand geherrscht und der Himmel sei auf die Erde herabgestiegen! Aber in Wirklichkeit war fast das Gegenteil der Fall. Die Landverkäufe im Westen und das nachfolgende Finanzfiasko mündeten direkt in die Panik des Jahres 1837 und in eine sechsjährige Depression, von der man behaupten kann, sie sei die schlimmste aller Zeiten gewesen. Es ist schwer, ein gutes Geschichtsbuch zu finden, das erzählt, wie es wirklich war. Die Biografien über Jackson konzentrieren sich auf seine Person und auf die Legende von „Old Hickory", wie man ihn nannte, wobei sie das Finanzchaos, das er anrichtete, größtenteils übergehen. Das legendäre „Diary of Philip Hone 1828-1851" liefert zwar weder eine breite Perspektive noch besonders exakte Angaben zur Wirtschaft, aber es ist ein beißender Angriff auf Jackson und seinen Wahnwitz. North, Friedman und Schwartz berichten objektiv, aber knapp über die Ereignisse, und Hone kann ich wegen seiner plastischen, bissigen Sichtweise empfehlen.

Jedoch ist Tremins Buch wohl die beste Wahl, wenn man einen objektiven und detaillierten Bericht über diese Zeit lesen will. Es ist ein faires Buch, es lässt beide Seiten der Argumentation zu Wort kommen und weitgehend den Leser entscheiden. Ich persönlich finde, die Fakten sprechen für sich.

KLASSIKER DES 21. JAHRHUNDERTS

Heute werden nicht viele Geldanlage-Bücher geschrieben, die in 20 Jahren Klassiker sein werden. Vielleicht sind es zwei pro Jahrzehnt. Trotz der Gefahr, die langfristige Prognosen nun einmal mit sich bringen, stelle ich zwei Kandidaten vor, die man unbedingt lesen sollte.

„THE RATIONAL OPTIMIST", MATT RIDLEY, 2010

Ein Geschichtsbuch, das eigentlich kein Geschichtsbuch ist. Ridley geleitet uns durch den Aufstieg der menschlichen Zivilisation und führt uns vor, wie die kapitalistische Kreativität der Menschheit ein Problem nach dem anderen löste, einen Mangel nach dem anderen behob und im Zuge dessen eine Industrie und eine Technologie nach der anderen aus der Taufe hob. Er unterlegt seine Geschichten mit Fakten und empirischen Belegen und zeigt, dass sich die malthusianischen, von der Knappheit besessenen Pessimisten immer wieder irrten.

Doch wie schon gesagt, es ist kein Geschichtsbuch, sondern eine Entgegnung auf unsere kurzsichtigen Medien, die auf Untergang und Düsternis getrimmt sind. Ridley nutzt die Geschichte, um zu zeigen, weshalb die apokalyptischen Prognosen der Gelehrten fast mit Sicherheit falsch sind – und Optimismus rational ist! In der gesamten Geschichte der Menschheit war es so, dass dann, wenn Kapitalismus und Marktwirtschaft blühten, Ideen auf wundersame Weise zusammentrafen und mit (für die meisten) unvorstellbaren, kreativen und profitorientierten Lösungen für Knappheiten, Seuchen und andere mögliche Albträume vorpreschten – oft schon bevor sie zu echten Problemen wurden! Der Mensch kann sich – selbst wenn man ihm nur die halbe Freiheit lässt –

bemerkenswert gut an alle scheinbar düsteren Umstände anpassen und sie bewältigen. Ähnlich wie der Schieferölboom den Spieß umdrehte, als von Peak Oil die Rede war, werden auch in Zukunft aufeinandertreffende Ideen Zwickmühlen auflösen, die wir uns heute noch gar nicht vorstellen können. Plato sagte schon vor langer Zeit, dass Not erfinderisch macht.

Dieses Buch ist ein Gegengift gegen das übertrieben trübselige tägliche Medien-Bombardement. Es hält Sie gesund und fröhlich, was unsere langfristigen Aussichten betrifft. Auch was die Aktien betrifft, denn letztlich ist ein Anteil an einem Unternehmen ein Anteil an der magischen Innovationskraft des Kapitalismus. Als Dreingabe erfahren Sie, weshalb der Freihandel und die Globalisierung für die Zukunft so lebenswichtig sind. Ideen treffen dann aufeinander, wenn Menschen aufeinandertreffen. Je vernetzter die Welt ist, umso mehr tauschen wir nicht nur Waren und Dienstleistungen, sondern auch Ideen aus – und umso mehr magische Dinge passieren. Protektionistische Experten können das nicht verstehen. Sie betrachten die Welt als Kuchen von einer bestimmten Größe und die Globalisierung als Bedrohung, die Arbeitsplätze vernichtet. Ridley führt exakt vor, wieso das Humbug ist.

„SENSELESS PANIC“, WILLIAM M. ISAAC, 2010

Vom ersten Satz an ist klar, dass dies eine der seltenen historischen Beschreibungen der globalen Finanzkrise 2008 ist, die sich nicht der herrschenden Meinung anschließen: „Die Finanzpanik des Jahres 2008 und die nachfolgende schwere Rezession hätten nicht passieren müssen und ich bin entsetzt über den enorm hohen finanziellen, menschlichen und politischen Preis, den wir dafür bezahlt haben.“[11]

Viele halten diese Panik für die natürliche Folge einer Immobilienblase, der Deregulierung, der übereifrigen Banken und finanzieller Exzesse, die aus dem Ruder gelaufen sind. Das ist aber der Unsinn, den die Medien seit damals in unsere Mythologie einspeisen. Blödsinn. Isaac, der in der Zeit der Sparkassenkrise Anfang der 1980er-Jahre die Federal Deposit Insurance Corporation (FDIC) leitete, war vielleicht auf einzigartige Weise dafür gerüstet, den wahren Schuldigen auszumachen – die Bilanzierung zum Marktwert. Isaac war einer der Ersten, die im September 2008 öffentlich dafür eintraten, diese Vorschrift wieder aufzuheben. Wenn die Securities and Exchange Commission (SEC) und das Financial Accounting Standards Board (FASB) nicht länger als ein halbes Jahr gebraucht hätten, um auf ihn zu hören, wäre das Leben vielleicht viel schneller wieder besser geworden.

Isaac beginnt seine Argumentation gegen die Bewertung zum Marktwert mit einem Rundgang durch die Probleme der Banken in den 1980er-Jahren und dann zeigt er uns, dass die Überreaktion der Regulierungsbehörden auf direktem Weg zur Panik von 2008 führte. Wir sehen eine Flut angeblicher Reformen in den 1990er- und 2000er-Jahren, die alle darauf abzielten, eine Wiederholung der Sparkassenkrise der Jahre 1989 bis 1992 zu verhindern, die aber stattdessen das Fundament für etwas viel Schlimmeres legten. Isaac zeigt, dass die SEC und das FASB den falschen Schluss zogen, zu schwache Rechnungslegungsvorschriften hätten die Probleme der 1980er-Jahre befördert, und dass sie deshalb als „Lösung" die FAS 157 – die Bewertung zum Marktwert – einführten. Er zeigt, dass die Verpflichtung zu „sofortigen Korrekturmaßnahmen", die den Banken empfindliche Strafen aufbrummte, wenn ihr Eigenkapital unter den Mindestanteil fiel, für die Banken einen enormen Anreiz darstellte, wackelige Vermögenswerte beim ersten Anzeichen von Problemen abzustoßen. Außerdem zeigt er, dass diese Faktoren auf fürchterliche Weise zusammenwirkten und einen Teufelskreis aus Abschreibungen und Notverkäufen auslösten, der in der Panik im September 2008 seinen Höhepunkt fand. Wir sehen, mit Zahlen und Fakten untermauert, dass sich zu erwartende Darlehensverluste in Höhe von 300 Milliarden zu 1,8 Billionen Dollar an unnötigen Wertminderungen hochschraubten, die nichts mit dem Markt zu tun hatten, und dass dadurch die Liquidität ausblutete. All das ballte sich zu einem Schneeballeffekt zusammen. Wir sehen, dass die Intervention des Finanzministeriums bei der Fed das Krisenmanagement hinter verschlossenen Türen politisierte und so zu den willkürlichen und verheerenden Ereignissen im September 2008 führte. Wir wissen immer noch nicht, weshalb die Fed und das

Finanzministerium bestimmte Gewinner und Verlierer auswählten. Wir wissen nur, dass die Hölle losbrach, als sie es getan hatten.

Dieses Buch ist eine scharfe Anklage der Mark-to-Market-Bewertung und des damaligen Krisenmanagements. Isaacs Standpunkt ist ein einsamer und richtig und zeigt überreichlich, wie Regulierer unnötige Risiken erzeugen – wie bereits in Kapitel 6 berichtet. Wenn Sie verstehen, wie all das die Krise von 2008 verursacht hat, verstehen Sie nicht nur das größte Finanzereignis besser, das ich als Erwachsener erlebt habe, sondern Sie wissen dann auch, worauf Sie beim nächsten Mal achten müssen.

Unser Lesekreis ist nun beendet. Ihre Bücherliste ist einen Kilometer lang? Das will ich doch hoffen! Doch achten Sie darauf, dass Sie noch Platz lassen, den es gibt ein Buchthema, das wir noch nicht angesprochen haben: die Behavioral Finance. Eines meiner Steckenpferde! Bereit? Blättern Sie weiter zu Kapitel 9!

ANMERKUNGEN

1. *The Warren Buffett Way*, Robert G. Hagstrom (New York: John Wiley & Sons, 1994), mass market ed., 1997, 27 [dt. *Warren Buffett. Sein Weg. Seine Methode. Seine Strategie*, Kulmbach, Börsenbuchverlag, 2011).
2. *Common Stocks and Uncommon Profits*, Philip A. Fisher (New York: Harper & Brothers, 1958), rev. ed., 2003.
3. *Common Stocks and Uncommon Profits*, Philip A. Fisher (New York: Harper & Brothers, 1958), rev. ed., 2003.
4. „Jesse Livermore Ends Life in Hotel", *The New York Times*, 29. November 1940.
5. *Business Barometers Used in the Accumulation of Money*, 6th ed., Roger W. Babson (Boston: Babson's Statistical Organization, 1913), 23.
6. „Jay Gould", *The New York Times*, 3. Dezember 1892.
7. „Seventy Years Rest Lightly on Mrs. Hetty Green", *The New York Times*, 5. November 1905.
8. „Even a Genius Can Get Suckered", Thomas Levenson, CNNPolitics.com, 29. Juli 2009. www.cnn.com/2009/POLITICS/07/29/levenson.finance .regulation/ (Zugriff am 12.11.2014).
9. *Observations, Anecdotes, and Characters of Books and Men*, Reverend Joseph Spence (London: Walter Scott, 1820), 71.
10. „Gifts of the Gurus", Kenneth L. Fisher, *Forbes*, 3. Juni 1985.
11. *Senseless Panic*, William M. Isaac mit Philip C. Meyer (Hoboken, NJ: John Wiley & Sons, 2010), xv.

9 MILEY CYRUS UND BENJAMIN GRAHAM: **MISSGESCHICKE DER BEHAVIORAL FINANCE**

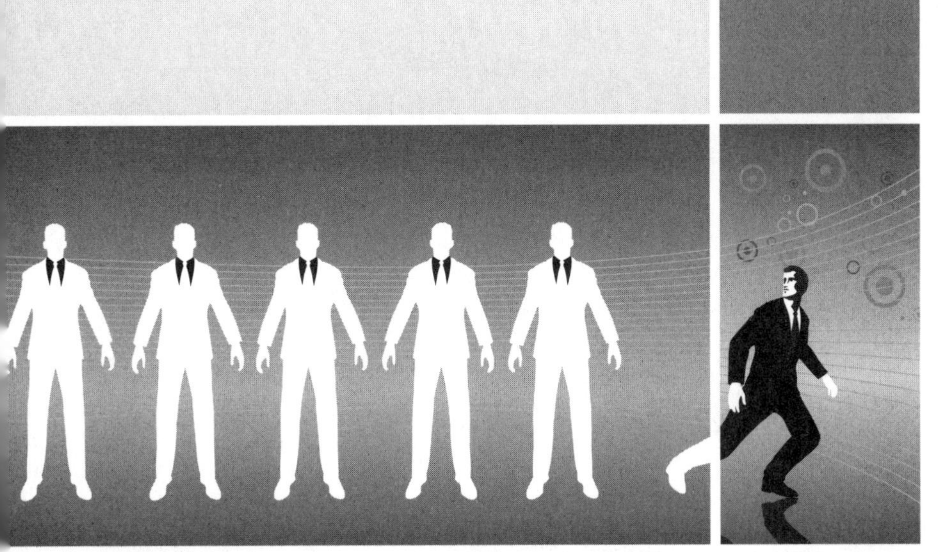

Die bisherigen acht Kapitel haben wir damit verbracht, an unserem Gehirn zu feilen. Merken Sie bereits, wie es abseitige Gedanken entwickelt?

Falls ja, übertreiben Sie es nicht mit Ihrer Begeisterung. Oft kommt nämlich alle Intelligenz der Welt nicht gegen unseren größten Feind an – gegen uns selbst. Gegen die Emotionen und Neigungen, die uns dazu treiben, das Falsche zur falschen Zeit zu tun.

Es gibt ein eigenes Fachgebiet, das sich damit befasst: die Behavioral Finance, eines meiner Lieblingsgebiete der Börsenlehre. Richtig angewendet, findet die Behavioral Finance heraus, auf welchen Wegen unser Gehirn und unsere Gefühle uns dazu verleiten, meistens die falschen Schachzüge zu machen. Dadurch soll sie uns helfen, emotionale Impulse und Vorlieben zu beherrschen, die zu schlechten Anlageentscheidungen führen würden. Die Behavioral Finance ist unsere Waffe gegen unseren inneren Jesse Livermore.

Zumindest sollte sie das eigentlich sein. Doch in den letzten Jahren hat sich dieses Gebiet von dem Motto „wie man sich beherrscht" auf das Motto „wie man den Markt schlägt" verlagert. „Behavioral-Finance-Fonds" behaupten, sie würden dadurch einen Vorsprung gewinnen, dass sie Verhaltensfehler der Masse erkennen und ausnutzen, und für ihre angebliche Spezialisierung verlangen sie einen Preisaufschlag. Damit haben sie noch mehr Power, um die Masse auszunutzen, aber Behavioral Finance ist das nicht! Behavioral Finance hat eigentlich damit zu tun, dass man seine eigenen kognitiven Fehler erkennt und den Drang bekämpft, sie zu wiederholen – nicht darin, die geistigen Schnitzer der anderen auszunutzen. Die Annahme, die anderen seien dumm, ist normalerweise arrogant, manchmal schlicht dumm und gewöhnlich nicht die beste Grundlage, um Geld zu verwetten.

Neumodische Behavioral-Finance-Gimmicks mögen sich hilfreich anhören, aber Gimmicks haben noch nie jemandem geholfen, besser anzulegen. Selbstbeherrschung mag sich nicht gerade sexy anhören, aber die echte Behavioral Finance wird Ihnen viel mehr bringen als Verhaltensmarotten.

In diesem Kapitel werden wir Folgendes sehen:

- Wer die Behavioral Finance gestohlen hat und was die Betreffenden damit machen
- Wo einem die Behavioral Finance einen taktischen Vorteil verschaffen kann – und wo nicht
- Wie man die Behavioral Finance so nutzt, wie es eigentlich gedacht war

WO ALLES BEGANN

Forscher untersuchen die Anlegerpsychologie schon seit Jahrzehnten, aber in den Fokus des Mainstream geriet die Behavioral Finance erst 2002, als Daniel Kahneman für seinen bahnbrechenden Artikel (zusammen mit dem Psychologen Amos Tversky verfasst) „Prospect Theory: An Analysis of Decision Under Risk" aus dem Jahr 1979 den Wirtschaftsnobelpreis bekam.[1]

Die beiden Psychologen waren angetreten, die seit Langem geltende Annahme infrage zu stellen, die Menschen würden bei Entscheidungen rational vorgehen – und sich erst entscheiden, nachdem sie potenzielle Ausgänge mit kühlem Kopf abgewägt haben –, die auch als „Nutzentheorie" bezeichnet wird. Zu diesem Zweck stellten sie Menschen aus Israel, Schweden und den Vereinigten Staaten eine Reihe hypothetischer Fragen. Dabei wurden die Probanden gebeten, unter mehreren Möglichkeiten der Balance zwischen Gewissheit, Wahrscheinlichkeit und Risiko zu wählen.

Sie sollten zwischen folgenden Möglichkeiten wählen: einerseits einem Ereignis mit relativ hoher Wahrscheinlichkeit und hohem Lohn – 50 Prozent Wahrscheinlichkeit, 1.000 Dollar zu gewinnen – und andererseits dem sicheren Lohn in Form des geringeren

Betrags von 450 Dollar. Um diese Zahlen in die richtige Größenordnung zu rücken: In Israel bedeutete das, ein Drittel des medianen Jahreseinkommens zu gewinnen. Also richtig viel!

Und dann drehten sie die Fragestellung um: Die Menschen wurden nicht nach dem Gewinn des Geldes gefragt, sondern nach seinem Verlust. Anders gesagt, ob sie eine 90-prozentige Wahrscheinlichkeit bevorzugen, 1.000 Dollar zu verlieren, oder lieber einen sicheren Verlust von 900 Dollar.

Laut Nutzentheorie würde ein rationaler Mensch den sicheren Gewinn von 450 Dollar und den geringeren sicheren Verlust wählen – 900 Dollar zu verlieren ist besser als 1.000 Dollar zu verlieren.

Die Ergebnisse von Kahneman und Tversky zeigten jedoch, dass die Menschen bei Verlusten nicht rational sind! Im ersten Szenario entschied sich die Mehrheit im Einklang mit der Nutzentheorie für die sicheren 450 Dollar. Im zweiten Szenario jedoch entschieden sich die meisten für die erste Möglichkeit, also eine 90-prozentige Wahrscheinlichkeit eines Totalverlusts. Der Schmerz eines Verlusts ist nämlich so stark, dass die Menschen bereit sind, einen höheren wahrscheinlichen Verlust in Kauf zu nehmen, wenn auch nur die geringste Möglichkeit besteht, überhaupt nichts zu verlieren. Im Gegenzug ist die Freude über einen Gewinn nicht so stark, dass sie es riskierten, mit leeren Händen heimzugehen. Diese Psychologie steht auch dahinter, dass der alte Spruch „Regel Nummer 1: Mach keinen Verlust. Regel Nummer 2: Denk an Regel Nummer 1" zwar falsch ist, aber sich ach so richtig anhört. Er geht von risikolosem Gewinn beziehungsweise perfektem Wissen aus – beides unmöglich –, kommt einem aber trotzdem irgendwie richtig vor.

Die Prospect Theory besagt, dass Anleger den Schmerz eines Verlusts etwa zweieinhalbmal so stark empfinden, wie sie einen gleich großen Gewinn zu schätzen wissen. Man spricht auch von der „kurzsichtigen Risikoaversion". Der Verlust schmerzt mehr und kommt einem dadurch realer vor.

Diese Diskrepanz steht im Mittelpunkt der meisten Verhaltensfehler. Der Wunsch, nach einem Abschwung weitere Verluste zu vermeiden, verleitet die Menschen dazu, niedrig zu verkaufen – die Blutung zu stoppen fühlt sich besser an als dabeizubleiben und auf einen möglichen Wiederanstieg zu warten, auch wenn die Wahrscheinlichkeit dafür hoch ist. Die Prospect Theory erklärt, wieso die Menschen plötzlich und irrational mit Verkäufen auf Schwankungen reagieren, obwohl es langfristig klüger sein kann, die Position zu halten. Wir sind alle so gestrickt, dass wir mehr Mühe in die Vermeidung von Verlusten als in das Erzielen von Gewinnen stecken. Andere bauten auf den Erkenntnissen von Kahneman und Tversky auf und erklärten die Psychologie, die hinter allen möglichen wiederholten schlechten Entscheidungen steht – um den Anlegern zu helfen, gegen die angeborenen selbstzerstörerischen Tendenzen anzukämpfen. Ein neues Fachgebiet war geboren.

ALS DIE BEHAVIORAL FINANCE AUF ABWEGE GERIET

Etwa in den ersten zehn Jahren sollte die Behavioral Finance eigentlich nichts damit zu tun haben, wie man den Markt schlägt – es ging nur darum, seine Instinkte in den Griff zu bekommen und schwere Schnitzer zu vermeiden. Doch dann schlich sich eine andere Geisteshaltung ein. Diejenigen, die nicht mit Eugene Famas Theorie übereinstimmten, es sei unmöglich, den Markt zu schlagen, weil die Märkte zu effizient seien, fanden darin, dass die Behavioral Finance wiederholt das irrationale Verhalten der Anleger demonstrierte, ihren „Beweis“. Wenn Fama behauptete, die Märkte seien vollkommen rational, die Behavioralisten aber zeigten, dass die Anleger prinzipiell irrational sind, dann mussten die Märkte doch schlagbar sein![2]

Schon bald entwickelte sich die Forschung in die Richtung, dass sie herausfinden wollte, wie sich Verhaltensfehler auf die Preise von Anlagen auswirken – und ging von da an zu Versuchen über, das irrationale Verhalten mithilfe von Modellen vorherzusagen und anschließend diese Modelle in Marktprognosen einzubinden. In den letzten zehn Jahren sickerte diese Geisteshaltung in den Mainstream ein, da eine Reihe von Bestsellern extrem populär wurde, die solche Mätzchen der Behavioral Finance über die Selbstkontrolle stellten. Die Vertreter der Behavioral Finance, die den Markt schlagen wollten, griffen diese Bewegung erneut auf. Die Kontrolle der eigenen Emotionen verließ die Bühne, dafür trat der Versuch auf, „verhaltensbedingte einseitige Neigungen" auszunutzen – zu erkennen und vorherzusagen, wann und wie die Massenpsychologie die Preisbildung verzerrt, und dann diese Gelegenheit auszunutzen.

Doch das bringt einem alles nichts. Selbst wenn die Theorien stimmen – die Märkte *sind* kurzfristig irrational –, verschaffen einem die Methoden keinen Vorteil. Zunächst einmal haben sie die gleichen neuheitsbedingten Nachteile, die wir schon in Kapitel 8 gesehen haben – der Bestseller- oder Miley-Cyrus-Effekt. Diese Konzepte werden zu häufig eingesetzt, als dass sie nicht vorab eingepreist wären. *Anmerkung:* Sie werden wirklich niemanden finden, der als Anleger durch den Einsatz der Behavioral Finance wirklich etwas erreicht hat.

ALS DIE WISSENSCHAFTLER DEN KAPITALISMUS UND DIE WERBUNG ENTDECKTEN

Die Verirrung der Behavioral Finance ist mehr als nur ein akademisches oder literarisches Kuriosum. Es gibt nämlich mehrere „Behavioral-Finance-Fonds", die sie in die Praxis umsetzen. Die können Sie kaufen! (Das ist keine Empfehlung!) Ihre jeweiligen Methoden unterscheiden sich zwar voneinander, aber meistens versuchen sie, Anzeichen für Preisanomalien zu finden, die durch Verhaltensfehler der Masse verursacht werden, und diese dann auszunutzen.

Manche suchen nach Herdenverhalten – dass die Anleger einander in bestimmte angesagte Aktien oder Sektoren drängen und dadurch die Preise weit über das fundamental gerechtfertigte Niveau oder über das Niveau hinaus in die Höhe treiben, auf dem sie stünden, wenn die Märkte wirklich effizient wären. Manche suchen nach der Ankerheuristik – das ist die Tendenz von Anlegern, sich bei ihren Entscheidungen wiederholt nach bestimmten (gewöhnlich irrelevanten) Zahlen zu richten. Dazu gehören etwa Leute, die meinen, neue Hochs würden sich selbst verstärken und somit sei jeder Absacker eine Kaufgelegenheit. Andere Fonds versuchen, breit angelegte über- oder untertriebene Reaktionen auf bestimmte Informationen zu erkennen, zum Beispiel auf überraschende Gewinnänderungen – das ist eine weitere Form der Ankerheuristik (mehr dazu finden Sie im Kasten auf der gegenüberliegenden Seite).

Seltsamerweise verwenden viele dieser Fonds quantitative Modelle, um solche Fehler aufzuspüren. Von der Philosophie her wirkt es einfach merkwürdig, Algorithmen zu verwenden, um etwas von Grund auf Qualitatives zu erkennen. Auch die Annahmen der Modelle erscheinen suspekt, denn manche benutzen einige der antiquierten und fehlerhaften Formeln, die wir in Kapitel 7 besprochen haben, wie etwa das Capital Asset Pricing Model oder die Annahme, Kurs-Gewinn-Verhältnisse und andere Bewertungskennzahlen müssten immer zum Mittelwert zurückkehren. Es gibt auch nicht viele Indizien dafür, dass das funktionieren würde – zahlreiche Studien haben gezeigt, dass solche Fonds den Anlegern keinerlei greifbaren Vorteil hinsichtlich Performance oder Timing bieten. Eine Studie des *Journal of Investing* ergab, sie ähnelten und performten mehr oder weniger so wie Value-Fonds – kosteten aber viel mehr.[3]

Die Behavioral-Finance-Fonds verlangen für ihre Spezialisierung auf diese Nische einen Aufpreis. „Behavioral Finance" ist heutzutage ein überaus cooler Werbefaktor! Auf der einen Seite muss man wirklich den Hut davor ziehen. Die Leute haben sich gedacht: Da gibt es unter den Anlegern einen Markt für eine psychologisch begründete Analyse, die versucht, die Masse zu schlagen. Die Nachfrage ist hoch, das Angebot begrenzt, deshalb gibt dieser Markt höhere Gebühren her – die Menschen sehen darin einen Wert und sind bereit, dafür zu bezahlen. Schön! Aber die Behavioral Finance war nie als Marketing-Instrument gedacht – wie schon gesagt, sie ist eine Methode der Selbstkontrolle. Die erwähnten Fonds betreiben gar keine echte Behavioral Finance. Sie tun überhaupt nichts, was den Anlegern hilft, ihr Gehirn oder ihre emotionalen Impulse zu kontrollieren. Es könnte durchaus sein, dass Verhaltensfehler die Menschen dazu bringen, solche Fonds zu kaufen oder zu verkaufen!

Manche dieser Fonds mögen gute Produkte sein und mit der Zeit gut laufen. Wenn dem so ist, prima! Aber das Etikett „Behavioral Finance" ist größtenteils Werbung.

Die „Ankerheuristik" in Bezug auf Gewinnüberraschungen ist eine Art, Reue zu vermeiden, die von fast jedem und fast durchweg von professionellen Analysten umgesetzt wird. Sie verdienen ihren Lebensunterhalt damit, dass sie Unternehmensgewinne vorhersagen – „Überraschungen" treten dann ein, wenn sich die Analysten irren. Menschen hassen es, sich zu irren. Wir sind so veranlagt, dass wir Stolz anhäufen und Bedauern scheuen! Deshalb ignorieren die Analysten die neue Information – es war nur Zufall! Sie reden sich ein, an ihren Prognosemodellen sei nichts falsch und die Gewinne würden irgendwann zum Mittelwert zurückkehren. Sie verankern sich in existierenden Modellen mit alten Eingangsgrößen und weder berücksichtigen sie in jüngerer Zeit eingetretene Veränderungen noch halten sie nach möglichen neuen, auf die Zukunft gerichteten Triebkräften Ausschau. Vielleicht ist ein Jahr oder gar noch mehr mit ständigen Überraschungen vonnöten, bevor sie die Richtung ändern. Wie ich in Kapitel 2 schon sagte: Profis irren sich gravierender und länger.

BEHAVIORAL FINANCE UND TAKTISCHE POSITIONIERUNG

Die Behavioral Finance kann einem einen Vorteil bei der Portfolio-Positionierung verschaffen – welche Sektoren, Länder, Anlagestile und Größen man bevorzugt und ob man Aktien kauft oder nicht. Aber nicht so, wie viele neumodische Behavioralisten behaupten.

Zum Beispiel behaupten manche, der Behavioralismus beweise, dass das Value-Investing allen anderen Taktiken überlegen sei – und deshalb würden die erwähnten „Behavioral-Finance-Fonds" sich anhören, anfühlen und so performen wie Value-Fonds. Sie behaupten, Fehlverhalten (Gier/Angst) führe dazu, dass die Preise vom tatsächlichen Wert der Firmen abweichen. Dadurch würden die Fonds zu Value-Fonds! Diese Masse, die behauptet, Behavioralismus steigere den Wert, erklärt außerdem, die Fondsmanager könnten die kognitiven Fehler der Masse identifizieren, die erntereife kontrarianische Gelegenheiten erzeugen würden. Deshalb sollten wir alle unseren inneren Benjamin Graham kanalisieren, niedrig bewertete Aktien kaufen, Wachstumsaktien meiden und die Zauberwirkung abwarten.

Natürlich zeigt die Geschichte, dass diese Theorie mit Fehlern behaftet ist. Manchmal funktioniert Value-Investing großartig, aber nicht immer – kein Anlagestil ist für alle Zeiten der beste! Die Führungsposition wechselt hin und her. Abbildung 9.1 zeigt die Differenz zwischen den Monatsrenditen der Indizes Russell 3000 Growth und Russell 3000 Value – das sind breit angelegte nach Kapitalisierung gewichtete Benchmark-Indizes. Die Säulen in der oberen Hälfte stehen für Monate, in denen Growth vorn lag, die in der unteren Hälfte für Monate, in denen Value vorne lag. Sehen Sie, wie sehr das nach Rauschen aussieht? Es wechselt ständig! Seit Auflegung der Indizes im Januar 1979 schlug das Value-Investing das Growth-Investing in 50,7 Prozent der Monate. Da könnte man genauso gut eine Münze werfen!

ABBILDUNG 9.1: Growth- und Value-Investing im Vergleich, Monatsrenditen

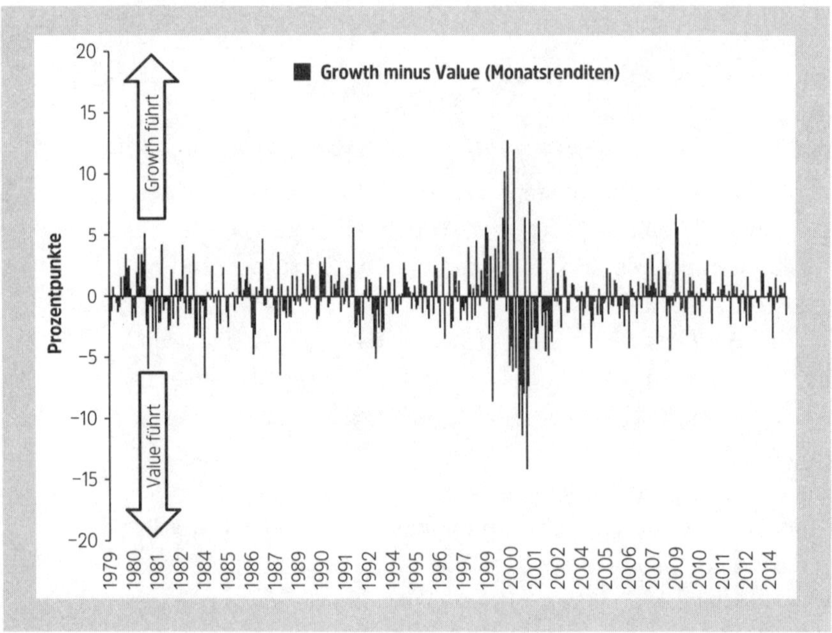

Quelle: FactSet, Stand 05.01.2015. Russell 3000 Growth und Russell 3000 Value Total Return Indizes, 31.12.1978 bis 31.12.2014.

Aber das ist viel Rauschen und sagt nichts aus. Längerfristige Trends sind wichtiger und besser nutzbar! Sehen Sie sich die Jahresrenditen von Value und Growth an, dann stellen Sie fest, dass beide relativ lang anhaltende Phasen haben, in denen sie jeweils führend sind. Abbildung 9.2 zeigt die Jahresrenditen beider Anlagestile seit 1979. In 16 dieser 36 Jahre lag Growth-Investing vorn.

ABBILDUNG 9.2: Growth- und Value-Investing im Vergleich, Monatsrenditen

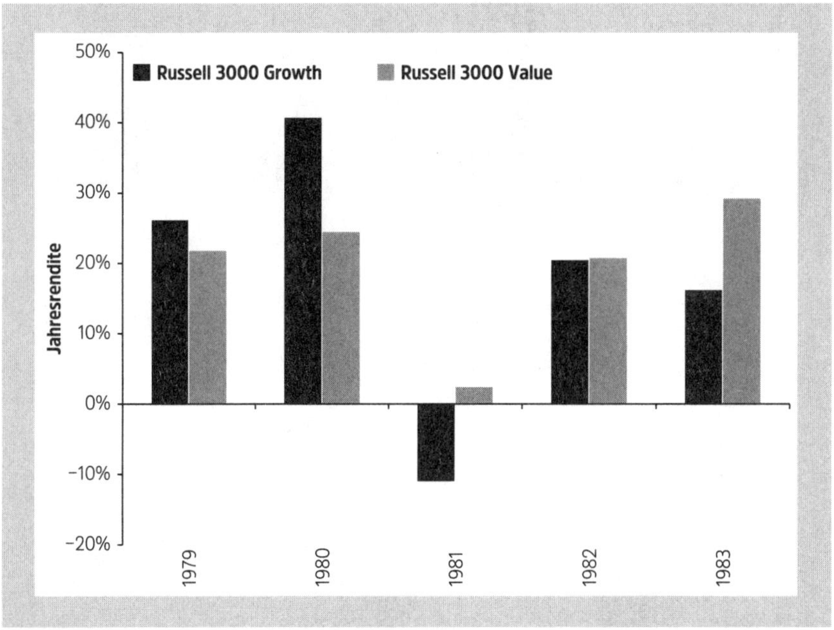

Quelle: FactSet, Stand 05.01.2015. Russell 3000 Growth und Russell 3000 Value Total Return Indizes, 31.12.1978 bis 31.12.2014.

ABBILDUNG 9.2 (FORTSETZUNG)

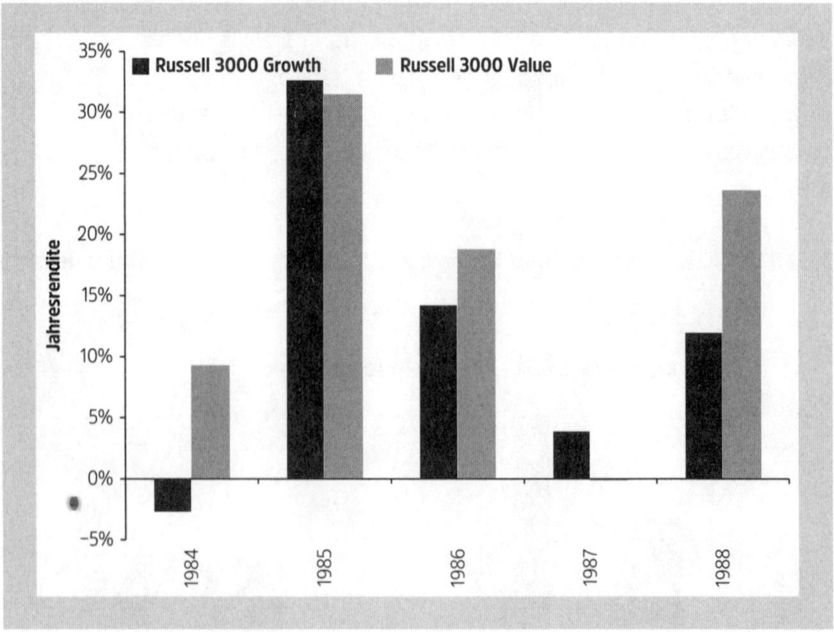

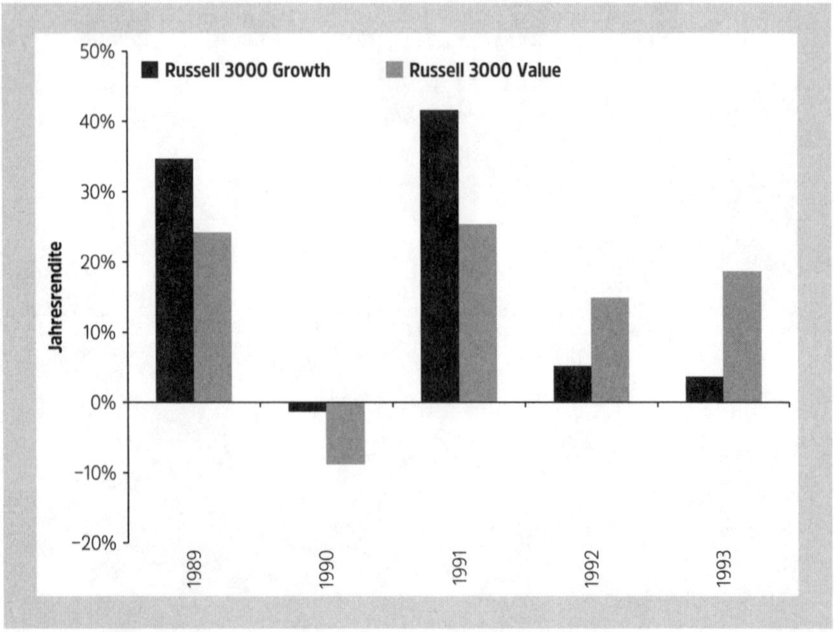

Quelle: FactSet, Stand 05.01.2015. Russell 3000 Growth und Russell 3000 Value Total Return Indizes, 31.12.1978 bis 31.12.2014.

ABBILDUNG 9.2 (FORTSETZUNG)

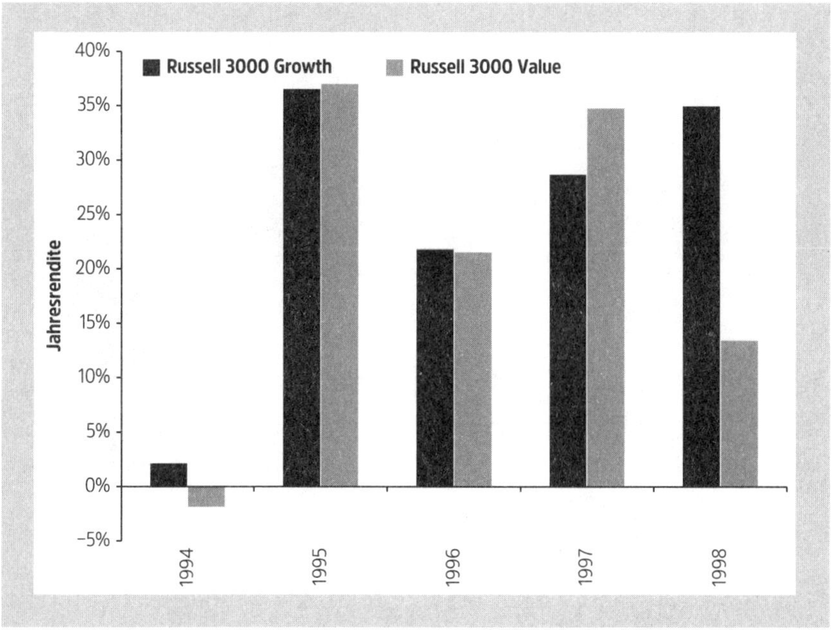

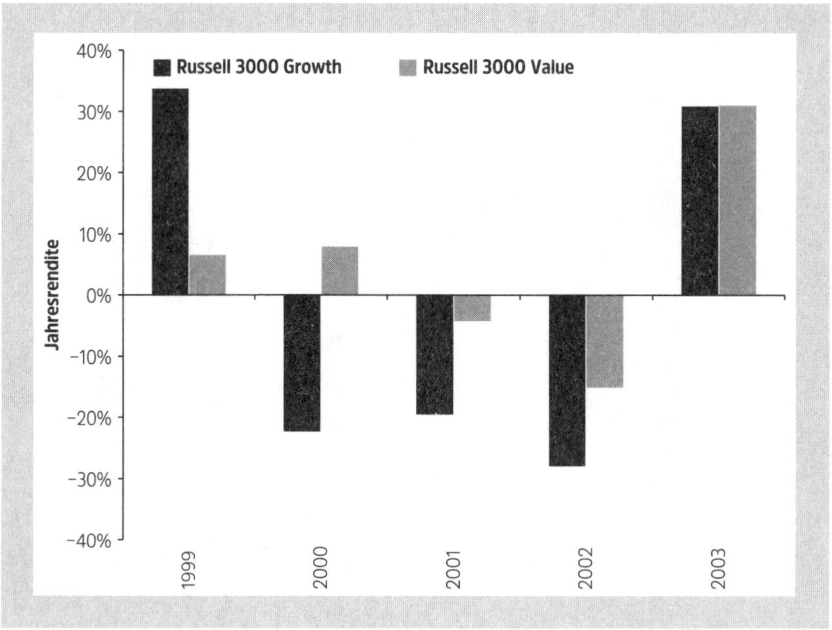

Quelle: FactSet, Stand 05.01.2015. Russell 3000 Growth und Russell 3000 Value Total Return Indizes, 31.12.1978 bis 31.12.2014.

ABBILDUNG 9.2 (FORTSETZUNG)

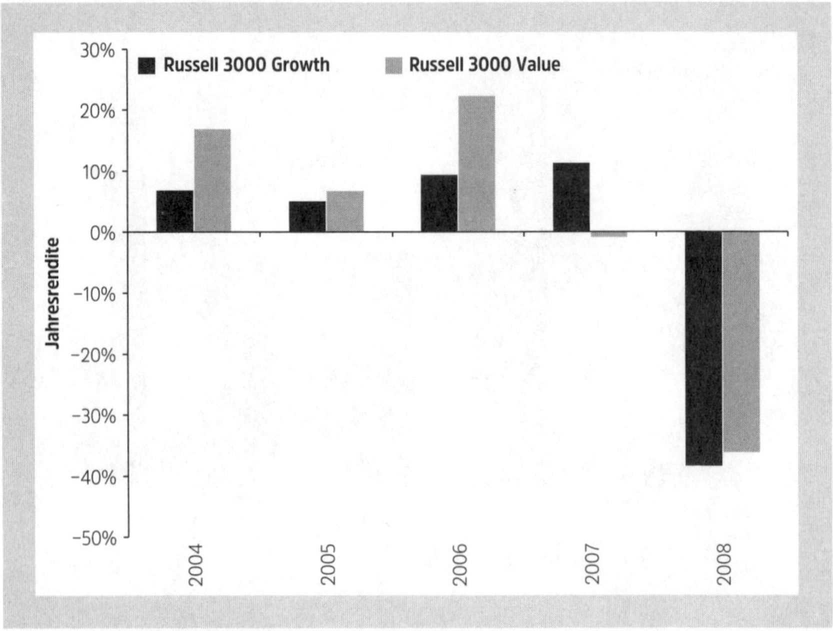

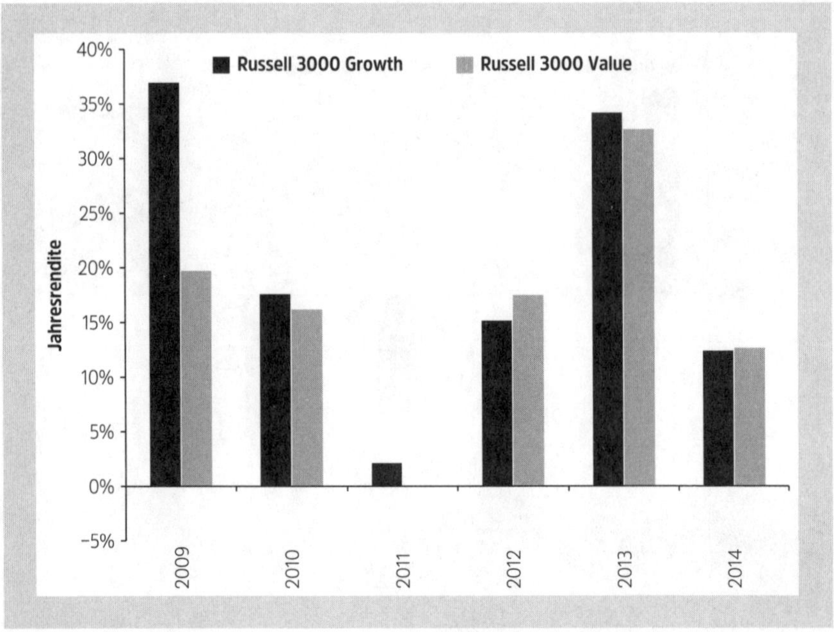

Quelle: FactSet, Stand 05.01.2015. Russell 3000 Growth und Russell 3000 Value Total Return Indizes, 31.12.1978 bis 31.12.2014.

Wann um Himmels willen übernimmt Value also die Führung? Wahrscheinlich dann, wenn man es nicht haben will! Betrachten wir das Value-Investing einmal auf andere Art. Abbildung 9.3 besteht aus einer Reihe von Liniencharts der relativen Rendite des Value-Investings während der letzten vollständigen Hausse-Baisse-Zyklen. Wenn die Linie steigt, ist Value besser als Growth. Das bedeutet also keinen absoluten Anstieg, sondern nur die Überlegenheit.

ABBILDUNG 9.3: Die relative Rendite des Value-Investings in den letzten vier Zyklen

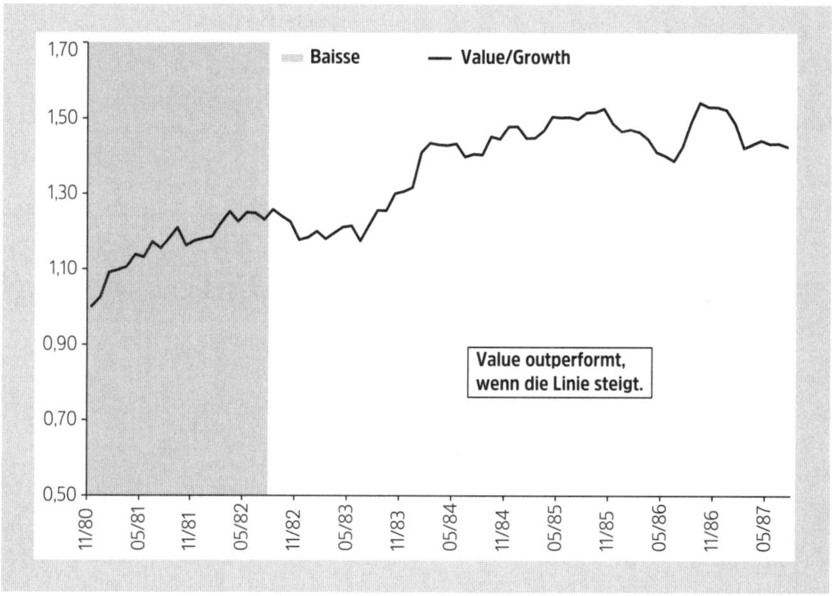

Quelle: FactSet, Stand 12.12.2014. Russell 3000 Growth und Russell 3000 Value Total Return Indizes, 28.11.1980 bis 09.10.2007. Wegen der Verfügbarkeit der Zahlen sind die Renditen bis Februar 2000 Monatsrenditen, danach Tagesrenditen.

ABBILDUNG 9.3 (FORTSETZUNG)

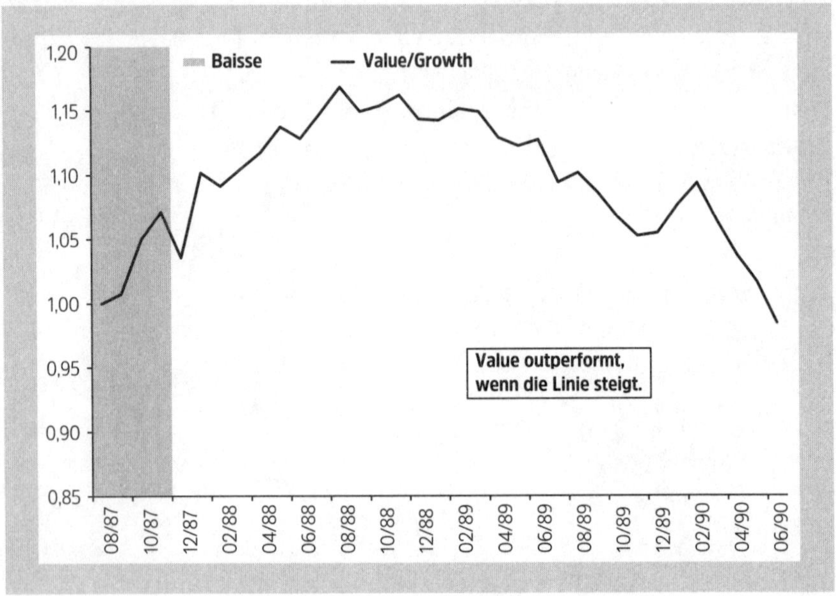

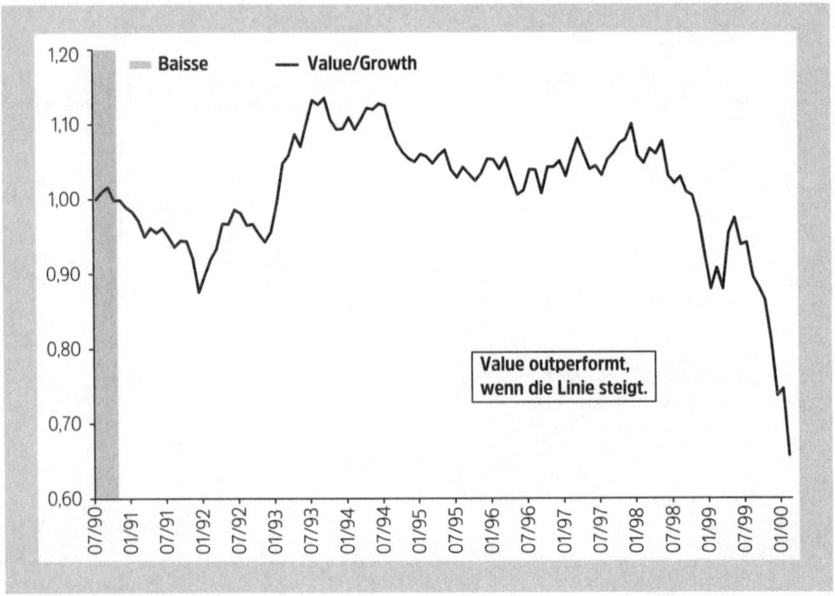

Quelle: FactSet, Stand 12.12.2014. Russell 3000 Growth und Russell 3000 Value Total Return Indizes, 28.11.1980 bis 09.10.2007. Wegen der Verfügbarkeit der Zahlen sind die Renditen bis Februar 2000 Monatsrenditen, danach Tagesrenditen.

ABBILDUNG 9.3 (FORTSETZUNG)

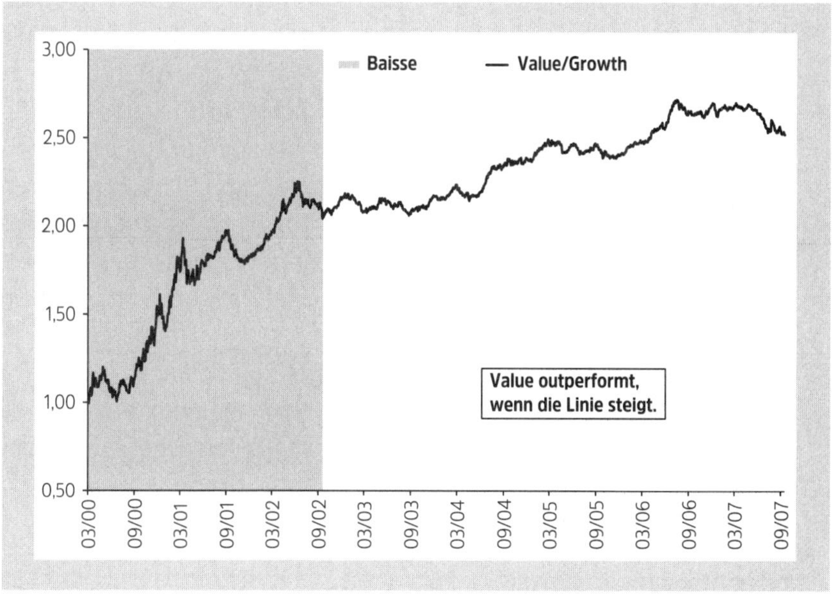

Quelle: FactSet, Stand 12.12.2014. Russell 3000 Growth und Russell 3000 Value Total Return Indizes, 28.11.1980 bis 09.10.2007. Wegen der Verfügbarkeit der Zahlen sind die Renditen bis Februar 2000 Monatsrenditen, danach Tagesrenditen.

Schauen Sie sich an, wann das Value-Investing führt: oft während einer Baisse, wenn alle Angst bekommen. Normalerweise bleibt Value noch während des ersten Drittels oder der ersten Hälfte der nachfolgenden Hausse am Ruder, weil die meisten Leute dann von der Baisse noch ganz verschreckt sind. Dann übernimmt Growth das Ruder und steuert normalerweise bis über das Ende der Hausse hinaus. Die Hausse 2002 bis 2007 war eine Ausnahme – das Value-Investing lag bis zu den letzten 14 Monaten vorn –, aber die verkürzte Führung des Growth-Investings hatte mehr damit zu tun, dass die Hausse frühzeitig abgewürgt wurde, als die Rechnungslegungsvorschrift FAS 157 in Kraft trat und die Bewertung zum Marktwert forderte (wie in Kapitel 1 erläutert).

Die Behavioral Finance kann einem helfen, diesen Wendepunkt zu erkennen. Normalerweise kommt er, wenn das Value-Investing populär wird. Je besser das Value-Investing läuft, umso mehr

Menschen fällt das auf. Der Rezenzeffekt – dass man annimmt, was heiß ist, bleibe auch heiß – lässt sie vergessen, dass die Führungsposition historisch gesehen wechselt. Die Gier führt dazu, dass sich die Menschen auf den angesagten Anlagestil stürzen. Die Experten preisen „das nächste große Value-Play“ an und sind überzeugt, wenn sie die richtigen unterbewerteten Aktien fänden, sei das ein Freifahrschein zum Erfolg in der Spätphase der Hausse. Wenn das passiert, wird es Zeit, sich dem Growth-Investing zuzuwenden. Es ist dann ungeliebt und unerwünscht und es wird ignoriert – genau die Charakterzüge, von denen die ewigen Value-Fans glauben, sie würden die Value-Strategie immer und ewig an die Spitze katapultieren. Viele sind einfach so sehr in ihren eigenen Neigungen und Verzerrungen verfangen, dass sie bessere Chancen an anderen Stellen gar nicht wahrnehmen können.

Wahrscheinlich erwischen Sie den Wendepunkt nicht exakt – es ist kein präzises Timing-Werkzeug, denn so etwas gibt es nicht, und wenn es solche Werkzeuge gäbe, würden sie schnell populär und eingepreist werden, sodass sie nicht mehr funktionieren würden. Wie ich bereits geschrieben habe, irren sich selbst Legenden in etwa 30 Prozent der Fälle – und zwar sowohl hinsichtlich des Führungswechsels als auch hinsichtlich der allgemeinen Entwicklungsrichtung des Marktes. Präzision ist aber auch gar nicht nötig. Man kann im Laufe der Zeit sehr erfolgreich sein, auch wenn man mit dem Wechsel der Führungsposition zu früh dran ist. Entscheidend ist, dass man diszipliniert bleibt und alle anderen verhaltensbedingten Fehlerquellen ignoriert, die an einem nagen und einen dazu verleiten wollen, kehrtzumachen. Nicht um der Sturheit willen stur sein, sondern selbstbeherrscht. Dazu kommen wir in ein paar Seiten noch.

Value-Aktien gehören zu den Lieblingen der Behavioral Finance und sie haben ihre Zeit. Aber manchmal wird es eben populär, billige Aktien zu kaufen, sodass es nicht mehr funktioniert, unterbewertete Aktien zu kaufen. Ben Graham mag sich bei diesem Satz im Grabe umgedreht haben, aber er stimmt. Auch Aktien mit hohem KGV haben ihren Tag in der Sonne.

Ironischerweise begehen die Behavioralisten, die einen bestimmten Anlagestil für den besten halten, einen großen Verhaltensfehler: Sie lassen ihre Entscheidungen von Verzerrungen beeinflussen. Ein besserer Einsatz der Behavioral Finance wäre es, solche Effekte zu erkennen, sie auszuschalten und offen für unergründliche Tatsachen zu sein.

Der erwähnte Punkt, an dem die Stimmung umschlägt, ist das, worauf der Kontrarianer achten muss. Der Trick ist, ihn zu erkennen.

REZENZEFFEKT UND SENTIMENT

Die Erkennung eines Führungswechsels beginnt mit einer einfachen Frage: Ist dieser Sektor/dieses Land/dieser Anlagestil zu populär/zu unpopulär?

Um das herauszufinden, stellt man eine etwas anders formulierte Frage: Warum ist er/es so populär/unpopulär? Ist der Grund rational und passt er zu den Fakten? Oder erliegt die Masse dem Rezenzeffekt?

Der Rezenzeffekt – dass man die jüngste Vergangenheit in die Zukunft fortschreibt – führt normalerweise zu Torheiten. Er veranlasste die Menschen im Jahr 2000, zu glauben, die Technologie-Aktien würden sprunghaft steigen. Im März 2009 ließ er die Menschen befürchten, die Aktien würden auf null fallen. Die Abbildungen 9.4 und 9.5 zeigen, wie das funktioniert. Viele Anleger ließen sich von ihren Gehirnen zu dem Glauben verleiten, die Aktien würden sich an die gepunkteten Linien halten – 2000 aufwärts und 2009 abwärts. Diese verzerrte Wahrnehmung machte sie für die sehr wahrscheinliche Wirklichkeit blind – nämlich dass die Aktien eine Zickzackbewegung in die andere Richtung vollziehen würden. Er hielt sie davon ab, darüber nachzudenken, ob die Stimmung richtig oder falsch war. Im Jahr 2000 war das ein Anzeichen dafür, dass sich der Zeitpunkt näherte, zu dem man aus dem Markt aussteigen sollte. Im März 2009 war es ein Anzeichen dafür, dass es nach den Prügeln des Jahres 2008 im März 2009 am klügsten gewesen wäre, investiert zu bleiben.

ABBILDUNG 9.4: Der Rezenzeffekt im Jahr 2000

Quelle: FactSet, Stand 31.01.2014. Nasdaq von 30.09.1999 bis 30.09.2002. Die hypothetische Linie ist eine Extrapolation des durchschnittlichen täglichen Kursanstiegs von 30.09.1999 bis 10.03.2000.

ABBILDUNG 9.5: Der Rezenzeffekt im Jahr 2009

Quelle: FactSet, Stand 31.01.2014. S&P 500 von 30.09.2008 bis 31.12.2010. Die hypothetische Linie ist eine Extrapolation des durchschnittlichen täglichen Kursrückgangs von 30.09.2008 bis 09.03.2009.

Und jetzt wenden wir den Rezenzeffekt auf die Wahl des Anlagestils an. In Kapitel 7 haben wir den Mythos erforscht, die Small Caps seien immer und ewig am besten. Dieser Mythos griff während der Hausse massiv um sich, die im Jahr 2009 begann und Fahrt aufnahm, als die kleinen Aktien die großen in den Jahren 2010, 2011, 2012 und 2013 schlugen. Anfang 2014 wimmelte es in den Medien von Tipps für heiße, spekulative Small-Cap-Aktien für die zweite Hälfte der Hausse. Aus unserer historischen Analyse in Kapitel 7 wissen wir, dass die Kleinen nicht überlegen sind – sie schnellen lediglich in der Frühphase von Haussen nach oben und diese wenigen guten Jahre heben den Durchschnitt. Das ist leicht zu erkennen und zu berechnen, aber der Rezenzeffekt hält die meisten Menschen davon ab, es zu erforschen.

Die meisten schrieben die Renditen der jüngsten Vergangenheit einfach fort und nahmen an, die Small Caps (der Russell 2000) würden der gepunkteten Linie in Abbildung 9.6 folgen. Small Caps waren enorm populär! Jedoch ließ der epidemische Rezenzeffekt eher vermuten, dass sie aus den falschen Gründen populär waren – und daher *zu* populär. Natürlich liefen die Small Caps danach im Zickzack seitwärts! Und wie Abbildung 9.7 zeigt, gingen die Großen klar in Führung. Dafür gab es erkennbare fundamentale Gründe. Aber der Rezenzeffekt verführte die Menschen zu dem Glauben, der Trend sei ihr Freund, und hielt sie von der Frage ab, ob die Großen das Ruder übernehmen würden.

ABBILDUNG 9.6: Der Rezenzeffekt und die Small Caps im Jahr 2014

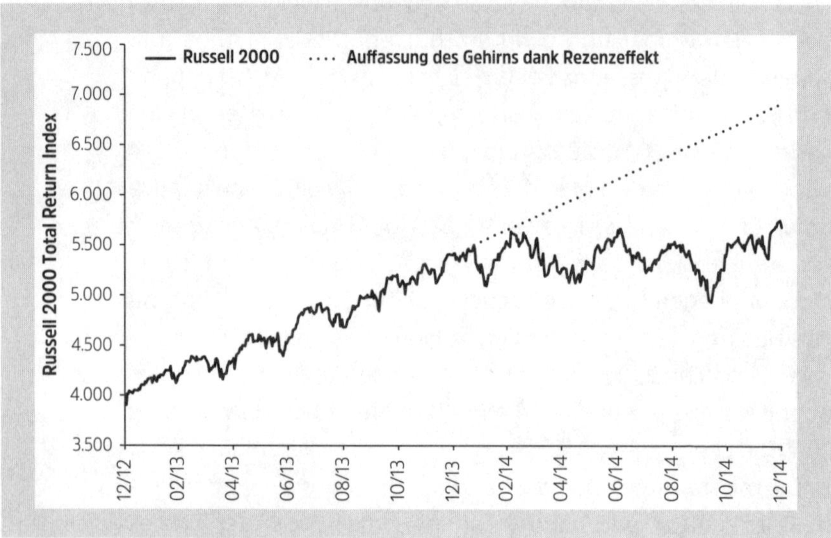

Quelle: FactSet, Stand 05.01.2015. Russell 2000 Total Return Index von 31.12.2012 bis 31.12.2014. Die hypothetische Linie ist eine Extrapolation des durchschnittlichen täglichen Anstiegs von 31.12.2012 bis 22.01.2014.

ABBILDUNG 9.7: Small Caps und Large Caps 2014

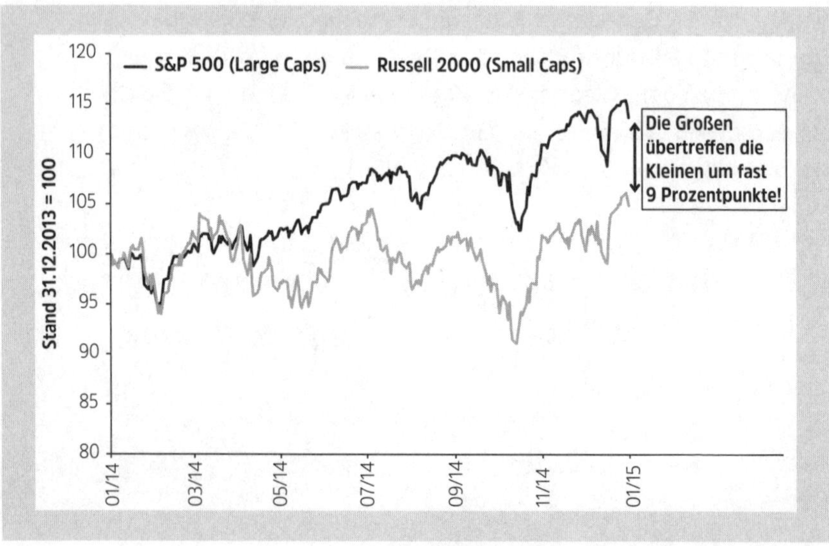

Quelle: FactSet, Stand 05.01.2015. S&P 500 und Russell 2000 Total Return Indizes, 31.12.2013 bis 31.12.2014.

Nun ein ehrliches Geständnis: Das Research meiner Firma signalisierte bereits 2012, dass die Small Caps zu populär waren, und so schichteten wir aus Nebenwerten in die größten Aktien um. Es schien, als werde die Hausse in ihre zweite Hälfte eintreten, die Stimmung wurde optimistischer und die Privatanleger, die die Krise 2008 verschreckt hatte, stiegen massenhaft wieder in den Aktienmarkt ein. Sie neigen eher dazu, bekannte große Namen in die Höhe zu treiben, als auf kleine Firmen zu spekulieren, die sie nicht kennen. Rückblickend waren wir 18 Monaten zu früh dran – der Große Erniedriger (GE) lässt jeden gelegentlich so aussehen, als habe er sich geirrt, und zwar manchmal über lange Strecken. Gewöhnen Sie sich daran und kommen Sie darüber hinweg! Wenn das passiert, kommt es darauf an, diszipliniert zu bleiben und nach Indizien dafür zu suchen, dass die eigenen Gründe falsch sein könnten. Sind sie falsch, muss man den Kurs ändern. Sind sie nicht falsch, muss man einfach Geduld haben – der GE will einen in Versuchung führen, zu reagieren und wieder das zu kaufen, was gerade in ist. Oft führt das dazu, dass man teuer kauft und billig verkauft.

WIE MAN SICH DANK BEHAVIORAL FINANCE EINEN TAKTISCHEN VORTEIL VERSCHAFFT

Man kann den Rezenzeffekt und andere Kognitionsfehler benutzen, um Chancen und Risiken in verschiedenen Ländern, Sektoren, Stilen und Unternehmensgrößen zu erkennen. Oder um zu beurteilen, ob manche Aktien zu angesagt oder zu verpönt sind. Zwar kommt es auch auf fundamentale Faktoren an, aber um diese zu beurteilen, braucht man keinen Behavioralismus – sondern nur die wirtschaftlichen und politischen Analysen an anderen Stellen des vorliegenden Buches. Die behavioralistische Perspektive dient eher dazu, herauszufinden, ob das Sentiment die ökonomischen und politischen Gegebenheiten auf breiter Front berücksichtigt. Oder einfacher ausgedrückt: Sehen die Menschen eine bestimmte Kategorie zu düster oder zu sonnig?

Was daraus resultiert, hat nicht unbedingt etwas damit zu tun, dass man versucht, den Markt zu schlagen. Es geht eher darum, übliche und erkennbare Fahler zu vermeiden, die zu manchen Zeiten von der überwältigenden Mehrheit der Anleger begangen werden. Sich nicht in aktuelle Trends hineinziehen zu lassen. Sein Gehirn darauf zu trainieren, dass man Übertreibungen und übersehene Chancen deutlich erkennt.

Wie sieht ein Sektor aus, der zu populär geworden ist? Bekannte Beispiele, die in große Baissen mündeten, sind der Technologiesektor im Jahr 2000 und der Energiesektor im Jahr 1980. Und hier noch ein subtileres Beispiel: Materialien, insbesondere Metalle und Bergbau, nach 2010.

Von September 2000 bis Ende des Jahres 2010 hatte der MSCI World Metals & Mining Index eine Gewinnsträhne und überbot den MSCI World Index um 455 Prozentpunkte.[4] Danach hinkte er dem Welt-Index hinterher, bis Mitte 2013 um mehr als 60 Prozentpunkte. Die meisten Anleger, die es ja gewohnt waren, dass diese Branche durch die Decke geht, wenn die Börse steigt, gingen davon aus, dieser Rückstand sei eine Anomalie und der Metals & Mining Index werde bald wieder in die Höhe schnellen. Populär! Zu populär. Die Geschichte und die entscheidenden Fundamentaldaten sprachen dagegen, dass die relative Performance auf absehbare Zeit wieder dauerhaft wenden würde.

Was war den übertrieben begeisterten Metallfans entgangen? Diese Branche verläuft normalerweise zyklisch – große Aufschwünge, große Abschwünge. Auf lange Phasen mit steigenden Metallpreisen und steigenden Aktien aus dieser Branche folgen lange Niedergänge (siehe Abbildung 9.8). Dieses Muster hat fundamentale Ursachen. Die Rohstoffzyklen beginnen normalerweise damit, dass die Nachfrage zunimmt, während das Angebotswachstum relativ beschränkt ist, sodass die Preise steigen. Auf den preislichen Anreiz reagieren die Produzenten damit, dass sie die Produktion hochfahren und damit irgendwann unweigerlich über die Nachfrage hinausschießen. Der Metall- und Bergbausektor ist besonders verwundbar, weil er so kapitalintensiv ist, weil seine Umsätze so empfindlich auf die Preise reagieren und wegen der jahrzehntelangen Lebensdauer seines Produktionskapitals – das macht es schwierig, zu bremsen oder Gas zu geben, wenn sich die Bedingungen ändern. Wenn die Preise fallen, brechen die Umsätze ein, und aufgrund der hohen Fixkosten schlägt das massiv auf die Gewinne (was letztlich schon wieder die Bühne für den nächsten Zyklus bereitet, denn die

Branche nimmt sich vor, keine zu großen Kapazitäten mehr aufzubauen, sodass das Angebot erneut eingeschränkt wird).

ABBILDUNG 9.8: Die relative Performance des Metals & Mining Index im Verhältnis zum Kupferpreis

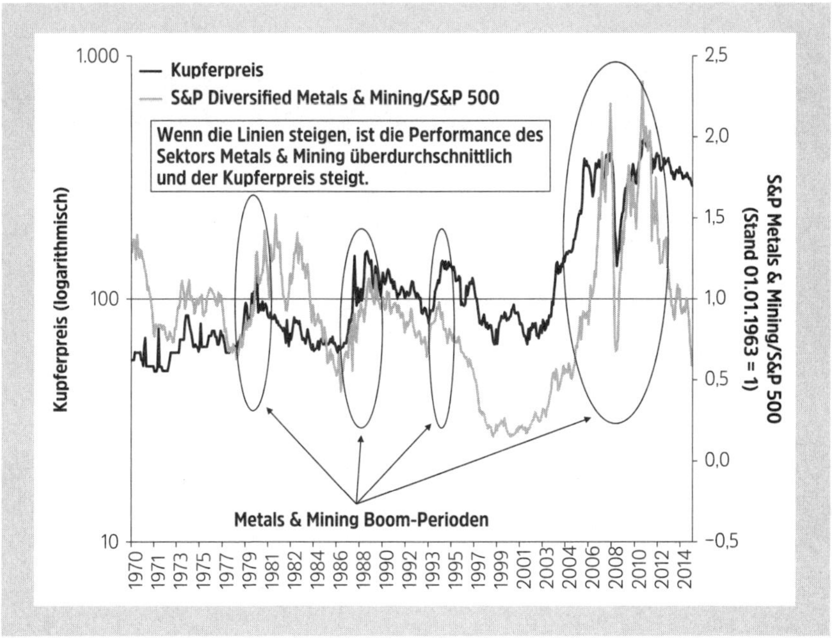

Quelle: Global Financial Data, Stand 07.01.2015. Kupferdraht-Preis in US-Cent pro Pfund, 1970 bis 2014. S&P Diversified Metals & Mining, Kursrenditen geteilt durch Kursrenditen des S&P 500 (Stand am 31.01.1963 = 1), 1970 bis 2014.

Genau das erleben wir seit 2010 im Sektor Metals & Mining. Der Preisaufschwung des vorangegangenen Jahrzehnts ließ die Investitionen in neue Minen zunehmen und das Angebot stieg kräftig, als die jahrelangen Investitionsprogramme Früchte trugen. Seither fallen sie durch die Bank, wie in Abbildung 9.9 zu sehen, und die Aktien des Sektors laufen wie alle anderen rohstofforientierten Aktien auch stark unterdurchschnittlich (Abbildung 9.10). Aus den gleichen zyklischen Gründen bewegen sich Energie-Aktien normalerweise im Gleichschritt mit Rohstoff-Aktien. Im aktuellen Zyklus hat der Schieferboom das Angebot massiv gesteigert und dadurch die Preise, die Umsätze und die Gewinne gedrückt.

ABBILDUNG 9.9: Ausgewählte Rohstoffpreise

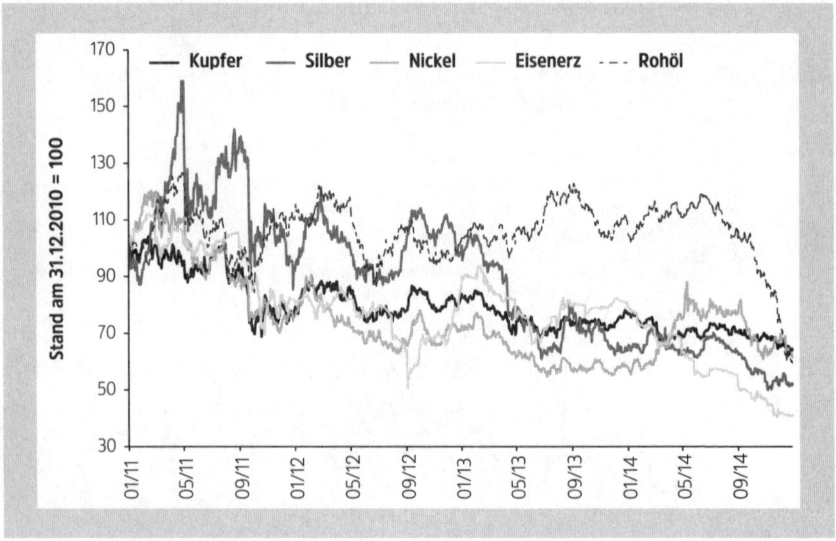

Quelle: FactSet, Stand 05.01.2015. Maßgebliche Rohstoffpreise, 31.12.2010 bis 31.12.2014. Stand am 31.12.2010 = 100.

ABBILDUNG 9.10: Relative Performance der Sektoren Energie und Materialien

Quelle: FactSet, Stand 05.01.2015. MSCI World Materials Index, geteilt durch den MSCI World Index, und MSCI World Energy Index, geteilt durch den MSCI World Index (Stand am 31.12.2010 = 100) bis 31.12.2014. Renditen einschließlich Dividenden.

So sieht es aus, wenn etwas zu populär ist. Und wie sieht etwas aus, das zu unpopulär ist? Wie die Finanzwerte im Jahr 2012.

Wenn ein Sektor in einer Baisse die Führungsrolle übernimmt – wie es der Technologiesektor im Jahr 2000 und der Finanzsektor im Jahr 2008 taten –, dann bestrafen die Anleger ihn gewöhnlich noch Jahre nach dem Ende der Baisse. Man könnte sagen, sie schlagen die letzte Schlacht. Sie haben übertriebene Angst, so etwas könne sich wiederholen, und reagieren deshalb überempfindlich auf alles, was für den Sektor möglicherweise negativ sein könnte, sei es auch noch so klein. Diese Negativität kann in der Frühphase der nachfolgenden Hausse mächtig an den Renditen des betroffenen Sektors nagen. Irgendwann schlägt es um. Zu unpopulär – die Menschen ignorieren Hinweise auf eine fundamentale Besserung.

So geschehen mit dem Finanzsektor im Jahr 2012 – insbesondere mit den US-amerikanischen Finanzwerten. Vor dieser Zeit war die Skepsis durchaus gerechtfertigt. Auf der ganzen Welt prügelten Regulierer mit neuen Vorschriften auf den Sektor ein und sorgten so für ein Übermaß an Unsicherheit. Auch die Gewinne wurden durch gesetzliche Aspekte belastet. Prozesse im Zusammenhang mit der Krise und Vergehen wie der Libor-Skandal zwangen die Unternehmen, Rückstellungen für möglicherweise hohe Bußgelder zu bilden, und das zehrte Gewinne auf. Die wachsenden Kapitalanforderungen zwangen die Banken, die Kreditvergabe zu beschneiden und Bargeld zu horten, was das Kreditwachstum belastete. Das Quantitative Easing (QE) verflachte die Zinsspanne und dämpfte die Profitabilität.

Doch Mitte 2012 besserte sich Lange langsam. Die meisten neuen Vorschriften waren mittlerweile verfasst. Die Platzhalter des Dodd-Frank Act waren nach und nach klarer formuliert worden und die endgültigen Vorschriften waren viel laxer als die vorherigen Entwürfe. Die Regulierer hatten ihre Pläne zur Einführung der neuen Eigenkapitalanforderungen unter dem Namen Basel III weithin publik gemacht und den Banken so die Möglichkeit gegeben, vorauszuplanen. Das alles war zwar schlimm, aber nicht so schlimm wie zuvor befürchtet – eine Verbesserung, die bullish wirkte. In den Vereinigten Staaten und in der ganzen Welt kamen die Konjunktur und die Kapitalmärkte wieder in Fahrt und so entstanden neue Wachstumschancen für Investmentbanken und diversifizierte Finanzdienstleister.

Die meisten Anleger hatten zwar immer noch etwas gegen Finanzwerte, aber der Sektor kam unter Dampf und stach den Gesamtmarkt während des nächsten Jahres und darüber hinaus aus (Abbildung 9.11). Schließlich setzte sich die Stimmung durch und belastete die relativen Renditen von Juli 2013 bis Mitte August 2014, dann schlug sie wieder um – die US-Finanzwerte wurden wieder zu unpopulär, das Vorspiel zu einem weiteren Kursschub.

ABBILDUNG 9.11: Relative Performance der US-Finanzwerte

Quelle: FactSet, Stand 05.01.2015. S&P 500 Financials Total Return Index, geteilt durch den S&P 500 Total Return Index (Stand am 31.12.2011 = 1) bis 31.12.2014.

In beiden Fällen konzentrierte sich die Stimmung der Masse zu sehr auf die jüngste Vergangenheit – daraus konnte man ablesen, dass sich eventuell Möglichkeiten boten, die Masse auszunutzen. Die Menschen dachten, die Rohstoffe würden großartig laufen, weil sie zuletzt großartig gelaufen waren. Viele nahmen an, die Finanzwerte würden enttäuschen, weil sie zuvor enttäuscht hatten. Wenn die Menschen auf breiter Front nicht nach vorne, sondern zurückblicken, ist das für Sie der Hinweis, dass Sie die im Trend liegende Denkweise meiden und nach fundamentalen, auf die Zukunft gerichteten Indizien dafür suchen sollten, dass die Masse falschliegt.

DER ABSCHNITT FÜR STOCK-PICKER

Sie können diesen Denkprozess auch bei der Aktienauswahl verwenden. Entscheidungen über Sektor, Land, Größe und Stil sind normalerweise der erste Schritt, aber kontrarianisches verhaltensorientiertes Denken kann einem auch dabei helfen, die Aktien zu finden, die die gewählte Gewichtung ausfüllen. Das ist jedoch nicht die einzige Möglichkeit! Unternehmensspezifische Faktoren wie Wachstumspotenzial, Zustand der Bilanz, Bruttomargen, globale Reichweite, Unternehmensleitung, Management, Kunden- und Lieferbeziehungen, Preisgestaltungsmacht und viele andere spielen dabei eine Rolle und man kann sehr gut Unternehmen aus den bevorzugten Sektoren aussuchen, die hier hohe Punktzahlen erreichen. Dieser schlaue Trick – ein Turnaround-Szenario erkennen – ist nur eine Möglichkeit, Aktien unter einem kontrarianischen Gesichtspunkt auszuwählen.

Zum ersten Mal habe ich diese Methode bereits 1984 in meinem ersten Buch „Super Stocks" vermittelt. Sie besteht darin, ein junges, schnell wachsendes Unternehmen zu finden, gegen das die Wall Street aus irgendwelchen Gründen etwas hat. Vielleicht hat es gerade eine Durststrecke, weil das Management einen Produktzyklus verbockt oder einfach Mist gebaut hat, und die Anleger bestrafen es jetzt dafür. Es wird überall gehasst, aber wenn das Management das Schiff wieder auf Kurs bringen kann, hat es fantastisches Potenzial. Vor allem wenn man einsteigt, bevor die Herde das merkt.

Wie in „Super Stocks" erklärt, haben nur wenige Unternehmen sensationelles Wachstumspotenzial. Die meisten stoßen bei hoher Geschwindigkeit auf eine Rüttelschwelle, was eine vorübergehende Krise verursacht – ein Patzer, der die Gewinne erschüttert. Das ist ganz normal! Unternehmen von hoher Qualität federn danach normalerweise schnell wieder zurück, aber die Masse – unter Führung der Experten – vergisst das.

Man sieht das an der Reaktion der Sell-side-Analysten auf den ersten Erfolg und auf die Rüttelschwelle. Wenn das Unternehmen sie in der Frühphase blendet, lassen sich die Analysten vom scheinbar brillanten Wachstum verführen. Sie sind von der Zukunft des Unternehmens begeistert und versprechen, es verdiene astronomische Bewertungen. Wenn die Massen dann den Preis in die Stratosphäre hochtreiben, begründen die Experten das, heben die „unfehlbare" Technologie in den Himmel und behaupten, sie eröffne ganz neue Horizonte. Wenn dann aber etwas schiefgeht, fallen sie darüber her, bestrafen die Aktie und kreuzigen das Unternehmen wortreich. Die Experten behaupten dann, die Technologie sei schon die ganze Zeit schwach gewesen, das Management habe sie hereingelegt oder oder oder ...

Weder das Hochloben noch das Herummäkeln ist angebracht. Die zu hoch gesteckten Erwartungen der Wall Street riefen ja erst den schnellen Anstieg hervor, den die Analysten mit dem Rezenzeffekt rechtfertigten. Und dann verschlimmerte ihre überzogene Enttäuschung den massiven Absturz. Solche Entschuldigungen sind eklatante Vermeidung von Reue – ein kognitiver Fehler, den unser Gehirn nach Verlusten stärker empfindet (eine angeborene Reaktion auf die kurzsichtige Verlustaversion). Wenn der Preis den Boden erreicht, sind die Erwartungen viel zu gering. Die meisten erwarten dann keine Zukunft und kein Rückfedern, weil sie nicht erkennen, dass das Unternehmen nicht so schwach ist, wie sie meinen.

Wenn man die Verhaltensfehler der Wall Street versteht, kann einem das helfen, sich nicht von der nachfolgenden Euphorie oder von dem nachfolgenden Blutbad mitreißen zu lassen, und dann ist man in der Lage, nach der Achterbahnfahrt die Gelegenheit beim Schopf zu packen. Es fängt schon frühzeitig an, wenn sich die Herde vom anfänglichen Wachstum eines Unternehmens mitreißen lässt und meint, es werde unendlich so weitergehen – und vergisst, wie Produktzyklen normalerweise funktionieren. Der Produktzyklus beginnt mit der ursprünglichen Idee, geht dann mit Forschung, technischer Planung und Entwicklung weiter und dann kommt der erste Probelauf – eine Phase mit hohen Kosten. Dann schraubt das Marketing die Kosten noch einmal in die Höhe. Doch dann trudeln die ersten Aufträge ein, schon bald steigt das Absatzvolumen und verwandelt das Projekt aus einem Geldfresser in einen Gewinnbringer. Die Gewinne schnellen in die Höhe, die Lage sieht gut aus und das entfacht die Begeisterung der Wall Street und stützt ihre Behauptungen vom unfehlbaren Potenzial. Ein solcher Ausbruch ist aber immer nur vorübergehend. Die Produkte erreichen das Reifestadium, Konkurrenten stehlen die Schau und der Umsatz lässt nach. Der Produktzyklus verläuft immer bogenförmig, aber die Wall Street hält ihn für einen Vektor. Sie schreibt das anfängliche sensationelle Wachstum sehr weit in die Zukunft fort. Das ist der Rezenzeffekt!

Manche Unternehmen halten die Party in Gang, indem sie vorausplanen, um neue Produkte zu identifizieren und zu entwickeln. Wenn der eine Produktzyklus nachlässt, nehmen andere seinen Platz ein und der Umsatz wächst weiter. Doch die Manager junger Unternehmen sind gewöhnlich ziemlich unerfahren. Sie lernen bei der Arbeit. Sie machen Fehler. Vielleicht rechnen sie nicht damit, dass ihr Produkt so schnell Fahrt verliert, oder die Pipeline ist leer. Vielleicht haben sie richtig geplant, aber nicht die nötigen Schritte vollzogen, sodass die Entwicklung und Markteinführung des Next Big Thing länger dauert als erwartet. Oder ihr Produkt wies einen Fehler auf. Das kann man alles beheben – nichts davon ist ein Anzeichen für ein schlechtes Unternehmen. Es sind lediglich vorübergehende Rückschläge. Ganz normal!

Trotzdem versetzen sie den Gewinnen einen schweren Schlag oder führen bei steigenden Kosten gar zu Verlusten. Es besteht eine gewisse Wahrscheinlichkeit, dass die Kosten bereits hoch waren, als der Rückschlag eintrat. Normalerweise fahren Unternehmen das Marketing und die Produktion hoch, wenn sie mit gesteigertem Absatz rechnen – sie „geben Geld aus, um Geld zu verdienen", wie man so schön sagt. Solche Kosten lassen sich nur schwer schnell eindämmen, wenn sich die kurzfristigen Aussichten verschlechtern. Und auch die Behebung des Problems kostet Geld. Die Fehlerdiagnose, gegebenenfalls die Entschädigung von Kunden, zusätzliches Marketing, um sich wieder einen Ruf aufzubauen, und die Verbesserung des Produktionsprozesses sind nicht billig. Es kann auch sein, dass das

Management Vermögenswerte abschreiben muss, wenn Inventar verschrottet werden muss oder die Produktionsanlagen Probleme bereiten.

Wenn dem Unternehmen der Turnaround gelingt, sind diese Verluste nur vorübergehender Natur. Sobald das Problem behoben ist, steigt der Umsatz wieder, es macht wieder Gewinn und bald ist der Einbruch nur noch eine Delle. Den Miesmachern, die auf dem Weg nach unten verkauft haben, weil sie von einem dauerhaften Schaden ausgingen, entgeht etwas.

Die meisten sind zu kurzsichtig, um zu sehen, dass dies der normale Gang der Entwicklung ist. Eigentlich sollten sie nach innen blicken, herausfinden, wo sie ihr Gehirn in die Irre geführt hat, sich ihrer eigenen Verzerrungen besser bewusst werden und aus Fehlern lernen. Doch stattdessen ist die Masse, die die Reue scheut, verbittert und übersieht das Rebound-Potenzial. Dann ist es Zeit, zu kaufen – genau dann, wenn sonst niemand kaufen will.

Oberflächlich steht das Unternehmen fürchterlich da. Seine Gewinne sind gering, vielleicht sogar negativ. Der Prozess des Wiederaufbaus macht wahrscheinlich einen chaotischen Eindruck. Angestellte oder Manager scheiden aus oder werden entlassen. Um die Blutung zu stoppen, senkt das Management die laufenden Kosten so weit wie möglich. Fehlgeleitete und unproduktive Entwicklungsprogramme werden womöglich gestrichen. Ganze Produktlinien können ins Gras beißen. Für ein echtes Turnaround-Unternehmen ist das normalerweise gut – es bedeutet, dass das Unternehmen schlanker und flexibler wird und dass es versucht, sich auf seine Kernkompetenzen zu konzentrieren. Für Außenstehende sieht es aber wahrscheinlich so aus, als würde es ins Schwimmen geraten.

Wenn diese Phase vorbeigeht, tauchen die ersten Anzeichen für eine Erholung auf – neue Produkte werden angekündigt, die Bestellungen existierender Produkte ziehen wieder an. Die Experten bleiben trotzdem skeptisch – wir sind darauf programmiert, die letzte Schlacht zu schlagen. Analysten reden die Erholung klein, sie behaupten, das Management produziere nur heiße Luft und torpediere die langfristigen Wachstumsaussichten des Unternehmens bis hin zum Bankrott – sie sind immer noch böse auf das

Unternehmen, weil es sie dazu verleitet hat, es auf dem Weg nach oben in den Himmel zu loben. Sie haben beschlossen, das Management als unfähig zu betrachten, ihm vielleicht gar Täuschung zu unterstellen – es sei zu optimistisch. Dann hört man sie über die aufkeimende Erholung als Anomalie oder als „Dead Cat Bounce" referieren. Das sind lauter Anzeichen dafür, dass ein Unternehmen zu unpopulär ist.

Wenn Sie einfach geprügelte Unternehmen aussuchen, die die Finanz-Community hasst, ist noch nicht garantiert, dass Sie einen Gewinner ausgewählt haben. Manche Unternehmen erholen sich nie wieder. Sie machen dicht oder hangeln sich jahrelang durch Insolvenzen und periodische Verluste. Das Management überlegt sich nie, wie es das Schiff wieder auf Kurs bringen und zu den glorreichen Tagen des phänomenalen Wachstums zurückkehren kann. Und da kommt die Fundamentalanalyse ins Spiel. Die Behavioral Finance kann einem durchaus helfen, potenzielle Chancen zu finden! Doch das ist erst die halbe Miete. Sobald man die Gelegenheit vor sich hat, ist es an der Zeit, das tatsächliche Potenzial des Unternehmens zu bewerten. Haben die Manager eine wachstumsorientierte Einstellung und sehen sie Probleme als potenzielle Chancen auf Verbesserung? Haben sie einen Wettbewerbsvorteil? Zufriedene Mitarbeiter? Straffe Finanzkontrollen und gegebenenfalls die Bereitschaft, Kosten zu kürzen? Verstehen sie Veränderungen in ihrem eigenen Markt und legen sie die Fähigkeit an den Tag, aus neuen Produkten und Dienstleistungen Kapital zu schlagen? Je mehr davon Sie bejahen können, umso größer das Potenzial.

In „Super Stocks" erzählte ich die Geschichte zweier Unternehmen – Texas Instruments und Transitron –, um zu zeigen, dass nach einem Rückschlag manche scheitern und manche erfolgreich sind.

Als der Transistor noch in den Kinderschuhen steckte, waren Texas Instruments und Transitron Lieblinge der Wall Street. Beide waren „unfehlbar". Beide hatten himmelhohe Bewertungen und eine kultartige Anhängerschaft. Dann erlitten beide Rückschläge und kamen böse unter die Räder. Beide hatten gute Produkte. Beide waren Schlüsselakteure in einem Markt, der bald aufblühen sollte. Nur einer überlebte.

Texas Instruments erkannte seine Probleme, behob sie, entwickelte sich weiter und blieb jahrzehntelang erfolgreich – ein echter Turnaround. Transitron tat das nicht, es hatte immer wieder mit Verlusten zu kämpfen, stand am Rande des Bankrotts und begrub sich selbst unter einem enormen Schuldenberg. Das Management konnte den aufkommenden Technologieboom nicht zu seinem Vorteil nutzen. Die Transistoren und ihre Nachkommen, die integrierten Schaltkreise, erlebten ein wahrhaft phänomenales Wachstum. Aber Transitron war nicht wettbewerbsfähig. Das Management konnte seine ersten Erfolge in der Entwicklung von Transistoren und Halbleitern nicht reproduzieren. Am Beginn des PC-Zeitalters stellte Transitron seine Halbleiteraktivitäten ein und konzentrierte sich stattdessen auf Kabel, Stecker und Platinen. Mikroprozessoren wurden zum Lebenssaft der Hochtechnologie, aber Transitron verschied 1986.

Der Behavioralismus kann einem helfen, potenzielle Chancen nach Rückschlägen auszumachen. Die Fundamentalanalyse hilft einem, Unternehmen vom Typ Texas Instruments von den Transitrons zu unterscheiden.

WIE MAN GUTE VON SCHLECHTEN STRATEGIEN UNTERSCHEIDEN KANN

Wenn einem jemand sagt, Strategie X funktioniert, dann tut sie das vielleicht sogar. Vielleicht aber auch nicht. Sie könnte toll sein! Es könnte aber auch sein, dass daraus die Neigungen der betreffenden Person sprechen, was nicht so gut wäre. Wie kann man das herausfinden?

Fragen Sie: Gibt es Menschen in der Welt der Geldanlage, die damit schon einmal erfolgreich waren? Es gibt Menschen, die erfolgreich in Wachstumsaktien investieren. Es gibt absolut legendäre Investoren, die Value-Aktien kaufen, zum Beispiel Ben Graham. Wie wir bereits gesehen haben, funktionieren nicht alle Strategien zu allen Zeiten, aber sie haben ihre Zeit und ihren Ort. John Templeton und andere haben als globale Anleger groß Karriere gemacht (und das große Geld verdient). Andere erzielen an den Emerging Markets herausragende Erfolge.

Je mehr Menschen bewiesen haben, dass man mit einer Strategie erfolgreich sein kann, umso besser weiß man, dass die Strategie umsetzbar ist. Hier steht „umsetzbar“ gegen „könnte vielleicht“. Wenn hingegen mit einer bestimmten Strategie nur wenige oder gar keine Menschen erfolgreich waren, ist sie wahrscheinlich viel schwerer umzusetzen. So behaupten beispielsweise manche, es sei eine gewinnbringende Taktik, Hochs auszumachen und dann zu shorten. Mir fällt aber nur ein Mensch ein – Jim Chanos –, der damit wiederholt erfolgreich war. Das macht die Strategie nicht unmöglich! Nur außerordentlich schwierig. Bei der erfolgreichen Geldanlage geht es nicht um das, was möglich ist, sondern um das, was wahrscheinlich ist. Im Laufe der Zeit steigen die Aktien meistens, in 72 Prozent der Jahre seit 1928 lagen sie im Plus.[5] Eine reine Short-Strategie stünde also mehr als zwei Drittel der Zeit auf der falschen Seite. Damit Leerverkäufe profitabel werden, muss man daher ganz besonders richtigliegen, und das ist ganz besonders schwer.

Dieses Prinzip gilt auch für die passive Geldanlage. Die passive Geldanlage – dass man einen Indexfonds auf einen marktbreiten Index ewig hält – ist absolut stichhaltig! Wenn Sie das tun können – prima! (Doch wenn das etwas für Sie ist, warum lesen Sie dann dieses Buch?) Aber wer hat jemals bewiesen, dass er mit dieser Strategie erfolgreich war? Damit, dass er einen oder zwei Indexfonds 10, 20 oder 30 Jahre lang gehalten hat, ohne zu kaufen oder zu verkaufen, ohne von inländischen auf ausländische Aktien umzuschichten und wieder zurück? Sogar einige Begründer und Koryphäen dieses Bereichs raten, zwischen Ländern oder Sektoren umzuschichten. Doch das sind aktive Entscheidungen, keine passive Anlage, und sie führen auf dünnes Eis.

Passive Geldanlage bedeutet nicht einfach, dass man passive Produkte kauft. Dazu gehört auch, dass man danach keinerlei aktive Entscheidungen trifft, dass man nicht versucht, durch Trends oder Zyklen zu steuern, sondern einfach die Anlage einrichtet und vergisst. Sehr wenige Anleger sind dafür diszipliniert genug. Die meisten machen den gleichen Verhaltens-Pfusch wie alle anderen auch – sie kaufen und verkaufen passive Produkte wie börsennotierte Fonds (ETFs) oder Indexfonds statt einzelne Aktien oder aktiv gemanagte Fonds. Der Handel mit passiven Fonds ist aber aktiv, nicht passiv.

Es ist zwar nur ein grober Maßstab, aber man kann das an den täglichen Mittelflüssen der ETFs ablesen. Sie erfassen zwar nur eine Seite des Trades, aber man kann es als grobe Näherung für das Verhalten der angeblich passiven Anleger nehmen – und die reagieren oft auf breiter Front auf kurzfristige Kursausschläge. Abbildung 9.12 zeigt ein Beispiel dafür: die

Mittelflüsse der Aktien-ETFs während des Rücksetzers im September und Oktober 2014 und dazu die Tagesschlusskurse des S&P 500. Beachten Sie, dass die Verkäufe noch weitergingen, nachdem die Märkte schon wieder zurückfederten – der klassische Wunsch, die Blutung zu stoppen. Die kurzsichtige Risikoaversion in Aktion. Dafür sind wir alle anfällig, ob wir nun „aktiv“ oder „passiv“ anlegen.

ABBILDUNG 9.12: „Passive“ Geldanlage?

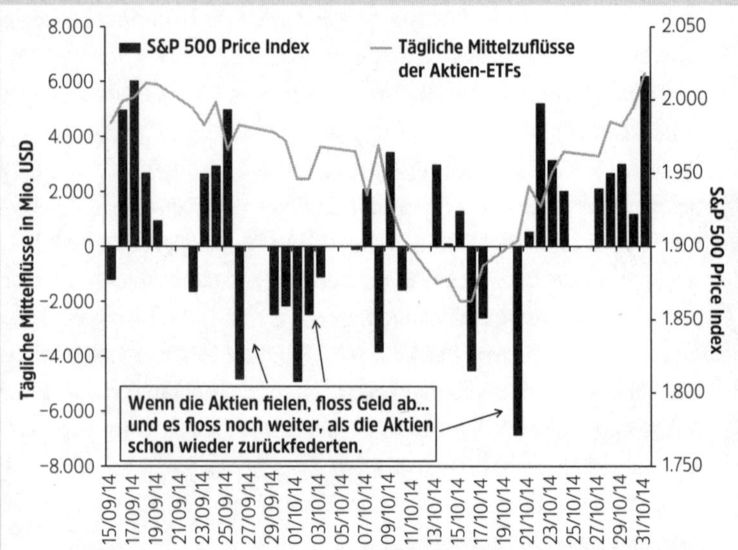

Quelle: ETF.com und FactSet, Stand 15.12.2014. S&P 500 Price Index und tägliche Mittelzuflüsse der ETFs, 15.09.2014 bis 31.10.2014.

WISSEN, WANN MAN SAGEN SOLLTE, WANN

Dieses Buch hat sich viel damit beschäftigt, wann man seine Aktien behalten sollte. Es gibt aber auch eine Zeit, in der man draußen sein sollte. Nur – und nur dann – wenn sich eine Baisse bildet und es sehr wahrscheinlich erscheint, dass die Aktien über eine längere Strecke um mehr als 20 Prozent fallen, ist es klug, auszusteigen. Anders als Korrekturen (plötzliche steile Einbrüche um 10 bis 20 Prozent) haben Baissen fundamentale Ursachen und dauern lange genug, dass man sie ausnutzen kann. Sie sind so tief und so lange, dass man die Zeitpunkte nicht perfekt abpassen muss. Das sollte man auch gar nicht versuchen – man kann eine Baisse erst erkennen, nachdem sie begonnen hat. Nicht am Markt engagiert zu sein ist das größte Risiko, das ein wachstumsorientierter Anleger eingehen kann – die Opportunitätskosten, die entstehen, wenn man sich irrt, können einen ruinieren. Das sind entgangene Gewinne, die man nie mehr hereinholen kann. Normalerweise beginnen Baissen so langsam, dass einem, wenn man ein paar Monate abwartet, um sicher zu sein, wahrscheinlich nur ein paar Prozentpunkte entgehen.

Baissen beginnen auf eine von zwei Arten. Entweder geht einer Hausse der Dampf aus, nachdem sie die Sorgenmauer erklommen hat, und sie verläuft sich am Ende ihres natürlichen Lebenszyklus mitten in der Euphorie, oder aber eine Hausse erleidet vorzeitig einen schweren Schlag durch etwas Schlimmes, das niemand kommen sieht. Sorgenmauer oder plötzlicher Schlag! Die Baisse, die im Jahr 2000 begann, als die Dotcom-Blase platzte, sie fing auf dem euphorischen höchsten Punkt der Sorgenmauer an. Die Baisse 2007 bis 2009 begann mit einem Schlag in Form der Mark-to-Market-Bewertung.

Solche schweren Schläge sind selten. Wie wir in Kapitel 5 gesehen haben, war der Zweite Weltkrieg ein solcher Schlag. Nicht jedes potenzielle unsichtbare Risiko kann einem Bullen einen derartigen Schlag versetzen, dass er zum Bären wird. Es muss schon etwas Großes sein! Während ich dies schreibe, hat die Weltwirtschaft ein Volumen von etwa 75 Billionen Dollar, Tendenz steigend. Geht man von zwei Prozent Wachstum und zwei Prozent Inflation aus, wäre schon eine böse Überraschung von zwei Billionen Dollar nötig, um eine Rezession herbeizuführen und eine Hausse zu kappen. Kleine negative Ereignisse bedeuten keinen Einschnitt. Und wenn alle etwas kommen sehen, ist es wahrscheinlich schon eingepreist und kann keine Baisse mehr auslösen. Auslöser sind nur unsichtbare große negative Dinge.

Da wir gerade einen Schlag erlebt haben, scheinen viele Furchtsame Ausschau nach Schlägen zu halten. Aber Baissen, die aus der Euphorie hervorgehen, sind viel häufiger. Auch lassen sie sich leichter aufspüren als Schläge, denn die Euphorie ist deutlich sichtbar und weist stark darauf hin, dass das Ende naht – per Definition viel sichtbarer als ein weitgehend unsichtbares Ereignis, das aus dem Nichts kommt. Vorausgesetzt natürlich, man weiß, wie Euphorie aussieht, und ist diszipliniert genug, sich von ihr nicht mitreißen zu lassen! Auch hier ist die Behavioral Finance hilfreich.

Euphorie ist nicht das Gleiche wie positive Stimmung. Erinnern Sie sich an Sir John Templetons Beschreibung der Sorgenmauer in Kapitel 8: „Haussen werden im Pessimismus geboren, wachsen in Skepsis, reifen in Optimismus und sterben in Euphorie." In den meisten Haussen gibt es eine lange Phase, in der die Menschen aus rationalen Gründen guter Dinge sind, die guten Nachrichten sehen und sich zu Recht heitere Aussichten erwarten. Vernünftiger Optimismus! Euphorie ist anders. Irrational. Optimismus, der auf weit hergeholten Vorhersagen für die nahe Zukunft basiert, die ihrerseits gewöhnlich auf der sehr nahen Vergangenheit und ihren Ausrufen „Diesmal ist alles anders" basieren. Ein dichter Nebel, der verhindert, dass die Menschen die Anzeichen dafür sehen, dass es bald abwärts geht.

Im Jahr 2000 war die Euphorie einfach überall, angefangen bei der Titelstory von *BusinessWeek* im Januar 2000 mit dem Titel „The New Economy", die vorhersagte, der Stratosphärenflug der Technologie-Aktien werde auf andere Sektoren übergreifen. Nachdem die professionellen Anbieter von Vorhersagen in den Jahren 1996, 1997, 1998 und 1999 überwiegend pessimistisch gewesen waren, hatten sie nun kapituliert – die meisten sahen zweistellige Renditen voraus. Die Zinskurve kehrte sich um, aber nur wenigen fiel das auf und niemandem machte es Angst. Der Conference Board Leading Economic Index fiel, ebenfalls unbemerkt. Starke Anzeichen dafür, dass die Party wohl bald vorbei sein würde und niemand darauf vorbereitet sein würde. Sogar noch nachdem der S&P 500 im März langsam zu kippen begann, stürzten sich die meisten weiterhin auf Börsengänge, weil sie nach der „nächsten Dell" gierten. Die meisten hielten den langsamen Rückgang für eine Kaufgelegenheit – in der New Economy konnten Aktien ja nicht fallen! Ein klassischer Rezenzeffekt. Sie nahmen an, die jüngere Vergangenheit werde sich ewig fortsetzen, so wie in Abbildung 9.4. Sie waren zu euphorisch und zu gierig, um die negativen Punkte zu sehen oder gar welche zu suchen. (Im nächsten Kasten finden Sie eine Momentaufnahme der übersehenen negativen Dinge.)

Um es richtig zu sehen, benötigt man Selbstbeherrschung – man muss wissen, wie Exzesse und echter irrationaler Überschwang aussehen, damit man sich selbst prüfen kann, bevor man sich mitreißen lässt, und damit man so diszipliniert ist, skeptisch zu sein, wenn alle anderen lautstark zum Kaufen aufrufen.

Aus „The Only Three Questions That Count" aus dem Jahr 2006:

„Wenn wirklich eine Blase vorliegt, wird sie normalerweise nicht als Blase bezeichnet und die Menschen haben keine Angst vor ihr. In den Jahren 1997, 1998 und 1999 gab es keine rationale Presseberichterstattung über den Technologiesektor als Blase. Überhaupt keine. Tony Perkins schrieb Ende 1999 ein Buch, in dem er die Internet-Aktien als Blase bezeichnete, aber es wurde kaum beachtet. Meine *Forbes*-Kolumne vom März 2000, die den Technologiesektor als Blase bezeichnete, war einer der ersten Fälle, in denen dieses Wort im Zusammenhang mit Technologie in einem landesweiten Printmedium erschien.

Und das, was ich Anfang 2000 sah, besaß geradezu unheimliche Ähnlichkeiten mit dem, was ich 1980 im Energiesektor beobachtet und später beurteilt hatte, ohne es wirklich vorhergesagt zu haben – eine echte Blase, die das Potenzial besaß, eine heftige Baisse unter Führung dieses Sektors auszulösen.

Denken Sie an 1980 und daran zurück, wie robust der Energiesektor damals schien. Wegen der schlechten Geldpolitik der Notenbanken zog in den 1970er-Jahren die Inflation an und die Rohstoffe boomten. Die OPEC war mächtig und zwischen Iran und Irak wütete ein Krieg. Das Barrel Öl kostete 33 Dollar und der Kosensus sagte voraus, dass der Ölpreis in vier Jahren auf 100 Dollar steigen werde. Niemand sagte voraus, dass der Ölpreis fallen würde. Im gleichen Sinne sah der Konsensus im Jahr 2000 voraus, dass sich die Internet-Aktien weltweit in vier Jahren verdreifachen würden, und die meisten Menschen riefen die ‚New Economy' aus, wobei sie Dinge wie die folgenden sagten: ‚Auf die Gewinne kommt es nicht an. Das ist ein neues Paradigma. Klicks statt Bricks!' Sie werden sich erinnern.

Es gab reichlich Parallelen zwischen dem Energie- und dem Technologiesektor – im März 2000 stellten die 30 größten US-amerikanischen Unternehmen 49 Prozent des Wertes des US-amerikanischen Aktienmarkts – und die Hälfte davon waren Technologie-Aktien.[6] Spulen wir zurück ins Jahr 1980: Damals stellten die 30 größten Aktien ein Drittel des US-Börsenwerts und die Hälfte davon waren Energie-Aktien. Ihre relativen Bewertungskennzahlen im Verhältnis zum Gesamtmarkt waren 1980 ähnlich wie die der Technologie-Aktien im Jahr 2000. Das sind so viele Parallelen – die anscheinend von niemandem bemerkt werden –, dass ich mir vorstellen konnte, es werde nicht viel anders als in den 1980er-Jahren ausgehen.“

ZURÜCK ZUR SELBSTBEHERRSCHUNG

Die ursprüngliche Anwendung der Behavioral Finance ist zu einem grundsätzlich kontrarianischen Standpunkt und zu einem übersehenen Elefanten im Zimmer geworden: die Behavioral Finance verwenden, um die emotionalen Impulse und Neigungen zu kontrollieren, die zu schlechten Anlageentscheidungen führen. Ihr schlimmster Feind sind Sie selbst und die Behavioral Finance ist Ihre Verteidigung dagegen.

Wir haben acht Kapitel lang gelernt, wie man die Masse ausnutzt, aber das bringt einem gar nichts, wenn man sich nicht selbst beherrschen kann. Etwas, das man als Fehler erachtet, bei anderen zu sehen ist leicht! Bei sich selbst Fehler zu sehen ist viel schwerer. Wenn Sie nicht sehen, inwiefern Ihre eigenen Impulse und Überzeugungen in die Irre gehen, haben Sie einen blinden Fleck, der Sie auch daran hindert, die Masse richtig zu sehen.

Der Rezenzeffekt ist nur eine verhaltensbedingte Falle, die man kennen und meiden muss. Es gibt aber noch viele andere! Einige davon habe ich damals in „The Only Three Questions That Count“ erläutert. Frage drei, „Was tut mein Gehirn denn jetzt schon wieder, um mich zu überrumpeln?“, diente dazu, eigene Verhaltensfehler zu diagnostizieren und zu lernen, wie man sie behebt. Aber keine Angst, ich werde Sie nicht dazu bewegen, das Sofa zu verlassen, um etwas zu lernen. Oder den Zug, die U-Bahn, das Flugzeug oder was auch immer. Ich biete Ihnen gleich hier einen kurzen Überblick über die wichtigsten!

Fangen wir mit dem *Bestätigungsfehler* an – dem Instinkt, dass man um Informationen und Standpunkte kreist, die unsere vorgefassten Auffassungen verstärken und alles ausschließen, was ihnen widerspricht.

Der Bestätigungsfehler liegt in der Natur des Menschen und er ist überall. Erinnern Sie sich noch an unsere Diskussion der globalen Erwärmung in Kapitel 4? Menschen auf beiden Seiten der Debatte legen regelmäßig den Bestätigungsfehler an den Tag. Sie klammern sich an Research, das ihre Ansichten stützt, und meiden Artikel, die das nicht tun. Volkswirte fallen ihr andauernd zum Opfer – der Bestätigungsfehler spielt in der Debatte zwischen Angebots- und Nachfrageseite, die wir in Kapitel 5 angesprochen haben, seit Jahrzehnten eine Rolle. Es ist ein tief sitzender Instinkt und Teil unserer allgemeinen Neigung, Stolz anzuhäufen. Es liegt in der Natur des Menschen, dass man gern recht hat! Der Bestätigungsfehler fühlt sich einfach gut an.

Zu fettes Essen, viele Drogen und Alkohol geben uns auch ein gutes Gefühl – aber sie sind schlecht für uns! Beim Bestätigungsfehler ist das auch so. Er leistet Börsenmythen Vorschub und verstärkt schlechte Entscheidungsfindung. Erinnern Sie sich daran, dass ich in Kapitel 1 geschrieben habe, dass wir uns manchmal zu Zeiten irren, dass wir aber dadurch besser werden können, dass wir aus Irrtümern lernen? Daran hindert einen der Bestätigungsfehler. Wenn man sich an Informationen klammert, die die eigenen Ansichten stützen, und alles andere ignoriert, erfährt man nie, wann man sich geirrt hat! Dadurch beraubt man sich selbst der Chance, zu lernen und seinen Kurs zu korrigieren. Dann begeht man immer wieder die gleichen Fehler.

Der Bestätigungsfehler ist der Grund, weshalb sich saisonale Mythen wie „Sell in May" oder „So goes January" halten können. Die Leute klammern sich an Zahlen, die ihre Meinung untermauern, und ignorieren Zahlen, die dagegen sprechen – auch wenn sie zufällig zahlreicher sind als die stützenden Zahlen. Der Bestätigungsfehler schenkte uns auch „Don't fight the Fed", also den

Spruch, der besagt, Zinssenkungen seien gut für die Aktien, Zinserhöhungen schlecht. Er ist aber schnell entlarvt, wenn man bedenkt, dass die Notenbanken die Zinsen gewöhnlich in Baissen senken und in Haussen erhöhen! Die Mythenschmiede ignorieren das aber und biegen die Zahlen so hin, dass sie für ihre Behauptungen sprechen – Lügen mit Statistik! Und das ist immer schlecht.

Wie kämpft man gegen den Bestätigungsfehler an? Versuchen Sie, Ihre emotionalen Reaktionen auf Artikel zu beobachten. Wenn gewisse Informationen Ihnen ein gutes Gefühl vermitteln, fragen Sie sich, warum das so ist: Weil sie Ihre Ansichten stützen? Haben Sie den Drang, sich selbst auf die Schulter zu klopfen? Wenn Sie merken, dass Sie gewisse Informationen am liebsten abtun würden, fragen Sie sich auch da, warum. Liegt es daran, dass sie Ihren Theorien und Prognosen entgegenstehen? Geben sie Ihnen das Gefühl, Sie könnten sich irren? Wenn dem so ist, laufen Sie nicht davor davon. Begrüßen Sie es, bewahren Sie einen offenen Geist und denken Sie rational.

Was kommt als Nächstes? Die *Selbstüberschätzung*. Sie kennen doch das Sprichwort „Hochmut kommt vor dem Fall". So ist es auch mit der Selbstüberschätzung. Sie ist ganz einfach die Tendenz, zu glauben, wir seien viel bessere Anleger, als wir es eigentlich sind. Die Selbstüberschätzung resultiert aus dem chronischen Anhäufen von Stolz – der Überzeugung, jede richtige Entscheidung beweise unser überlegenes Geschick, und daraus, dass wir die Möglichkeit ignorieren, wir hätten vielleicht einfach nur Glück gehabt!

Das Problem an der Selbstüberschätzung ist, dass sie uns vergessen lässt, dass wir uns irren können, oder dass sie unser Gespür für die Wahrscheinlichkeit von Irrtümern beeinträchtigt. Und wenn man das vergisst, gibt man eine sichere Taktik auf, denn man vergisst dann das Risikomanagement. Dies kann zu wirklich katastrophalen Entscheidungen führen, zum Beispiel dazu, dass man sich wie ein Wilder auf heiße Börsengänge stürzt, auf Pennystocks setzt oder auf extrem volatile enge Kategorien spekuliert, die Chancen auf astronomische Renditen bieten. Anleger, die sich überschätzen, vergessen, dass der Aktienmarkt kein System zum Reichwerden ist.

Die Selbstüberschätzung vereitelt auch unsere Verkaufsfähigkeit. Wenn man in 30 Prozent der Fälle falschliegt – womit man wie gesagt in einer Reihe mit Legenden stehen würde –, bedeutet das unter anderem, dass man manche Aktien fälschlich ausgesucht hat. Jeder pickt mal Nieten heraus und ich habe sicher mein Scherflein davon genossen (wenn Sie sehen wollen, wie ich zu Kreuze krieche, springen Sie zum nächsten Kasten). Wenn Sie wissen, dass Sie sich irren können, sehen Sie Aktien, die nicht funktionieren, kritisch, sie können herausfinden, worin Ihr Fehler besteht, und Sie können – falls das sinnvoll ist – aus der lahmen Ente aussteigen und in eine bessere Gelegenheit einsteigen. Wenn Sie sich selbst überschätzen, ist das jedoch so gut wie unmöglich. Ein Verkauf wäre ja das Eingeständnis, dass die Kaufentscheidung falsch war. Anleger, die sich selbst überschätzen, sind für diese Möglichkeit nicht offen! Sie lassen sich zu der Überzeugung verführen, die Aktie habe nur gerade eine Durststrecke, sie laufe nur kurz mal schlecht. Dann kleben sie ewig an ihr, warten darauf, dass sie mitspielt und ihnen beweist, dass sie die ganze Zeit über recht hatten (und dass es genial war, so lange zu warten). Und manchmal spielt die Aktie sogar mit und verstärkt dadurch die Selbstüberschätzung noch. Das kommt durchaus vor – allerdings nicht oft.

Wenn es nur eine oder zwei Aktien betrifft und Sie diversifiziert sind, ist es vielleicht keine große Sache. Wenn man sich aber hinsichtlich ganzer Sektoren, Länder oder des ganzen Marktes selbst überschätzt, summieren sich die Opportunitätskosten.

Zum Glück kann man auch dagegen ankämpfen. Stellen Sie sich einfach die Frage: „Was ist, wenn ich mich irre?“ Schreiben Sie das auf einen Zettel und kleben Sie ihn an Ihren Computerbildschirm. Stellen Sie in Ihrem Smartphone einen regelmäßigen Erinnerungsalarm ein. Wenn gewisse Aktien oder der Markt nicht in die Richtung laufen, die Sie erwartet hatten, tun Sie das nicht einfach ab. Gehen Sie in den Research-Modus, versuchen Sie rationale Gründe für die Bewegung zu finden (oder stellen Sie das Fehlen solcher Gründe fest) und wägen Sie dann ab, ob Sie etwas ändern müssen. Vielleicht kommen Sie ja rational zu dem Schluss, dass Sie richtigliegen und dass der Faktor, der es so aussehen lässt, als lägen Sie falsch, nur eine vorübergehende, durch die Stimmung bedingte Anomalie ist! Vielleicht aber auch nicht. Wenn Sie dieser Möglichkeit gegenüber offen sind, haben Sie vor den meisten einen Vorsprung. Und ich verspreche Ihnen, wenn Sie sich irren, befinden Sie sich in guter Gesellschaft.

Es ist Segen und Fluch zugleich, dass meine Kolumnen in *Forbes* öffentliche schriftliche Aufzeichnungen aller meiner Marktprognosen und vieler meiner Stock-Picks sind. Ein Segen, weil dadurch ein transparenter, nachprüfbarer Track Record vorliegt – ich halte nämlich nichts von Hypothesen und nicht untermauerten Behauptungen und das sollten auch Sie nicht tun. Doch wenn ich meinen Stolz zu Wort kommen lasse, ist das ein Fluch, denn wenn ich mich irre, dann lasse ich gewissermaßen die ganze Welt mein schlechtes Schulzeugnis sehen. Wir erstellen bei *Forbes* tatsächlich jedes Jahr Zeugnisse, normalerweise in der Januar- oder Februarkolumne. Was wir richtig erwischt haben, wo wir uns geirrt haben, und gelegentlich Schuldeingeständnisse, mea culpa und so weiter. Hier nun ein Ausschnitt aus meiner Kolumne vom 27. Februar 2012 mit dem Titel „Drücken Sie den Aktualisierungsknopf“. Ich teile ihn mit Ihnen, damit wir alle in die Stimmung kommen, unsere Fehler einzugestehen! Das tut Geist und Seele gut.

„Im Jahr 2011 lagen meine 63 Anlageempfehlungen zum vierten Mal in den 16 Jahren, seit denen *Forbes* die Picks der Kolumnisten offiziell auswertet, hinter dem S&P 500 zurück. Hätte man in alle Aktien, die ich 2011 empfahl, den gleichen Betrag investiert, hätte man einen Verlust von sechs Prozent erlitten. Hätte man das gleiche Geld in den S&P 500 investiert, wäre man am Ende auf null rausgekommen. Viele meiner Empfehlungen bezogen sich auf ausländische Aktien und die haben ein lausiges Jahr hinter sich. Mein schlechtester Tipp war der deutsche Halbleiterhersteller Aixtron, den ich im Juli empfahl. Diese Aktie tauchte um 63 Prozent ab. Mein bester war Bristol-Myers Squibb mit 44 Prozent plus seit Februar 2011. Ich empfehle Ihnen, alle meine Picks des Jahres 2011 auch im Jahr 2012 zu behalten.“

Die *Reuevermeidung* – dass man allem und jedem die Schuld gibt, nur nicht sich selbst, wenn man sich geirrt hat – ermöglicht die Selbstüberschätzung. Ebenso wie der Bestätigungsfehler ist sie ein angeborener, absolut menschlicher Instinkt. Sie ist unsere Art des Umgangs mit dem stärkeren Verlustschmerz – der weit weniger schlimm ist, wenn wir ihn wegbegründen können. Wenn man auf den Verlust noch den Irrtum häuft, macht man aber alles nur noch schlimmer. Wir wollen uns nicht schlecht fühlen! Deshalb suchen wir Sündenböcke, damit es uns ein bisschen besser geht. Auf diese Weise können wir, nachdem wir falschgelegen hatten, genauso weitermachen.

Und wie äußert sich die Reuevermeidung in der Praxis? Nehmen Sie an, Sie kaufen eine Aktie und sie stürzt sofort ab. Wenn Sie dann feststellen, dass Sie einen der folgenden Gedanken haben, vermeiden Sie Reue: „Der Typ, der den Tipp auf *CNBC* gab, hat ja überhaupt keine Ahnung." „Der CEO muss wohl die Bücher frisiert haben, bevor ich die Aktie gekauft habe." „Nie wieder höre ich auf Aktientipps von meiner Frau/meinem Mann/meinem Nachbarn/meinem Kollegen/dem Wirt meiner Stammkneipe." Sie verstehen, was ich meine. Jede dieser Aussagen schiebt die Verantwortung einem Dritten zu und befreit einen zum Teil oder vollständig von der Bürde, eine schlechte Entscheidung zu bereuen.

So ähnlich ist es, wenn sich der gesamte Markt gegen einen wendet. Nehmen Sie einmal an, es wäre Oktober 2002, am Tiefpunkt der implodierenden Dotcom-Blase, und Sie hätten die Aktien die ganze Zeit behalten. Dann würde die Reuevermeidung etwa so aussehen: „Diese Kerle von *CNBC* haben gesagt, wir hätten eine New Economy, mit der es nie abwärts gehen kann. Die haben uns alle irregeführt!" „Die Sell-side-Analysten, die Dotcom-Schrottaktien aufgepumpt haben, gehören dafür ins Gefängnis, dass sie Unternehmen empfohlen haben, an die sie selber nicht glaubten." „Wie können es die Chefs von Technologie-Unternehmen wagen, uns zu erzählen, Klicks seien die neuen Gewinne? Die hätten mal mit ihren unhaltbaren Businessplänen ehrlich sein sollen! Diese Lügner!" Oder vielleicht: „Diese bösartigen Wirtschaftsprüfungsfirmen hätten doch wissen müssen, dass Enron und Tyco die Bücher frisiert haben. Wie soll man denn investieren, wenn Arthur Andersen es zulässt, dass Ken Lay alle Welt betrügt?" Und im Zweifelsfall gibt es eine zeitlose Methode, Reue zu vermeiden, die bei allen Gelegenheiten passt: „Die bösen Banker sind schuld." (Diese Auffassung ist für so gut wie alle Finanzregulierungen verantwortlich, die jemals nach Krisenzeiten eingeführt wurden.)

Wie ich schon in „The Only Three Questions That Count" geschrieben habe, ist der wahre Fahrschein zum langfristigen Erfolg, dass man das Bedauern und die Fehler begrüßt. Nicht meiden – bewusst angehen! Etwas daraus lernen! Finden Sie heraus, wo Sie sich geirrt haben, und überlegen Sie sich, wie Sie es nächstes Mal besser machen können! In meiner Firma haben wir das nach 2008 getan. Uns war klar, dass es ein Fehler von uns gewesen war, zu unterschätzen, wie zweitrangige regulatorische Änderungen wie die Mark-to-Market-Bewertung aus kleineren Problemen einen Schneeballeffekt machen können. Deshalb baute unsere Researchabteilung die Beobachtung der Regulierungen aus und ging alle Vorschriften der Welt auf mögliche unbeabsichtigte Konsequenzen durch. Die armen Kerle lasen jede Seite des Dodd-Frank Act, die vergleichbaren Regulierungen der Europäischen Union, die globalen Bankrichtlinien und vieles mehr. Alles im Namen des Lernens, Anwendens, Verbesserns.

Wenn also etwas schiefgeht und Sie merken, dass Sie die Schuld auf jemand anders abwälzen, dann fragen Sie sich: „Ist das fair? Oder muss ich es machen wie Michael Jackson und bei dem Mann im Spiegel anfangen?"

Ich könnte hier noch viele andere Fehler anführen, aber nach dem nächsten lasse ich es dabei bewenden: die *bevorzugte Reihenfolge*. In dem Film „Die unglaubliche Reise in einem verrückten Raumschiff" gibt es eine Szene, in der William Shatner zu verhindern versucht, dass eine Raumstation in der Mondumlaufbahn ins schiere Chaos stürzt, während ein außer Kontrolle geratenes Shuttle mit halsbrecherischer Geschwindigkeit auf sie zurast (fragen Sie nicht, schauen Sie es sich einfach an). Ein Offizier meldet ihm eine irritierende Entwicklung: „Sir, diese Lämpchen blinken in der falschen Reihenfolge. Was sollen wir tun, Sir?" Shatner befiehlt: „Sorgen Sie dafür, dass sie in der richtigen Reihenfolge blinken!"

Die bevorzugte Reihenfolge ist das angeborene Bedürfnis, dass die Lämpchen in der richtigen Reihenfolge blinken.

Bei der Geldanlage bedeutet das, dass wir wollen, dass alle Aktien, die wir haben, steigen. Wenn wir unser Depot online anzeigen lassen, wollen wir eine ganze Spalte mit grünen Pfeilen und Buchgewinnen sehen – kein Rot, keine Verluste. Das verleitet uns dazu, das Ganze zu ignorieren, uns zu sehr auf die einzelnen Teile zu konzentrieren und Dummheiten zu begehen, damit unsere Aktien makellos und grün bleiben. Zum Beispiel dass wir eine Aktie nur deshalb verkaufen, weil sie gefallen ist – damit jagen wir ständig unseren eigenen Schwanz, indem wir vergebens versuchen, nur Gewinner auszuwählen. Wir meiden die Diversifizierung und konzentrieren uns zu sehr auf „heiße" Aktien. Dieser und ähnliche Fallstricke erhöhen das Risiko und mindern sehr oft unsere Rendite.

Wahren Sie die rechte Perspektive, um dagegen anzukämpfen: Selbst wenn der gesamte Markt steigt, laufen manche Aktien sehr schlecht. Ein paar schwarze Schafe drücken aber noch nicht den Durchschnitt – das gilt für ein diversifiziertes Portfolio genauso wie für den S&P 500. Um einen abgedroschenen Spruch zu verwenden: Das Ganze ist mehr als die Summe seiner einzelnen Teile. Wenn das gesamte Portfolio nicht die erwartete Performance bringt, schauen Sie ganz genau hin! Wenn es aber insgesamt gut läuft, macht es nichts, wenn ein paar Aktien und Unternehmen in den roten Zahlen stehen – wahrscheinlich haben Sie dann ein paar astronomische Gewinner, die das ausgleichen. Denken Sie aber in keine der beiden Richtungen zu viel nach – häufen Sie keinen Stolz an! Konzentrieren Sie sich einfach auf das Ganze.

Sie wollen noch mehr erfahren? Es gibt viel gute Literatur über Behavioral Finance. Daniel Kahneman, der Pate der Behavioral Finance, hat jahrzehntelange Forschungen in sein Meisterwerk „Schnelles Denken, langsames Denken" (Siedler Verlag 2012) einfließen lassen. Das Buch ist lang, aber nicht wissenschaftlich, und eine Pflichtlektüre, wenn Sie die Anlegerpsychologie verstehen wollen. Wenn Sie eine kurze, unterhaltsame Lektüre wollen, greifen Sie zu „The Tao Jones Averages" von Bennett Goodspeed – einen Klassiker aus dem Jahr 1984 (Penguin). „Richtig irren"

(Riemann Verlag 2011) von Kathryn Schulz bezieht sich zwar nicht ausdrücklich auf die Behavioral Finance, aber dort erfahren Sie viel darüber, wie Ihr Gehirn Sie austrickst und warum – und wie Sie aus Fehlern lernen können. Eine zeitlose Lektion!

Rennen Sie aber nicht sofort in den Buchladen – wir sind hier noch nicht ganz fertig! Ein Thema müssen wir noch durchnehmen. Welches das ist? Blättern Sie zum nächsten Kapitel und finden Sie es heraus!

ANMERKUNGEN

1. „Prospect Theory: An Analysis of Decision Under Risk", Daniel Kahneman und Amos Tversky, *Econometrica*, Vol. 47, No. 2 (März 1979): 263–292.
2. „Is Behavioral Finance a Growth Industry?", *Knowledge@Wharton*, Wharton/University of Pennsylvania, 10. Oktober 2001. http://knowledge.wharton.upenn.edu/article/is-behavioral-finance-a-growth-industry/ (Zugriff am 18.11.2014).
3. „Behavioral Finance: Are the Disciples Profiting From the Doctrine?", Colby Wright, Prithviraj Banerjee und Vaneesha Boney, *Journal of Investing*, Vol. 17, No. 4 (Winter 2008): 82–90.
4. FactSet, Stand 15.12.2014. MSCI World Metals & Mining minus MSCI World, Renditen einschließlich Dividenden, 30.09.2000 bis 31.12.2010.
5. FactSet, Stand 15.11.2014. S&P 500 Total Return Index, 01.01.1928 bis 31.12.2013.
6. Standard & Poor's Research Insight, Top-30-Aktien des S&P 500 Index nach Marktkapitalisierung.

10

DIE NEGATIVEN, KURZSICHTIGEN MEDIEN

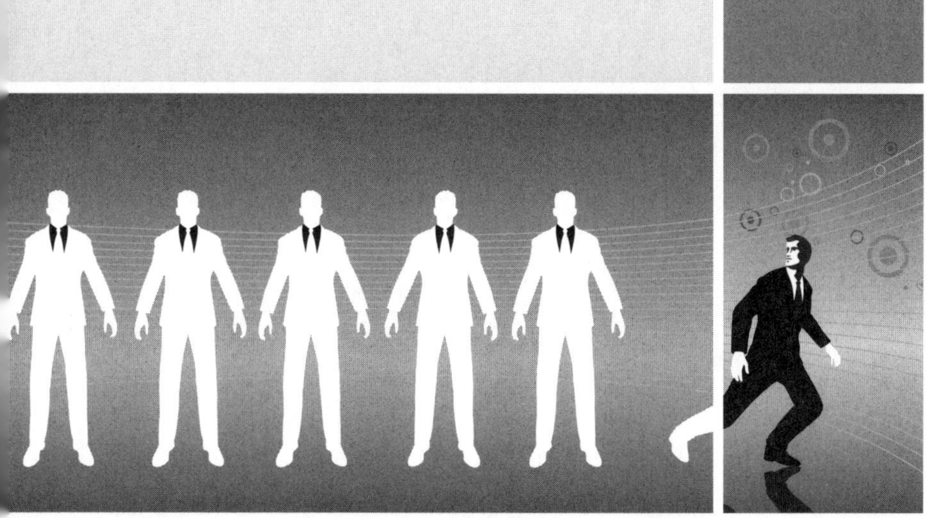

Die Geldanlage steckt voller Herausforderungen: Emotionen überwinden, gegen den Drang ankämpfen, heißen Aktien nachzujagen oder vor Angst zu fliehen. Und noch eine ganz große: Gehirn und Seele gegen den sieben Tage rund um die Uhr laufenden Rauscherzeuger verteidigen – unsere modernen Medien.

Darauf ist der Mensch nicht programmiert. Unsere Verhaltensmuster stammen von unseren Vorfahren aus der Steinzeit. Unser Gehirn hat sich nie dahingehend entwickelt, dass es konkurrierende Meinungen von weit entfernten Menschen filtert, die wir nicht kennen – unsere Vorfahren brauchten das nicht! Sie kannten jeden und wussten, wem sie trauen können – im Großen und Ganzen galt das sogar noch für die Gesellschaft zur Zeit unserer Großeltern oder Urgroßeltern. Heutzutage sind nur wenige Menschen in den Gemeinden verwurzelt, in denen sie wohnen. Manche schon! Vielleicht ist es bei Ihnen so! Aber die meisten sind wegen des Studiums, wegen der Arbeit, wegen des Ehepartners oder aus purem Fernweh von einem anderen Ort hergezogen. Die meisten sind mehr als einmal umgezogen. Die Wanderbewegungen innerhalb der Vereinigten Staaten nehmen noch weiter zu, weil die geburtenstarken Jahrgänge in den Ruhestand gehen und weil die Millennials die mobilste Generation aller Zeiten sind. Nach Maßstäben der Evolution sind das aber sehr junge Phänomene. Von der Morgenröte der Zivilisation bis weit in das 19. Jahrhundert hinein war das Leben einfacher und kleinzelliger. Die Menschen wurden geboren, lebten und starben in derselben Gemeinde. Migration war selten und ist relativ neu. Der Ruf jeder Person war in Stein gemeißelt und jeder kannte ihn.

Das Gleiche galt im Allgemeinen auch noch während des größten Teils des 20. Jahrhunderts für die Medien. Als mein Vater in den besten Jahren war, also als ich ein Junge beziehungsweise ein junger Erwachsener war, gab es drei Fernsehsender, eine landesweite Zeitung und eine Lokalzeitung. In den meisten Großstädten gab es eine Morgen- und eine Nachmittagszeitung, die in den Vorstädten oft neben einer kleinen Lokalzeitung gelesen wurde. In der Finanzwelt gab es vier Zeitschriften, denen man traute: *Forbes*, *Fortune*, *BusinessWeek* und *Barron's*. Die Barriere, dass eine Story in Druck ging, war damals höher. Es gab nur ein paar wichtige Redakteure und ein paar Gatekeeper.

In den 1980er-Jahren begann sich das zu ändern. Das Kabelfernsehen breitete sich aus und Ted Turner schenkte der Welt die 24-Stunden-Nachrichten. Die Nachrichten verwandelten sich in Unterhaltungssendungen, weil die Sender um Zuschauer konkurrierten, und inzwischen ist es so, dass dort Sexbomben sensationelle Meldungen von sich geben. Die Objektivität und die vertrauenswürdigen Nachrichtenredakteure in ihren grauen Anzügen, wie etwa Edward R. Murrow und Walter Cronkite, verschwanden von der Bildfläche, dafür erschienen Meinungen, Tendenzen und Sensationen. Dann kam das Internet, das den Journalismus umkrempelte und den Printmedien Bauchschmerzen bereitete. Als die Websites ihnen die Leser und dank viel niedrigerer Preise auch die Anzeigenkunden abjagten, entließen die traditionellen Print-Organe altgediente Reporter und Redakteure, was sich auf die Genauigkeit und die Perspektive der Berichterstattung auswirkte. Die bissigen alten Hasen, die noch Geschichte lebten, sind verschwunden, ersetzt durch billigere, jüngere Journalisten. Die alte Wissensgrundlage löste sich in Luft auf. Selbst wenn man ein großes Finanzorgan liest, wurde der Artikel wahrscheinlich von einem Volontär verfasst. Man sieht das daran, wie die Ereignisse eingeordnet werden – alles ist riesenhaft und beispiellos, weil die Journalisten die Geschichte nicht durchlebt haben. Viele sondern antiquierte Wirtschaftstheorien, die sie in der Schule gelernt haben, als Tatsachen ab, weil sie nicht wissen, dass die Realität sie schon längst widerlegt hat.

Und dann gibt es zu allem Überfluss noch die Blogosphäre – wo man keinerlei Erfahrung braucht und es keine redaktionellen Standards gibt. Jeder Zwölfjährige kann einen Blog eröffnen und das Internet mit seinen unfundierten Meinungen fluten. Manche werden populär. Die Verfasser von Artikeln verstecken sich hinter Pseudonymen, damit sie die Last der persönlichen Verantwortung nicht zu tragen brauchen. Kaum jemand prüft Fakten, Quellen oder Behauptungen nach. In dieser Hinsicht leben wir in einer neuen Welt, unbekanntem Territorium, das nicht immer sicher ist.

Bei alledem hat sich jedoch eines nicht geändert: Auch den neuen Medien ist die uralte Wahrheit klar, dass sich schlechte Nachrichten am besten verkaufen. William Randolph Hearst und Joseph Pulitzer schlugen daraus in den 1890er-Jahren Kapital, als sie einander mit negativen Sensationsmeldungen überboten. Die Leser verschlangen ihre Artikel und die Boulevardpresse war geboren. Die Untergangsmeldungen blieben uns erhalten – je sensationeller, desto besser. In einem Artikel in der Zeitschrift *New York* aus dem Jahr 1989 mit der Überschrift „Grinsen, Blut und Videos – der Ärger mit den lokalen TV-Nachrichten" bemerkte der Journalist Eric Pooley: „Der nachdenkliche Bericht ist tot, weil sensationelle Storys die Einschaltquoten steigern müssen. ‚Blut läuft gut.'"[1] Damit war ein passender Slogan für die aufkommende Ära gefunden!

Die Finanzmeldungen auf Seite 1 mögen nicht buchstäblich blutrünstig sein, aber oft sind sie im übertragenen Sinne Blutbäder. Fallende Aktien und trostlose Zahlen stehen ganz oben. Schuld ist die kurzsichtige Risikoaversion. Die Journalisten und die Herausgeber wissen instinktiv, dass uns Verluste mehr schmerzen, als uns Gewinne freuen, denn der Verlust versetzt uns einen Schock. Deshalb haben wir vor Verlusten mehr Angst, als wir uns für die Zukunft begeistern können. Niemand würde eine Nachrichtensendung schauen oder eine Zeitung lesen, in der über alles berichtet wird, was in der Welt gut und richtig ist – wir wollen das Schlimme erfahren, die Gefahren, und uns darauf vorbereiten. Mit Optimismus verkauft man keine Zeitungen – nur mit Angst! Medien sind keine Wohltätigkeitsorganisationen, die uns aus lauter Herzensgüte objektiv informieren wollen. Es sind gewinnorientierte

Unternehmen. Sie schlagen daraus Gewinn, dass sie unsere instinktiven, primitiven evolutionsbedingten Ängste bedienen und sie verstärken.

In diesem kurzen Schlusskapitel werden wir ein paar entscheidende Punkte behandeln, die Ihnen helfen können, gegen den ständigen Ansturm der Medien auf Ihre Sinne anzukämpfen:

- Wie man die Negativität der Medien zu seinem Vorteil nutzt
- Was unsere immer sensationslüsterneren Medien langfristig für die Märkte bedeuten könnten
- Weshalb die Zukunft viel heiterer wird, als es uns die vom Untergang besessenen Experten weismachen

WIE MAN NACHRICHTEN NUTZT

Da die Medien überaus motiviert sind, Angst zu verkaufen, sollten Sie nicht erwarten, dass Schlagzeilen die Wirklichkeit eins zu eins abbilden. Nie. Selbst wenn sie einmal kapitulieren und etwas Positives verkaufen, passiert das meistens gegen Ende einer Hausse, wenn sie sich vom euphorischen Zeitgeist mitreißen lassen – damit machen sie es immer noch der Masse recht. Sie spüren reflexartig, dass die Masse etwas anderes will.

Die Medien erweisen uns allen damit jedoch einen immensen Dienst. Sie zeigen uns, wie die Stimmung ist! Wie wir in Kapitel 1 gesehen haben, spiegelt das auf Übertreibungen ausgerichtete Gruppendenken der Medien die Masse wider und beeinflusst sie. Dadurch wird es zu einer großartigen Möglichkeit, verbreitete Überzeugungen, falsche Ängste und Stimmungswechsel zu erkennen. Wenn die Medien etwas totsagen, etwas gut- oder schlechtreden, dann haben die Märkte es wahrscheinlich schon eingepreist. Und das kann man ausnutzen.

Um Ihnen das konkret vorzuführen, schauen wir uns noch einmal das Quantitative Easing (QE) und die hartnäckige Behauptung der Medien an, die Anleihekäufe der Federal Reserve seien das Einzige, was die Aktien noch stützt. Während der Jahre 2012, 2013 und auch noch 2014 behaupteten die Untergangspropheten, das QE überschwemme uns mit niedrigen langfristigen Zinsen, die Geld schöpfen würden, und wenn der Hahn zugedreht wird, würde dieses heiße Geld wieder abfließen und die Aktien würden crashen. Und zwischenzeitlich würde wegen des vielen Geldes die Inflation steigen. Diese Angst herrschte überall – ein deutlicher Hinweis darauf, dass sie bereits eingepreist war!

Zudem ignorierten die Medien eine Menge Indizien, die dagegen sprachen, zum Beispiel die Tatsache, dass die monatlichen Mittelzuflüsse der Aktien-Investmentfonds in den ersten vier Jahren des QE meistens negativ waren – ein unübersehbares Anzeichen dafür, dass kein Geld hereinkam. Das QE erzeugte gar keine Liquiditätsschwemme – das meiste „neue Geld" lag in Form überschüssiger Reserven bei der Fed. Um neues Geld zu schöpfen, muss technisch und buchstäblich gesehen das Kreditaufkommen im Bankensystem wachsen, aber dieses Wachstum war so gering wie seit sechs Zyklen nicht mehr – die Banken setzten die QE-Reserven gar nicht als Sicherheiten für die Geldschöpfung ein. Alle Angaben der Geldmenge (zum Beispiel M2 und M4, Letztere vom Center for Financial Stability berechnet) wuchsen langsamer als während allen konjunkturellen Aufschwüngen der jüngeren Zeit. Dies warf die Frage auf: „Welches Geld?" Lauter öffentlich verfügbare Informationen – ein Elefant im Zimmer! Aber sie wurden ignoriert, daher von den Märkten zu wenig berücksichtigt und deshalb konnte man sie ausnutzen. Die Medien zeigten, dass die Stimmung in die eine Richtung neigte, nicht in die andere.

In den Jahren 2013 und 2014 brachte es Gewinn ein, wenn man die irrige Angst der Medien ausnutzte, anstatt ihr zu folgen. Als der damalige Fed-Chef Ben Bernanke am 22. Mai 2013 zum ersten Mal angekündigt hatte, das QE könnte auslaufen, schnellten die langfristigen Zinsen in die Höhe – die Märkte fingen also an, das mögliche Ende des Programms einzupreisen. Während des restlichen Jahres stiegen die Zinsen weiter, aber die Aktien brachen nicht ein. Sie erholten sich sogar. Dumme Aktien! Im Dezember verkündete Bernanke, dass die monatlichen Anleihekäufe zum ersten Mal gesenkt würden, und wieder gab es keinen Aktiencrash – der S&P 500 schloss das Jahr 2013 mit einem Plus von 32,4 Prozent ab![2] Bei allen zweimal im Quartal stattfindenden Sitzungen des Jahres 2014 kürzte die Fed das QE um zehn Milliarden Dollar und beendete es im Oktober. Die Aktien stiegen. Sie erlitten nicht einmal eine „normale" Korrektur um zehn Prozent! (Die Zinsen fielen hingegen, worauf die meisten von uns hereinfielen. Auch die Anleihemärkte haben starke GE-Neigungen.) Während ich dies schreibe, sind die Schwarzseher immer noch unterwegs und jetzt sagen sie, der Tag der Abrechnung werde trotzdem noch kommen, und zwar dann, wenn die Fed anfängt, ihre Bilanz wieder abzubauen. Die Märkte lassen sich jedoch nicht zum Narren halten – sie wissen bereits, dass da nichts dran ist.

Wir haben dies immer wieder gesehen – in diesem Buch und in der Geschichte. Je mehr die Medien über möglichen Worst-Case-Szenarien brüten, umso mehr sind diese eingepreist. Wir haben es am Beispiel des QE gesehen. In Kapitel 6 am Beispiel des Affordable Care Act. In Kapitel 3 am Beispiel des allgemein befürchteten (aber nie eingetretenen) Zusammenbruchs der Eurozone und der mythischen harten Landung Chinas. In all diesen Fällen trugen die Medien dazu bei, die Stimmung zu dämpfen, sodass die Realität die Hürde leicht überwinden konnte. Die Aktien freuten sich darüber.

Manche behaupten, düstere Medienberichterstattung erzeuge eine Spirale der negativen Stimmung und ziehe die Aktien herunter – eine selbst erfüllende Prophezeiung. In Wirklichkeit senkt sie jedoch nur die Erwartungen und erhöht die sprichwörtliche Sorgenmauer, auf die Haussen so gern hinaufklettern. Je länger die Erwartungen niedrig bleiben, umso leichter sind sie zu übertreffen und umso mehr positive Überraschungen erleben die Märkte.

Natürlich kann ich dessen nicht sicher sein, aber das zunehmende Gruppendenken der Medien und die gesteigerte Sensationsgier standen auch hinter den längeren Marktzyklen der vergangenen Jahrzehnte. Die Hausse der 1990er-Jahre war die längste der Börsengeschichte. Auch die Baisse danach war die längste. Gemessen an der Stimmung befand sich die Hausse der 2000er-Jahre vielleicht gerade auf halbem Weg, als die FAS 157 sie an ihrem fünften Geburtstag tötete. Auch die entsprechende Baisse war lang, volle 17 Monate. Während ich dies schreibe, ist die aktuelle Hausse schon sechs Jahre alt und hat laut Stimmung auch erst die Hälfte ihres Lebens hinter sich. Wenn uns nicht ein bedeutendes unerwartetes und daher nicht eingepreistes Ereignis einen Schlag versetzt, könnte auch diese Hausse zehn Jahre alt werden. Vielleicht noch älter. Der GE liebt alles, was sich kaum jemand vorstellen kann.

Während die Medienwelt wuchs und eine Herde bildete, wurden die Zyklen also länger. Da niemand auffallen will, braucht sie länger, um den tiefen Pessimismus in der Anfangszeit von Haussen hinter sich zu bringen. Sie bildet einen Konsens und die Stimmung ändert sich über Jahre hinweg nur langsam. Dadurch könnte sich Sir John Templetons Abfolge der Stimmungslagen – Pessimismus, Skepsis, Optimismus, Euphorie – durchaus verlängern, wodurch zum Guten oder Schlechten auch die Marktzyklen länger werden. Ich glaube das, aber beweisen kann ich es nicht. Für eine statistische Beurteilung liegen uns zu wenige Zyklen vor.

WESHALB GUTE INFORMATIONEN SO SCHWER ZU FINDEN SIND

Dass der Mensch so sehr in negative Nachrichten vernarrt ist, ist nicht der einzige Grund, weshalb der Tenor in den Medien ein so trostloser ist. Auch Google liebt schlechte Nachrichten!

Negativmeldungen belegen in Google-Suchen meist einen höheren Rang. Sie glauben mir nicht? Gerade habe ich mit Google News nach „Apple" gesucht. Testen Sie es selbst, indem sie die Suche auf den 2. Dezember 2014 einschränken. Hier die ersten angezeigten Schlagzeilen:

- ***„Apple auf der Anklagebank: Kartellklage über eine Milliarde Dollar beschuldigt Steve Jobs der Verschwörung" (Karen Gullo,*** **Bloomberg,** ***02.12.2014)***
- ***„E-Mails von Steve Jobs im iPod-Kartellprozess gegen Apple vorgelegt" (Dan Levine,*** **Reuters,** ***02.12.2014)***
- ***„Steve Jobs immer noch Kronzeuge im Apple-Prozess" (Brian X. Chen,*** **The New York Times,** ***30.11.2014)***
- ***„Apple führte iPod-Besitzer in die Irre, behaupten die Urheber einer Gruppenklage" (Nick Statt, CNET, 02.12.2014)***
- ***„Laut GT [Greenberg Traurig] wollen Gläubiger Apple-Manager befragen" (Joseph Checkler,*** **The Wall Street Journal,** ***02.12.2014)***

- *„Aus dem total einfachen Grund, dass Apple überschätzt wird" (Susie Poppick,* Time, *02.12.2014)*
- *„6 Gründe, weshalb Apple gestern um 6 Prozent gefallen sein könnte" (Peter Cohan,* Forbes, *02.12.2014)*
- *„Noch ein Apple-Analyst, der zum Verkauf rät" (Jennifer Booton,* MarketWatch, *02.12.2014)*

Von den 18 Artikeln auf der ersten Trefferseite zeichnen nur zwei Apple in einem offenkundig positiven Licht.

Fast jede andere Suche würde recht ähnliche Ergebnisse liefern: eine Flut von negativen Artikeln über Unternehmen, Länder, Menschen, Volkswirtschaften, Märkte und was noch alles – außer bei Themen, für die sich kaum jemand interessiert, etwa dem Lebenszyklus einer seltenen asiatischen Froschart. Bei Themen, für die sich die Massen interessieren, belegen objektive, tatsachenorientierte, tief greifende positive Analysen jedoch nur selten vordere Ränge. Was immer Sie auch für bedeutende intellektuelle Beiträge halten, es belegt wahrscheinlich keinen vorderen Platz. Die Suchalgorithmen der Suchmaschinen sind eben genauso kurzsichtig wie die Menschen, die sie programmieren.

Dadurch haben die Medien einen weiteren großen Anreiz, negativ zu berichten. Nicht bei Google aufzutauchen ist der Todesstoß! Wenn man es nicht auf die erste Seite schafft, wird man nicht gefunden! Für die Medien und die Journalisten bedeutet die Optimierung der Google-Ergebnisse, dass sie bergeweise schlechte Nachrichten, Verrisse und finstere Aussichten drucken – sensationell und mit angesagten „Keywords".

Wie soeben erläutert, kann Ihnen die Negativität der ersten Seite helfen zu erkennen, wie die Stimmung ist und was eingepreist ist. Sie kann Ihnen aber nicht helfen, die Elefanten aufzustöbern – ignorierte Informationen, die Ihnen helfen, in die richtige Richtung zu steuern. Sie sind immer irgendwo vergraben. Dafür müssen Sie sich schon auf die vierte oder fünfte Trefferseite oder noch weiter durchklicken – oder sie irgendwo in der wirklichen Welt finden. Dort lauern nämlich die Nuggets, die etwas bringen. Das ist mühselig! Aber es ist auch ein Vorteil – die Eigenarten von Google sorgen dafür, dass die Negativität im Zentrum und an der Front steht. Dadurch sind die Ängste vorab eingepreist und Kontrarianer bekommen die Chance, der Herde ein Schnippchen zu schlagen.

WAS DEN MEDIEN IMMER ENTGEHT

In den Kapiteln 3 und 4 habe ich mehrere Möglichkeiten erläutert, wie man sich gegen die düstere Berichterstattung der Medien wehren kann, aber eine habe ich mir für den Schluss aufgehoben: die unaufhörlichen Warnungen der Medien, die Technologie stoße an ihre Grenzen und in einer oder zwei Generationen würden uns die Ressourcen ausgehen.

Der Urvater dieser Befürchtungen war ein Herr namens Al Gore – hoppla, mein Fehler, ich meinte natürlich Thomas Malthus, einen Philosophen des 18. Jahrhunderts, der für seine Auffassung berühmt ist, das Bevölkerungswachstum werde die Nahrungsmittelerzeugung übersteigen, sodass die Menschheit nicht werde überleben können, es sei denn, sie lässt es zu, dass die Sterberate steigt, und sie senkt gleichzeitig die Geburtenrate. Da kann einem ja regelrecht angst werden! Ich möchte Sie nicht mit den Einzelheiten dieser Theorie langweilen. Nur so viel: Heute leben ein paar Milliarden Menschen mehr auf dem Planeten als damals und die meisten davon haben etwas zu essen, weil wir inzwischen viel mehr Nahrungsmittel produzieren. Heutzutage hat ein viel größerer Teil der Weltbevölkerung genug zu essen als in meiner Jugend, ein Punkt, der nur wenigen auffällt. Echter Hunger ist mittlerweile auf wenige größere Gebiete begrenzt. Zum Beispiel auf den größten Teil Afrikas, wo die Politik ein endloses Problem zu sein scheint und es offenbar schafft, die Zukunft auszubremsen. Doch in den meisten Teilen der Welt, in denen Menschen verhungerten, als ich noch jung war, tun sie das heute nicht mehr, obwohl es viel mehr Menschen gibt. Dafür, dass Malthus einst behauptete, ein Schüler von Adam Smith zu sein, ist es schon ironisch, dass er einige entscheidende Dinge übersah, zum Beispiel die Technik, den Kapitalismus und die Schöpferkraft des Menschen. Wie gesagt, dort wo heute tragischerweise Hunger herrscht, liegt das an Korruption und an Handelsschranken, die das Funktionieren von Märkten behindern, und nicht an tatsächlichem Mangel. Die Hungersnöte in Nordkorea und andernorts sind von Menschen gemacht.

Malthus irrte sich und starb vor fast 200 Jahren, aber seine Philosophie ist gesund und munter. Sie ist allgegenwärtig und die Medien spielen sie gerne hoch. Was bringt einem mehr Leser,

Hörer oder Zuschauer als sture Warnungen, die Ressource X gehe uns aus? Von solchen Dingen können die Menschen gar nicht genug bekommen! Den Film „... Jahr 2022 ... die überleben wollen" aus dem Jahr 1973 machten wir zum Kassenschlager und „Der stumme Frühling" in den 1960er-Jahren zum Bestseller! Solche Sachen gehen immer gut und werden der stets furchtsamen menschlichen Rasse nie langweilig.

Die Befürchtung, uns würden die Ressourcen ausgehen, ist immer falsch und wird es wahrscheinlich immer sein – aber auf jeden Fall wird sie während Ihrer Lebenszeit falsch sein, was uns aber die Medien nur selten eröffnen. Das wäre ja viel zu optimistisch! Außerdem muss man an den Kapitalismus und an die Erfindungsgabe des Menschen glauben, um unser grenzenloses langfristiges Potenzial zu erkennen. Mit Glauben verkauft man aber keine Zeitungen – sondern mit Zynismus.

Niemand kann heute genau wissen, wie sich die Technik, der Kapitalismus und die innovative Kreativität so entwickeln werden, dass sie die künftigen Probleme der Menschheit lösen. Unsere Visionen der fernen Zukunft sind hoffnungslos und oft auf komische Weise falsch. Als sich „Zurück in die Zukunft II" im Jahr 1989 das Jahr 2015 vorstellte, kamen zwar fliegende Autos und Hoverboards vor, aber keine Laserdrucker, kein Internet, kein iPhone, keine Gensequenzierung und kein Tesla. Na sowas! Aber wir brauchen ja auch gar nichts Konkretes vorauszusehen, wir brauchen nur ein bisschen Glauben.

Das wird von der Geschichte untermauert. Nehmen wir als Beispiel die Pferdemist-Krise im Jahr 1894 – eine Tatsache. Sie können sie nachschlagen. Als in den industrialisierten Ländern die Verstädterung massiv zunahm, entstand ein Problem: Je mehr Menschen in die Städte zogen, umso mehr Pferde wurden benötigt, um Waren und Menschen durch die Städte zu transportieren. In New York, London und anderen Großstädten gab es Zigtausende Pferde, die Kutschen, Fuhrwerke und Omnibusse zogen. Diese Zigtausende Pferde brachten aber auch Millionen Pfund an Mist mit sich – jeden Tag. Dieser musste täglich beseitigt und entsorgt werden, damit sich nicht die Fliegen und der Gestank ausbreiteten.

Wie Sie sich vorstellen können, schwoll die Furcht vor einer mistbedeckten urbanen Apokalypse gemeinsam mit der Bevölkerung an. Im Jahr 1894 sagte ein Reporter der Londoner *Times* voraus, London werde in 50 Jahren drei Meter hoch unter Pferdemist begraben sein. Auf der ganzen Welt mühten sich die Stadtplaner ab, hielten Krisengipfel ab und veranstalteten Konferenzen – nicht viel anders als im heutigen Klimawandel-Fieber. Keiner konnte sich eine Lösung vorstellen. Die Menschheit war dem Untergang geweiht!

Doch dann kam das Automobil. Die Technik löste das Problem! Die Pferde wurden durch Autos ersetzt. Die Krise war abgewendet. Die Krise ist tot, lang lebe die Krise!

Sehen Sie sich einmal die Theorie vom „Peak Oil" an – die 1965 von dem Geophysiker M. King Hubbert verfochtene Überzeugung, die weltweite Ölförderung werde irgendwann in naher Zukunft ihren Höhepunkt überschreiten und dann stetig abnehmen, bis uns das Öl ausgeht. Zuerst sagte Hubbert voraus, der Höhepunkt werde 1970 erreicht. Doch das Angebot brach nicht ein und das Datum wurde immer und immer wieder nach hinten verschoben, um neue Ölfunde und neue Technologien zu berücksichtigen. Trotzdem wird diese Theorie immer wieder aufgewärmt und wieder populär gemacht, weil wir auch Technologien unmöglich vorhersehen können.

Und dann kam der Schieferölboom. Die Geologen wussten schon immer, dass es Ölschiefer gibt. Nur dachten die Peak-Oil-Miesmacher, man könne solche Vorkommen nicht ausbeuten, weil sie die Technologie unterschätzten. Sie vergaßen den Kapitalismus und ihnen war nicht klar, dass der Punkt kommen würde, an dem der steigende Ölpreis einen immensen Anreiz darstellen würde, in Technologie zur Ölförderung aus Schiefer zu investieren. Doch genau das geschah dann. Bis Ende der 1990er-Jahre hatten sich Geologen ausgedacht, wie man zwei alte Technologien – das Fracking und die horizontale Bohrung – so miteinander kombinieren kann, dass man dadurch Erdöl und Erdgas freisetzen kann, das in Schieferformationen gebunden ist. (Natürlich trug dazu auch das Moore'sche Gesetz des elektronischen Fortschritts einiges bei, denn für geophysikalische Analysen müssen viele Daten verarbeitet werden.) Es war zwar kostspielig, aber Mitte der 2000er-Jahre war der hohe Ölpreis ein ausreichend großer Anreiz, um in diese neue Technologie zu investieren und in Texas, North Dakota und andernorts Schieferöl-Projekte ins Leben zu rufen. Inzwischen produzieren die Vereinigten Staaten mehr Öl als Anfang der 1980er-Jahre und die Menschen lachen über die Auffassung, demnächst könnte uns das Öl ausgehen. Jetzt kommt uns Peak Oil vor wie der Pferdemist 1894. Wieder einmal.

Die Technologie ist grenzenlos! Wir können uns nicht vorstellen, auf welche Arten sie sich entwickeln und uns helfen wird, Ressourcen effizienter auszubeuten, die Umwelt zu erhalten und uns zu ernähren. Aber der Kapitalismus und die freie Marktwirtschaft werden das genauso bewältigen wie den Pferdemist und das Ende des Öls. Nur ist das wenigen klar, weil nur wenige begreifen, wie der Markt die Energieerzeugung in den Vereinigten Staaten in den 1980er- und 1990er-Jahren beeinflusst hat. Als die Produktion zurückging, glaubten die meisten Menschen an Peak Oil und nahmen an, uns werde das Öl bald ausgehen. Es war jahrzehntelang das allgemein akzeptierte Narrativ – kaum jemandem war klar, dass daran in Wirklichkeit der Ölpreis schuld war. Abbildung 10.1 veranschaulicht das. Als der Ölpreis Anfang der 1980er-Jahre einbrach und fast 15 Jahre lang zwischen 10 und 30 Dollar schwankte, brachte dies die Investitionen in heimische Ölfelder zum Erliegen. Sie waren nicht rentabel! Im Ölgeschäft reagieren die Einnahmen schon immer auf den Preis und nicht auf das Volumen und die Fixkosten waren schon immer hoch. Über lange Strecken war es ganz einfach nicht wirtschaftlich, in neue Quellen zu investieren und die Förderung hochzufahren – Importieren war billiger. Und deswegen importierten wir Öl. Doch sobald die Preise wieder stiegen und Investitionen wieder sinnvoll wurden, investierten die Unternehmen und die Produktion schnellte in die Höhe. Unterschätzen Sie niemals das Gewinnstreben! Unterschätzen Sie niemals die langfristigen Auswirkungen der Technologie!

ABBILDUNG 10.1: Rohölpreis und Rohölförderung in den Vereinigten Staaten

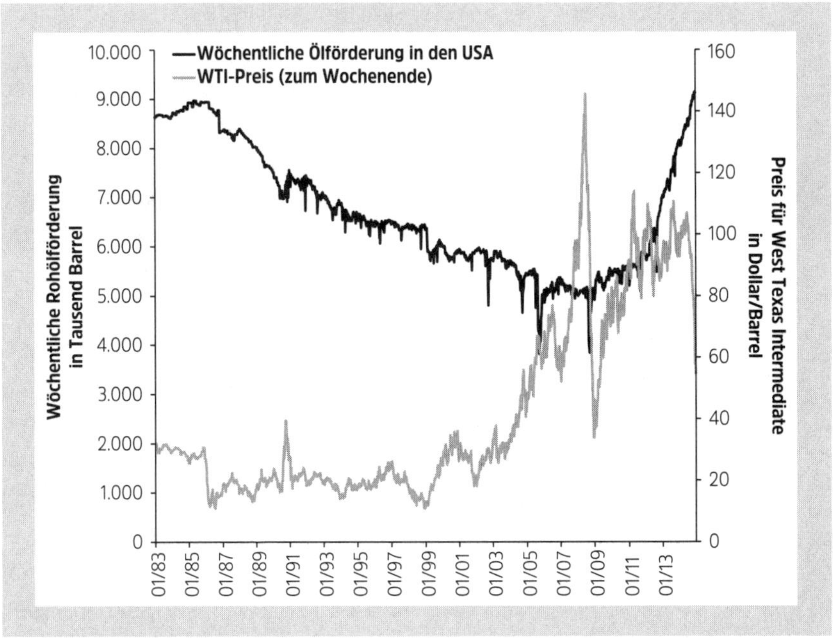

Quelle: FactSet, Stand 06.01.2015. Rohölproduktion und maßgeblicher Preis für West Texas Intermediate von 31.12.1982 bis 31.12.2014.

AUF DIE TECHNOLOGIE (UND DEN KAPITALISMUS) VERTRAUEN WIR

Die Zauberkraft des Kapitalismus, die die Technologie von der Farmwirtschaft durch das Industriezeitalter hindurch und darüber hinaus vorangetrieben hat, ist nach wie vor gesund und munter – so wie es Steve Forbes im Titel seines großartigen Buches aus dem Jahr 2009 sagte, das er als Reaktion auf die Rezession des Jahres 2007 schrieb: „Der Kapitalismus wird uns retten." Jeden Tag treffen Technologien auf eine wundersame Weise aufeinander, die wir uns vorher nicht hätten träumen lassen. Das Potenzial ist endlos. Das Leben wird auf Arten und Weisen besser werden, die Sie sich noch gar nicht vorstellen können.

Die kurzsichtigen Medien von heute posaunen „Peak Innovation" und „Peak Technology" hinaus, glauben aber selbst nicht daran.

Die Innovation ist nicht am Ende. Wir befinden uns heute genauso wenig in einer „Jahrhundert-Stagnation" wie Ende der 1930er-Jahre, als Alvin Hansen, der damals führende keynesianische Volkswirt der Vereinigten Staaten, diesen Begriff prägte. Die Technologie entwickelt sich immer schneller und fantastischer – und zwar nicht nur auf dem Gebiet, das im Allgemeinen als „das Internet" gesehen wird. Denken Sie an die technologischen Entwicklungen zurück, die ich in Kapitel 4 skizziert habe – das Moore'sche Gesetz, das besagt, dass sich die Leistungsfähigkeit von Mikroprozessoren etwa alle zwei Jahre verdoppelt. Oder das Koomey'sche Gesetz, wonach das Gleiche auch für die Energieeffizienz von Computern gilt. Das Kyder'sche Gesetz, das besagt, dass sich die Datenspeicherung alle 13 Monate verdoppelt. Und das Shannon-Hartley-Gesetz, wonach die Kommunikationsgeschwindigkeit theoretisch unbegrenzt ist. Ständig treffen erfinderische Nutzer dieser Technologien aufeinander und führen sie zu wundervollen Produkten zusammen, die das Leben verändern.

Das unbegrenzte Potenzial der Technik, unsere Lebensqualität zu steigern und das Wachstum zu beschleunigen, geht noch weit über die eigentliche Welt der Technologie hinaus. Denken Sie nur an die immensen Anwendungsmöglichkeiten der Drohnen-Technologie, falls die Luftaufsicht Federal Aviation Administration (FAA) sie zulässt! Denken Sie an die medizinische Versorgung! Die DNA-Sequenzierung kommt in einem ähnlichen Tempo voran wie nach dem Moore'schen Gesetz! Stellen Sie sich einmal vor, was daraus in Kombination mit anderen Technologien werden kann. Das könnte eine maßgeschneiderte Medizin ermöglichen – Behandlungen könnten auf jeden Menschen speziell zugeschnitten werden. In ein paar Jahrzehnten werden uns die heutigen medizinischen Behandlungen so modern vorkommen wie Blutegel. Das ist natürlich nicht mein Fachgebiet und deshalb werde ich auf ihm nicht konkret spekulieren. Wenn Sie Ihrer Fantasie einen Schubs geben wollen, können Sie allerdings „Menschheit 2.0: Die Singularität naht" (Lola Books 2014) von Ray Kurzweil lesen. Einiges in diesem Buch ist zwar weit hergeholt, zum Beispiel dass uns Maschinen das ewige Leben bescheren werden, aber wenn Sie über solche Fantasmen hinwegsehen können, ist es ein phänomenaler Blick auf die Tatsache, wie sehr wir das Potenzial der Technologie unterschätzen. Die Zukunft ist viel, viel glänzender, als es sich irgendjemand heute vorstellen kann.

Aber das Beste für Anleger kommt noch: Aktien sind die langfristige Möglichkeit, all das zu besitzen! Die Unternehmen, die neue Technologien erfinden, einführen und zusammenführen, werden wachsen und Gewinne erwirtschaften – der nie endende Fortschritt ist eine nie versiegende Quelle des Gewinnwachstums. Das gilt für die Erfinder von Technologien und in verstärktem Maße für kreative, intelligente Konsumenten der betreffenden Technologien. Nur Aktien repräsentieren die Vergangenheit, Gegenwart und Zukunft von Technologien, die aufeinandertreffen und einander gegenseitig verstärken. Deshalb waren die Aktien im Laufe der Geschichte den anderen liquiden Vermögenswerten überlegen. Deshalb steigen Aktien öfter, als sie fallen. Deshalb sollten Sie den ganzen Medienunfug über dauerhafte Stagnation und das Ende der Ressource X oder Y vergessen und ignorieren. Nichts davon zählt jetzt oder in ferner Zukunft für die Aktien! Technologie und Kreativität werden den Sieg davontragen, solange es die freie Marktwirtschaft gibt – und dem menschlichen Geist gelingt es erstaunlich gut, den Kapitalismus am Leben zu erhalten und Wohlstand zu schaffen. Und letztlich ist es genau das, was der Aktienmarkt für das künftige Wohlstandsniveau leistet. Warum sollte man das nicht besitzen wollen?

SCHLUSSGEDANKEN

In diesem Sinne kann ich mir nichts Besseres vorstellen, als mich von Ihnen mit den Worten zu verabschieden, die mein Vater seinen Lesern 1958 im Fazit von „Common Stocks and Uncommon Profits" hinterließ:

> „Wir treten bald in das zweite Jahrzehnt eines halben Jahrhunderts ein, in dem der Lebensstandard der Menschheit durchaus größere Fortschritte machen könnte als in den 5.000 Jahren davor. In der jüngeren Vergangenheit waren die Investment-Risiken groß. Doch noch größer war der finanzielle Lohn für die Erfolgreichen. Aber auf dem Gebiet

der Geldanlage könnte es sein, dass die Risiken und Belohnungen der letzten 100 Jahre im Vergleich zu denen der nächsten 50 Jahre klein waren."

Diese Worte treffen heute noch genauso zu wie 1958, als er sie schrieb. Das Moore'sche Gesetz gab es damals noch gar nicht! Doch mein Vater vertraute auf die Technologie, die Kreativität und die Zaubermacht der freien Marktwirtschaft; und er wusste, dass die Chancen endlos sind – für die Gesellschaft und für die Aktien.

Falls Sie in den düsteren langfristigen Prognosen zu ertrinken drohen, denken Sie an diese Worte. Wenn Ihnen die Medien erzählen, auf lange Sicht werde die Welt mit Sicherheit zum Teufel gehen, denken Sie an diese Worte. Wenn Experten wieder einmal behaupten, diesmal sei alles anders und wir würden uns von der nächsten Krise nie wieder erholen, denken Sie an diese Worte. Die Märkte sind schön, volatil, wankelmütig, verwirrend, auf die Zukunft ausgerichtet und noch vieles mehr. Aber sie preisen den wachsenden Wohlstand, der dadurch entsteht, dass Technologien auf eine Art und Weise aufeinandertreffen, die sich die Allgemeinheit und die Medien bislang nicht vorstellen können, exakt ein. So schlimm es auch in der Welt manchmal zugeht – dieses grenzenlose Potenzial ist stets vorhanden, es lauert ständig hinter der nächsten Ecke, es ist allzeit bereit, über kurz oder lang einen erneuten Kurssprung auszulösen und die Welt zu immer neuen Höhen zu führen. Das ist, wie Yogi Berra es in einer berühmten Formulierung ausdrückte „schon wieder ein Déjà-vu ganz von vorn".

ANMERKUNGEN

1. „Grins, Gore, and Videotape – The Trouble With Local TV News", Eric Pooley, *New York*, 9. Oktober 1989, 37–44.
2. FactSet, Stand 30.09.2014. S&P 500 Total Return Index, 31.12.2012 bis 31.12.2013.